"十四五"职业教育国家规划教材

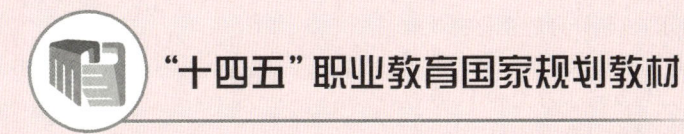

财务会计实务

CAIWU KUAIJI SHIWU

（第六版）

新准则 新税率

主　编　解媚霞　张　英
副主编　苏　捷　杨　璠
　　　　乔凯丽　李　奇

新形态教材

本书另配：教学课件
　　　　　教　案
　　　　　课程标准
　　　　　教学视频
　　　　　参考答案

中国教育出版传媒集团
高等教育出版社·北京

内容提要

本书是"十四五"职业教育国家规划教材、浙江省高等职业院校"十四五"重点教材。

本书紧密结合会计各核算岗位能力要求，以新修订的企业会计准则为依据编写而成，所有涉税业务均按最新税法要求编写。全书按照"理实一体"的设计理念，按会计要素顺序合理安排了总论和 11 章教学内容，主要为中小工业企业常见业务，同时将会计职业资格考证、职业技能等级证书考核等内容融入其中。

为了利教便学，部分学习资源（如课程视频）以二维码形式提供在相关内容旁，可扫描获取。此外，本书配有习题与实训，并配有教案、教学课件等教学资源，供教师教学使用，同时配套建有省级在线开放课程。

本书既可作为高等职业本科院校和高等职业专科院校财务会计类专业学生用书，也可作为社会相关人员自学用书。

图书在版编目(CIP)数据

财务会计实务 / 解媚霞，张英主编. —6 版. —北京：高等教育出版社，2024.3(2025.2 重印)
ISBN 978-7-04-061686-6

Ⅰ.①财⋯ Ⅱ.①解⋯ ②张⋯ Ⅲ.①财务会计—会计实务—高等职业教育—教材 Ⅳ.①F234.4

中国国家版本馆 CIP 数据核字(2024)第 031097 号

| 策划编辑 | 毕颖娟 张雨亭 | 责任编辑 | 张雨亭 毕颖娟 | 封面设计 | 张文豪 | 责任印制 | 高忠富 |

出版发行	高等教育出版社	网 址	http://www.hep.edu.cn
社 址	北京市西城区德外大街 4 号		http://www.hep.com.cn
邮政编码	100120	网上订购	http://www.hepmall.com.cn
印 刷	上海叶大印务发展有限公司		http://www.hepmall.com
开 本	787mm×1092mm 1/16		http://www.hepmall.cn
印 张	26.25	版 次	2007 年 8 月第 1 版
字 数	637 千字		2024 年 3 月第 6 版
购书热线	010-58581118	印 次	2025 年 2 月第 4 次印刷
咨询电话	400-810-0598	定 价	49.80 元

本书如有缺页、倒页、脱页等质量问题，请到所购图书销售部门联系调换
版权所有 侵权必究
物 料 号 61686-00

第六版前言

本书是"十四五"职业教育国家规划教材、浙江省高等职业院校"十四五"重点教材，历届版本分别是"十三五"职业教育国家规划教材、"十二五"职业教育国家规划教材，配套建设有省级在线开放课程。

本书围绕高等职业院校学生财务会计核算知识与技能的学习，紧密结合会计各核算岗位能力要求，以新修订的企业会计准则为依据编写而成，所有涉税业务均按最新税法要求编写。本书按照"理实一体"的设计理念，按会计要素顺序合理安排了全书教学内容，并将会计职业资格考证、职业技能等级证书考核等内容融入其中，实现毕业证书与职业证书的"双证融通"。同时，为贯彻落实党的二十大精神，引导学生爱党报国、敬业奉献、服务于民，本书秉着"知识传授与价值引领相结合""显性教育与隐性教育相结合"的理念，将专业知识与职业操守、敬业精神、爱国情怀相联系，将专业技能与世界观、人生观、价值观相融合，培养学生依据《企业会计准则》等相关政策法规进行企业日常经济业务会计处理的能力，使学生具备学习后续专业课程的专业基础和可持续发展能力。

本书具有以下特点：

(1) **理实一体，学做合一**。本书按照"理实一体"的理念，围绕会计六大要素的确认、计量和报告，科学设计教学内容，并与会计职业资格考试相衔接，将实务操作融入其中，达到培养学生会计综合职业能力的目标。本书另配有《财务会计实务学习指导、习题与项目实训》（第六版），支持理论与实践一体化教学。

(2) **内容新颖，与时俱进**。本书所有内容均符合最新修订的企业会计准则、税收相关法律法规的规范，本次修订及时调整并更新了相关理论描述及业务处理方法，并新增"按最新规定应修改的教材内容说明"二维码，以便及时添加与更新最新税收法规和会计准则。

按最新规定应修改的教材内容说明

(3) **资源丰富，利教便学**。配套在线开放课程(http://www.zjooc.cn，财务会计实务)，为学生自主学习、自我训练、扩充性学习和学习交流提供了平台。本书另配套课程标准、教案等教学资源，在教学组织、教学方法等方面提供参考与建议，便于教师进行教学设计与实施。

(4) **重点突出，编排灵活**。本书按高于初级会计实务资格考试大纲要求的难度编排内容、选择案例，利用"＊"将本书必学内容与选修内容分开，便于教师根据不同的教学对象设计差异化的教学体系，达到分层教学、因材施教的目的。

(5) **凭证全面，简明易懂**。书中提供了相应经济业务的原始凭证，全面且不重复，所有相关例题都贴近实际，具有典型性，力求用简明易懂的文字阐述会计理论，方便学生理解。本书也适合非会计专业人员自学使用。

本书由浙江经贸职业技术学院解媚霞、张英任主编；浙江经贸职业技术学院苏捷、杨璠、乔凯丽、广西经贸职业技术学院李奇任副主编。具体编写分工如下：苏捷、杨璠、乔凯丽负责总论的编写；张英负责第一章、第三章、第七章、第八章的编写；解媚霞负责第二章、第四章、第五章、第六章、第九章、第十章、第十一章的编写；李奇和厦门网中网软件有限公司黄华晶负责统稿。

  本书在修订过程中得到了浙江经贸职业技术学院财务会计学院全体教师的支持和浙江省职教同人的帮助，同时，也得到了南京云账房网络科技有限公司、海通证券股份有限公司、浙江耀兴会计师事务所、浙江新中天会计师事务所有限公司等行业专家的指导，在此一并表示感谢！

  由于编者水平和经验有限，书中难免存在疏漏之处，敬请各位专家同行和广大读者批评指正。

编 者

目 录

001	**总 论**	
002	第一节	财务报告目标、会计基本假设与会计基础
004	第二节	会计信息质量要求
006	第三节	会计要素及其确认与计量
011	练习题	
013	**第一章 金融资产**	
015	第一节	货币资金
031	第二节	应收款项
045	第三节	交易性金融资产
053	第四节	债权投资
057	第五节	其他债权投资和其他权益工具投资
063	练习题	
067	**第二章 长期股权投资**	
068	第一节	长期股权投资概述
068	第二节	长期股权投资成本法
073	第三节	长期股权投资权益法
078	练习题	
080	**第三章 存 货**	
082	第一节	存货概述
086	第二节	原材料
102	第三节	周转材料
106	第四节	委托加工物资
109	第五节	库存商品
113	第六节	消耗性生物资产
115	第七节	存货清查
118	第八节	存货减值
124	练习题	
129	**第四章 固定资产**	
131	第一节	固定资产概述
135	第二节	取得固定资产
145	第三节	固定资产折旧
152	第四节	固定资产后续支出
156	第五节	固定资产清查与减值
161	第六节	固定资产处置
165	第七节	生产性生物资产
168	练习题	
171	**第五章 无形资产**	
172	第一节	无形资产概述
176	第二节	取得无形资产
181	第三节	无形资产摊销
183	第四节	无形资产减值
186	第五节	无形资产处置
188	练习题	
190	**第六章 投资性房地产**	
191	第一节	投资性房地产概述
194	第二节	采用成本模式计量的投资性房地产
202	第三节	采用公允价值模式计量的投资性房地产
208	练习题	

第七章 负债
- 210　第七章　负债
- 212　第一节　银行借款
- 218　第二节　应付款项
- 224　第三节　应付职工薪酬
- 242　第四节　应交税费
- 255　练习题

第八章 所有者权益
- 259　第八章　所有者权益
- 260　第一节　实收资本
- 266　第二节　资本公积
- 269　第三节　留存收益
- 272　练习题

第九章 收入、费用和利润
- 274　第九章　收入、费用和利润
- 276　第一节　收入
- 324　第二节　费用
- 330　第三节　利润
- 345　练习题

第十章 非货币性资产交换[*]
- 348　第十章　非货币性资产交换[*]
- 349　第一节　非货币性资产交换的特征和认定
- 350　第二节　非货币性资产交换的确认和计量
- 351　第三节　非货币性资产交换的账务处理
- 361　练习题

第十一章 财务报表
- 363　第十一章　财务报表
- 365　第一节　资产负债表
- 380　第二节　利润表
- 387　第三节　现金流量表
- 396　第四节　所有者权益变动表
- 400　第五节　附注
- 404　练习题

408　**主要参考文献**

资源导航

课程视频

- 015 结算方式
- 023 库存现金的账务处理
- 033 应收票据贴现与转让
- 048 交易性金融资产持有、出售
- 092 实际成本法下发出材料的账务处理
- 100 计划成本法下发出材料的账务处理
- 145 固定资产折旧
- 152 固定资产后续支出、清查和减值
- 216 长期借款
- 242 应交增值税(购进业务)
- 246 应交增值税(销售业务)
- 260 所有者权益概述
- 304 商业折扣
- 305 现金折扣
- 309 销售材料
- 368 资产负债表(资产项目填列)
- 372 资产负债表(权益项目填列)
- 380 利润表

文本

- 001 《企业会计准则——基本准则(2014)》
- 013 《企业会计准则第 22 号——金融工具确认和计量》
- 030 货币资金账务处理总结
- 044 应收款项账务处理总结
- 053 交易性金融资产账务处理总结

- 057　债权投资账务处理总结
- 057　债权投资减值准备账务处理举例
- 062　其他债权投资、其他权益工具投资账务处理对比
- 067　《企业会计准则第 2 号——长期股权投资》
- 078　长期股权投资账务处理总结
- 087　数电票简介
- 080　《企业会计准则第 1 号——存货》
- 102　原材料实际成本法与计划成本法账务处理对比
- 112　库存商品、周转材料、委托加工物资账务处理总结
- 123　存货清查、存货跌价账务处理总结
- 129　《企业会计准则第 4 号——固定资产》
- 150　固定资产折旧计算方法比较表
- 165　固定资产业务账务处理总结
- 171　《企业会计准则第 6 号——无形资产》
- 182　《企业会计准则解释第 11 号——关于以使用无形资产产生的收入为基础的摊销方法》
- 188　无形资产账务处理总结
- 190　《企业会计准则第 3 号——投资性房地产》
- 202　采用成本模式计量的投资性房地产业务账务处理总结
- 207　采用公允价值模式计量的投资性房地产业务账务处理总结
- 207　投资性房地产成本模式与公允价值模式计量比较
- 218　借款业务账务处理总结
- 224　应付款项账务处理总结
- 224　《企业会计准则第 9 号——职工薪酬》
- 241　应付职工薪酬账务处理总结
- 254　应交税费账务处理总结
- 272　所有者权益账务处理总结
- 274　《企业会计准则第 14 号——收入》
- 274　《企业会计准则第 18 号——所得税》
- 304　支付手续费方式下委托代销商品的账务处理
- 304　销售商品收入业务账务处理总结
- 348　《企业会计准则第 7 号——非货币性资产交换》
- 363　《企业会计准则第 30 号——财务报表列报》
- 363　一般企业财务报表格式（未执行新金融准则、新收入准则和新租赁准则的企业）
- 363　一般企业财务报表格式（已执行新金融准则、新收入准则和新租赁准则的企业）

知识结构

- 011 总论
- 066 金融资产
- 079 长期股权投资
- 128 存货
- 170 固定资产
- 189 无形资产
- 209 投资性房地产
- 258 负债
- 273 所有者权益
- 347 收入、费用和利润
- 362 非货币性资产交换
- 407 财务报表

总 论

文本:《企业会计准则——基本准则(2014)》

知识目标

1. 了解财务报告目标和会计基本假设。
2. 掌握会计基础。
3. 掌握可靠性、可比性、实质重于形式和谨慎性会计信息质量要求。
4. 掌握资产、收入、费用、利得和损失的概念。
5. 掌握会计要素计量属性。

能力目标

1. 能进行权责发生制与收付实现制下收入和费用的确认。
2. 能进行会计信息质量要求的判断与应用。
3. 能理解会计要素定义及其确认条件。
4. 会判断各种会计要素计量属性之间的关系。
5. 能应用会计要素计量属性。

素养目标

1. 通过学习新技术对会计岗位的影响，培养终身学习、勇于挑战、与时俱进的职业精神。
2. 通过分析财务造假案例，培养注重职业操守、诚信的职业品质。
3. 通过"感动中国人物"案例分析，培养大局意识、整体意识，并践行社会主义核心价值观。
4. 通过介绍会计改革方向及未来发展趋势，培养家国情怀，培养职业自信，强化敬畏专业、敬畏法律之心。

知识导图

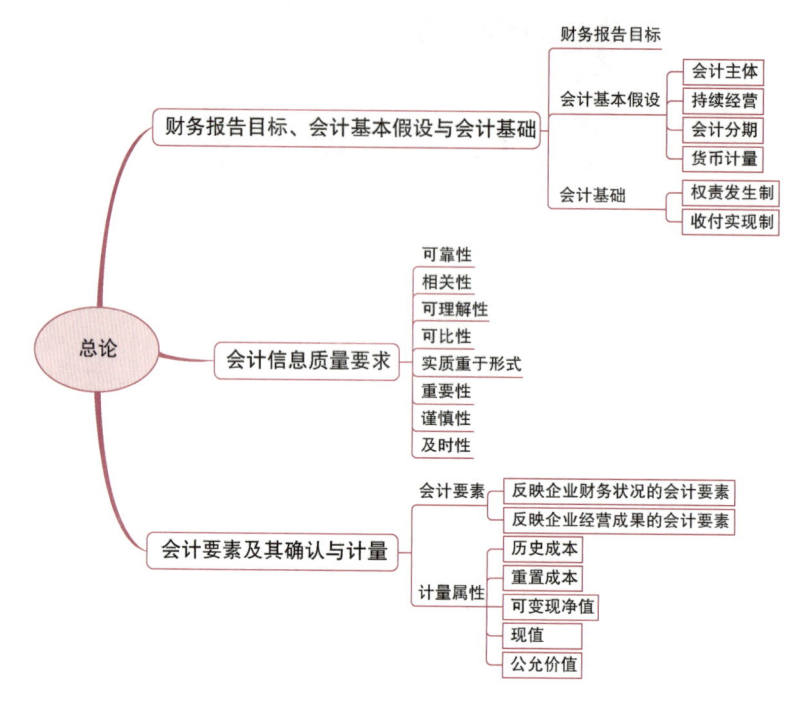

总论
- 财务报告目标、会计基本假设与会计基础
  - 财务报告目标
  - 会计基本假设
    - 会计主体
    - 持续经营
    - 会计分期
    - 货币计量
  - 会计基础
    - 权责发生制
    - 收付实现制
- 会计信息质量要求
  - 可靠性
  - 相关性
  - 可理解性
  - 可比性
  - 实质重于形式
  - 重要性
  - 谨慎性
  - 及时性
- 会计要素及其确认与计量
  - 会计要素
    - 反映企业财务状况的会计要素
    - 反映企业经营成果的会计要素
  - 计量属性
    - 历史成本
    - 重置成本
    - 可变现净值
    - 现值
    - 公允价值

第一节 财务报告目标、会计基本假设与会计基础

一、财务报告目标

财务报告的目标是向财务报告使用者提供与企业财务状况、经营成果和现金流量等有关的会计信息,反映企业管理层受托责任履行情况,有助于财务报告使用者作出经营决策。

我国对财务报告目标的界定,兼顾了决策有用观和受托责任观,具体内容如表0-1所示。

表0-1　　　　　　　　　　　　财务报告目标

视角	具体内容
决策有用观	向财务报告使用者提供与企业财务状况、经营成果和现金流量等与财务报告使用者的经营决策有关的会计信息
受托责任观	反映企业管理层受托责任履行情况,有助于财务报告使用者作出经营决策

思考

➢ 财务报告使用者有哪些?

二、会计基本假设

会计基本假设是企业会计确认、计量和报告的前提,是对会计核算所处时间、空间环境等所作的合理设定。会计基本假设包括会计主体、持续经营、会计分期和货币计量。

(一)会计主体

会计主体,是指会计工作服务的特定对象,是企业会计确认、计量、记录和报告的空间范围。在会计主体假设下,企业应当对其本身发生的交易或者事项进行会计确认、计量和报告,反映企业本身所从事的各项生产经营活动和其他相关活动。

> **注意:**
> - 会计主体与法律主体不是对等的概念。一般情况下,一个法律主体是一个会计主体,但是企业集团可以视作一个会计主体,却是由若干法律主体组成;独资企业、合伙企业、企业某分支机构可以是一个会计主体,却不是法律主体。

> **【名词解释】**
> 会计主体:有经济业务活动,需要进行会计处理的主体。
> 法律主体:法人。

> **思考**
> - 会计主体和法律主体含义是否一样?二者哪个范围更广?
> - 一个车间或一个集团公司是否是会计主体,是否是法律主体?

(二)持续经营

持续经营,是指在可预见的未来,企业将会按当前的规模和状态继续经营下去,不会停业,也不会大规模地削减业务。

尽管在现实的经济环境中,企业能否持续经营存在不确定性,但是只有假定企业持续经营,才能进行正常的会计处理。例如,企业采用历史成本计价、按照既定的合约条件清偿债务、固定资产按预计使用年限计提折旧等都遵循持续经营假设。

当有确凿证据证明企业无法持续经营,有破产风险时,就应改用破产清算会计核算模式进行处理。

(三)会计分期

会计分期,是指将一个企业持续经营的生产经营活动期间划分为若干连续的、长短相同的期间。在会计分期假设下,企业应当划分会计期间,分期结算账目和编制财务报告。

(1)会计期间分为年度和中期。
(2)中期:是指短于一个完整的会计年度的报告期间(半年度、季度、月度等)。

> **注意:**
> - 由于会计分期,才产生了当期与以前期间、以后期间的差别,产生了折旧、摊销等会计处理方法。

(四) 货币计量

货币计量,是指会计主体在财务会计确认、计量和报告时以货币计量,反映会计主体的财务状况、经营成果和现金流量。

(1) 该假设包括两种含义:

❶ 会计仅反映那些能以货币表达的信息,如果一个信息本应纳入会计核算体系,但苦于无法用货币来表达,则只能无奈地排除在会计核算范围之外。

❷ 币值稳定假设。

(2) 我国规定,企业会计核算以人民币为记账本位币,外商投资企业可以选用一种其他货币作为记账本位币进行核算,但应提供以人民币反映的报表,境外企业向国内报送报表时应折算为人民币反映。

> **注意:**
> ↳ 记账本位币和财务报告货币的选用标准常作为正误甄别测试的考察点。

三、会计基础

会计基础是指会计确认、计量、记录和报告的基础,具体包括权责发生制和收付实现制两种,主要解决收入和费用的归属期的问题。

(一) 权责发生制

权责发生制,是指以取得收取款项的权利或支付款项的义务为标志来确定本期收入和费用的会计核算基础。

凡是当期已经实现的收入,无论款项是否收到,均作为本期收入处理;凡不属于本期的收入,即使本期收到的款项也不作为本期收入。

凡是本期已经发生或应当承担的费用,无论款项是否支付,均作为本期费用处理;凡不属于本期的费用,即使在本期支付,也不能列入本期费用。

(二) 收付实现制

收付实现制,是指以现金的实际收付为标志来确定本期收入和费用的会计核算基础。

(三) 会计基础的应用

(1) 企业会计的确认、计量和报告应当以权责发生制为基础。

(2) 我国行政事业单位会计预算会计采用收付实现制,行政事业单位会计财务会计采用权责发生制。

> **思考**
> ➢ 本月预付全年水电费 3 600 元,按照权责发生制和收付实现制分别应如何确认?

第二节 会计信息质量要求

会计信息质量要求是对企业财务报告中所提供的会计信息质量的基本要求,会计信息的质量和财务会计的目标相关联,它也是衡量会计核算工作成效的标准。评价会计信息质量的标准主要有可靠性、相关性、可理解性、可比性、实质重于形式、重要性、谨慎性和及时性等。

一、可靠性

可靠性要求企业应当以实际发生的交易或者事项为依据进行会计确认、计量、记录和报告,如实反映符合确认和计量要求的各项会计要素及其他相关信息,保证会计信息真实可靠、内容完整。

二、相关性

相关性要求企业提供的会计信息应当与财务报告使用者的经营决策需要相关,有助于财务报告使用者对企业过去、现在或者未来的情况作出评价或者预测。

会计信息质量的相关性要求,是以可靠性为基础的,两者之间是统一的,并不矛盾,不应将两者对立起来。也就是说,会计信息在可靠性前提下,尽可能地做到相关性,以满足投资者等财务报告使用者的决策需要。

三、可理解性

可理解性要求企业提供的会计信息应当清晰明了,便于财务报告使用者理解和使用。

四、可比性

可比性要求企业提供的会计信息应当相互可比,主要包括两层含义:

纵向可比:同一企业不同时期发生的相同或者相似的交易或事项,应当采用一致的会计政策,不得随意变更。如确需变更的,应当在附注中说明。

横向可比:不同企业同一会计期间发生的相同或者相似的交易或事项,应当采用同一会计政策,确保会计信息口径一致、相互可比。

五、实质重于形式

实质重于形式要求企业应当按照交易或者事项的经济实质进行会计确认、计量和报告,不能仅以交易或者事项的法律形式为依据。例如,企业租入的资产(短期租赁和低值资产租赁除外),虽然从法律形式来讲企业并不拥有其所有权,但是由于租赁合同规定的租赁期相当长,往往接近于该资产的使用寿命,租赁期结束时承租企业有优先购买该资产的选择权,在租赁期内承租企业拥有资产使用权并从中受益。从其经济实质来看,企业能够控制租入资产所创造的未来经济利益,在会计确认、计量、记录和报告中就应当将租入的资产视为企业的资产,在资产负债表中填列使用权资产。

六、重要性

重要性要求企业提供的会计信息应当反映与企业财务状况、经营成果和现金流量等有关的所有重要交易或者事项。

若财务报告中提供的会计信息的遗漏或者错报会影响到投资者等使用者据此作出决策的,该信息就具有重要性。重要性的应用需要依赖职业判断,企业应当根据其所处环境和实际情况,从项目的性质和金额两方面加以判断。

七、谨慎性

谨慎性要求企业对交易或者事项进行会计确认、计量、记录和报告应当保持应有的谨慎,不应高估资产或者收益、不应低估负债或者费用。

对于企业发生的或有事项,通常不能确认或有资产,只有当相关经济利益基本确定能够流入企业时,才能作为资产予以确认;相反,相关的经济利益很可能流出企业,金额能够可靠计量而且构成现时义务时,应当及时确认为预计负债。这些都体现了会计信息质量的谨慎性要求。

谨慎性的典型运用:❶对可能发生减值的资产计提减值准备;❷对售出商品很可能发生的保修义务确认预计负债;❸采用加速折旧法计提折旧。

> 注意:
> ↓ 谨慎性的应用也不允许企业设置秘密准备。如果企业故意低估资产或者收益,或者故意高估负债或者费用,将不符合会计信息的可靠性和相关性要求,损害会计信息质量,扭曲企业实际的财务状况和经营成果,从而对财务报表使用者的决策产生误导,不符合会计准则的要求。

八、及时性

及时性要求企业对于已经发生的交易或者事项及时进行会计确认、计量、记录和报告,不得提前或者延后。

会计信息的价值在于帮助所有者或者其他利益相关方作出经济决策,具有时效性。即使是可靠的、相关的会计信息,如果不及时提供,就失去了时效性,对于使用者的效用就大大降低,甚至不再具有实际意义。所以,及时性是会计信息相关性和可靠性的制约因素。在实务中,为了及时提供会计信息,可能需要在有关交易或者事项的信息全部获得之前即进行会计处理,这样虽然满足了会计信息的及时性要求,但可能会影响会计信息的可靠性;反之,如果企业等到与交易或者事项有关的全部信息获得之后再进行会计处理,这样的信息披露虽然提高了信息的可靠性,但可能会由于时效性问题,对于投资者等财务报告使用者决策的有用性将大大降低。企业应在及时性和可靠性之间作出相应权衡,以投资者等财务报告使用者的经营决策需要为判断标准。

第三节 会计要素及其确认与计量

一、会计要素定义及其确认条件

会计要素是根据交易或者事项的经济特征所确定的财务会计对象及其基本分类,如图0-1所示。

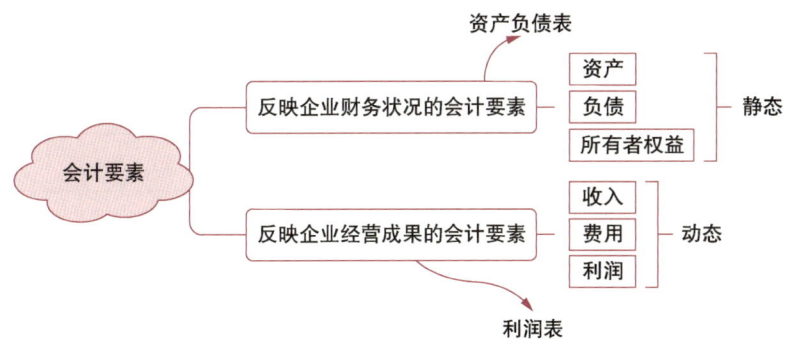

图 0-1 会计要素

(一) 资产

1. 资产的定义、特征及其确认条件(表 0-2)

表 0-2　　　　　　　　　　资产的定义、特征及其确认条件

项目	具体内容
定义	资产是指企业过去的交易或者事项形成的、由企业拥有或控制的、预期会给企业带来经济利益的资源
特征	(1) 资产是由企业过去的交易或者事项形成的 (2) 资产应为企业拥有或者控制的资源 (3) 资产预期会给企业带来经济利益
确认条件	将一项资源确认为资产，需要符合资产的定义，并同时满足以下两个条件： (1) 与该资源有关的经济利益很可能流入企业 (2) 该资源的成本或者价值能够可靠地计量(货币计量)

知识链接

◇ 极小可能：0＜可能性≤5%
◇ 可能：5%＜可能性≤50%
◇ 很可能：50%＜可能性≤95%
◇ 基本确定：95%＜可能性＜100%

2. 资产的分类

企业的资产按其流动性，可分为流动资产和非流动资产两大类，如表 0-3 所示。

表 0-3　　　　　　　　　　　　资产的分类

类别	概念	举例
流动资产	预计在一个会计年度内或一个正常营业周期内变现、出售或耗用的资产和现金及现金等价物	库存现金、银行存款、存货、应收及预付款项等
非流动资产	流动资产以外的资产，其变现周期往往在一年以上	长期股权投资、固定资产、无形资产、长期待摊费用等

(二) 负债

1. 负债的定义、特征及其确认条件（表 0-4）

表 0-4　　　　　　　　　　　负债的定义、特征及其确认条件

项目	具体内容
定义	负债是指企业过去的交易或者事项形成的、预期会导致经济利益流出企业的现时义务
特征	(1) 负债是由企业过去的交易或者事项形成的 (2) 负债的清偿预期会导致经济利益流出企业 (3) 负债是企业承担的现时义务
确认条件	将一项现时义务确认为负债，需要符合负债的定义，并同时满足以下两个条件： (1) 与该义务有关的经济利益很可能流出企业 (2) 未来流出的经济利益的金额能够可靠地计量

2. 负债的分类

企业的负债按其流动性，可分为流动负债和非流动负债两大类，如表 0-5 所示。

表 0-5　　　　　　　　　　　负债的分类

类别	概念	举例
流动负债	流动负债是指在一年或超过一年的一个营业周期内偿还的债务	短期借款、应付及预收款项、应交税费、应付职工薪酬等
非流动负债	非流动负债是指流动负债以外的负债	长期借款、应付债券和长期应付款等

(三) 所有者权益（表 0-6）

表 0-6　　　　　　　　　　所有者权益的定义、构成及其确认条件

项目		具体内容
定义		所有者权益是指企业资产扣除负债后，由所有者享有的剩余权益，公司的所有者权益又称为股东权益或净资产（净资产＝资产－负债＝所有者权益）
构成	来源	(1) 所有者投入的资本：包括实收资本（股本）及资本溢价（股本溢价） (2) 直接计入所有者权益的利得、损失（其他综合收益） (3) 留存收益等：主要包括计提的盈余公积和未分配利润 (4) 所有者权益的其他变动（其他资本公积）
	内容	所有者权益包括实收资本（或股本）、资本公积（含资本溢价或股本溢价、其他资本公积）、其他综合收益、盈余公积、未分配利润等
确认条件		所有者权益的确认主要依赖于其他会计要素，尤其是资产和负债的确认 所有者权益金额的确认也主要取决于资产和负债的计量

【名词解释】

利得是指由企业非日常活动所形成的、会导致所有者权益增加的、与所有者投入资本无关的经济利益的流入。

损失是指由企业非日常活动所发生的、会导致所有者权益减少的、与向所有者分配利润无关的经济利益的流出。

（四）收入（表0-7）

表0-7　　　　　　　　　　收入的定义、特征及其确认条件

项目	具体内容
定义	收入是指企业在日常活动中形成的、会导致所有者权益增加的、与所有者投入资本无关的经济利益的总流入（与"利得"相对）
特征	（1）收入是企业在日常活动中形成的（利得是非日常的） （2）收入会导致所有者权益的增加（同利得） （3）收入应当会导致经济利益的流入，该流入不包括所有者投入的资本（利得是净流入）
确认条件	当企业与客户之间的合同同时满足下列条件时，企业应当在客户取得相关商品控制权时确认收入： （1）合同各方已批准该合同并承诺将履行各自义务 （2）该合同明确了合同各方与所转让商品或提供劳务相关的权利和义务 （3）该合同有明确的与所转让商品或提供劳务相关的支付条款 （4）该合同具有商业实质，即履行合同将改变企业未来现金流量的风险、时间分布或金额 （5）企业因向客户转让商品或提供劳务而有权取得的对价很可能收回

思考

➢ 请比较收入与利得的定义、特征以及确认条件。

（五）费用（表0-8）

表0-8　　　　　　　　　　费用的定义、特征及其确认条件

项目	具体内容
定义	费用是指企业在日常活动中发生的、会导致所有者权益减少的、与向所有者分配利润无关的经济利益的总流出（与"损失"相对）
特征	（1）费用是企业在日常活动中形成的（损失是非日常） （2）费用会导致所有者权益的减少（同损失） （3）费用是与向所有者分配利润无关的经济利益的总流出（损失是净流出）
确认条件	费用的确认除符合费用的定义外，至少应当符合以下条件： （1）与费用相关的经济利益应当很可能流出企业 （2）经济利益流出企业的结果会导致资产的减少或者负债的增加 （3）经济利益的流出额能够可靠地计量

思考

➢ 请比较费用与损失的定义、特征以及确认条件。

(六) 利润(表 0-9)

表 0-9　　　　　　　　　　利润的定义、构成及其确认条件

项目	具体内容
定义	利润是指企业在一定会计期间的经营成果
构成	利润＝收入－费用＋利得－损失 　　　（日常）　（非日常） 注意：上式中的收入和费用均为狭义上的收入、费用，即只表示日常经营活动的收支
确认条件	利润的确认主要依赖于收入和费用以及利得和损失的确认

二、会计要素计量属性

(一) 会计要素计量属性的类型

会计计量是为了将符合确认条件的会计要素登记入账，并列报于财务报表而确定其金额的过程。会计要素的计量属性，主要包括历史成本、重置成本、可变现净值、现值和公允价值等。

1. 历史成本

历史成本是指取得或制造某项财产物资时所实际支付的现金或其他等价物，是取得时点的实际成本，其具体内容如表 0-10 所示。

表 0-10　　　　　　　　　　历史成本

项目	具体内容
资产的历史成本	(1) 按照其购置时支付的现金或者现金等价物的金额计量 (2) 按照购置资产时所付出的对价的公允价值计量
负债的历史成本	(1) 按照其因承担现时义务而实际收到的款项或者资产的金额计量 (2) 按照其承担现时义务的合同金额计量 (3) 按照日常活动中为偿还负债预期需要支付的现金或者现金等价物的金额计量

2. 重置成本

重置成本又称现行成本，是指按照当前市场条件下，重新取得同样一项资产所需支付的现金或现金等价物金额，其具体含义如表 0-11 所示。

表 0-11　　　　　　　　　　重置成本

项目	具体内容
资产的重置成本	按照现在购买相同或者相似资产所需支付的现金或者现金等价物的金额计量
负债的重置成本	按照现在偿付该项债务所需支付的现金或者现金等价物的金额计量

3. 可变现净值

可变现净值，是指在正常生产经营过程中，以资产预计售价减去进一步加工成本和预计销售费用以及相关税费后的净值。

可变现净值＝预计售价－预计加工成本－预计销售税费

在可变现净值计量下，资产按照其正常对外销售所能收到现金或者现金等价物的金额扣减该资产至完工时估计将要发生的成本、估计的销售费用以及相关税费后的金额计量。

4. 现值

现值是指对未来现金流量以恰当的折现率进行折现后的价值，是考虑货币时间价值的一种计量属性，其具体含义如表0-12所示。

表0-12　　　　　　　　　　　　　　现值

项目	具体内容
资产的现值	按照预计从其持续使用和最终处置中所产生的未来净现金流入量的折现金额计量
负债的现值	按照预计期限内需要偿还的未来净现金流出量的折现金额计量

5. 公允价值

公允价值，是指市场参与者在计量日发生的有序交易中，出售一项资产所能收到或者转移一项负债所需支付的价格。

（二）会计要素计量属性的应用(表0-13)

会计要素计量属性的应用情况具体如表0-13所示。

表0-13　　　　　　　　　　会计要素计量属性的应用

计量属性	应用
历史成本	会计要素在计量时一般均采用历史成本
重置成本	盘盈存货、固定资产等时采用
可变现净值	存货期末计价时可能采用
现值	分期付款方式取得固定资产或无形资产、弃置费用、以分期收款方式实现的销售收入的计量
公允价值	交易性金融资产的期末计量、公允价值模式计量的投资性房地产的后续计量等

知识结构：总论

练 习 题

【目的】　练习收付实现制和权责发生制。

【资料】　浙江宏华股份有限公司(简称"宏华公司")2024年12月有关经济业务如下：

(1) 收到上月产品销售货款5 000元。

(2) 销售产品78 000元，其中54 000元已收到存入银行，余款尚未收到。

(3) 预收销货款 32 000 元。

(4) 支付第四季度借款利息共计 3 600 元。

(5) 支付本月的水电费 2 400 元。

(6) 本月提供服务收入 2 600 元，尚未收款。

(7) 预付 2025 年第一季度房租 3 600 元。

(8) 年初已支付全年财产保险费 14 400 元，由各月平均负担。

(9) 上月预收货款的产品本月发出，实现收入 23 000 元。

(10) 预计下月发生大修理支出 8 000 元，本月应负担 2 000 元。

【要求】 分别按权责发生制和收付实现制计算本月的收入、费用，如表 0-14 所示。

表 0-14　　浙江宏华股份有限公司 2024 年 12 月收入、费用计算表

经济业务	权责发生制		收付实现制	
	收入	费用	收入	费用
(1)				
(2)				
(3)				
(4)				
(5)				
(6)				
(7)				
(8)				
(9)				
(10)				
合计				

第一章 金融资产

文本:《企业会计准则第22号——金融工具确认和计量》

知识目标

1. 了解金融资产的特点及分类。
2. 熟悉各金融资产的初始计量及后续计量。
3. 认识公允价值计量属性及使用方法。
4. 了解实际利率及摊余成本。
5. 了解各金融资产减值的判断、减值准备的计量原则。
6. 熟悉对外投资收益核算原则。

能力目标

1. 能使用各种转账结算方法。
2. 能进行货币资金增加、减少核算。
3. 能进行应收款项增加、减少的核算,熟悉应收款项减值的核算。
4. 能进行交易性金融资产取得、期末计价、收取现金股利或利息、处置的核算。
5. 能进行债权投资取得、计息、处置的核算。
6. 能进行其他债权投资和其他权益工具投资取得、计息、期末计价、减值、处置的核算。

素养目标

1. 通过学习支付结算法律法规,切实体会懂法守法的重要性,树立遵纪守法的职业观。
2. 通过讨论企业如何面对可能存在的现金管理漏洞等对职业操守的影响,认识职业道德的重要性,培养职业操守。
3. 通过解读财务舞弊案例等,培养"以诚信为本,做诚信之人,遵纪守法"的品格。

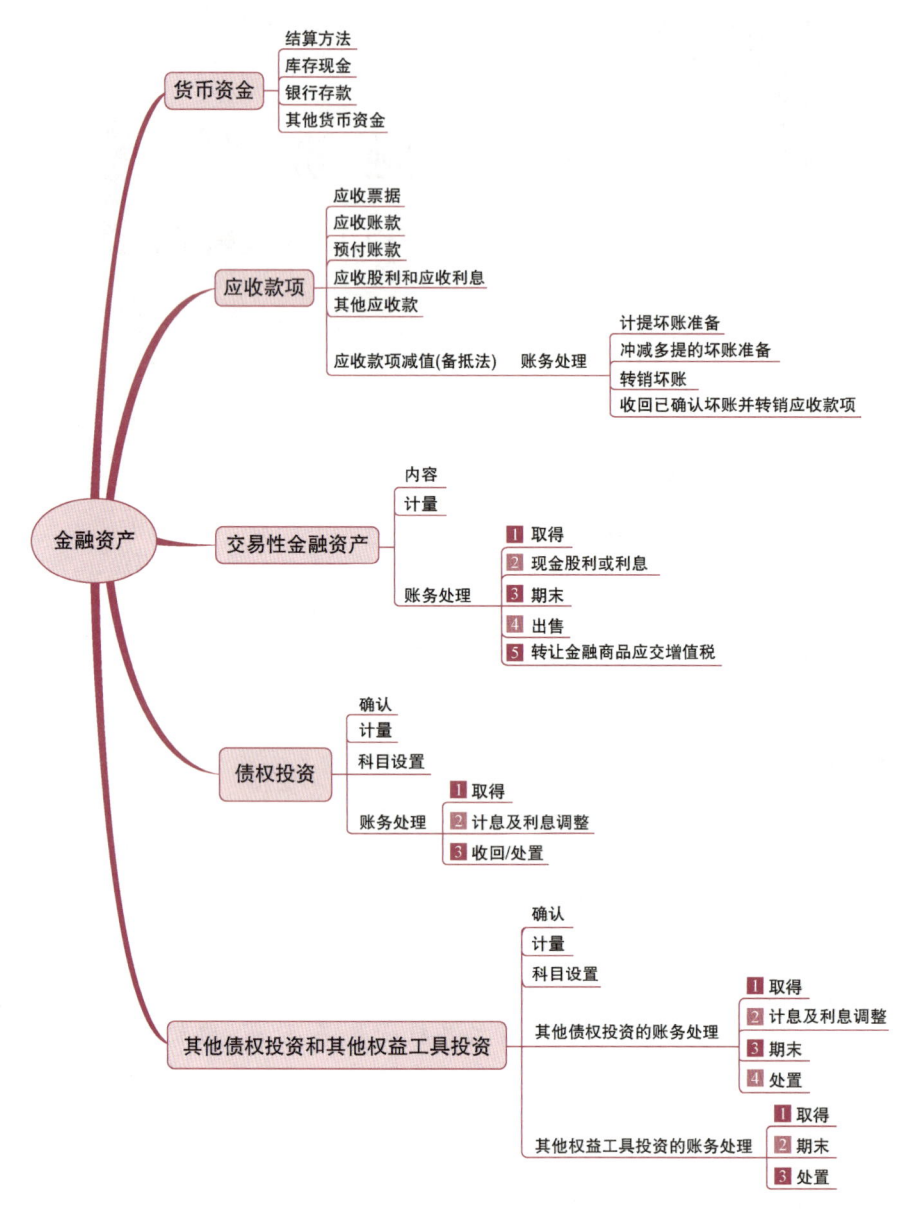

知识导图

- **金融资产**
  - **货币资金**
    - 结算方法
    - 库存现金
    - 银行存款
    - 其他货币资金
  - **应收款项**
    - 应收票据
    - 应收账款
    - 预付账款
    - 应收股利和应收利息
    - 其他应收款
    - 应收款项减值(备抵法) — 账务处理
      - 计提坏账准备
      - 冲减多提的坏账准备
      - 转销坏账
      - 收回已确认坏账并转销应收款项
  - **交易性金融资产**
    - 内容
    - 计量
    - 账务处理
      1. 取得
      2. 现金股利或利息
      3. 期末
      4. 出售
      5. 转让金融商品应交增值税
  - **债权投资**
    - 确认
    - 计量
    - 科目设置
    - 账务处理
      1. 取得
      2. 计息及利息调整
      3. 收回/处置
  - **其他债权投资和其他权益工具投资**
    - 确认
    - 计量
    - 科目设置
    - 其他债权投资的账务处理
      1. 取得
      2. 计息及利息调整
      3. 期末
      4. 处置
    - 其他权益工具投资的账务处理
      1. 取得
      2. 期末
      3. 处置

金融资产(financial assets)是指企业持有的现金、其他方的权益工具以及符合下列条件之一的资产：❶从其他方收取现金或其他金融资产的合同权利；❷在潜在有利条件下，与其他方交换金融资产或金融负债的合同权利；❸将来须用或可用企业自身权益工具进行结算的非衍生工具合同，且企业根据该合同将收到可变数量的自身权益工具；❹将来须用或可用企业自身权益工具进行结算的衍生工具合同，但以固定数量的自身权益工具交换固定金额的现金或其他金融资产的衍生工具合同除外。

企业按管理金融资产的业务模式和金融资产的合同现金流量特征，将金融资产分为三类：❶以摊余成本计量的金融资产；❷以公允价值计量且其变动计入其他综合收益的金融资产；❸以公允价值计量且其变动计入当期损益的金融资产。上述分类一经确定，不得随意变更。

本教材介绍的金融资产主要包括：库存现金、银行存款、其他货币资金、交易性金融资产、应收票据、应收账款、应收利息、应收股利、其他应收款、债权投资、其他债权投资、其他权益工具投资等。

第一节 货币资金

货币资金(cash and cash equivalents)是指企业生产经营过程中处于货币形态的资产，包括库存现金、银行存款和其他货币资金。

一、货币资金的支付结算方式介绍

支付结算，是指单位、个人在社会经济活动中使用票据、银行卡、汇兑、托收承付、委托收款等方式进行货币给付及资金清算的行为。货币资金的支付结算方式分现金结算和转账结算(非现金结算)两种。凡是用现金直接收付的结算称为现金结算；凡是通过银行、第三方支付平台划拨转账，款项从付款单位账户转入收款单位账户的结算称为转账结算。

转账结算(非现金结算)方式分票据结算和非票据结算两类。票据结算包括支票结算、银行汇票结算、银行本票结算、商业汇票结算；非票据结算方式包括信用卡、委托收款、异地托收承付、汇兑和信用证、网络银行、第三方平台等，如图1-1所示。

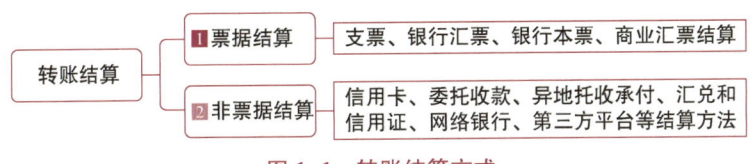

图1-1 转账结算方式

> **知识链接**
>
> 涉及货币资金支付结算的相关法律法规很多，比如对现金结算作出规定的有：《现金管理暂行条例》；对银行转账结算作出规定的有：《支付结算办法》《国内信用证结算办法》《中华人民共和国票据法》《票据管理实施办法》《人民币银行结算账户管理办法》《银行卡

业务管理办法》等;对通过网络银行、第三方支付平台等电子支付作出规定的有:《电子支付指引(第一号)》《非金融机构支付服务管理办法》《电子商业汇票业务管理办法》等。

(一) 支票

支票,是指由出票人签发的,委托办理支票存款业务的银行在见票时无条件支付确定的金额给收款人或者持票人的票据。单位和个人在同一票据交换区域的各种款项结算,均可使用支票进行。全国支票影像交换系统支持支票在全国使用。支票的种类如表1-1所示。

表1-1　　　　　　　　　　　　　支票的种类

种类	特点	备注
现金支票	印有"现金"字样,只能用于支取现金	
转账支票(格式见凭证1-1)	印有"转账"字样,只能用于转账	
普通支票	未印有"现金"或"转账"字样,可以用于支取现金,也可用于转账	在普通支票左上角画两条平行线,为划线支票,只能用于转账,不得支取现金

凭证1-1

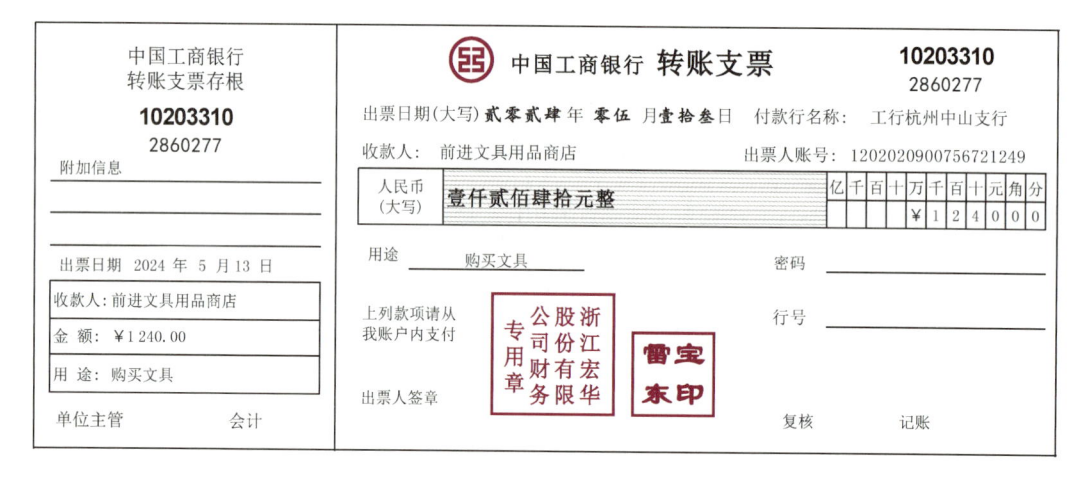

支票的使用要点:

(1) 支票一律记名,转账支票可以背书转让。

(2) 支票的提示付款期限为自出票日起10日(从签发支票的当日起,到期日遇例假日顺延),超过提示付款期持票人开户银行不予受理,付款人不予付款。

(3) 支票签发的日期、大小写金额和收款人名称不得更改,其他内容有误,可以画线更正,并加盖预留银行印鉴证明。

(4) 支票发生遗失,可以向付款银行申请挂失,挂失前已经支付的,银行不予受理。

(5) 出票人签发空头支票、印章与银行预留印鉴不符的支票、使用支付密码但支付密码错误的支票,银行除将支票做退票处理外,还要按票面金额处以5‰但不低于1 000元的罚款。

(6) 禁止签发空头支票。

(7) 收款方收到支票,应在支票提示付款期内填写"进账单"连同支票送交银行。

(二) 银行汇票

银行汇票,是指出票银行签发的,由其在见票时按照实际结算金额无条件支付给收款人或者持票人的票据。出票银行为银行汇票的付款人。单位和个人的各种款项结算,均可使用银行汇票。

银行汇票办理时,先由申请人填开"银行汇票申请书"(或填开"结算业务申请书"并勾选"银行汇票"),并将足额款项交开户银行,再由银行签发汇票给申请人办理结算或支取现金(银行汇票格式见凭证1-2)。银行汇票一式四联,第一联为卡片,由出票行结清汇票时作付出传票;第二联为银行汇票,与第三联解讫通知一并由申请人自带,在兑付行兑付汇票后此联作银行往来账付出传票;第三联是解讫通知,在兑付行兑付后随报单寄出票行,由出票行作余款收入传票;第四联是多余款收账通知,由出票行结清后交申请人。

凭证 1-2

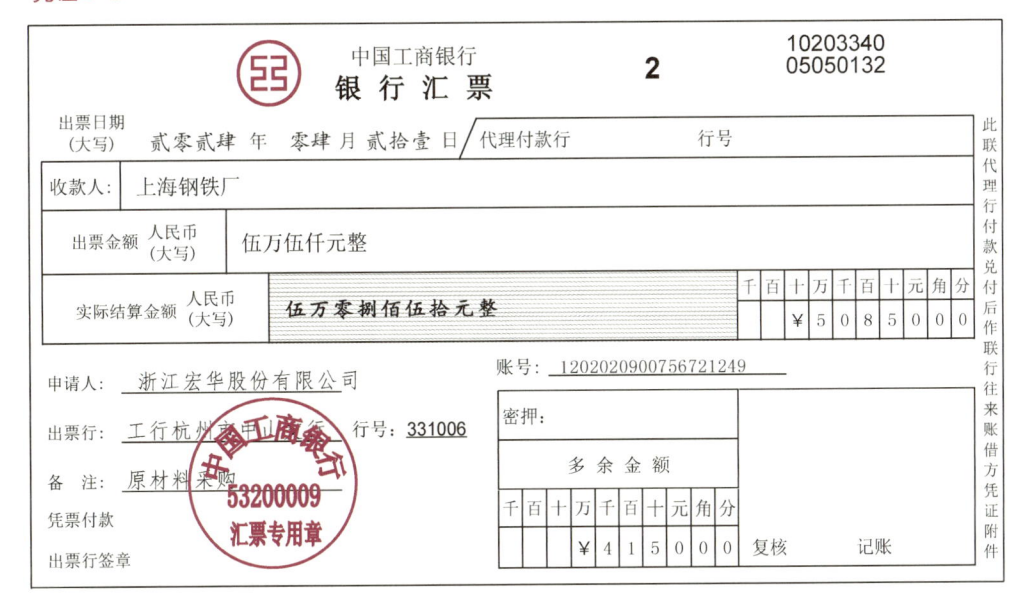

| 中国工商银行 银行汇票 | 2 | 10203340 05050132 |

出票日期(大写):贰零贰肆年零肆月贰拾壹日
代理付款行： 行号：
收款人：上海钢铁厂
出票金额 人民币(大写)：伍万伍仟元整
实际结算金额 人民币(大写)：伍万零捌佰伍拾元整 ¥50 850 00
申请人：浙江宏华股份有限公司
账号：1202020900756721249
出票行：工行杭州古山行 行号：331006
密押：
备注：原材料采购
多余金额 ¥4 150 00
凭票付款
出票行签章：(中国工商银行 53200009 汇票专用章)
复核 记账

银行汇票的使用要点:
(1) 银行汇票可以转账,若申请人和收款人均为个人,并在出票金额栏填明"现金"字样的,可支取现金。
(2) 银行汇票一律记名,可以背书转让。
(3) 银行汇票提示付款期限自出票日起1个月。
(4) 收款方应在银行汇票提示付款期前填写"进账单",连同银行汇票联、解讫通知联送交银行办理转账。
(5) 收款人办理结算时,应在出票金额以内填写实际结算金额、多余金额。
(6) 未指定代理付款人的银行汇票丢失,银行不受理挂失止付。
(7) 申请人可以持汇票和解讫通知联到原出票行办理退款手续,若缺少解讫通知联,应在汇票提示付款期满1个月后(即签发日开始2个月后)到银行办理退款。
(8) 若银行汇票丢失,应在提示付款期满1个月后持人民法院出具的有效证明到银行办理退款。

(三) 银行本票

银行本票,是指由银行签发的,承诺自己在见票时无条件支付确定的金额给收款人或者持票人的票据。单位和个人在同一票据交换区域需要支付的各种款项,均可使用银行本票。

银行本票办理时,先由申请人填开"银行本票申请书"(或填开"结算业务申请书"勾选"银行本票"),将足额款项交开户银行,再由银行签发本票给申请人办理结算或支取现金。银行本票一式二联,第一联由出票行留存,结清本票时作借方凭证附件;第二联为银行本票,交由申请人办理结算。

银行本票的使用要点:

(1) 银行本票可以转账。若申请人和收款人均为个人,并在本票上填明"现金"字样的,可用于支取现金。

(2) 银行本票在同一票据交换区域内使用。

(3) 银行本票一律记名,转账银行本票可以背书转让。

(4) 银行本票提示付款期为自出票日起2个月。

(5) 收款方应在银行本票提示付款期内填写"进账单",连同银行本票送交银行办理兑付。

(6) 申请人可以持本票,填写"进账单"到原出票行办理退款手续。

(7) 若银行本票丢失,应在提示付款期满1个月后持人民法院出具的有效证明到银行办理退款。

(四) 商业汇票

商业汇票,是指由出票人签发的,委托付款人在指定日期无条件支付确定的金额给收款人或者持票人的票据。在银行开立存款账户的法人以及其他组织之间,必须具有真实的交易关系或债权债务关系,才能使用商业汇票,同时要求出票人具有支付汇票金额的可靠资金来源。

(1) 商业汇票根据承兑人不同分为商业承兑汇票和银行承兑汇票。

商业承兑汇票,是指由付款人或收款人签发、由付款人承兑的汇票。商业承兑汇票的付款人在收到开户银行付款通知的当日应答付款;收到开户银行通知的次日起3日内(遇法定休假日顺延)未通知银行付款的,视同付款人承诺付款。付款人提前收到由其承兑的商业汇票,应通知银行于汇票到期日付款。银行在办理划款时,付款人存款账户不足支付的,银行应填制"付款人未付票款通知书",连同商业承兑汇票邮寄持票人开户银行转交持票人。

银行承兑汇票,是指由在承兑银行开立存款账户的存款人(即出票人)签发,由承兑银行承兑的票据。承兑银行按票面金额的一定比例收取手续费。银行承兑汇票的出票人应于汇票到期前将票款足额交存银行,承兑银行在汇票到期日或到期日后的见票当日支付票款。银行承兑汇票的出票人于汇票到期前未能足额交存票款时,承兑银行除凭票向持票人无条件付款外,对出票人尚未支付的汇票金额按每天0.5‰计收利息。

(2) 商业汇票按形式不同分为纸质商业汇票和电子商业汇票两种形式。

纸质商业汇票一式三联,第一联为卡片,由承兑人留存;第二联为商业汇票,作为付出传票附件;第三联为存根联,由出票人存查。

电子商业汇票,是指由出票人依托票据市场基础设施(提供票据交易、登记托管、清算结算、信息服务的机构,中国人民银行指定的机构是上海票据交易所)中的电子商业汇票系统,以数据电文形式制作的,委托付款人在指定日期支付确定的金额给收款人或者持票人的票据。办理电子商业汇票要求出票人具备签约开办对公业务的企业网银等电子服务渠道，与银行签订《电子商业汇票业务服务协议》。收到票据市场基础设施提示付款的承兑人在收到付款通知的当日应答付款，收到开户银行转来付款通知的承兑人在3日内默认付款。

与纸质商业汇票相比，电子商业汇票具有流转快、安全性高、易管理、易转让等优点。随着电子商业汇票系统的完善，电子商业汇票使用推广迅速。电子商业承兑汇票格式见凭证1-3。

凭证1-3

电子商业承兑汇票

出票日期：2023-06-07　　　　　　票据状态：提示收票已签收
汇票到期日：2024-02-07　　　　　票据号码：2 402367870018 20200607 30052601

出票人	全 称	浙江宏华股份有限公司	收款人	全 称	新时代铸件厂
	账 号	1202020900756721249		账 号	1202040800623472716
	开户银行	工行杭州中山支行		开户银行	工行杭州湖滨支行

出票保证信息				
票据金额	人民币（大写）	肆万陆仟捌佰元整	亿千百十万千百十元角分	￥4 6 8 0 0 0 0 0
承兑人信息	全称	浙江宏华股份有限公司	开户行行号	331006
	账号	1202020900756721249	开户行名称	中国工商银行杭州中山支行
交易合同号码	GB/T134507		承兑信息	出票人承诺：本汇票请予以承兑，到期无条件付款
能否转让	可转让			承兑人承诺：本汇票已经承兑，到期无条件付款 承兑日期：2023-06-07
承兑保证信息	保证人姓名：	保证人地址：	保证日期：	
评级信息（由出票人、承兑人自己记载，仅供参考）	出票人	评级主体：	信用等级：	评级到期日：
	承兑人	评级主体：	信用等级：	评级到期日：
备注				

商业汇票的使用要点：

（1）签发商业汇票必须以真实合法的商品交易为基础。

（2）商业汇票一律记名，允许背书转让。

（3）商业汇票的付款人为承兑人，付款期限由交易双方确定。纸质商业汇票的最长付款期不超过6个月，电子商业汇票的最长付款期不超过1年。

（4）商业汇票持票人应自到期日起10日内向承兑人提示付款。

（5）若已承兑的商业汇票丢失，可由失票人通知付款人挂失止付。

（6）对符合条件的未到期银行承兑汇票，持票人可向银行申请贴现。

（五）委托收款

委托收款，是指由收款人**委托银行**向付款人收取款项的结算方式。单位和个人凭已承兑的商业汇票、债券、存单等付款人债务证明办理款项的结算，均可使用委托收款结算方式，委托收款还适用于收取电费、电话费等付款人众多、分散的公用事业费等有关款项。委托收款在同城、异地均可使用。

签发委托收款凭证必须记载下列事项：❶表明"委托收款"的字样；❷确定的金额；❸付款人名称；❹收款人名称；❺委托收款凭据名称及附寄单证张数；❻委托日期；❼收款人签章。欠载上列事项之一的，银行不予受理。

委托收款结算的一般程序为：

第一步，收款人办理委托。收款人填写一式五联的托收凭证，勾选"委托收款"业务类型，并向银行提交委托收款的有关凭据及相关债务证明。

第二步，通知付款人付款。付款人在接到银行通知的次日起 3 日内审核是否付款，如有疑义应及时填写"拒付理由书"通知银行，否则银行将视同默认付款，在第 4 日上午开始营业时将款项划给收款人。

第三步，通知收款人收款。收款人在收到开户行盖章交来的委托收款凭证收账通知时，表示款项已经收到。

托收凭证一式五联：第一联为收款人开户行给收款人的受理回单；第二联为收款人开户行的贷方凭证；第三联为付款人开户行的贷方凭证；第四联为付款人开户行凭以汇款或收款人开户行收账的通知；第五联为付款人开户行给付款人的付款通知。

（六）托收承付

托收承付，是指根据购销合同，由收款人发货后委托银行向异地付款人收取款项，由付款人向银行承认付款的结算方式。托收承付只适用于异地。

签发托收承付的凭证格式与委托收款相同，必须记载下列事项：❶表明"托收承付"的字样；❷确定的金额；❸付款人名称及账号；❹收款人名称及账号；❺付款人开户行名称；❻收款人开户行名称；❼托收附寄单证张数或册数；❽合同名称、号码；❾委托日期；❿收款人签章。欠载上列事项之一的，银行不予受理。

托收承付结算方式下的业务流程，如图 1-2 所示。

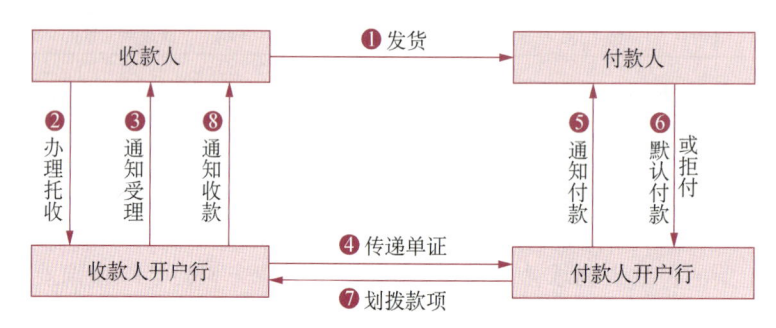

图 1-2 托收承付结算方式下的业务流程

托收承付结算方式的使用要点：

（1）收付款单位必须是国有企业、供销合作社以及经营管理较好，并经开户银行审查同意的城乡集体所有制工业企业。

（2）收付款双方必须签有符合《中华人民共和国民法典》合同编通则等合同相关法律法规文件的购销合同，并在合同上注明使用托收承付结算方式。

（3）托收款项必须是商品交易以及因商品交易而产生的劳务供应款项，代销、寄销、赊销商品的款项，不得办理托收承付结算。

（4）托收承付结算每笔金额起点为 10 000 元，新华书店系统每笔金额起点为 1 000 元。

（5）承付分验单付款和验货付款两种，验单付款的承付期为付款人开户行发出承付通知的次日起 3 天，验货付款的承付期为银行发出承付通知的次日起 10 天。

(6) 银行有查验合同、审核拒付理由的责任，对于逾期不付款的托收款项，银行每日加收 0.5‰ 的滞纳金。

（七）汇兑

汇兑，是指汇款人委托银行将其款项支付给收款人的结算方式。汇兑分为 信汇 和 电汇 两种。汇兑结算方式具有无金额起点限制、手续简便、划款迅速的特点。单位或个人的各种款项的结算，均可使用汇兑结算方式。

采用汇兑结算方式，付款人应填写银行印发的汇款凭证，委托银行将款项汇往收款人开户行，收款人开户行将汇款收进后，向收款人发出收款通知。

（八）信用证

信用证，是指开证行依申请人要求向第三方开立的载有一定金额、在一定期限内凭符合规定的单据付款的书面保证文件。信用证是银行用以保证买方或进口方有支付能力的凭证，分为 国际信用证 和 国内信用证 两种。国际信用证结算是国际结算的一种常用方式，其结算的一般程序为：

第一步，进口商向中国银行申请开证，并缴存足额保证金，银行根据外贸批文、贸易合同、相关部门文件，审核后开立信用证并通知出口方银行。

第二步，出口方发货后向议付行递交单证，议付行代为付款，同时向开证行寄单索汇；开证行审核后向议付行付款。

第三步，开证行通知进口商付款赎单。

国内信用证除用于国内贸易结算外，常用于客户融资需求。

（九）银行卡

银行卡，是指经批准的商业银行向个人和单位发行的具有消费信用、转账结算、存取现金等功能的信用支付工具。

银行卡按是否具有透支功能分为 信用卡 和 借记卡。信用卡可以透支，借记卡不具备透支功能。

银行卡按发行对象分为 单位卡 和 个人卡。凡在中国境内金融机构开立基本存款账户的单位均可申领单位卡。单位卡可申领若干张，持卡人资格由申领单位法定代表人或其委托的代理人书面指定和注销，持卡人不得出租或转借信用卡。人民币单位卡账户的资金一律从基本存款账户存入，不得缴存现金，不得将销货收入存入单位卡账户；单位外币卡账户的资金从其单位的外汇账户转账存入，不得在境内存取外币现钞。单位卡可办理商品交易、劳务供应款项的结算，但不得透支，也不得支取现金。

（十）网上支付

网上支付常见的有两种平台：一是通过 网络银行 支付，二是通过第三方支付平台支付。

网络银行又称网上银行、在线银行，是银行利用网络技术，通过互联网（internet）向客户提供开户、查询、对账、转账、理财等金融服务。网上银行通过在互联网上设立虚拟银行柜台，其服务不受时间、空间限制，具有较高的便捷性。现在通过网络银行进行转账结算的企业越来越多。网络结算后可以直接在单位电脑或到银行打印电子回单作为记账依据。网上银行电子回单的格式，如凭证 1-4 所示。

凭证 1-4

中国工商银行　网上银行电子回单

电子回单号码：0010-3453-0032-0100

付款人	户　名	浙江宏华股份有限公司	收款人	户　名	浙江宏华股份有限公司
	账　号	1202020900756721249		账　号	2011030720057120849
	开户银行	工行杭州市中山支行		开户银行	中国工商银行广州望闽路支行
金　额	人民币（大写）　叁万元整		￥30 000.00		
摘　要	外埠存款		业务（产品）种类	钞	
用　途	临时采购专户				
交易流水号	9020355587		时间戳	2024-02-20.21.35.12345678	

备注：
用途：临时采购专户　汇出行：10233102010　汇出行名称：工行杭州中山支行
汇入行：02100000101　指令编号：HFJ000000123345678　提交人：ZWW.c.3333
最终授权人：HZP.c.3333
验证码：gGNMIxoygjjwbIJHGijHLJOh

（中国工商银行 电子回单专用章）

记账网点	300010	记账柜员	000123	记账日期	2024年2月20日

第三方支付，是指具备一定实力和信誉保障的非银行机构，借助通信、计算机和信息安全技术，采用与各大银行签约的方式，在用户与银行支付结算系统间建立连接的电子支付模式。"第三方"独立于商户和银行，在银行监管下作为资金流转的"中间人"，实现了资金在不同商家、银行账户之间的电子划拨和转移。第三方支付平台不只具备资金转移功能，还实现了对交易双方的约束和监督。常见的第三方支付平台如支付宝、财付通等。

二、库存现金

库存现金，是指存放于企业财会部门、由出纳人员经管的货币。库存现金是企业流动性最强的资产，企业应当严格遵守国家和企业有关现金管理制度，正确进行现金收支的核算，监督现金使用的合法性与合理性。

（一）库存现金管理

企业现金管理应遵循《现金管理暂行条例》❶的规定。中国人民银行总行是现金管理的主管部门；各级人民银行负责对开户银行的现金管理进行监督和稽核；各开户银行负责现金管理的具体执行，对开户单位的现金收支和使用进行监督管理。凡是在开户银行开立账户的企业单位，必须依照规定收支和使用现金，接受开户银行的监督。库存现金管理的主要内容有：

1. 现金的使用范围

下列支出可以<u>直接使用现金</u>：

（1）职工工资、津贴。

（2）个人劳务报酬。

（3）根据国家规定颁发给个人的科学技术、文化艺术、体育比赛等各种奖金。

---

❶ 《中华人民共和国现金管理暂行条例》由国务院在 1988 年 9 月 8 日颁布。

(4) 各种劳保、福利费用以及国家规定的对个人的其他支出。
(5) 向个人收购农副产品和其他物资的价款。
(6) 出差人员必须随身携带的差旅费。
(7) 结算起点(现行规定1 000元人民币)以下的零星支出。
(8) 中国人民银行确定需要支付现金的其他支出。

除企业可以现金支付的款项中的第(5)、第(6)项外,开户单位支付给个人的款项,超过使用现金限额的部分,应当以支票或者银行本票等方式支付;确需要全额支付现金的,经开户银行审核后,予以支付现金。

2. 库存现金的限额

为保证各单位日常工作中零星支出的需要,企业可保留一定数额的库存现金。库存现金的限额由开户银行根据开户单位的实际需要、距离银行远近、交通是否便利等情况核定,原则上以开户单位3~5天的日常零星开支所需核定库存现金限额。边远地区或交通不发达地区的开户单位的库存现金限额,可适当放宽,但最多不得超过15天的日常零星开支。库存现金限额一经核定,开户单位必须严格遵守,超出限额的现金应及时送存银行,库存现金不足限额时,可签发现金支票从银行提取补足。需要增加或者减少库存现金限额的,应当向开户银行提出申请,由开户银行核定。

3. 库存现金的收支管理

(1) 严格职责分工。凡涉及库存现金的不相容职务应由不同人员担任,明确相关人员的职责权限,做到相互分离、相互制约,以明确责任,防止舞弊。比如,出纳不得兼管收入、费用、债权债务等账簿的登记及会计稽核和会计档案保管;财务专用章应由专人保管,严禁一个人保管支付款项所需的全部印章;实行定期岗位轮换。

(2) 严格库存现金收支手续。会计人员(或出纳)填制收付款凭证,经由会计主管审核后,由出纳办理款项收付;出纳收付款项后,要在收付款凭证上签章,加盖"收讫""付讫"戳记,并据以登记库存现金日记账。

(3) 建立库存现金审核制度。出纳应每日结出库存现金日记账余额,与库存现金核对,做到日清月结,账款相符。开户银行应检查企业是否遵守现金管理规定,如:

不得"坐支"现金。所谓"坐支"现金,是指企业从现金收入中直接进行支付。企业在经营活动中收到的现金应及时送存银行,现金开支,可以从现金限额中支付或者从开户银行提取,特殊情况需要坐支现金的,应当事先报经开户银行审查批准,由开户银行核定坐支范围和限额。

不得"白条抵库"。所谓"白条抵库",是指以不符合财务制度的凭证、单据(如手续不全的借条、收据)顶替库存现金。

不得谎报用途套取现金;不得利用银行账号为其他单位和个人存取现金;不得私设小金库,不得设账外账,不得公款私存等。

(二) 库存现金的账务处理

为了反映和监督企业库存现金的收入、支出和结存情况,企业应当设置"库存现金"科目,借方登记企业库存现金的增加,贷方登记库存现金的减少,期末借方余额反映期末企业实际持有的库存现金的金额。

库存现金的账务处理主要包括:库存现金收入、库存现金支出、库存现金清查及结果处理等。

1. 库存现金收入的账务处理

企业收入库存现金的主要途径有:从银行提取现金;收取转账结算起点1 000元以下的小额销售款;职工交回的差旅费余款等。收入现金时,应根据审核无误的原始凭证进行账务处理。

【例1-1】 2024年5月11日,浙江宏华股份有限公司(简称"宏华公司")签发现金支票一张,从开户银行提取现金4 000元备用。请编制宏华公司该笔业务的会计分录。

相关凭证:现金支票存根。

借:库存现金　　　　　　　　　　　　　　　　　　　　　　4 000
　　贷:银行存款　　　　　　　　　　　　　　　　　　　　　　4 000

【例1-2】 2024年5月13日,浙江宏华股份有限公司(简称"宏华公司")出售多余原材料,开出增值税专用发票,列明收入500元,增值税税率13%。上述价税款已现金收讫。请编制宏华公司该笔业务的会计分录。

相关凭证:增值税专用发票记账联。

借:库存现金　　　　　　　　　　　　　　　　　　　　　　565
　　贷:其他业务收入　　　　　　　　　　　　　　　　　　　500
　　　　应交税费——应交增值税(销项税额)　　　　　　　　　65

2. 库存现金支出的账务处理

企业库存现金支出必须遵守国家管理制度的规定,在允许的范围内办理。付出库存现金时,应根据审核无误的原始凭证进行账务处理。

【例1-3】 2024年5月15日,浙江宏华股份有限公司(简称"宏华公司")购买办公用品800元,用现金付讫。请编制宏华公司该笔业务的会计分录。

相关凭证:增值税普通发票发票联;费用报销单(见凭证1-5)。

借:管理费用　　　　　　　　　　　　　　　　　　　　　　800
　　贷:库存现金　　　　　　　　　　　　　　　　　　　　　　800

凭证1-5

费用报销单

报销日期 2024 年 5 月 15 日　　　　　　附件 2 张

费用项目	类别	金额	负责人(签章)	张忠智
资料费	公司经费	200.00	审核意见	同意报销
办公用品	公司经费	600.00		
			报销人(签章)	张敏
报销金额合计		¥ 800.00		
核实金额(大写)捌佰元整		¥800.00		
借款金额	应退金额		应补金额	
审核 沈丹红			出纳 王静	

(现金付讫)

3. 库存现金清查的账务处理

为加强库存现金的保管监督工作,企业应定期或不定期对现金进行清查,库存现金清查采用实地盘点法,并根据盘点结果填制"库存现金盘点表"。如果有挪用库存现金、白条抵库的情况,应及时予以纠正;对于超限额留存的现金应及时送存银行。

如果账款不符,发现有待查明原因的现金短缺或溢余,应及时填写"现金溢余短缺报告单",将溢缺金额记入"待处理财产损溢"科目。按管理权限经批准后,分两种情况处理:如为现金溢余,属于应归还给有关人员或单位的,贷记"其他应付款"科目;属于无法查明原因的,转入"营业外收入"科目。如为现金短缺,责成有关部门或人员赔偿的,借记"其他应收款"科目;属于无法查明原因的,转入"管理费用"科目。

【例 1-4】 浙江宏华股份有限公司(简称"宏华公司")在某日现金清查中,发现现金短缺 3 000 元,原因待查。后查明其中 400 元是出纳王静工作失误造成,责成其赔偿;另外 2 600 元无法查明原因,经批准后记入"管理费用"科目。请编制宏华公司该笔业务的会计分录。

相关凭证: 库存现金盘点表;现金溢余短缺报告单。

(1) 发现现金短款时:
借:待处理财产损溢——待处理流动资产损溢　　3 000
　　贷:库存现金　　　　　　　　　　　　　　　　　　3 000
(2) 现金短款处理时:
借:其他应收款——王静　　　　　　　　　　　　400
　　管理费用　　　　　　　　　　　　　　　　　　2 600
　　贷:待处理财产损溢——待处理流动资产损溢　　3 000

【例 1-5】 浙江宏华股份有限公司(简称"宏华公司")在 6 月库存现金盘点时,发现现金溢余 500 元,未能查明原因,经批准后记入"营业外收入"科目。请编制宏华公司该笔业务的会计分录。

相关凭证: 库存现金盘点表;现金溢余短缺报告单。

(1) 发现现金长款时:
借:库存现金　　　　　　　　　　　　　　　　　　500
　　贷:待处理财产损溢——待处理流动资产损溢　　500
(2) 现金长款处理时:
借:待处理财产损溢——待处理流动资产损溢　　500
　　贷:营业外收入　　　　　　　　　　　　　　　　500

(三) 库存现金的序时核算

库存现金的序时核算即登记库存现金日记账。库存现金日记账是企业出纳人员按照现金收付业务发生或完成的时间顺序,根据审核无误的收付款凭证逐日逐笔序时登记,用来记录现金增减变动情况的账簿。库存现金日记账一般采用三栏式(外币现金采用复币式),每日终了,计算当日现金结存数,与现金实存数相核对,保证账款相符。月份终了,结出库存现金日记账收入合计、支出合计,库存现金日记账余额必须与库存现金总账余额核对,做到账账相符。

三、银行存款

银行存款,是企业存放在银行或其他金融机构的货币资金。企业应当根据业务需要,按照规定在其所在地银行开设账户,运用所开设的账户,进行存款、取款以及各种收支转账业务的结算。银行存款的收付应严格执行银行结算制度的规定。

(一) 银行账户管理

《人民币银行结算账户管理办法》规定企业必须按照规定开立、使用账户。银行存款账户分为基本存款账户、一般存款账户、临时存款账户和专用存款账户,具体内容如表1-2所示。

表 1-2　　　　　　　　　　　银行存款账户

账户名称	含义	用途及限制
基本存款账户	存款人因办理日常转账结算和现金收付需要开立的银行结算账户	存款人日常经营活动的资金收付及其工资、奖金和现金的支取,应通过基本存款账户办理。单位银行结算账户的存款人只能开立一个基本存款账户
一般存款账户	存款人因借款或其他结算需要,在基本存款账户开户银行以外的银行营业机构开立的银行结算账户	存款人可以通过一般存款账户办理借款转存、借款归还和其他结算的资金收付,可以办理现金缴存,但不得办理现金支取
临时存款账户	存款人因临时需要并在规定期限内使用而开立的银行结算账户	存款人可以通过临时存款账户办理临时机构以及存款人临时经营活动发生的资金收付。临时存款账户应根据有关开户证明文件确定的期限或存款人的需要确定其有效期限,最长不得超过2年
专用存款账户	存款人按照法律、行政法规和规章,对其特定用途资金进行专项管理和使用而开立的银行结算账户	用于办理各项专用资金的收付

(二) 银行存款的账务处理

为了反映和监督企业银行存款的收入、支出和结存情况,企业应当设置"银行存款"科目,借方登记企业银行存款的增加,贷方登记企业银行存款的减少,期末借方余额反映企业期末实际持有的银行存款的金额。本科目应按照不同开户银行、不同币种进行明细核算。

1. 银行存款增加的账务处理

【例1-6】 2024年7月18日,浙江宏华股份有限公司(简称"宏华公司")销售商品后收到杭州轴承厂的转账支票一张,金额为11 300元。出纳填写进账单,将支票送存银行。请编制宏华公司该笔业务的会计分录。

相关凭证:增值税专用发票记账联;进账单(回单)(见凭证1-6)。

借:银行存款　　　　　　　　　　　　　　　　　　　　　　　　11 300
　　贷:主营业务收入　　　　　　　　　　　　　　　　　　　　10 000
　　　　应交税费——应交增值税(销项税额)　　　　　　　　　 1 300

凭证 1-6

中国工商银行	进账单	（回单）	1

2024 年 7 月 18 日

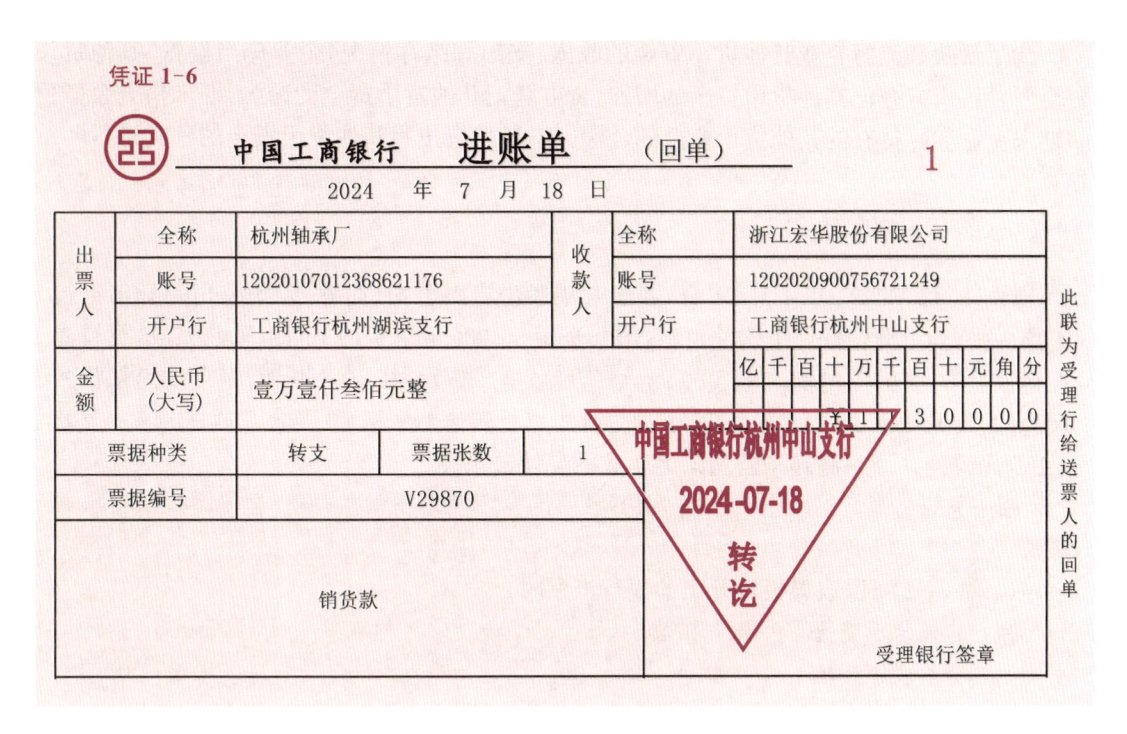

出票人	全称	杭州轴承厂	收款人	全称	浙江宏华股份有限公司	此联为受理行给送票人的回单
	账号	1202010701236862 1176		账号	1202020900756721249	
	开户行	工商银行杭州湖滨支行		开户行	工商银行杭州中山支行	
金额	人民币（大写）	壹万壹仟叁佰元整	亿千百十万千百十元角分 ￥ 1 1 3 0 0 0 0			
票据种类	转支	票据张数	1			
票据编号		V29870				
销货款						

中国工商银行杭州中山支行 2024-07-18 转讫

受理银行签章

2. 银行存款减少的账务处理

【例1-7】 浙江宏华股份有限公司（简称"宏华公司"）在前进文具用品商店采购办公用品一批，开出转账支票1 240元以办理支付（转账支票存根见凭证1-1中的左联）。请编制宏华公司该笔业务的会计分录。

相关凭证：增值税普通发票发票联；费用报销单；转账支票存根联。

借：管理费用——公司经费　　　　　　　　　　　　　　1 240
　　贷：银行存款　　　　　　　　　　　　　　　　　　　　1 240

（三）银行存款的序时核算

银行存款的序时核算即登记银行存款日记账。银行存款日记账应根据开户银行、存款种类等分别设置，由企业出纳人员按照审核无误的银行收付款凭证逐日逐笔序时登记。银行存款日记账一般采用三栏式（外币存款采用复币式），按日结出余额，月末结出本月收入、付出合计数和月末余额，与总账核对相符。

银行存款日记账应定期与银行对账单核对，按收支结算凭证号、金额等条件逐笔对账，至少每月核对一次。如发现有一方已入账，另一方未入账的，应编制"银行存款余额调节表"对未达账项进行调节；如没有记账错误，调节后的银行存款日记账和对账单余额应相等。

四、其他货币资金

其他货币资金是指企业除了库存现金和银行存款以外的其他各种货币资金，主要包括银行汇票存款、银行本票存款、外埠存款、信用卡存款、信用证保证金存款、存出投资款、支付宝存款、微信存款等。

为了反映和监督企业其他货币资金的收入、支出和结存情况,企业应当设置"其他货币资金"科目,借方登记其他货币资金的增加,贷方登记其他货币资金的减少,期末借方余额反映期末企业实际持有的其他货币资金的金额。本科目应按照其他货币资金的种类进行明细核算。

(一) 银行汇票存款

【例 1-8】 2024 年 4 月 21 日,浙江宏华股份有限公司(简称"宏华公司")开出银行汇票一张,到上海钢铁厂采购原材料,出票金额 55 000 元。5 月 15 日,采购完成,材料尚在运输途中,实际支付价款 45 000 元,增值税款 5 850 元,共 50 850 元,多余款尚未收回(银行汇票见凭证 1-2)。5 月 20 日,收到开户行转来银行汇票多余款收账通知,余款 4 150 元收到。请编制宏华公司该笔业务的会计分录。

相关凭证: 银行汇票申请书回单联;增值税专用发票发票联;银行汇票多余款收账通知联。

(1) 4 月 21 日,取得银行开出的银行汇票时:

借:其他货币资金——银行汇票　　　　　　　　　　　　55 000
　　贷:银行存款　　　　　　　　　　　　　　　　　　　　55 000

(2) 5 月 15 日,持票采购材料时:

借:在途物资　　　　　　　　　　　　　　　　　　　　45 000
　　应交税费——应交增值税(进项税额)　　　　　　　　　5 850
　　贷:其他货币资金——银行汇票　　　　　　　　　　　50 850

(3) 5 月 20 日,收到多余款项时:

借:银行存款　　　　　　　　　　　　　　　　　　　　 4 150
　　贷:其他货币资金——银行汇票　　　　　　　　　　　 4 150

【例 1-9】 上海钢铁厂销售钢材一批,价款 45 000 元,增值税税额 5 850 元。出纳取得宏华公司的银行汇票及解讫通知,填写进账单,持票到银行办理进账。银行按实际结算金额拨付款项。请编制上海钢铁厂该笔业务的会计分录。

相关凭证: 进账单回单;增值税专用发票记账联。

借:银行存款　　　　　　　　　　　　　　　　　　　　50 850
　　贷:主营业务收入　　　　　　　　　　　　　　　　　45 000
　　　　应交税费——应交增值税(销项税额)　　　　　　　5 850

> **注意:**
> ✦ 本例中收款人上海钢铁厂在收到银行汇票后,应按实际收账金额填写进账单,将银行汇票连同解讫通知送存银行,所以会计处理时直接借记"银行存款"科目,并没有反映在"其他货币资金——银行汇票"科目中。

（二）银行本票存款

【例 1-10】 浙江宏华股份有限公司（简称"宏华公司"）委托开户行开出一张定额银行本票，面值 10 000 元，到杭州玻璃厂采购玻璃制品一批作为办公用品，实际支付价款 8 000 元，增值税款 1 040 元，余款 960 元由杭州玻璃厂开出转账支票退回。宏华公司当即将转账支票存入银行。请编制宏华公司该笔业务的会计分录。

相关凭证： 银行本票申请书回单联；增值税专用发票发票联；进账单回单。

(1) 取得定额银行本票时：

借：其他货币资金——银行本票　　　　　　　　　　　　　　　10 000
　　贷：银行存款　　　　　　　　　　　　　　　　　　　　　　10 000

(2) 持票采购，收回多余款时：

借：管理费用——公司经费　　　　　　　　　　　　　　　　　 8 000
　　应交税费——应交增值税（进项税额）　　　　　　　　　　　1 040
　　银行存款　　　　　　　　　　　　　　　　　　　　　　　　 960
　　贷：其他货币资金——银行本票　　　　　　　　　　　　　　10 000

💡 **注意：**

➜ 银行本票银行见票即付，企业持银行本票结算时，交易金额大于或小于票面金额都只能通过其他结算方式退回或收取。本例中实际交易金额 9 040 元小于银行本票票面金额 10 000 元，所以宏华公司另外收到杭州玻璃厂以转账支票方式退回的多余款 960 元。

（三）外埠存款

【例 1-11】 浙江宏华股份有限公司（简称"宏华公司"）派员工到外地进行零星采购，在当地开立临时采购专户，同时通过网上银行向外地采购专户转账 30 000 元。请编制宏华公司该笔业务的会计分录。

相关凭证： 网上银行电子回单（见凭证 1-4）。

借：其他货币资金——外埠存款　　　　　　　　　　　　　　　30 000
　　贷：银行存款　　　　　　　　　　　　　　　　　　　　　　30 000

（四）信用卡存款

【例 1-12】 浙江宏华股份有限公司（简称"宏华公司"）通过网上银行从基本存款账户转出 8 000 元到单位信用卡账户。持卡人向特约单位购进一批文具，取得增值税专用发票一张，注明价款 1 000 元，增值税税额 130 元。请编制宏华公司该笔业务的会计分录。

相关凭证： 网上银行电子回单；增值税专用发票发票联。

(1) 资金转入信用卡账户时：

借：其他货币资金——信用卡　　　　　　　　　　　　　　　　 8 000
　　贷：银行存款　　　　　　　　　　　　　　　　　　　　　　 8 000

(2) 持卡采购时：
借：管理费用——公司经费　　　　　　　　　　　　1 000
　　应交税费——应交增值税（进项税额）　　　　　　130
　　贷：其他货币资金——信用卡　　　　　　　　　1 130

（五）信用证保证金

企业办理信用证开证业务，在收到银行的信用证开证申请书受理回单后，按缴纳的保证金金额借记"其他货币资金——信用证保证金"科目，贷记"银行存款"科目；保证金退还时，借记"银行存款"等科目，贷记"其他货币资金"科目。

（六）存出投资款

存出投资款，是指企业已存入证券公司但尚未进行投资的资金。企业将存款转入投资专户时，借记"其他货币资金——存出投资款"科目，贷记"银行存款"科目；企业使用投资账户中的资金投资股票、债券、基金时，借记"交易性金融资产"等科目，贷记"其他货币资金——存出投资款"科目❶。

（七）支付宝、微信存款

企业存在第三方支付平台（如支付宝、微信）上的资金，也属于其他货币资金。企业将存款转入支付宝、微信账户时，借记"其他货币资金——支付宝（或微信）"科目，贷记"银行存款"科目；反之，将支付宝、微信上的余额转入银行账户时，借记"银行存款"科目，贷记"其他货币资金——支付宝（或微信）"科目；使用支付宝、微信支付时，借记"管理费用"等科目，贷记"其他货币资金——支付宝（或微信）"科目。

文本：货币资金账务处理总结

素养园地

人民币——中华人民共和国法定货币

人民币（RMB）是中华人民共和国的法定货币。中国人民银行是国家管理人民币的主管机关，负责人民币的设计、印制和发行。人民币的单位为元，人民币的辅币单位为角、分。1元等于10角，1角等于10分。人民币符号为"元"的拼音首字母大写"Y"加上两横，即"￥"。

中华人民共和国自1948年发行人民币以来已发行五套人民币（截至2021年），形成了纸币与金属币、普通纪念币与贵金属纪念币等构成的多品种、多系列的货币体系。除1分、2分、5分三种硬币外，第一套、第二套和第三套人民币已经退出流通，第四套人民币于2018年5月1日起停止流通（1角、5角纸币和5角、1元硬币除外）。目前流通的人民币，主要是1999年、2005年、2015年、2019年、2020年发行的第五套人民币。

---

❶ 购买股票时存出投资款的使用详见本章第三节中交易性金融资产的相关介绍。

第二节 应收款项

应收款项(account receivables)是指企业在日常生产经营过程中发生的各项债权,包括应收票据、应收账款、应收股利、应收利息、其他应收款等。

一、应收票据

应收票据,是指企业因销售商品、提供服务等而收到的商业汇票。应收票据作为一种商业信用工具,受到法律保护,还可以在到期前向银行贴现或转让,比其他应收款项具有更大的流动性。

(一) 应收票据概述

1. 应收票据的分类

应收票据按照承兑人不同,分为商业承兑汇票和银行承兑汇票。商业承兑汇票由付款人承兑,银行承兑汇票由承兑银行承兑。商业承兑汇票到期,若付款人银行存款账户余额不足,收款人将无法收到足额款项;银行承兑汇票到期,若付款人银行存款账户余额不足,承兑银行也应无条件向收款人或持票人支付款项,收款人可以足额收回款项。

应收票据按是否载明利率,分为不带息商业汇票和带息商业汇票。不带息商业汇票到期时,收款人按票面金额收取款项;带息商业汇票到期时,除票面金额外,收款人还可按票面标明利率及日期计算收取利息[1]。

2. 应收票据的计量

在我国会计实务中,应收票据的初始计量一律按票面金额入账。

应收票据的后续计量,带息票据与不带息票据有所不同:不带息应收票据持有期间总是按面值反映;带息应收票据应于会计期末按照已实现利息金额调整增加应收票据的账面价值。

应收票据的期末计量,按照未来现金流量现值与账面价值孰低法计价,在应收票据可收回金额低于账面价值的情况下,计提坏账准备,调低应收票据的账面价值(有关坏账准备及其计提的会计处理在本节应收账款部分介绍)。

(二) 应收票据核算科目的设置

为了反映和监督应收票据取得、票款收回等情况,企业应当设置"应收票据"科目,借方登记企业收到的商业汇票、带息商业汇票计息的增加额,贷方登记商业汇票到期、贴现、背书转让、发生坏账等原因的减少额,期末借方余额反映企业持有尚未到期的商业汇票金额。该科目应按照对方单位进行明细核算。

企业同时还需设置"应收票据备查簿",逐笔登记商业汇票的种类、号数、出票日、票面金额、交易合同号和付款人、承兑人、背书人的姓名或单位名称、到期日、背书转让日、贴现日、

---

[1] 不带息商业汇票不一定不包含利息,有的不带息商业汇票的票面金额其实已经考虑了利息因素,即票面价值为本利和。

贴现率及贴现净额以及收款日和收款金额、退票情况等资料。商业汇票到期结清票款或退票后，在备查簿中注销。

（三）应收票据的账务处理

应收票据的账务处理包括应收票据的取得、带息应收票据的期末计息、应收票据的到期收回（或到期收不回）。

1. 应收票据取得的账务处理

企业收到经承兑的商业汇票时，应按票面金额借记"应收票据"科目，贷记"主营业务收入""应交税费"等科目。

【例1-13】 2024年11月1日，浙江宏华股份有限公司（简称"宏华公司"）向万通公司销售商品一批，价款60 000元，增值税税额7 800元，同日收到由万通公司签发并承兑的带息商业承兑汇票一张，票面金额67 800元，期限6个月，票面利率5%。请编制宏华公司该笔业务的会计分录。

相关凭证：销售合同复印件；增值税专用发票记账联；商业承兑汇票复印件。

借：应收票据——万通公司　　　　　　　　　　　　　67 800
　　贷：主营业务收入　　　　　　　　　　　　　　　　60 000
　　　　应交税费——应交增值税（销项税额）　　　　　 7 800

2. 带息应收票据期末计息的账务处理*

带息商业汇票在会计期末，应按票面金额及票面利率计算利息，调整增加应收票据账面价值。一般地，如果应收票据的利息金额较大，对利润有较大影响，应按月计提利息；如果应收票据的利息金额不大，可以于季末或年末计提利息。当然根据重要性和谨慎性的要求，平时也可以不计利息，等票据到期时再计息。

【例1-14】 沿用【例1-13】中的数据，宏华公司持有一张票面金额67 800元、出票日为2024年11月1日、期限6个月、票面利率5%的商业承兑汇票。2024年12月31日，宏华公司对该票据进行期末计息。请编制宏华公司该笔业务的会计分录。

相关凭证：带息商业汇票利息计算表。

已实现利息＝67 800×5%×2÷12＝565（元）

借：应收票据——万通公司（利息）　　　　　　　　　　565
　　贷：财务费用——利息收入　　　　　　　　　　　　　565

3. 应收票据到期的账务处理

企业持有的即将到期的商业汇票，应匡算其还款时间，提前委托开户银行向付款人收款。应收票据到期可能出现两种结果：一种是收到足额票款，结清债权债务；还有一种是承兑人违约拒付或无力支付，这时应将应收票据的金额转入"应收账款"科目。

【例1-15】 沿用【例1-13】以及【例1-14】中的数据，2025年4月30日，宏华公司持有的付款人为万通公司的商业承兑汇票即将到期，需到银行办妥委托收款手续。5月3日，公司收到银行收款通知，实际收款69 495元。请编制宏华公司该笔业务的会计分录。

相关凭证：委托收款申请书回单；委托收款凭证收账通知。

分析：商业承兑汇票到期值＝67 800×(1＋5‰×6÷12)＝69 495(元)；已计提利息2个月(2024年11月—2024年12月)565元，尚未计提利息4个月(2025年1月—2025年4月)1 130元。

  借：银行存款   69 495
    贷：应收票据——万通公司   68 365
      财务费用——利息收入   1 130

假设万通公司存款不足，无力支付到期商业汇票，票据被退回。则宏华公司收到银行退回的单证时应编制的会计分录为：

  借：应收账款——万通公司   69 495
    贷：应收票据——万通公司   68 365
      财务费用——利息收入   1 130

(四) 应收票据的背书转让和贴现

实务中，企业可以将持有的未到期的商业汇票**背书转让**。票据背书转让，是指在票据背面或者粘单上记载有关事项并签章的票据行为。**贴现**是转让票据的一种形式，是企业将未到期的商业汇票背书转让给银行以融通资金。

1. 应收票据背书转让的账务处理

企业将持有的商业汇票背书转让以换取物资时，按取得物资的成本，借记"在途物资"(或"原材料")、"应交税费——应交增值税(进项税额)"等科目，贷记"应收票据"科目，如有差额，借记或贷记"银行存款"科目。

【例1-16】 2024年6月1日，浙江宏华股份有限公司(简称"宏华公司")将持有的一张由之江公司签发的未到期**电子银行承兑汇票**背书转让，以偿还应付红星公司的欠款160 000元。请编制宏华公司该笔业务的会计分录。

相关凭证：电子银行承兑汇票打印件。

  借：应付账款——红星公司   160 000
    贷：应收票据——之江公司   160 000

2. 应收票据贴现的账务处理

企业持未到期的商业汇票向银行贴现，银行根据贴现率和商业汇票剩余天数，先行从票据到期值中扣除贴现息后，给持票人剩余金额的现款。商业汇票实得贴现额的计算分三步进行：

❶ 票据到期值＝票据面值＋票据利息＝票据面值×(1＋票据利率×票据期限)
❷ 贴现利息＝票据到期值×贴现率×贴现期
❸ 实得贴现金额＝票据到期值－贴现利息

企业将持有的商业汇票贴现后，按实得贴现金额，借记"银行存款"科目，按商业汇票的票面金额，贷记"应收票据"(或"短期借款")科目，差额借记或贷记"财务费用"科目。

> 💡 **注意：**
> ➕ 计算实得贴现额时，应区分带息商业汇票和不带息商业汇票。不带息商业汇票的到期值等于票据面值；带息商业汇票的到期值等于面值加上利息。
> ➕ 商业汇票贴现核算时，应区分银行承兑汇票和商业承兑汇票。银行承兑汇票转让后背书人将应收票据上的风险和未来经济利益全部转让给了被背书人，背书人不存在潜在债务；商业承兑汇票转让后当付款人到期未能付款，持票人可以向背书人行使追索权，背书人存在潜在债务责任，会计上称为或有负债。为了反映或有负债的情况，带追索权的票据转让时不减少"应收票据"，而视作"**短期借款**"增加。

【例 1-17】 浙江宏华股份有限公司（简称"宏华公司"）持有新时代铸件厂于 2024 年 6 月 7 日签发并承兑的、1 年到期的不带息电子商业承兑汇票一张，面值为 46 800 元（电子商业承兑汇票见凭证 1-3）。由于资金紧张，宏华公司于 2024 年 9 月 7 日通过电子商业汇票系统将票据进行贴现，贴现率为 6%（以上海银行间同业拆放利率 Shibor 加点生成）。请编制宏华公司该笔业务的会计分录。

相关凭证：电子银行承兑汇票打印件；银行转账单。

❶ 贴现利息＝46 800×6%×9÷12＝2 106（元）
❷ 实得贴现金额＝46 800－2 106＝44 694（元）

借：银行存款　　　　　　　　　　　　　　　　　　　44 694
　　财务费用　　　　　　　　　　　　　　　　　　　 2 106
　　贷：短期借款　　　　　　　　　　　　　　　　　46 800

【例 1-18】 2024 年 2 月 1 日，浙江宏华股份有限公司（简称"宏华公司"）收到带息银行承兑汇票一张，期限 6 个月，票面金额 30 000 元，票面利率为年利率 5%。2024 年 6 月 1 日，宏华公司持票据到开户行申请贴现，贴现率 6.8%。请编制宏华公司该笔业务的会计分录。

相关凭证：背书后银行承兑汇票复印件；贴现业务申请书；贴现凭证（见凭证 1-7）；银行转账单。

❶ 票据到期值＝30 000×(1+5%×6÷12)＝30 750（元）
❷ 贴现利息＝30 750×6.8%×2÷12＝348.50（元）
❸ 实得贴现金额＝30 750－348.5＝30 401.50（元）

借：银行存款　　　　　　　　　　　　　　　　　　　30 401.50
　　贷：应收票据——万通公司　　　　　　　　　　　30 000.00
　　　　财务费用——利息收入　　　　　　　　　　　　 401.50❶

---

❶ 贴现利息是一项利息支出，票面利息是一项利息收入，两项利息因素影响的结果是：当贴现利息大于票面利息时，借记"财务费用"科目；当票面利息大于贴现利息时，贷记"财务费用"科目。

凭证1-7

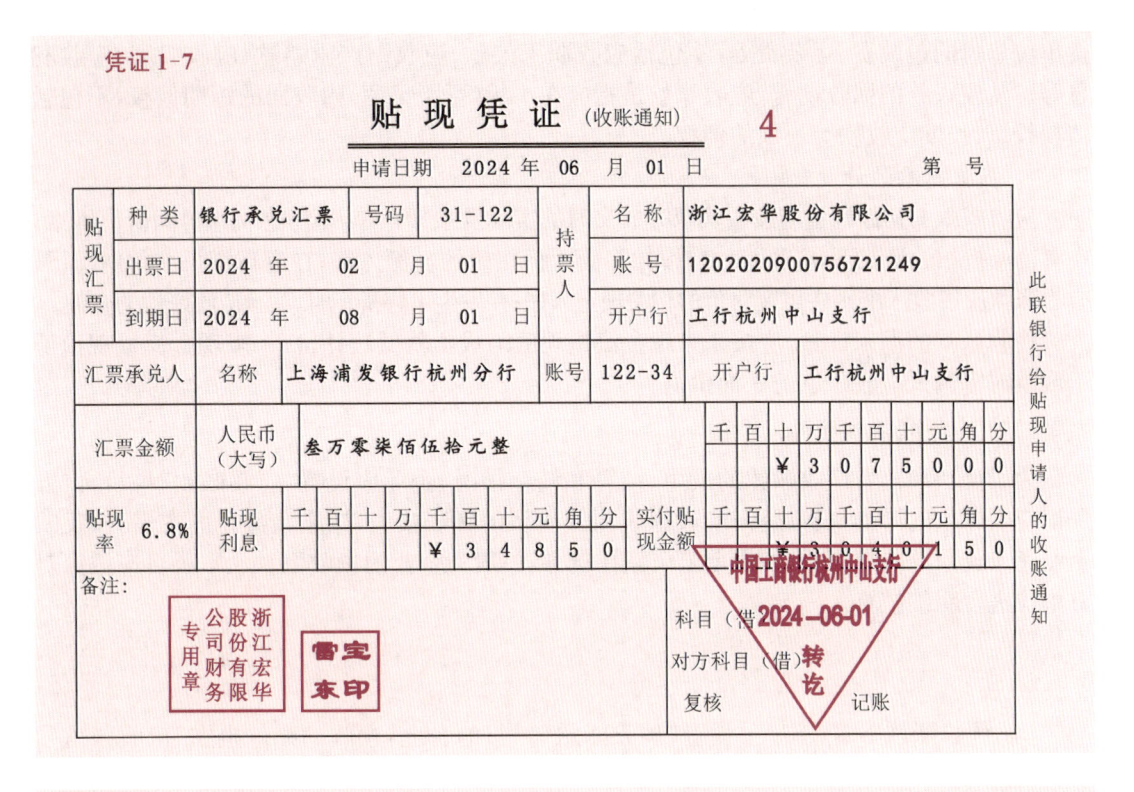

贴 现 凭 证（收账通知） 4

申请日期 2024 年 06 月 01 日　　　　第　号

贴现汇票	种类	银行承兑汇票	号码	31-122	持票人	名称	浙江宏华股份有限公司
	出票日	2024年02月01日				账号	12020209007567 21249
	到期日	2024年08月01日				开户行	工行杭州中山支行
汇票承兑人	名称	上海浦发银行杭州分行			账号	122-34	开户行	工行杭州中山支行
汇票金额	人民币（大写）	叁万零柒佰伍拾元整					¥ 30 750 00
贴现率 6.8%	贴现利息			¥ 348 50	实付贴现金额		¥ 30 401 50

备注：

科目（借）2024-06-01
对方科目（借）转讫
复核　　记账

此联银行给贴现申请人的收账通知

素养园地

小小印章,力重千钧　薄薄票据,价值千金

诚信之道,古而有之。孔子曰:"民无信不立。"孟子曰:"诚者,天之道也;思诚者,人之道也。"曾子以为:"与朋友交而不信乎?"管子认为:"诚信者,天下之结也。"可见,在先贤圣人眼中,诚信历来是立人之道,立国之本。

"小小印章,力重千钧,薄薄票据,价值千金。"会计工作不仅关系着资金,更关系着市场,关系着国运。诚信之于会计,不仅是道德之源,更是经济之源。诚信的品牌是会计人最大的无形资产,它为守信者开拓市场,它将失信者无情淘汰。因为有了它,会计人才能用真实铸就画笔,用合法研就粉墨,画一盏国家决策的指明灯,画一张企业存亡的晴雨表,画出资源配置图,画出利益分配表,用公平、公正、独立、客观为天下人画出国力、政力、企力和民心!

"不做假账!"每一个会计人都将从此出发,也必将在此到达。

二、应收账款

(一) 应收账款概述

1. 应收账款的核算范围

应收账款,是指企业因对外销售商品、提供服务等经营活动,应向购货单位或接受服务单位收取的款项,主要包括企业销售商品或提供服务等应向有关债务人收取的价款及代购货单位垫付的包装费、运杂费等,不包括应收职工欠款、应收财产索赔款、应收股利、应收利息等。从应收款的回收期看,应收账款是指应在1年(可跨年度)内收回的短期债权,不包括债权投资、长期应收款等长期的债权。

2. 应收账款的计量

应收账款的初始计量应按买卖双方成交时的实际发生额入账,不考虑货币时间价值因素。在有商业折扣的情况下,应收账款应按扣除商业折扣后的金额入账;在有现金折扣的情况下,应收账款应按收入准则中可变对价的相关规定入账;在发生销售折让时,冲减应收账款的金额。

应收账款的期末计量,应按未来现金流量现值与成本孰低法计价,未来现金流量现值低于成本时需调低应收账款的账面价值。

(二) 应收账款核算科目设置

为了反映和监督应收账款的发生、结算和结存情况,企业应设置"应收账款"科目,借方登记应收账款的增加,贷方登记应收款收回及确认的坏账损失,期末余额一般在借方,反映企业尚未收回的应收账款;如果期末余额在贷方,一般为企业的预收账款。本科目应按照对方单位进行明细核算。

注意:

预收账款不多、不单独设置"预收账款"科目的企业,预收的账款也在"应收账款"科目核算。

(三) 应收账款的账务处理

【例1-19】 1月17日,浙江宏华股份有限公司(简称"宏华公司")向长城公司赊销产品一批,价款100 000元,增值税税额13 000元,用银行存款垫付运杂费2 000元。2月17日,长城公司付款。请编制宏华公司该笔业务的会计分录。

相关凭证: 销货合同复印件;增值税专用发票记账联;各类收付款凭证。

(1) 1月17日,销售实现时:

借:应收账款——长城公司　　　　　　　　　　　　　　　115 000
　　贷:主营业务收入　　　　　　　　　　　　　　　　　　100 000
　　　　应交税费——应交增值税(销项税额)　　　　　　　13 000
　　　　银行存款　　　　　　　　　　　　　　　　　　　　2 000

(2) 2月17日,收到货款时:

借:银行存款　　　　　　　　　　　　　　　　　　　　　115 000
　　贷:应收账款——长城公司　　　　　　　　　　　　　　115 000

素养园地

诚信缺位不可取:兰太实业经不起推敲的应收账款

内蒙古兰太实业股份有限公司(简称"兰太实业")2012年上半年的主要欠款大户

名单中，杭州茂隆欣实业有限公司欠款金额3 568.08万元，位列第二位。但兰太实业2011年年报中的应收账款信息里却未见此客户名称。这表示，2011年年末，兰太实业对"杭州茂隆欣实业有限公司"的应收账款余额小于排名第五位的503.54万元，则对该客户的应收账款在2012年上半年净增加金额至少为3 064.54万元。

沿着这样的思路倒推，兰太实业在2012年上半年向"杭州茂隆欣实业有限公司"收取的含税收入最低应有3 064.54万元，扣除当时所采用的17%的增值税税额后，销售净额也应高达2 619.26万元。但兰太实业半年报披露的营业收入前五名客户名单中，却未见"杭州茂隆欣实业有限公司"，而同期位列第五名的销售客户"内蒙古自治区盐业公司"对应金额不过1 751.24万元。由此看来，兰太实业确有虚增应收账款进而虚增资产的嫌疑。这种经不起推敲的应收账款处理不是会计人员应有的职业担当。

三、预付账款

预付账款（prepaid accounts）是指企业按照合同规定预付的款项，如预付的材料款、购货款、工程款等。

（一）预付账款核算科目设置

企业应设置"预付账款"科目，核算预付款项的增减变动及其结存情况。该科目借方登记预付的款项及补付的款项，贷方登记按发票账单确认的实际采购成本或服务成本及收回多预付的款项；期末余额在借方，反映企业实际预付的款项，期末余额在贷方，反映企业应补付的款项。本科目应按供应单位设置明细科目进行明细核算。

（二）预付账款的账务处理

预付账款涉及的业务主要有：支付预付款；实际货物采购或服务提供发生；补付款项或收回多预付的款项。具体的账务处理如下：

（1）按合同规定向供应单位支付预付款时，根据付款证明，借记"预付账款"科目，贷记"银行存款"等科目。

（2）实际货物采购或服务提供发生时，按应计入货物或服务成本的金额，借记"在途物资""原材料""库存商品"等科目；按可抵扣的增值税进项税额，借记"应交税费——应交增值税（进项税额）"科目，贷记"预付账款"科目。

（3）企业向供应单位补付款项时，根据付款证明，借记"预付账款"科目，贷记"银行存款"等科目。

（4）企业收回多预付的款项时，根据收款证明，借记"银行存款"等科目，贷记"预付账款"科目。

四、应收股利和应收利息

（一）应收股利

应收股利，是指企业应收取的现金股利或应收取其他单位分配的利润。为了反映和监督应收股利的增减变动及其结存情况，企业应设置"应收股利"科目，借方登记应收股利的增加，贷方登记实际收到的现金股利或利润，期末余额一般在借方，反映尚未收到的现金股利或利润。"应收股利"科目应当按照被投资单位设置明细科目进行核算。

一般情况下,企业持有股权期间,被投资单位宣告发放现金股利或利润时,按应享有的份额,借记"应收股利"科目,贷记"投资收益"科目(权益法核算的长期股权投资贷记"长期股权投资——损益调整"科目)。企业收到被投资单位发放的现金股利或利润时,借记"银行存款""其他货币资金"等科目,贷记"应收股利"科目。

有关应收股利的具体核算举例见本章交易性金融资产、其他权益工具投资,第二章的长期股权投资的相关内容。

(二) 应收利息

应收利息,是指企业根据合同或协议规定应向债务人收取的利息。为了反映和监督应收利息的增减变动及其结存情况,企业应设置"应收利息"科目,借方登记应收利息的增加,贷方登记实际收到的利息;期末余额在借方,反映尚未收到的利息。"应收利息"科目应当按照借款人或被投资单位设置明细科目进行核算。

一般情况下,企业计提应向债务人收取的利息,借记"应收利息"科目,贷记"投资收益"科目。企业收到债务人支付的利息,借记"银行存款""其他货币资金"等科目,贷记"应收利息"科目。

有关应收利息的具体核算举例见本章交易性金融资产、债权投资、其他债权投资的相关内容。

素养园地

违法造假不可取:兰太实业涉嫌虚构利息收入

内蒙古兰太实业股份有限公司(简称"兰太实业"),在2012年上半年实现的利息收入高达2 353.95万元。查阅其半年度报告发现,其利息收入的来源为货币资金所产生的收益。2012年年初,兰太实业的货币资金余额略高于3亿元,在2012年上半年内下降到不足1.5亿元,半年中平均持有货币资金为2.2亿元,而这2.2亿元的货币资金余额竟产生出2 353.95万元利息收入,折算年化利率高达21.03%。进一步查询该公司前三年的货币资金对应利息收入年化率发现:公司前三年的货币资金对应利息收入年化利率还不足2012年上半年的零头。

与此同时,资产负债表中"应收利息"科目期初期末余额均为零,这意味着该公司计提损益的利息收入应当在2012年上半年体现在现金流入中。然而现金流量表"收到的其他与经营活动有关的现金——利息收入"发生金额仅为73.46万元,与被计入利润表中的利息收入相比,仅相当于后者的3.12%。由此看来,兰太实业确有虚构利息收入的嫌疑。

五、其他应收款

其他应收款,是指企业除应收票据、应收账款、预付账款、应收利息、应收股利等以外的其他各种应收及预付款项。主要包括:

(1) 应收的各种赔款、罚款。
(2) 应收的出租包装物租金。

(3) 应向职工收取的各种垫付款项。
(4) 存出保证金,比如租入包装物支付的押金。
(5) 其他各种应收、暂付款项。

(一) 其他应收款核算科目的设置

为了反映和监督其他应收款的增减变动及其结存情况,企业应当设置"其他应收款"科目,借方登记其他应收款的增加,贷方登记其他应收款的收回、发生坏账,期末余额在借方,反映企业尚未收回的各项其他应收款。"其他应收款"科目应当按照对方单位(或个人)设置明细科目进行核算。

(二) 其他应收款的账务处理

企业发生各种其他应收款项时,应借记"其他应收款"科目,贷记"库存现金""银行存款""固定资产清理"等科目。收回其他各种应收款项时,借记"库存现金""银行存款""应付职工薪酬"等科目,贷记"其他应收款"科目。

【例 1-20】 3月1日,浙江宏华股份有限公司(简称"宏华公司")向之江公司租入一批办公用品,租赁期1个月,网上银行支付押金5 000元。
(1) 假设4月1日,宏华公司归还办公用品,押金全款退回。
(2) 假设4月1日,宏华公司无法归还办公用品,押金被全额没收。
请编制宏华公司该笔业务的会计分录。
相关凭证:租赁合同;网上支付回单;转账收款凭证。
(1) 3月1日,支付押金时:
借:其他应收款——之江公司(押金)　　　　　　　　　　　5 000
　　贷:银行存款　　　　　　　　　　　　　　　　　　　　　5 000
(2) 假设4月1日,押金全款退回:
借:银行存款　　　　　　　　　　　　　　　　　　　　　　5 000
　　贷:其他应收款——之江公司(押金)　　　　　　　　　　5 000
(3) 假设4月1日,押金被全额没收:
借:营业外支出　　　　　　　　　　　　　　　　　　　　　5 000
　　贷:其他应收款——之江公司(押金)　　　　　　　　　　5 000

(三) 其他应收款——备用金的账务处理

备用金,是指财会部门按企业有关制度规定,拨付给所属报账单位和企业内部有关业务与职能部门用于零售找零、收购零星商品或日常业务零星开支的备用现金。

备用金的管理可采取定额管理和非定额管理两种,具体内容如图1-3所示。

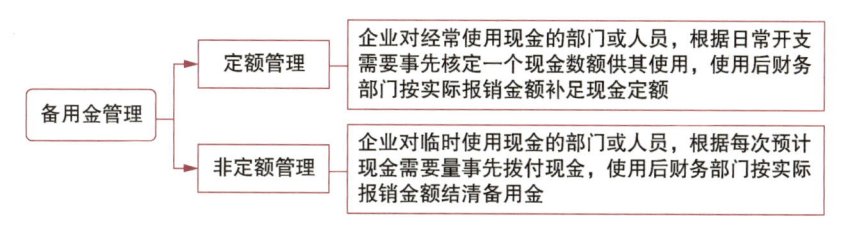

```
                    ┌─── 定额管理 ─── 企业对经常使用现金的部门或人员,根据日常开支
                    │                  需要事先核定一个现金数额供其使用,使用后财务
                    │                  部门按实际报销金额补足现金定额
备用金管理 ─────────┤
                    │
                    └─── 非定额管理 ── 企业对临时使用现金的部门或人员,根据每次预计
                                       现金需要量事先拨付现金,使用后财务部门按实际
                                       报销金额结清备用金
```

图1-3 备用金管理

备用金的账务处理包括：发放备用金；备用金使用报销；备用金收回。

备用金一般在"其他应收款——备用金"科目中核算，也可以将"备用金"作为总账科目使用。发放备用金时，借记"其他应收款——备用金"科目，贷记"库存现金"等科目；备用金使用部门来报销时，借记"管理费用"等成本费用科目，实行定额管理的则贷记"库存现金"等科目，实行非定额管理的则贷记"其他应收款——备用金"科目；备用金收回时，借记"库存现金"等科目，贷记"其他应收款——备用金"。

【例1-21】 浙江宏华股份有限公司（简称"宏华公司"）发放给总务科的备用金采用定额管理方法。1月5日，总务科填制借款单取得发放的备用金定额3 000元。5月14日，车间设备维修，总务科用备用金购买零配件800元，财务部门予以报销。请编制宏华公司该笔业务的会计分录。

相关凭证：借款单（见凭证1-8）；增值税普通发票发票联；费用报销单。

(1) 1月5日，发放备用金时：

借：其他应收款——备用金（总务科）　　　　　　　　　　　3 000
　　贷：库存现金　　　　　　　　　　　　　　　　　　　　　　3 000

(2) 5月14日，总务科报销时：

借：管理费用　　　　　　　　　　　　　　　　　　　　　　800
　　贷：库存现金　　　　　　　　　　　　　　　　　　　　　　800

若宏华公司对总务科备用金采用非定额管理方法，发放备用金时的会计分录不变，报销时的会计分录改为：

借：管理费用　　　　　　　　　　　　　　　　　　　　　　800
　　贷：其他应收款——备用金　　　　　　　　　　　　　　　　800

凭证1-8

借款单

资金性质：备用金　　　　　　2024年1月5日

借款单位	总务科		
借款理由	备用金		
借款金额：人民币（大写）叁仟元整		小写：¥3 000.00	
本单位负责人意见：同意		借款人（签章）：何宽	
单位主管批示：同意 雷东宝	会计主管核批：同意 沈丹红	付款记录：现金付讫　2024年1月5日以第3号现金支出凭单付给	

六、应收款项减值

（一）应收款项减值概述

1. 坏账

企业的各项应收款项，可能会因为债务人拒付、破产、死亡等原因而无法收回，这类无法

收回的应收款项就是坏账。由于发生坏账而造成的损失,称为坏账损失。满足以下条件之一,企业可将应收的款项确认为坏账:

(1) 债务人死亡,以其遗产清偿后仍然无法收回的款项。
(2) 债务人破产,以其破产财产清偿后仍然无法收回的款项。
(3) 债务人较长时间(一般超过两年)未履行债务,并有足够的证据表明无法收回或收回可能性极小的款项。

2. 备抵法

按照会计谨慎性要求,为了不高估应收款金额,在应收款尚未实际确认为坏账之前,企业就应该考虑到坏账的可能性,建立坏账准备,这种方法叫做备抵法❶。

在备抵法下,企业应对《企业会计准则第14号——收入》规范的交易形成且不含重大融资成分的应收账款、应收票据、其他应收款、长期应收款等各类应收款项采用一定的方法按期确定预期信用损失。

3. 预期信用损失的确定

信用损失,是指企业按照实际利率折现的、根据合同应收的所有合同现金流量与预期收取的所有现金流量之间的差额。

预期信用损失,是指以发生违约的风险为权重的金融工具信用损失的加权平均值。预期信用损失的金额计量其损失准备应包含应收款项的整个存续期内。

信用风险自初始确认后是否显著增加的判断有如下几种形式。

(1) 企业应通过比较应收款项在初始确认时所确定的预计存续期内的违约概率与该工具在资产负债表日所确定的预计存续期内的违约概率,来判定金融工具信用风险是否显著增加。

(2) 如果企业确定应收款项在资产负债表日具有较低的信用风险,可以假设该应收款项的信用风险自初始确认后并未显著增加。通常情况下,如逾期30日及以上,则可表明应收款项的信用风险已经显著增加。

(3) 在确定信用风险自初始确认后是否显著增加时,企业应考虑无须付出额外成本或努力即可获得的合理且有依据的信息,包括前瞻性信息。

(4) 对于应收款项,企业在单项应收款项层面无法以合理成本获得关于信用风险显著增加的充分证据,而在组合的基础上评估信用风险是否显著增加是可行的,企业应按照应收款项的类型、信用风险评级、初始确认日期、剩余合同期限为共同风险特征,对应收款项进行分组并以组合为基础考虑评估信用风险是否显著增加。

在确定信用风险自初始确认后是否显著增加时,企业应考虑的具体信息包括:❶债务人未能按合同到期日支付款项的情况;❷已发生的(或预期)债务人的外部或内部信用评级严重恶化;❸已发生的(或预期)债务人的经营成果严重恶化;❹现存的(或预期)技术、市场、经济或法律环境变化,并将对债务人对本企业的还款能力产生重大不利影响。

实务中通常按照应收款项的账面余额和预计可收回金额的差额确定预计信用减值损失。当期应计提的坏账准备金额可按以下公式计算:

---

❶ 与备抵法相对应的是直接核销法,是指不预先考虑日常活动中应收款项可能发生的坏账损失,只在实际发生坏账时确认损失。

$$当期应计提的坏账准备金额 = 当期按应收款项计算的坏账准备金额 -(或+) "坏账准备"科目的贷方(或借方)余额$$

(二) 应收款项减值核算科目的设置

为了反映应收款发生减值及减值转回的情况,应设置"坏账准备""信用减值损失"科目,具体内容如表 1-3 所示。

表 1-3　　　　　　　　　应收款项减值核算科目的设置

科目名称	核算内容
坏账准备	坏账准备属于资产备抵科目,专门反映企业以摊余成本[1]计量的应收款项等金融资产以预期信用损失为基础计提的损失准备。该科目贷方登记应收款项发生减值或收回坏账的金额,借方登记减值转回或实际发生坏账的金额,期末余额反映已计提但尚未转销的坏账准备
信用减值损失	信用减值损失属于损益类科目,核算企业计提各项金融资产减值准备所形成的预期信用损失。该科目借方登记计提信用减值损失的金额,贷方登记信用减值损失的转销额,期末结转入"本年利润"科目后无余额

(三) 应收款项减值的账务处理

应收款项减值的账务处理包括:计提坏账准备;冲减多提的坏账准备;转销坏账;收回已确认坏账并转销的应收款项等。具体账务处理如图 1-4 所示。

计提坏账准备 → 借:信用减值损失
　　　　　　　　贷:坏账准备

冲减多提的坏账准备 → 借:坏账准备
　　　　　　　　　　　贷:信用减值损失

转销坏账 → 借:坏账准备
　　　　　　贷:应收账款

收回已确认坏账并转销应收款项 → 借:应收账款　　借:银行存款
　　　　　　　　　　　　　　　　　贷:坏账准备　　贷:应收账款

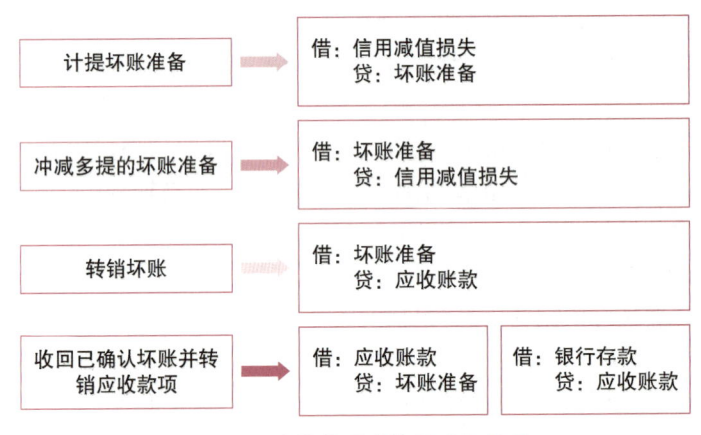

图 1-4　应收款项减值的账务处理

【例 1-22】 新通光电制品企业(简称"新通公司")按照应收款项余额百分比法计提坏账准备,2024 年年末各类应收款项余额合计为 500 000 元,根据以往经验并结合前瞻性信息,估计坏账准备率为 3%。请分别根据下列三种情况,编制新通公司年末计提坏账准备的会计分录。

(1) 若新通公司"坏账准备"科目期初金额为 0。

---

[1] 摊余成本,对应收款项来说,是指应收款项的初始确认金额扣除已偿还的本金,扣除已计提的累计信用减值准备。

(2) 若新通公司"坏账准备"科目期初金额为贷方余额 8 000 元。
(3) 若新通公司"坏账准备"科目期初金额为贷方余额 17 000 元。

相关凭证：坏账准备计算表。

(1) 若期初"坏账准备"金额为 0，则：

新通公司本期计提坏账准备金额＝500 000×3‰＝15 000(元)

借：信用减值损失	15 000
贷：坏账准备	15 000

(2) 若期初"坏账准备"账面余额为贷方余额 8 000 元，则：

新通公司本期计提坏账准备金额＝500 000×3‰－8 000＝7 000(元)

借：信用减值损失	7 000
贷：坏账准备	7 000

(3) 若期初"坏账准备"账面余额为贷方余额 17 000 元，则：

新通公司本期计提坏账准备金额＝500 000×3‰－17 000＝－2 000(元)

借：坏账准备	2 000
贷：信用减值损失	2 000

【例 1-23】 浙江宏华股份有限公司(简称"宏华公司")2024 年至 2026 年有关坏账的业务如下：

(1) 2024 年应收款项减值测试前，"坏账准备"贷方余额 80 000 元。
(2) 2024 年年末，按账龄分析法估计期末坏账金额为 255 000 元(账龄分析及坏账损失估计表见凭证 1-9，坏账准备计算表见凭证 1-10)。
(3) 2025 年 3 月，一笔 100 000 元的其他应收款超过两年未收回，按管理权限报经批准后确认为坏账转销。
(4) 2025 年年末，按账龄分析法估计期末坏账金额为 130 000 元。
(5) 2026 年 7 月，上一年确认为坏账的其他应收款 100 000 元又重新收回。

请编制宏华公司上述坏账业务的会计分录。

相关凭证：各期账龄分析及坏账估计表；各期坏账准备计算表。

凭证 1-9   **账龄分析及坏账损失估计表**

2024 年 12 月 31 日   金额单位：元

账　龄	应收款余额	估计坏账率(%)	估计坏账金额
半年以内	400 000	5	20 000
半年至一年	600 000	20	120 000
一年至两年	30 000	50	15 000
两年以上	100 000	100	100 000
合计	1 130 000		255 000

审核：沈丹红   制表：郑光明

凭证 1-10　　　　　　　　　　　**坏账准备计算表**

2024 年 12 月 31 日　　　　　　　　　　　　　　　金额单位：元

项　目	账面数	估计余额	本期计提数
应收账款	80 000	255 000	175 000

审核：沈丹红　　　　　记账：宋运辉　　　　　制表：宋运辉

(1) 2024 年年末，计提坏账准备：

2024 年计提坏账准备金额＝255 000－80 000＝175 000(元)

借：信用减值损失　　　　　　　　　　　　　　　　175 000
　　贷：坏账准备　　　　　　　　　　　　　　　　　　　175 000

(2) 2025 年 3 月，转销坏账：

借：坏账准备　　　　　　　　　　　　　　　　　　100 000
　　贷：其他应收款　　　　　　　　　　　　　　　　　　100 000

(3) 2025 年年末，冲减多提的坏账准备：

本期应计提坏账准备金额＝130 000－(255 000－100 000)＝－25 000(元)

借：坏账准备　　　　　　　　　　　　　　　　　　25 000
　　贷：信用减值损失　　　　　　　　　　　　　　　　　25 000

(4) 2026 年 7 月，收回已确认坏账并转销的应收款项：

借：其他应收款　　　　　　　　　　　　　　　　　100 000
　　贷：坏账准备　　　　　　　　　　　　　　　　　　　100 000

借：银行存款　　　　　　　　　　　　　　　　　　100 000
　　贷：其他应收款　　　　　　　　　　　　　　　　　　100 000

文本：
应收款项账
务处理总结

素养园地

勿拿制度当花瓶，有章不循陷迷途

在 2012 年半年报中，内蒙古兰太实业股份有限公司(简称"兰太实业")的会计制度规定：按账龄法核算应收账款和其他应收款坏账准备，且计提比例有明确规定。然而，在实际中，兰太实业却并未按照这一内部制度来准确实施，存在多个账龄期间的坏账准备实际计提金额小于应计提金额，合计少计提 233.71 万元坏账准备金额，涉嫌虚增同期利润 233.71 万元。

企业在执行内部会计制度时，应秉持一贯性原则，前后各期应当尽可能保持一致性，不得随意变更，更不得视制度为摆设。

第三节　交易性金融资产

一、交易性金融资产概述

（一）交易性金融资产的内容

交易性金融资产（trading financial assets）是指企业以交易为目的、准备近期内出售而持有的金融资产，如企业以赚取差价为目的从二级市场购入的股票、债券和基金；或者是指在初始确认时属于集中管理的可辨认金融工具组合的一部分，且有客观证据表明近期实际存在短期获利模式的金融资产等，如企业管理的以公允价值进行业绩考核的某项投资组合。交易性金融资产属于以公允价值计量且其变动计入当期损益的金融资产。

（二）交易性金融资产的初始计量

交易性金融资产应当按照取得时的公允价值作为初始确认金额，相关交易费用在发生时计入当期损益（投资收益），支付的价款中包含已宣告发放但尚未发放的现金股利或已到付息期但尚未领取的债券利息，应当单独确认为应收项目（应收股利或应收利息）。

（三）交易性金融资产的后续计量

资产负债表日，交易性金融资产应当按照公允价值计量，公允价值与原账面价值之间的差额确认为损益，计入公允价值变动损益。

> **知识链接**
>
> 公允价值，是指市场参与者在计量日发生的有序交易中，出售一项资产所能收到或者转移一项负债所需支付的价格。在确定金融资产的公允价值时，应考虑以下基本要求：
>
> 1. 有序交易
>
> 有序交易，是指在计量日前一段时期内相关资产或负债具有惯常市场活动的交易。清算等被迫交易不属于有序交易。
>
> 2. 主要市场
>
> 企业以公允价值计量金融资产，应当假定出售金融资产的有序交易在金融资产的主要市场进行，即相关金融资产交易量最大、交易活跃程度最高的市场。不存在主要市场的，企业应当假定该交易在金融资产的最有利市场进行，即在考虑交易费用后，能够以最高金额出售金融资产的市场。也就是说，企业应当以主要市场的价格计量金融资产的公允价值，不存在主要市场的，以最有利市场的价格计量金融资产的公允价值。
>
> 3. 市场参与者
>
> 市场参与者，是指在相关资产或负债的主要市场（或最有利市场）中，同时具备下列特征的买方和卖方：
>
> （1）市场参与者应当相互独立，不存在关联方关系。

(2) 市场参与者应当熟悉情况,能够根据可取得的信息对相关资产或负债以及交易具备合理认知。

(3) 市场参与者应当有能力并且自愿进行相关资产或负债的交易。

企业以公允价值计量金融资产,应当采用市场参与者在对该金融资产定价时为实现其经济利益最大化所使用的假设。

(四) 交易性金融资产核算科目的设置

为了总括地反映交易性金融资产增减变动及对外投资获益情况,企业应当设置"交易性金融资产""公允价值变动损益""应收股利""应收利息""投资收益"等科目。具体内容如表1-4所示。

表1-4 交易性金融资产核算科目的设置

科目名称	核算内容
交易性金融资产	交易性金融资产属于资产类科目,核算企业分类为以公允价值计量且其变动计入当期损益的金融资产。借方登记交易性金融资产的取得成本、资产负债表日其公允价值高于账面余额的差额,以及出售时结转公允价值低于账面余额的变动金额;贷方登记资产负债表日其公允价值低于账面余额的差额,以及出售时结转的成本和公允价值高于账面余额的变动金额。期末余额在借方,反映期末交易性金融资产的公允价值。本科目应按交易性金融资产的类别和品种,设置"成本""公允价值变动"等明细科目进行核算
公允价值变动损益	公允价值变动损益属于损益类科目,核算企业交易性金融资产公允价值变动形成的应计入当期损益的利得或损失。借方登记资产负债表日企业持有的交易性金融资产等的公允价值低于其账面余额的差额,贷方登记资产负债表日企业持有的交易性金融资产等的公允价值高于其账面余额的差额,期末转入"本年利润"科目后无余额
投资收益	投资收益属于损益类科目,核算企业持有交易性金融资产等的期间内取得的投资收益以及出售交易性金融资产等实现的投资收益或投资损失,借方登记企业取得交易性金融资产时支付的交易费用以及出售交易性金融资产等发生的投资损失,贷方登记企业持有交易性金融资产等的期间内取得的投资收益以及出售交易性金融资产等实现的投资收益,期末转入"本年利润"科目后无余额

二、交易性金融资产的账务处理

交易性金融资产的账务处理主要包括:交易性金融资产取得;收到现金股利或利息;交易性金融资产期末计量;出售交易性金融资产;转让金融商品应交增值税等。

(一) 交易性金融资产取得的账务处理

企业取得交易性金融资产时,应当按照该金融资产取得时的公允价值作为其初始确认金额,借记"交易性金融资产——成本"科目,按取得交易性金融资产支付价款中包含的已宣告发放但尚未发放的现金股利或已到付息期但尚未领取的债券利息,借记"应收股利"或"应收利息"科目,按取得交易性金融资产所发生的相关交易费用❶,借记"投资收益"科目;按实际支付的金额,贷记"银行存款"或"其他货币资金——存出投资款"等科目。

【例 1-24】 2024 年 3 月 1 日,浙江宏华股份有限公司(简称"宏华公司")向彩通证券公司划出资金 100 000 元作为专项投资款。2024 年 3 月 5 日,宏华公司委托彩通证券公司以每股 7.39 元的价格从上海证券交易所购入甲公司股票 10 000 股,另支付相关税费 284.05 元,取得的增值税专用发票上注明的增值税税额为 12.55 元,公司将该投资划分为交易性金融资产。请编制宏华公司该笔业务的会计分录。

相关凭证:投资申请审批书;银证转账回单(见凭证 1-11);股票成交过户交割单(见凭证 1-12)。

凭证 1-11　　　　　中国工商银行银证转账回单
2024 年 03 月 01 日

客户名称	浙江宏华股份有限公司	证券公司名称	彩通证券公司	券商代码	1044000
开户银行	工行杭州中山支行	证券公司营业部	杭州体育场路营业部	证券机构号	1012
注册账户	346-44328	证券资金账号	1234688952		
银行结算账户余额	￥100 000.00				
转账金额	￥100 000.00				
转账金额大写:人民币壹拾万元整					

凭证 1-12　　　　　成交过户交割凭单

证券公司:	彩通证券杭州体育场路营业部	操作:	证券买入
交易市场:	上海 A 股	成交证券:	甲公司
成交日期:	20240305	成交数量:	10 000
成交编号:	790865	成交均价:	7.39
合同编号:	41026	成交金额:	73 900.00
股东账户:	A125897046	发生金额:	74 196.60
股东姓名:	浙江宏华股份有限公司	印花税:	73.90
申报时间:	10:22:19	佣金费:	221.70
成交时间:	10:23:50	过户费:	1.00
上次余额:	0(股)	其他费用:	0.00
本次成交:	10 000(股)	总费用:	296.60
本次余额:	10 000(股)	资金余额:	25 803.40

---

❶ 相关交易费用是指可直接归属于购买、发行或处置金融工具的增量费用,包括支付给代理机构、咨询公司、券商等的手续费和佣金及其他必要支出。若支付相关交易费用取得增值税专用发票的,经认证后记入"应交税费——应交增值税(进项税额)"科目。

(1) 2024年3月1日，划拨资金时：

借：其他货币资金——存出投资款　　　　　　　　　　　100 000
　　贷：银行存款　　　　　　　　　　　　　　　　　　　　　100 000

(2) 2024年3月5日，购入股票时：

借：交易性金融资产——甲公司股票（成本）　　　　　　73 900.00
　　投资收益　　　　　　　　　　　　　　　　　　　　　　　284.05
　　应交税费——应交增值税（进项税额）　　　　　　　　　 12.55
　　贷：其他货币资金——存出投资款　　　　　　　　　　74 196.60

（二）收到现金股利或利息的账务处理

现金股利或利息的业务包括获得现金股利或利息收益和实际收到现金股利或利息。

获得现金股利或利息收益，是指股权投资情况下被投资单位宣告发放现金股利，或债券投资情况下计提已到付息期的利息。这时，应借记"应收股利""应收利息"等科目，贷记"投资收益"科目。

实际收到现金股利或利息是指股权投资情况下收到现金股利，或债券投资情况下收到现金利息。这时，应借记"银行存款""其他货币资金"等科目，贷记"应收股利""应收利息"科目。

【例1-25】 2024年3月5日，浙江宏华股份有限公司（简称"宏华公司"）购入甲公司股票10 000股，每股买价7.39元（买价中包含每股0.1元的已宣告发放但尚未发放的现金股利），另支付相关税费284.05元，取得的增值税专用发票上注明的增值税税额为12.55元，公司将该投资划分为交易性金融资产。2024年4月5日，宏华公司收到上述甲公司的现金股利共1 000元，当即存入投资专户。请编制宏华公司该笔业务的会计分录。

相关凭证：银证转账回单；股票成交过户割单；股息入账成交过户割单（见凭证1-13）；交易费用增值税专用发票发票联。

(1) 2024年3月5日，购入股票：

借：交易性金融资产——甲公司股票（成本）　　　　　　72 900.00
　　应收股利——甲公司　　　　　　　　　　　　　　　1 000.00
　　投资收益　　　　　　　　　　　　　　　　　　　　　　　284.05
　　应交税费——应交增值税（进项税额）　　　　　　　　　 12.55
　　贷：其他货币资金——存出投资款　　　　　　　　　　74 196.60

(2) 2024年4月5日，收到现金股利：

借：其他货币资金——存出投资款　　　　　　　　　　　　1 000
　　贷：应收股利——甲公司　　　　　　　　　　　　　　　　1 000

凭证 1-13		成交过户交割单	
证券公司：	彩通证券杭州体育场路营业部	操　作：	股息入账
交易市场：	上海 A 股	成交证券：	甲公司
成交日期：	20240405	成交数量：	0
成交编号：	0	成交均价：	
合同编号：	0	成交金额：	1 000.00
股东账户：	A125897046	发生金额：	1 000.00
股东姓名：	浙江宏华股份有限公司	印花税：	0.00
		佣金费：	0.00
		过户费：	0.00
上次余额：	10 000（股）	其他费用：	0.00
本次成交：	0（股）	总费用：	0.00
本次余额：	10 000（股）	资金余额：	26 803.40

【例1-26】 2024年3月1日，新通光电公司从证券市场以101 000元的价格购入甲公司债券，另支付相关税费471.70元，取得的增值税专用发票上注明的增值税税额为28.30元。该债券发行期自2023年1月1日至2025年12月31日，面值100 000元，票面年利率6%，每年年末付息一次，到期归还本金。公司将该债券划分为交易性金融资产核算。假设到2024年年底，公司尚未出售该债券。请编制新通光电公司该项投资的会计分录。

相关凭证：投资申请审批书；银行转账付款凭证；有价证券代保管单（见凭证1-14）；利息收账通知；交易费用增值税专用发票发票联。

(1) 2024年3月1日，取得债券时：

借：交易性金融资产——甲公司债券（成本） 101 000.00
　　投资收益 471.70
　　应交税费——应交增值税（进项税额） 28.30
　贷：其他货币资金——存出投资款 101 500.00

(2) 2024年12月31日，计提债券利息时：

借：应收利息——甲公司 6 000
　贷：投资收益——甲公司债券 6 000

(3) 实际收到债券利息时：

借：其他货币资金——存出投资款 6 000
　贷：应收利息——甲公司 6 000

凭证 1-14

有价证券代保管单
2024 年 03 月 01 日

申请保管人	新通光电公司	电话	0571-88833396	保管明细表		
面值总额	（大写）壹拾万元整		¥100 000.00	名称	张数	面值
保管期限	自2024年3月1日起至2025年12月31日			甲公司债券	100	1 000
保管费率		保管费				
备注： 1. 一年为一个保管期限，不足一年按一年收费，逾期不足一年按一年计算。 2. 本保管单不得流通、抵押、转让。 3. "名称"栏内应注意何种债券及具体发债单位。 4. 提取证券时凭身份证办理。				受托单位：浙江信托股份有限公司 （盖章） 经办员：（盖章） 复核员：（盖章）		

（三）期末按公允价值计量的账务处理

资产负债表日，交易性金融资产应当按照公允价值计量，公允价值与账面余额之间的差额计入当期损益。当交易性金融资产的公允价值高于其账面余额时，应按两者差额，借记"交易性金融资产——公允价值变动"科目，贷记"公允价值变动损益"科目；当交易性金融资产的公允价值低于其账面余额时，编制相反分录。

【例1-27】 沿用【例1-24】中的数据，2024年3月5日，宏华公司购入甲公司股票10 000股，成本为73 900元。假设宏华公司继续持有该股票：

（1）2024年6月30日，股票市价为每股7.80元。
（2）2024年12月31日，股票市价为每股7.45元。

请分别编制宏华公司6月30日、12月31日调整投资账面价值的会计分录。

相关凭证： 各期交易性金融资产公允价值变动损益计算表（6月30日的交易性金融资产公允价值变动损益计算表见凭证1-15）。

凭证 1-15

交易性金融资产公允价值变动损益计算表
2024 年 06 月 30 日　　　　　　　　金额单位：元

交易性金融资产	数量	公允价值	账面价值	公允价值变动损益
甲公司	10 000 股	78 000.00	73 900.00	4 100.00
合　计		78 000.00	73 900.00	4 100.00

复核：沈丹红　　　　　　记账：宋运辉　　　　　　制表：宋运辉

分析: 6月30日,该股票的公允价值为78 000元,公允价值变动损益为4 100元(78 000-73 900);12月31日,该股票的公允价值为74 500元,公允价值变动损益为-3 500元(74 500-78 000)。

(1) 6月30日,股票公允价值上升,调高账面价值:

借:交易性金融资产——甲公司股票(公允价值变动)　　　4 100
　　贷:公允价值变动损益——甲公司股票　　　　　　　　　4 100

(2) 12月31日,股票公允价值下跌,调低账面价值:

借:公允价值变动损益——甲公司股票　　　　　　　　　　3 500
　　贷:交易性金融资产——甲公司股票(公允价值变动)　　　3 500

(四) 出售交易性金融资产的账务处理

企业处置交易性金融资产时,按公允价值出售取得的价款与其账面余额之间的差额计入投资损益。按实际收到的金额,借记"银行存款"等科目;按该交易性金融资产的账面余额,贷记"交易性金融资产——成本"科目,贷记或借记"交易性金融资产——公允价值变动"科目;按其差额,贷记或借记"投资收益"科目。

【例1-28】 沿用【例1-24】【例1-27】中的数据,2025年1月20日,宏华公司出售持有的10 000股甲公司股票,每股售价7.9元,扣除交易税费后实际收到价款78 491元。请编制宏华公司该笔业务的会计分录。

相关凭证: 投资处置审批书;股票成交过户交割单;银行转账收款凭证;交易性金融资产转让损益计算表(见凭证1-16)。

分析: 该项交易性金融资产出售时的账面余额为74 500元,其中,成本73 900元,公允价值变动为借方600元(4 100-3 500)。

借:其他货币资金——存出投资款　　　　　　　　　　　78 491
　　贷:交易性金融资产——甲公司股票(成本)　　　　　　73 900
　　　　　　　　　　　——甲公司股票(公允价值变动)　　600
　　　　投资收益——甲公司股票　　　　　　　　　　　　3 991

凭证1-16　　　交易性金融资产转让损益计算表

金额单位:元

投资项目	甲公司		
转让日期	2025-01-20	投资日期	2024-03-01
转让收入	78 491.00	账面余额	74 500.00
其中:转让价格	79 000.00	其中:投资成本	73 900.00
税费	509.00	公允价值变动	600.00
转让净损益	3 991.00		
制表:宋运辉	复核:沈丹红		记账:宋运辉

(五) 金融商品转让应交增值税的账务处理

金融商品转让需要计算缴纳增值税。按照卖出价扣除买入价(不需要扣除已宣告未发放的现金股利或已到付息期未领取的利息)后的余额,即按转让金融商品盈亏相抵后的余额作为销售额计算增值税,税率为6%。若卖出价小于买入价,即转让金融商品盈亏相抵后出现负差,负差可结转下一纳税期与下期转让金融资产销售额互抵,但年末仍为负差的,不得转入下一会计年度。

转让金融资产当月月末,如产生转让收益,则按应纳税额,借记"投资收益"等科目,贷记"应交税费——转让金融商品应交增值税"科目;如产生转让损失,则按可结转下月抵扣税额,借记"应交税费——转让金融商品应交增值税"科目,贷记"投资收益"科目。

【例1-29】 沿用【例1-24】【例1-27】【例1-28】中的数据,假设宏华公司2025年1月除去甲公司股票10 000股外,无其他金融资产转让。甲公司股票买入价73 900元,卖出价79 000元。请计算宏华公司该股票投资应交增值税金额并编制会计分录。

不含税销售额=(79 000－73 900)÷(1+6%)=4 811.32(元)

本月应纳增值税税额=4 811.32×6%=288.68(元)

借:投资收益　　　　　　　　　　　　　　　　　　288.68
　　贷:应交税费——转让金融商品应交增值税　　　　　　288.68

💡 注意:

▲ 年末,如果"应交税费——转让金融商品应交增值税"科目有借方余额,说明本年度的金融资产转让损失无法弥补,该损失不可转入下年度,不得抵减下年度转让金融资产的收益,应将"应交税费——转让金融商品应交增值税"科目的借方余额转出,借记"投资收益"等科目,贷记"应交税费——转让金融商品应交增值税"科目。

(六) 交易性金融资产账务处理综合举例

【例1-30】 浙江宏华股份有限公司(简称"宏华公司")投资于乙公司股票,并将该投资划分为交易性金融资产核算。相关情况如下:

(1) 2024年4月30日,宏华公司购入乙公司股票300 000股,共支付5 080 000元(包含交易费7 547.17元,取得的增值税专用发票上注明的增值税税额为452.83元,已宣告发放但尚未领取的现金股利72 000元)。

(2) 2024年5月20日,收到乙公司发放的2023年的现金股利72 000元。

(3) 2024年12月31日,宏华公司仍持有该股票,当日股票收盘价为每股14.6元。

(4) 2025年4月20日,乙公司宣告发放2024年现金股利每股0.2元。

(5) 2025年5月10日,收到乙公司发放的2024年的现金股利。

(6) 2025年5月17日,宏华公司以每股18.7元的价格将股票全部转让,同时支付交易税费7 200元。

(7) 2025年5月17日,宏华公司计算转让金融商品应交增值税。

假定不考虑其他因素,请编制宏华公司有关乙公司投资的相关会计分录,并计算该股票的累计收益。

(1) 2024年4月30日,购入股票:

借:交易性金融资产——乙公司股票(成本)	5 000 000.00
应收股利——乙公司	72 000.00
投资收益——乙公司股票	7 547.17
应交税费——应交增值税(进项税额)	452.83
贷:银行存款	5 080 000.00

(2) 2024年5月20日,收到2023年现金股利:

借:银行存款	72 000
贷:应收股利——乙公司	72 000

(3) 2024年12月31日,按公允价值调整交易性金融资产的账面价值:

借:公允价值变动损益——乙公司股票	620 000
贷:交易性金融资产——乙公司股票(公允价值变动)	620 000

(4) 2025年4月20日,乙公司宣告发放2024年现金股利:

借:应收股利——乙公司	60 000
贷:投资收益——乙公司股票	60 000

(5) 2025年5月10日,收到2024年现金股利:

借:银行存款	60 000
贷:应收股利——乙公司	60 000

(6) 2025年5月17日,股票出售:

借:银行存款	5 602 800
交易性金融资产——乙公司股票(公允价值变动)	620 000
贷:投资收益——乙公司股票	1 222 800
交易性金融资产——乙公司股票(成本)	5 000 000

(7) 宏华公司转让金融商品应交增值税=(18.7×300 000−5 072 000)÷(1+6%)×6%=30 452.83(元)

借:投资收益——乙公司股票	30 452.83
贷:应交税费——转让金融商品应交增值税	30 452.83

(8) 该股票的累计收益=−7 547.17−620 000+60 000+1 222 800−30 452.83=624 800(元)

第四节　债 权 投 资

一、债权投资概述

(一) 债权投资的确认

债权投资,属于以摊余成本计量的金融资产。该投资需同时符合以下两个条件:

(1) 企业管理该金融资产的业务模式是以收取合同现金流量为目标。

(2) 该金融资产的合同条款规定,在特定日期产生的现金流量,仅为对本金和以未偿付本金金额为基础的利息的支付。

(二) 债权投资的初始计量

债权投资应当按照取得时的公允价值和相关交易费用之和作为初始确认金额。如果支付的价款中包含已到付息期但尚未领取的利息,应单独确认为应收项目(即应收利息)。

(三) 债权投资的后续计量

资产负债表日,债权投资应当采用实际利率法,按摊余成本进行后续计量。

实际利率法,是指采用实际利率来计算金融资产的摊余成本以及将利息收入分摊计入各会计期间的方法。

实际利率,是指将金融资产在预计存续期的估计未来现金流量折现为该金融资产账面余额(不考虑减值)所使用的利率。

摊余成本,是指债权投资的初始确认金额在扣除已偿还的本金、加上或减去实际利率法下初始确认金额与到期日金额之间的差额进行摊销形成的累计摊销额、扣除累计计提的信用减值准备后的金额。

(四) 债权投资核算科目设置

为了总括地反映债权投资增减变动及投资收益获得、期末减值等情况,企业应当设置"债权投资""应收利息""投资收益""债权投资减值准备"等科目。具体内容如表1-5所示。

表1-5 债权投资核算科目设置

科目名称		核算内容
债权投资(属于资产类科目,核算企业以摊余成本计量的债权投资的账面余额。该科目应按债权投资类别和品种设明细账)	债权投资——成本	借方登记取得债权投资的面值,贷方登记债权投资处置减少的面值
	债权投资——利息调整	借方登记取得投资时债券面值与已到付息期但尚未领取的债券利息之和低于实际支付价款的差额以及资产负债表日票面利息低于实际利息的差额调整,贷方登记取得投资时实际支付价款高于债券面值与已到付息期但尚未领取的债券利息之和的差额以及资产负债表日票面利息高于实际利息的差额调整
	债权投资——应计利息	借方登记一次还本付息情况下债权投资应收未收的票面利息,贷方登记一次还本付息情况下债权投资处置时冲减的应收未收利息。若债权投资分期付息,则将应收未收利息记入"应收利息"科目核算
债权投资减值准备		债权投资减值准备属于资产备抵科目,核算企业发生的债权投资的减值准备金额。借方反映债权投资价值恢复及债权投资处置时减值金额的转出,贷方反映债权投资减值的发生额,期末余额在贷方,反映企业已计提但尚未转销的债权投资减值准备金额。该科目应按债权投资的类别和品种进行明细核算

二、债权投资的账务处理

债权投资的账务处理主要包括：债权投资取得；计息及利息调整；债权投资收回或处置等。

（一）债权投资取得的账务处理

企业取得债权投资，应按投资的面值，借记"债权投资——成本"科目；按支付价款中包含的已到付息期但尚未领取的利息，借记"应收利息"科目；按实际支付的金额，贷记"银行存款"等科目；按其差额，借记或贷记"债权投资——利息调整"科目。

收到原支付的价款中包含的已到付息期但尚未领取的利息，借记"银行存款"等科目，贷记"应收利息"科目。

【例1-31】 2024年1月5日，浙江宏华股份有限公司（简称"宏华公司"）购入乙公司债券，该债券的面值10 000 000元，票面利率为4%，该债券发行期自2023年1月5日至2027年1月5日，每年1月10日付息。宏华公司实际支付了10 127 700元（包含已到付息期但尚未领取的债券利息400 000元，相关费用200 000元）。宏华公司将该债券划分为以摊余成本计量的金融资产。请编制宏华公司购入债券的会计分录。

相关凭证：公司债券购买申请审批书；银行转账付款凭证；有价证券代保管单；利息收账通知。

（1）2024年1月5日，购入债券时：

借：债权投资——乙公司债券（成本）　　　　　　　　10 000 000
　　应收利息——乙公司债券　　　　　　　　　　　　　　400 000
　　贷：银行存款　　　　　　　　　　　　　　　　　　10 127 700
　　　　债权投资——乙公司债券（利息调整）　　　　　　 272 300

（2）2024年1月10日，收到2023年债券利息时：

借：银行存款　　　　　　　　　　　　　　　　　　　　 400 000
　　贷：应收利息——乙公司债券　　　　　　　　　　　　 400 000

本例中，债券取得时利息调整出现在贷方，该债券实际上是折价购入，若该债券购买成本高于面值，利息调整将出现在借方。

（二）计息及利息调整的账务处理

资产负债表日，企业应当按照债权投资的票面面值和票面利率计算出票面利息，借记"应收利息"（分期付息）或"债权投资——应计利息"（到期一次还本付息）科目，按照债权投资的摊余成本和实际利率确认实际利息收入，贷记"投资收益"科目，差额调整记入"债权投资——利息调整"科目。

【例1-32】 沿用【例1-31】中的数据，宏华公司于2024年1月5日购买的乙公司债券，应于资产负债表日进行利息调整。若该债券的实际利率为5%，要求采用实际利率法计算该债券各期的实际利息、票面利息及利息调整金额，同时编制各期计息的会计分录。

相关凭证：债权投资利息计算表（见凭证 1-17）；银行转账收款凭证。

凭证 1-17　　　　　　　　　债权投资利息计算表

（实际利率法）　　　　　　　　　　　　　　金额单位：元

日期	期初摊余成本 A	实际利息收入 B=A×5%	现金流入 C=面值×4%	期末摊余成本 D=A+B-C
2024.12.31	9 727 700	486 385	400 000	9 814 085
2025.12.31	9 814 085	490 704	400 000	9 904 789
2026.12.31	9 904 789	495 211	400 000	10 000 000
合　计	—	1 472 300	1 200 000	—

注：表内数值不得保留小数，取整。

(1) 2024 年 12 月 31 日，计息及利息调整：

借：应收利息——乙公司债券　　　　　　　　　　　　　　400 000
　　债权投资——乙公司债券（利息调整）　　　　　　　　　86 385
　　贷：投资收益——乙公司债券　　　　　　　　　　　　　　　486 385

(2) 2025 年 1 月 10 日，收到 2024 年利息：

借：银行存款　　　　　　　　　　　　　　　　　　　　　400 000
　　贷：应收利息——乙公司债券　　　　　　　　　　　　　　　400 000

(3) 2025 年 12 月 31 日，计息及利息调整：

借：应收利息——乙公司债券　　　　　　　　　　　　　　400 000
　　债权投资——乙公司债券（利息调整）　　　　　　　　　90 704
　　贷：投资收益——乙公司债券　　　　　　　　　　　　　　　490 704

(4) 2026 年 1 月 10 日，收到 2025 年利息：

借：银行存款　　　　　　　　　　　　　　　　　　　　　400 000
　　贷：应收利息——乙公司债券　　　　　　　　　　　　　　　400 000

(5) 2026 年 12 月 31 日，计息及利息调整：

借：应收利息——乙公司债券　　　　　　　　　　　　　　400 000
　　债权投资——乙公司债券（利息调整）　　　　　　　　　95 211
　　贷：投资收益——乙公司债券　　　　　　　　　　　　　　　495 211

（三）债权投资收回或处置的账务处理

债权投资正常到期收回时，按实际收到的本金，借记"银行存款"科目，按债权投资的账面余额，贷记"债权投资——成本"科目。这时，"债权投资——利息调整"科目的余额为零。

【例 1-33】 沿用【例 1-31】【例 1-32】中的数据，2027 年 1 月 10 日，宏华公司购入的乙公司债券到期，公司收到最后一期利息及本金存入银行。请编制该笔业务的会计分录。

相关凭证：银行转账收款凭证。

借：银行存款　　　　　　　　　　　　　　　　　　　　10 400 000
　　贷：债权投资——乙公司债券（成本）　　　　　　　　　　10 000 000
　　　　应收利息——乙公司债券　　　　　　　　　　　　　　　400 000

债权投资提前处置时,应按实际收到的金额,借记"银行存款"科目,按债权投资的账面余额,分别贷记"债权投资——成本""债权投资——应计利息"贷记或借记"债权投资——利息调整"科目,按其差额,贷记或借记"投资收益"科目。已计提信用减值准备的,还应同时结转信用减值准备。

【例1-34】 沿用【例1-31】【例1-32】中的数据,宏华公司持有乙公司债券作为债权投资核算,2026年1月5日,因公司急需资金将该债券全部提前出售,实际取得10 300 000元存入银行。该债权投资账面余额为9 904 789元,其中:成本借方余额10 000 000元,利息调整贷方余额95 211元,另有应收利息400 000元。请编制该笔债券处置业务的会计分录。

相关凭证: 投资处置审批书;银行转账收款凭证;债权投资转让损益计算表。

借:银行存款　　　　　　　　　　　　　　　　10 300 000
　　债权投资——乙公司债券(利息调整)　　　　　　95 211
　　投资收益——乙公司债券　　　　　　　　　　　4 789
　贷:债权投资——乙公司债券(成本)　　　　　　10 000 000
　　　应收利息——乙公司债券　　　　　　　　　　400 000

思考

➤ 资产负债表日,债权投资发生信用损失需计提减值准备。已发生减值的债权投资,后期价值又得以恢复的,应当在原已计提的减值准备的金额内予以转回。你会对债权投资减值及减值转回进行会计处理吗?

第五节　其他债权投资和其他权益工具投资

划分为以公允价值计量且其变动计入其他综合收益的金融资产有其他债权投资和其他权益工具投资两类。

一、其他债权投资和其他权益工具投资概述

(一)其他债权投资和其他权益工具投资的确认

以公允价值计量且其变动计入其他综合收益的金融资产确认需同时符合以下两个条件:
(1)企业管理该金融资产的业务模式既以收取合同现金流量为目标又以出售该金融资产为目标。
(2)该金融资产的合同条款规定,在特定日期产生的现金流量,仅为对本金和以未偿付本金金额为基础的利息的支付。

权益工具投资一般不符合本金加利息的合同现金流量特征,但企业可以将非交易性的权益工具投资指定为以公允价值计量且其变动计入其他综合收益的金融资产,按照规定确认股利收入。该指定一经作出,不得撤销。

(二)其他债权投资和其他权益工具投资的初始计量

其他债权投资和其他权益工具投资应当按照取得时的公允价值和相关交易费用之和作为初始确认金额。其他债权投资支付的价款中包含的已到付息期但尚未领取的债券利息应单独确认为应收利息,其他权益工具投资支付的价款中包含的已宣告发放但尚未发放的现金股利应单独确认为应收股利。

(三)其他债权投资和其他权益工具投资的后续计量

资产负债表日,其他债权投资应当采用实际利率法计算该金融资产的利息,利息收益计入当期损益。

资产负债表日,其他债权投资、其他权益工具投资应当按照公允价值计量,公允价值与原账面价值之间的差额确认为所有者权益,计入其他综合收益。

(四)其他债权投资核算科目的设置

为了总括地反映其他债权投资增减变动、产生的利得和损失、投资收益获得等情况,企业应当设置"其他债权投资""其他综合收益""投资收益"等科目。其具体内容如表1-6所示。

表1-6　　　　　　　　　　其他债权投资核算科目的设置

科目名称	核算内容
其他债权投资	其他债权投资属于资产类科目,核算企业持有的以公允价值计量且其变动计入其他综合收益的债权类金融资产。借方登记其他债权投资的取得成本、到期一次付息方式下应收未收利息、资产负债表日其公允价值高于账面余额的差额等;贷方登记资产负债表日其公允价值低于账面余额的差额、到期一次付息方式下利息的收取、其他债权投资处置时结转的成本。本科目应按其他债权投资的类别和品种,分别设置"成本""利息调整""应计利息""公允价值变动"等明细科目进行核算
其他综合收益	其他综合收益属于所有者权益类科目,本科目下设置"其他债权投资公允价值变动"明细科目核算以公允价值计量且其变动计入其他综合收益的债权类金融资产期末公允价值变动额。借方登记资产负债表日企业持有的其他债权投资公允价值低于账面余额的差额,贷方登记资产负债表日企业持有的其他债权投资的公允价值高于账面余额的差额。终止确认时,之前计入其他综合收益的金额转入投资收益

(五)其他权益工具投资科目的设置

为了总括地反映其他权益工具投资增减变动、产生的利得和损失、投资收益获得等情况,企业应当设置"其他权益工具投资""其他综合收益""投资收益"等科目。其具体内容如表1-7所示。

表1-7　　　　　　　　　　其他权益工具投资核算科目的设置

科目名称	核算内容
其他权益工具投资	其他权益工具投资属于资产类科目,核算企业持有的以公允价值计量且其变动计入其他综合收益的非交易性权益工具类金融资产。本科目借方登记其他权益工具投资的取得成本、资产负债表日其公允价值高于账面余额的差额等;贷方登记资产负债表日其公允价值低于账面余额的差额、其他权益工具投资处置时结转的成本等。本科目应按其他权益工具的类别和品种,分别设置"成本""公允价值变动"等明细科目进行核算

科目名称	核算内容
其他综合收益	其他综合收益属于所有者权益类科目,本科目下设置"其他权益工具投资公允价值变动"明细科目核算以公允价值计量且其变动计入其他综合收益的非交易性权益工具类金融资产期末公允价值变动额。本科目借方登记资产负债表日企业持有的其他权益工具投资公允价值低于账面余额的差额,贷方登记资产负债表日企业持有的其他权益工具投资公允价值高于账面余额的差额。终止确认时,之前计入其他综合收益的金额转入留存收益

二、其他债权投资的账务处理

其他债权投资的账务处理主要包括:其他债权投资取得;计息及利息调整;其他债权投资期末计量;其他债权投资处置等。

(一) 其他债权投资取得的账务处理

企业取得债券作为其他债权投资核算的,应按债券面值,借记"其他债权投资——成本"科目;按支付的价款中包含的已到付息期但尚未领取的利息,借记"应收利息"科目;按实际支付的金额,贷记"银行存款"或"其他货币资金"等科目;按其差额,借记或贷记"其他债权投资——利息调整"科目。

(二) 计息及利息调整的账务处理

债券持有期间,按债券面值和票面利率计算确定的应收未收利息,借记"应收利息"科目(分期付息方式下)或"其他债权投资——应计利息"科目(到期一次还本付息方式下);按其他债权投资的摊余成本和实际利率计算确定的利息收入,贷记"投资收益"科目,按其差额,借记或贷记"其他债权投资——利息调整"科目。

(三) 其他债权投资期末计量的账务处理

资产负债表日,当其他债权投资的公允价值高于其账面余额时,应按两者差额,借记"其他债权投资——公允价值变动"科目,贷记"其他综合收益——其他债权投资公允价值变动"科目;当其他债权投资的公允价值低于其账面余额时,编制相反分录。

(四) 其他债权投资处置的账务处理

企业处置其他债权投资时,应按实际收到的金额,借记"银行存款""其他货币资金"等科目;转出该债权投资的账面余额,贷记(或借记)"其他债权投资——成本、公允价值变动、利息调整、应计利息"等明细项目;按其差额,贷记或借记"投资收益"科目。同时,企业应将之前计入其他综合收益的累计利得或损失全部转入投资收益,即借记或贷记"其他综合收益——其他债权投资公允价值变动"科目,贷记或借记"投资收益"科目。

【例1-35】 2024年1月5日,浙江宏华股份有限公司(简称"宏华公司")购入乙公司债券,将其划分为其他债权投资核算。该债券的面值10 000 000元,票面利率为4%,发行期自2023年1月5日至2027年1月5日,每年1月10日付息一次。该投资所有款项收付均通过投资专户。

(1) 2024 年 1 月 5 日,宏华公司实际支付 10 127 700 元(包含已到付息期但尚未领取的债券利息 400 000 元,相关费用 200 000 元)取得该债券。
(2) 2024 年 1 月 10 日,收到债券利息 400 000 元。
(3) 2024 年 12 月 31 日,债券计息及利息调整(假设该债券的实际利率为 5%)。
(4) 2025 年 1 月 10 日,收到债券利息 400 000 元。
(5) 2025 年 12 月 31 日,债券计息及利息调整。
(6) 2025 年 12 月 31 日,该债券的市场价为 11 000 000 元(含利息)。
(7) 2026 年 1 月 5 日,出售该债券,实际取得 11 300 000 元存入银行。
请编制宏华公司上述乙公司债券业务的会计分录。

(1) 2024 年 1 月 5 日,购入债券:

借:其他债权投资——乙公司债券(成本)	10 000 000
应收利息——乙公司债券	400 000
贷:其他货币资金——存出投资款	10 127 700
其他债权投资——乙公司债券(利息调整)	272 300

(2) 2024 年 1 月 10 日,收到 2023 年债券利息:

借:其他货币资金——存出投资款	400 000
贷:应收利息——乙公司债券	400 000

(3) 2024 年 12 月 31 日,计息及利息调整:

借:应收利息——乙公司债券	400 000
其他债权投资——乙公司债券(利息调整)	86 385
贷:投资收益——乙公司债券	486 385

(4) 2025 年 1 月 10 日,收到 2024 年利息:

借:其他货币资金——存出投资款	400 000
贷:应收利息——乙公司债券	400 000

(5) 2025 年 12 月 31 日,计息及利息调整:

借:应收利息——乙公司	400 000
其他债权投资——乙公司债券(利息调整)	90 704
贷:投资收益——乙公司债券	490 704

(6) 2025 年 12 月 31 日,期末公允价值变动:

分析:2025 年年末,其他债权投资账面余额为 9 904 789 元(其中:成本为借方余额 10 000 000 元,利息调整为贷方余额 95 211 元);应收利息 400 000 元。所以,公允价值变动额 = 11 000 000 - 9 904 789 - 400 000 = 695 211(元)。

借:其他债权投资——公允价值变动	695 211
贷:其他综合收益——其他债权投资公允价值变动	695 211

(7) 2026 年 1 月 5 日,出售债券:

借:其他货币资金——存出投资款	11 300 000
其他债权投资——乙公司债券(利息调整)	95 211

```
        贷：其他债权投资——乙公司债券(成本)                10 000 000
                      ——公允价值变动                         695 211
            应收利息——乙公司                                400 000
            投资收益                                          300 000
    同时：
        借：其他综合收益——其他债权投资公允价值变动          695 211
            贷：投资收益                                      695 211
```

三、其他权益工具投资的账务处理

其他权益工具投资的账务处理主要包括：其他权益工具投资取得；取得现金股利；其他权益工具投资期末计量；其他权益工具投资处置等。

(一) 其他权益工具投资取得的账务处理

企业取得股权作为其他权益工具投资核算的，应当按照该股权取得时的公允价值与交易费用之和作为其初始确认金额，借记"其他权益工具投资——成本"科目；按实际支付的价款中包含的已宣告发放但尚未发放的现金股利，借记"应收股利"科目；按实际支付的金额，贷记"银行存款"或"其他货币资金"等科目。

(二) 取得现金股利的账务处理

被投资方宣告发放现金股利时，按应享有的现金股利借记"应收股利"科目，贷记"投资收益"科目；实际收到现金股利时，借记"银行存款"或"其他货币资金——存出投资款"等科目，贷记"应收股利"科目。

(三) 其他权益工具投资期末计量的账务处理

资产负债表日，当其他权益工具投资的公允价值高于其账面余额时，应按两者差额，借记"其他权益工具投资——公允价值变动"科目，贷记"其他综合收益——其他权益工具投资公允价值变动"科目；当其他权益工具投资的公允价值低于其账面余额时，编制相反分录。

(四) 其他权益工具投资处置的账务处理

企业处置其他权益工具投资时，应按实际收到的金额，借记"银行存款""其他货币资金"等科目；转出该其他权益工具投资的账面余额，贷(或借记)"其他权益工具投资——成本、公允价值变动"等明细项目；按其差额，贷记或借记"盈余公积""利润分配——未分配利润"科目。同时，将之前计入其他综合收益的累计利得或损失全部转出，计入留存收益，借记或贷记"其他综合收益"科目，贷记或借记"盈余公积""利润分配——未分配利润"科目。

【例1-36】浙江宏华股份有限公司(简称"宏华公司")拥有甲公司股权，将其划分为以公允价值计量且其变动计入其他综合收益的金融资产核算，该股权取得、持有、处置的情况如下：

(1) 2024年5月5日，宏华公司从证券交易所购入甲公司股票1 000 000股，占甲公司有表决权股份的5%，支付价款合计5 080 000元(其中包括交易费用8 000元，已宣告发放但尚未发放的2023年的现金股利72 000元)，划分为其他权益工具投资。

(2) 2024 年 5 月 20 日，宏华公司收到甲公司发放的 2023 年现金股利 72 000 元存入银行。

(3) 2024 年 12 月 31 日，甲公司股票收盘价为每股 4.2 元。

(4) 2025 年 4 月 20 日，甲公司宣告发放 2024 年现金股利每股 0.1 元。

(5) 2025 年 5 月 20 日，宏华公司收到甲公司发放的 2024 年现金股利存入银行。

(6) 2025 年 12 月 31 日，甲公司股票收盘价为每股 4.5 元。

(7) 2026 年 1 月 31 日，宏华公司将甲公司股票全部出售，取得 4 800 000 元存入银行。

假定不考虑其他因素，请编制宏华公司有关甲公司股权投资的相关会计分录。

(1) 2024 年 5 月 5 日，购入甲公司股票：

借：其他权益工具投资——甲公司股票（成本）　　5 008 000
　　应收股利——甲公司　　72 000
　贷：银行存款　　5 080 000

(2) 2024 年 5 月 20 日，收到 2023 年现金股利：

借：银行存款　　72 000
　贷：应收股利——甲公司　　72 000

(3) 2024 年 12 月 31 日，期末公允价值下跌：

借：其他综合收益——其他权益工具投资公允价值变动　　808 000
　贷：其他权益工具投资——甲公司股票（公允价值变动）　　808 000

(4) 2025 年 4 月 20 日，甲公司宣告发放 2024 年现金股利：

借：应收股利——甲公司　　100 000
　贷：投资收益　　100 000

(5) 2025 年 5 月 20 日，收到 2024 年现金股利：

借：银行存款　　100 000
　贷：应收股利——甲公司　　100 000

(6) 2025 年 12 月 31 日，期末公允价值上升：

借：其他权益工具投资——甲公司股票（公允价值变动）　　300 000
　贷：其他综合收益——其他权益工具投资公允价值变动　　300 000

(7) 2026 年 1 月 31 日，处置甲公司股票：

借：银行存款　　4 800 000
　　其他权益工具投资——甲公司股票（公允价值变动）　　508 000
　贷：其他权益工具投资——甲公司股票（成本）　　5 008 000
　　　盈余公积——法定盈余公积　　30 000
　　　利润分配——未分配利润　　270 000

同时：

借：盈余公积——法定盈余公积　　50 800
　　利润分配——未分配利润　　457 200
　贷：其他综合收益——其他权益工具投资公允价值变动　　508 000

素养园地

管仲的经济思想

管仲任丞相 40 余年,对齐国的政治、经济进行了一系列改革。他注重实干,反对空谈,整顿内政,调整农业生产,创行盐铁专卖政策,极力发展手工业和商业,推行优惠政策招商引资,助力齐国走上了富国强兵之路,辅佐齐桓公"九合诸侯,一匡天下",在政治上取得了很大成就,在经济思想上的贡献更是彪炳史册,值得后人崇敬。

管仲的经济思想在我国历史上起到了深远而积极的影响。对于一个国家而言,会计核算对财政、物资管理起着基础性的作用,任何财政政策、赋税政策、经济政策的贯彻和落实都离不开会计工作。从这个意义上看,会计本身是理财活动的一个重要部分。管仲的理财思想中包含着科学的会计思想,他的理财成就与其会计思想是分不开的。

管仲的理财思想主要集中体现在《管子》一书中,该书通篇贯穿着对"数"和"计数"的议论。无论是盐专卖中的"计口售盐"措施,还是以货币投放来稳定物价的货币政策;无论是实施铁矿国有,还是粮食买卖,其中都涉及数的计算问题,事实上也是会计方面的问题。这些计数,起到了现代会计所具有的核算反映与决策控制的职能。

练 习 题

核算分析题(一)

【目的】 练习货币资金的核算。

【资料】 浙江宏华股份有限公司(简称"宏华公司")为增值税一般纳税人,10 月部分货币资金业务如下:

(1) 3 日,宏华公司新开立一专用账户,只用于投资业务资金往来,当日从其他存款账户划入 500 000 元。

(2) 5 日,向开户行申请收款人为辉光企业的银行汇票一张,金额 77 500 元。

(3) 8 日,现金盘点后发现短缺 1 500 元,原因待查。

(4) 10 日,总务处报销行政办公用品采购费用 3 100 元,总务处的备用金采用定额管理方式,报销时财务部门当即补足现金。

(5) 15 日,持 5 日开出的银行汇票向辉光企业采购材料价款 68 000 元,增值税税额 8 840 元,余款通过银行转回,乙材料尚未运达。

(6) 20 日,8 日盘点发现的现金短缺原因无法查明,按规定报批后转入管理费用。

【要求】 根据上述业务,编制宏华公司有关会计分录。

核算分析题(二)

【目的】 练习应收票据及贴现的核算。

【资料一】 浙江宏华股份有限公司(简称"宏华公司")为增值税一般纳税人,部分应收票据业务如下:

(1) 2024年9月30日销售一批商品给A单位,销售价款为400 000元,增值税税额为52 000元,商品已发出。根据双方合同约定,A单位交来一张票面金额为452 000元、期限5个月、票面利率6%的商业承兑汇票。

(2) 2024年12月31日,宏华公司对该带息商业汇票进行计息。

(3) 2025年2月28日,商业承兑汇票到期,A单位无款支付,转为应收账款。

【资料二】 基于资料一的数据可知,宏华公司持有A单位一张票面金额为452 000元、期限5个月、票面利率6%的商业承兑汇票,2024年11月30日,宏华公司持票到银行申请贴现,贴现利率8%,贴现所得款项存入银行。

【要求】

(1) 根据资料一,编制宏华公司有关会计分录。

(2) 根据资料二,编制商业汇票贴现的会计分录。

核算分析题(三)

【目的】 练习应收款项及减值的核算。

【资料一】 浙江宏华股份有限公司(简称"宏华公司")采用余额百分比法计提坏账准备,2024年12月月初,各类应收款项科目借方余额合计3 200 000元,"坏账准备"科目贷方余额为160 000元。12月发生如下应收款业务:

(1) "其他应收款——明峰公司"1 000 000元确认为坏账,按规定程序予以转销。

(2) 上年度已作为坏账核销的"应收账款——华达公司"702 000元重新收回。

(3) 除上述两笔有关应收款业务外,本月其余应收款共增加2 100 000元,收回1 800 000元。资产负债表日,要求按照5%计提坏账准备。

【资料二】 乙公司采用账龄分析法计提坏账准备,计提范围为应收账款、其他应收款。2024年年末企业账龄分析见表1-8。资产负债表日,坏账准备计提前的"坏账准备"科目余额为借方20 000元。

【要求】

(1) 根据资料一,编制业务(1)和业务(2)的会计分录。

(2) 根据资料一,计算并编制宏华公司年末坏账准备计提的会计分录(列出必要计算步骤)。

(3) 根据资料二,完成账龄分析表,编制乙公司年末计提坏账准备的会计分录(列出必要计算步骤)。

表 1-8　　　　　　　　　　　乙公司账龄分析表
　　　　　　　　　　　　　　2024 年 12 月 31 日　　　　　　　　　　金额单位:元

科目	账龄	应收款期末余额	坏账准备率	坏账准备金额
应收账款	0~6 个月	2 300 000	3%	
	6~12 个月	150 000	10%	
	12~24 个月	50 000	50%	
	24 个月以上	30 000	100%	
其他应收款	0~6 个月	40 000	3%	
	6~12 个月	10 000	10%	
	12~24 个月	27 000	50%	
合　计				

核算分析题(四)

【目的】　练习交易性金融资产、其他权益工具投资的核算。

【资料】　浙江宏华股份有限公司(简称"宏华公司")投资 X 公司股票的情况如下:

(1) 2024 年 5 月 10 日,宏华公司以 6 200 000 元(含已宣告但尚未领取的现金股利 200 000 元)购入 X 公司股票 2 000 000 股,同时支付交易手续费 60 000 元(手续费不考虑增值税)。

(2) 2024 年 5 月 30 日,宏华公司收到 X 公司现金股利 200 000 元。

(3) 2024 年 6 月 30 日,X 公司股票每股市价为 3.2 元。

(4) 2024 年 8 月 10 日,X 公司宣告分派现金股利,每股 0.20 元。

(5) 2024 年 8 月 20 日,宏华公司收到 X 公司分派的现金股利。

(6) 至 2024 年年底,宏华公司仍持有该股票,期末每股市价为 3.6 元。

(7) 2025 年 1 月 3 日,宏华公司以 6 300 00 元出售持有的 X 公司全部股票,另支付手续费 65 000(手续费不考虑增值税),余款存入银行。

(8) 计提 X 公司股票转让应交增值税。

【要求】　(宏华公司每年 6 月 30 日和 12 月 31 日对外提供财务报告):

(1) 假设宏华公司将该股票投资划分为交易性金融资产,编制相应的会计分录。

(2) 假设宏华公司将该股票投资划分为其他权益工具投资,编制相应的会计分录。

核算分析题(五)

【目的】　练习交易性金融资产、其他债权投资的核算。

【资料】　浙江宏华股份有限公司(简称"宏华公司")投资 Y 公司债券的情况如下:

(1) 2024 年 1 月 1 日,宏华公司总共支付 503 000 元(含已到付息期但尚未领取的债券利息 20 000 元)从二级市场购入 Y 公司发行的债券,该债券面值 500 000 元,票面利率 4%,剩余期限 3 年,每年付息一次。

(2) 2025 年 1 月 5 日,收到 2024 年的债券利息 20 000 元。

(3) 2025 年 12 月 31 日，Y 公司债券的公允价值为 487 000 元(不含利息)。

(4) 2026 年 1 月 5 日，收到 2025 年的债券利息 20 000 元。

(5) 2026 年 2 月 1 日，该债券出售，共取得价款 498 000 元(含利息)。

【要求】（假定宏华公司 12 月 31 日对外提供财务报告）：

(1) 假设宏华公司将该债券投资划分为交易性金融资产，编制对 Y 公司投资的会计分录。

(2) 假设宏华公司将该债券投资划分为其他债权投资，该债券的实际利率为 5%，编制对 Y 公司投资的会计分录。

核算分析题（六）

【目的】 练习债权投资、其他债权投资的核算。

【资料】 浙江宏华股份有限公司（简称"宏华公司"）于 2024 年 1 月 1 日从证券市场上购入 A 公司面值为 10 000 000 元的债券。该债券发行期自 2023 年 1 月 1 日至 2028 年 1 月 1 日，票面年利率为 5%，每年 1 月 5 日付息一次。假设购入债券时实际利率为 4%，宏华公司支付价款 10 763 000 元，支付相关费用 100 000 元。

【要求】（假定宏华公司 12 月 31 日对外提供财务报告）：

(1) 假设宏华公司将该债券投资划分为以摊余成本计量的债权投资，编制金融资产取得、2024 年 12 月 31 日计息、2025 年 1 月 5 日收到利息的会计分录。

(2) 假设宏华公司将该债券投资划分为以公允价值计量且其变动计入其他综合收益的其他债权投资，编制金融资产取得、2024 年 12 月 31 日计息、2025 年 1 月 5 日收到利息的会计分录。

(3) 计算实际利率法下该债券各期利息并填写表 1-9。（精确到个位数）

表 1-9　　　　　　　　　　债权投资利息计算表

（实际利率法）　　　　　　　　　　金额单位：元

日期	期初摊余成本 A	实际利息收入 B＝A×实际利率	现金流入 C＝面值×票面利率	期末摊余成本 D＝A＋B－C
合计				

知识结构：金融资产

第二章 长期股权投资

知识目标

1. 理解长期股权投资的概念与范围。
2. 认识长期股权投资的初始计量。
3. 认识长期股权投资的后续计量。

文本：《企业会计准则第2号——长期股权投资》

能力目标

1. 能进行成本法下企业非合并方式取得长期股权投资、被投资单位宣告发放股利或利润、投资处置的核算。
2. 能进行成本法下企业合并方式取得长期股权投资的核算。
3. 能进行权益法下长期股权投资取得、投资损益调整、被投资单位其他综合收益变动、被投资单位除净损益外所有者权益的其他变动、投资处置的核算。

素养目标

通过讨论投资分类对企业财务的影响，培养对财务政策变化的敏感度，增强法规意识，养成思考习惯。

知识导图

- 长期股权投资
  - 长期股权投资概述
  - 长期股权投资成本法
    - 适用范围与核算方法
    - 账务处理
      - ① 取得
      - ② 被投资单位宣告分配现金股利或利润
      - ③ 处置
  - 长期股权投资权益法
    - 科目设置
    - 账务处理
      - ① 取得
      - ② 损益调整
      - ③ 其他综合收益变动
      - ④ 其他资本公积变动
      - ⑤ 减值
      - ⑥ 处置

第一节　长期股权投资概述

一、长期股权投资范围

长期股权投资,是指投资方对被投资单位实施控制、重大影响的权益性投资,以及对其合营企业的权益性投资。主要包括:

(1) 投资方能够对被投资单位实施控制的权益性投资,即对子公司投资。

> **知识链接**
> ↓ 控制,是指投资方拥有对被投资单位的权力,通过参与被投资单位的相关活动而享有可变回报,并且有能力运用对被投资单位的权力影响其回报金额。

(2) 投资方能够与其他合营方一同对被投资单位实施共同控制的、对被投资单位净资产享有权利的权益性投资,即对合营企业投资。

> **知识链接**
> ↓ 共同控制,是指按照相关约定对某项安排所共有的控制,并且该安排的相关活动必须经过分享控制权的参与方一致同意后才能决策。

(3) 投资方能够对被投资单位施加重大影响的权益性投资,即对联营企业投资。

> **知识链接**
> ↓ 重大影响,是指投资方对被投资单位的财务和经营政策有参与决策的权力,但不能控制或者与其他方一起共同控制这些政策的制定。

二、长期股权投资的核算方法

长期股权投资的核算方法有成本法与权益法两种。

(一) 成本法核算范围

企业对子公司的长期股权投资,应当采用成本法核算。投资企业为投资性主体且子公司不纳入其合并财务报表的除外。

在判断企业是否对被投资单位具有控制时,应综合考虑直接持有的股权和通过子公司间接持有的股权。

(二) 权益法核算范围

企业对合营企业、联营企业的长期股权投资,应当采用权益法核算。

同样,在判断企业是否对被投资单位具有共同控制、重大影响时,应综合考虑直接持有的股权和通过子公司间接持有的股权。

第二节　长期股权投资成本法

企业能够对被投资单位实施控制的长期股权投资,即企业对子公司的长期股权投资,应当采用成本法核算。所谓成本法,是指长期股权投资按照初始投资成本计价,除非追加投资或收回投资,不调整长期股权投资金额。

一、成本法下长期股权投资核算科目的设置

为了反映和监督成本法下长期股权投资的取得、持有和处置等情况,企业应当设置"长期股权投资""应收股利""投资收益""长期股权投资减值准备"等科目。

"长期股权投资"属于资产类科目,核算企业持有的长期股权投资。成本法下,借方登记长期股权投资取得时的初始投资成本,贷方登记处置长期股权投资的账面余额,期末借方余额,反映企业持有的长期股权投资的价值。本科目应当按照被投资单位进行明细核算。

二、成本法下长期股权投资的账务处理

成本法下长期股权投资的账务处理主要包括:长期股权投资取得;投资持有期间被投资单位宣告发放现金股利或利润;长期股权投资处置等。

(一) 长期股权投资取得的账务处理

企业以支付现金、非现金资产等方式取得的长期股权投资,应当按照实际支付的价款或对价借记"长期股权投资"科目,实际支付的价款或对价中包含有已宣告但尚未发放的现金股利或利润,借记"应收股利"科目,贷记"银行存款"等科目。

【例 2-1】 2024 年 2 月 10 日,浙江宏华股份有限公司(简称"宏华公司")以支付现金的方式取得明辉股份有限公司(简称"明辉公司")60%的股权(双方不存在任何关联方关系),实际支付价款 800 000 元,并能够对该公司实施控制。请编制宏华公司取得明辉公司股权的会计分录。

相关凭证: 股权投资申请审批书;股权投资合同复印件(见凭证 2-1);明辉公司股权证书复印件;银行转账付款凭证;税费相关凭证等。

凭证 2-1

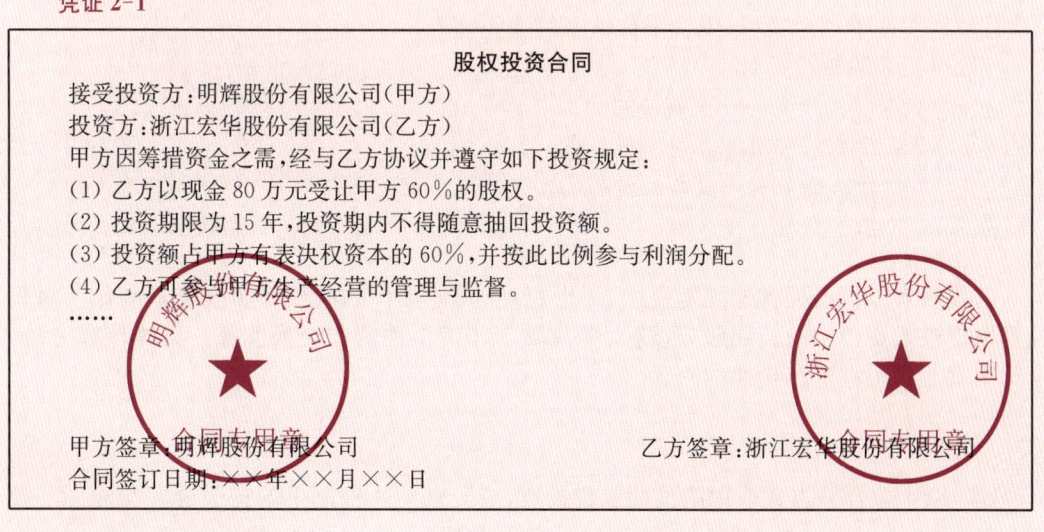

股权投资合同

接受投资方:明辉股份有限公司(甲方)
投资方:浙江宏华股份有限公司(乙方)
甲方因筹措资金之需,经与乙方协议并遵守如下投资规定:
(1) 乙方以现金 80 万元受让甲方 60%的股权。
(2) 投资期限为 15 年,投资期内不得随意抽回投资额。
(3) 投资额占甲方有表决权资本的 60%,并按此比例参与利润分配。
(4) 乙方可参与甲方生产经营的管理与监督。
……

甲方签章:明辉股份有限公司　　　　　乙方签章:浙江宏华股份有限公司
合同签订日期:××年××月××日

分析：宏华公司能够对被投资企业实施控制，所以采用成本法核算。

2月10日，取得长期股权时：

借：长期股权投资——明辉公司　　　　　　　　　　　　　　800 000
　　贷：银行存款　　　　　　　　　　　　　　　　　　　　　800 000

若2月10日宏华公司取得股权时，明辉公司已经宣告发放现金红利50 000元但尚未发放，按持股比例宏华公司可分得30 000元，则宏华公司的会计分录应该为：

借：长期股权投资——明辉公司　　　　　　　　　　　　　　770 000
　　应收股利——明辉公司　　　　　　　　　　　　　　　　　30 000
　　贷：银行存款　　　　　　　　　　　　　　　　　　　　　800 000

> **注意：**
> ▶ 企业取得被投资单位的长期股权投资，除了支付现金方式外，还可以以发行权益性证券、其他非现金资产交换的方式取得。
> 　　若投资者以**发行权益性证券方式**换取被投资单位的股权，应当按照发行权益性证券的公允价值借记"长期股权投资"科目，按该权益性证券的面值，贷记"股本"科目，按其差额，贷记"资本公积——股本溢价"科目。发行权益性证券支付的手续费、佣金等费用从权益性证券的发行收入中扣除，即借记"资本公积——股本溢价"科目，贷记"银行存款"科目。溢价收入不足扣除的，冲减盈余公积和未分配利润。

【例2-2】 浙江宏华股份有限公司（简称"宏华公司"）通过增发本公司股份300 000股（每股面值1元）为对价取得明辉公司60%的股权（双方不存在任何关联方关系），宏华公司300 000股普通股的公允价值为780 000元，宏华公司为增发该部分普通股支付了45 000元的佣金和手续费。请编制宏华公司取得明辉公司股权的会计分录。

相关凭证：股权投资申请审批书（或董事会决议）；宏华公司注册资本变更登记复印件；股权投资合同复印件；明辉公司股权证书复印件；股票发行合同复印件；股票发行机构计收税费回单；股票发行税费银行转账付款凭证等。

取得长期股权投资时：

借：长期股权投资——明辉公司　　　　　　　　　　　　　　780 000
　　贷：股本——明辉公司　　　　　　　　　　　　　　　　　300 000
　　　　资本公积——股本溢价　　　　　　　　　　　　　　　435 000
　　　　银行存款　　　　　　　　　　　　　　　　　　　　　 45 000

若投资者以自己拥有的固定资产、无形资产、其他单位的股权等**非现金资产作为对价**，交换取得被投资单位的长期股权，这大多数属于非货币性资产交换业务。具体核算方法参考第十章非货币性资产交换的内容。

> **注意：**
> ▶ 以企业合并方式取得的长期股权投资，应分别同一控制下的控股合并与非同一控制下的控股合并确认长期股权投资的初始投资成本。

所谓**同一控制下的企业合并**,是指参与合并的企业在合并前后均受同一方或相同多方控制,且这种控制是非暂时性的,如同一集团内部企业之间的合并;**非同一控制下的企业合并**,是指参与合并各方在合并前后不受同一方或相同多方的最终控制,即除属于同一控制下的企业合并情况以外的合并。

同一控制下的企业合并,初始投资成本按合并日取得被合并方所有者权益在最终控制方合并财务报表中的账面价值的份额确定;非同一控制下的企业合并,初始投资成本按付出的资产、承担的负债、发行的权益性证券的公允价值计量;为进行企业合并发生的各项直接相关费用,于发生时计入当期损益。

注意:

- 为进行企业合并(包含同一控制、非同一控制企业合并)发生的直接相关费用计入管理费用。
- 以发行股票方式取得长期股权投资,支付的股票发行费用(即手续费、佣金等)应冲减溢价发行收入,溢价收入不足冲减的,依次冲减盈余公积和未分配利润。
- 用企业合并以外方式取得长期股权投资发生的直接相关费用计入长期股权投资成本。

【例 2-3】 浙江宏华股份有限公司(简称"宏华公司")支付现金 1 000 万元取得丙公司 60% 的股权,合并日丙公司的所有者权益在最终控制方合并报表中的账面价值为 2 000 万元。另外,宏华公司以现金支付资产评估费等各种相关费用 20 万元。

(1) 若宏华公司与丙公司之间具有关联关系,则"长期股权投资"的初始确认成本是多少?

(2) 若宏华公司与丙公司及其股东不存在任何关联方关系,则"长期股权投资"的初始确认成本是多少?

请根据以上两种情况编制宏华公司取得丙公司股权的会计分录。

相关凭证: 股权投资申请审批书;股权投资合同复印件;丙公司股权证书复印件;银行转账付款凭证;资产评估费等相关费用凭证等。

(1) 属于同一控制下的企业合并。

长期股权投资入账成本 = 合并日被投资方所有者权益在最终控制方合并报表中的账面价值的份额 = 2 000 × 60% = 1 200(万元)

借:长期股权投资	12 000 000
管理费用	200 000
贷:银行存款	10 200 000
资本公积	2 000 000

(2) 属于非同一控制下的企业合并。

长期股权投资入账成本 = 购买方支付的资产的公允价值 = 1 000(万元)

借:长期股权投资	10 000 000
管理费用	200 000
贷:银行存款	10 200 000

(二)现金股利或利润的账务处理

成本法下,长期股权投资持有期间被投资单位宣告分派现金股利或利润时,按享有现金股利或利润的金额借记"应收股利"科目,贷记"投资收益"科目。实际收到现金股利或利润时,借记"银行存款"科目,贷记"应收股利"科目。

【例 2-4】 沿用【例 2-1】中的数据,宏华公司拥有明辉公司 60% 的股权(不存在任何关联方关系),2024 年 12 月 22 日,明辉公司宣告分派现金股利 10 万元,宏华公司按持股比例可分得 6 万元。2025 年 3 月 1 日,宏华公司收到现金股利。请编制宏华公司有关现金股利的会计分录。

相关凭证: 股权投资申请审批书;股权投资合同复印件;股权证书复印件;银行转账付款凭证;现金股利派发通知单(见凭证 2-2);股利收账通知等。

凭证 2-2

现金股利派发通知单

浙江宏华股份有限公司:
　　根据本公司股东会决议,决定向 2024 年年末在册全体股东派发 2024 年度现金股利(含税)人民币(大写)　壹拾　万元,￥100 000 元整,贵公司持股比例为 60%,总计应派发现金股利(含税)人民币　陆　万元,￥60 000 元整。

明辉股份有限公司
2024 年 12 月 22 日

---

(1) 2024 年 12 月 22 日,明辉公司宣告发放现金股利时:

借:应收股利——明辉公司　　　　　　　　　　　　　60 000
　　贷:投资收益　　　　　　　　　　　　　　　　　　　　　60 000

(2) 2025 年 3 月 1 日,宏华公司收到现金股利时:

借:银行存款　　　　　　　　　　　　　　　　　　　60 000
　　贷:应收股利——明辉公司　　　　　　　　　　　　　　60 000

(三)长期股权投资处置的账务处理

投资企业处置长期股权投资时,应当按照实际收到的金额,借记"银行存款"等科目,按照原已计提的减值准备,借记"长期股权投资减值准备"科目,按照该项长期股权投资的账面余额,贷记"长期股权投资"科目,按照尚未领取的现金股利或利润,贷记"应收股利"科目,按照其差额,贷记或借记"投资收益"科目。

【例 2-5】 沿用【例 2-1】【例 2-4】中的数据,2026 年 7 月 1 日,宏华公司将所拥有的明辉公司股权以 63 万元的价格转让给另一企业,收到的转让款存入银行,请编制宏华公司长期股权投资处置的会计分录。

相关凭证: 股权转让协议;银行转账收款凭证;长期股权投资转让损益计算表。

2026年7月1日，长期股权投资转让时：
借：银行存款　　　　　　　　　　　　　　　　　　630 000
　　投资收益——明辉公司　　　　　　　　　　　　170 000
　　贷：长期股权投资——明辉公司　　　　　　　　　　　800 000

第三节　长期股权投资权益法

企业对被投资单位具有共同控制或重大影响时，长期股权投资应当采用权益法核算。

所谓权益法，是指长期股权投资账面余额按照在被投资单位享有的权益份额变动进行调整的方法。

一、权益法下长期股权投资核算科目的设置

为了反映和监督企业权益法下长期股权投资的取得、持有和处置等情况，企业应当设置"长期股权投资""投资收益""其他综合收益""资本公积——其他资本公积""长期股权投资减值准备"等科目。

权益法下，"长期股权投资"科目借方登记长期股权投资取得时的初始投资成本以及按被投资单位实现的净损益、其他综合收益和其他权益变动等计算的应分享的份额，贷方登记处置长期股权投资的账面余额或被投资单位宣告分派现金股利或利润时按持股比例计算的应享有的份额，以及按被投资单位发生的净亏损、其他综合收益和其他权益变动等计算的应分担的份额，期末借方余额，反映企业持有的长期股权投资的价值。本科目应当按照被投资单位进行明细核算。为详细反映长期股权投资按被投资单位所有者权益变动而变动的情况，应在"长期股权投资"科目下分别设置"投资成本""损益调整""其他综合收益""其他权益变动"四个明细科目。

二、权益法下长期股权投资的账务处理

权益法下长期股权投资的账务处理主要包括长期股权投资取得及投资成本的调整；持有期间被投资单位损益调整、其他综合收益变动、所有者权益的其他变动；长期股权投资处置等。

（一）长期股权投资取得及投资成本调整的账务处理

权益法下长期股权投资增加的会计处理分两步进行：

第一步，取得投资时，按初始投资成本增加长期股权投资的账面价值。

以支付现金取得的长期股权投资，按实际支付的购买价款加相关手续费借记"长期股权投资——成本"科目，贷记"银行存款"等科目；以发行权益性证券取得的长期股权投资，按发行的权益性证券的公允价值借记"长期股权投资——成本"科目，贷记"股本""资本公积——股本溢价"科目；以其他非现金资产交换取得的长期股权投资，按换出非现金资产的公允价值借记"长期股权投资——成本"科目，按不同换出非现金资产，分别贷记"固定资产清理""无形资产""长期股权投资"等科目。投资成本中包含的已宣告发放但尚未发放的现金股利

或利润应单独记入"应收股利"科目,不构成长期股权投资成本。

第二步,比较初始投资成本与投资时应享有被投资单位可辨认净资产公允价值的份额。

若长期股权投资的初始投资成本**大于**投资时应享有被投资单位可辨认净资产公允价值份额的,该部分差额是投资企业在取得投资过程中通过作价体现出的与所取得股权份额相对应的商誉价值,这种情况下,**不调整**长期股权投资成本,不做会计处理。

若长期股权投资的初始投资成本**小于**投资时应享有被投资单位可辨认净资产公允价值份额的,该部分差额体现为双方在交易作价过程中转让方的让步,这种情况下,需将这部分经济利益流入调整增加长期股权投资的成本。应借记"长期股权投资——投资成本"科目,贷记"**营业外收入**"科目。

【例2-6】 浙江宏华股份有限公司(简称"宏华公司")于1月5日出资2 000万元取得南方实业30%的股权,从而能够对南方实业施加重大影响。取得投资时被投资单位可辨认净资产的公允价值为7 500万元。请编制宏华公司取得该笔投资的会计分录。

相关凭证:股东大会决议;股权投资合同复印件;股权证明书;银行转账付款证明;被投资单位净资产公允价值验证证明等。

分析:宏华公司拥有南方实业30%的股权,能够对南方实业施加重大影响,所以长期股权投资采用权益法核算。

长期股权投资的初始成本为2 000万元,享有的对被投资单位的权益为2 250万(7 500×30%),初始成本小于取得投资时应享有的被投资单位可辨认净资产公允价值份额,需调整增加投资成本。

(1)1月5日,长期股权投资取得:

借:长期股权投资——南方实业(成本)　　　　　　　　　　20 000 000
　　贷:银行存款　　　　　　　　　　　　　　　　　　　　20 000 000

(2)初始投资成本调整:

借:长期股权投资——南方实业(成本)　　　　　　　　　　2 500 000
　　贷:营业外收入　　　　　　　　　　　　　　　　　　　2 500 000

思考

➤ 假设宏华公司于1月5日出资3 000万元取得南方实业30%的股权,其他条件不变,那么长期股权投资取得的会计处理是怎样的?

(二)被投资单位损益调整的账务处理

持有期间被投资单位损益调整主要有两项业务:一是被投资单位发生**盈利或亏损**;二是被投资单位宣告发放**现金股利**。

被投资单位发生盈利时,企业按实现的净利润中应享有的份额,借记"长期股权投资——损益调整"科目,贷记"投资收益"科目。被投资单位发生净亏损做相反的会计分录,借记"投资收益"科目,贷记"长期股权投资——损益调整"科目,但以"长期股权投资"科目的账面价值减记至零为限。

被投资单位宣告分派现金股利或利润时,投资企业按持股比例计算应享有的份额,借记"应收股利"科目,贷记"长期股权投资——损益调整"科目。

注意： 收到被投资单位发放的股票股利,不进行账务处理,但应在备查簿中进行登记,在除权日注明增加的股数,以反映股份的变化情况。

【例 2-7】 2024 年 1 月 5 日,浙江宏华股份有限公司(简称"宏华公司")取得南方实业 30%具表决权的股份,对该公司的生产经营决策有重大影响。投资持有期间发生如下业务：

(1) 2024 年 4 月 15 日,南方实业宣告分派 2023 年现金股利 100 万元。
(2) 2024 年 5 月 30 日,宏华公司收到南方实业派发的现金股利。
(3) 2024 年年底,南方实业当年实现净利润 350 万元。
(4) 2025 年年底,南方实业出现亏损 100 万元。

根据上述业务请编制宏华公司有关长期股权投资的上述会计分录。

相关凭证： 各年长期股权投资损益调整计算表(2024 年损益调整计算表见凭证 2-3);被投资单位宣告派发现金股利决议;应收股利计算表;股利银行转账收款凭证等。

(1) 2024 年 4 月 15 日,南方实业宣告分派 2023 年现金股利时：

借：应收股利——南方实业　　　　　　　　　　　　　300 000
　　贷：长期股权投资——南方实业(损益调整)　　　　　　300 000

(2) 2024 年 5 月 30 日,收到现金股利时：

借：银行存款　　　　　　　　　　　　　　　　　　　300 000
　　贷：应收股利——南方实业　　　　　　　　　　　　　300 000

(3) 2024 年 12 月 31 日,根据南方实业净利润的 30%调整投资账面价值：

借：长期股权投资——南方实业(损益调整)　　　　　1 050 000
　　贷：投资收益——南方实业　　　　　　　　　　　　1 050 000

(4) 2025 年 12 月 31 日,根据南方实业净亏损的 30%调整投资账面价值：

借：投资收益——南方实业　　　　　　　　　　　　　300 000
　　贷：长期股权投资——南方实业(损益调整)　　　　　　300 000

凭证 2-3

长期股权投资损益调整计算表

编制单位：浙江宏华股份有限公司　　　2024 年 12 月 31 日　　　金额单位：元

投资项目	损益计算期间	被投资单位净利润	持股比例	损益调整
南方实业	2024 年度	3 500 000	30%	1 050 000

制表：宋运辉　　　复核：沈丹红　　　记账：宋运辉

(三) 被投资单位其他综合收益变动的账务处理

投资企业在持有长期股权投资期间,应当按照应享有或应分担被投资单位实现其他综合收益的份额,借记或贷记"长期股权投资——其他综合收益"科目,贷记或借记"其他综合收益"科目,或编制相反会计分录。

【例2-8】 浙江宏华股份有限公司(简称"宏华公司")拥有南方实业30%具表决权的股份。2024年年底,南方实业因其他债权投资公允价值变动使"其他综合收益——其他债权投资公允价值变动"增加了400万元。宏华公司需调整长期股权投资的会计分录。

相关凭证: 长期股权投资其他综合收益变动计算表(见凭证2-4)。

凭证2-4　　　　　　长期股权投资其他综合收益变动计算表

编制单位:浙江宏华股份有限公司　　2024年12月31日　　　　　　金额单位:元

投资项目	核算方法	被投资单位综合收益变动额	持股比例	其他综合收益变动调整
南方实业	权益法	4 000 000	30%	1 200 000

制表:宋运辉　　　　复核:沈丹红　　　　记账:宋运辉

借:长期股权投资——南方实业(其他综合收益)　　1 200 000
　　贷:其他综合收益　　　　　　　　　　　　　　　　1 200 000

(四)被投资单位所有者权益其他变动的账务处理

投资企业对于被投资单位除净损益、其他综合收益和利润分配外所有者权益的其他变动,主要包括被投资单位接受其他股东的资本性投入、被投资单位"资本公积——其他资本公积"的变动。

投资企业应当按照在被投资单位的持股比例计算应享有的份额,借记或贷记"长期股权投资——其他权益变动"科目,贷记或借记"资本公积——其他资本公积"科目。

【例2-9】 浙江宏华股份有限公司(简称"宏华公司")拥有南方实业30%的股权,2025年12月31日,南方实业接受其他股东的资本性投入600万元,请编制宏华公司的会计分录。

相关凭证: 长期股权投资其他权益变动计算表(见凭证2-5)。

宏华公司按持股比例调整投资账面价值:

借:长期股权投资——南方实业(其他权益变动)　　1 800 000
　　贷:资本公积——其他资本公积　　　　　　　　　　1 800 000

凭证2-5　　　　　　长期股权投资其他权益变动计算表

编制单位:浙江宏华股份有限公司　　2025年12月31日　　　　　　金额单位:元

投资项目	核算方法	被投资单位其他权益变动额	持股比例	其他权益变动调整
南方实业	权益法	6 000 000	30%	1 800 000

制表:宋运辉　　　　复核:沈丹红　　　　记账:宋运辉

(五) 长期股权投资处置的账务处理

投资企业处置长期股权投资时,按照实际取得的价款与长期股权投资账面价值的差额确认投资损益,即:按实际收到的金额,借记"银行存款"等科目;按原已计提的减值准备,借记"长期股权投资减值准备"科目;按该长期股权投资的账面余额,贷记"长期股权投资"科目;按照尚未领取的现金股利或利润,贷记"应收股利"科目;按照其差额,贷记或借记"投资收益"科目。

原计入其他综合收益的部分采用与被投资单位直接处置相关资产相同的基础进行会计处理;原计入"资本公积——其他资本公积"的部分全部转入"投资收益"。

【例 2-10】 沿用【例 2-6】至【例 2-9】中的数据,宏华公司持有南方实业 30%的股权,2026 年 3 月 15 日,宏华公司将所持股份全部转让。出售时该长期股权投资的账面余额为 2 595 万元(成本 2 250 万元,损益调整借方 45 万元,其他综合收益借方 120 万元,其他权益变动借方 180 万元)。所得款项 2 640 万元已收存银行。请编制宏华公司转让南方实业股权的会计分录。

相关凭证:投资转让董事会决议;股权转让合同复印件;银行转账收款凭证;长期股权投资转让损益计算表(见凭证 2-6)。

凭证 2-6　　　　　　　　长期股权投资转让损益计算表

编制单位:浙江宏华股份有限公司　　　　2026 年 3 月 15 日　　　　金额单位:元

投资项目		南方实业股权,30%股份全部转让	
转让日期	2026-03-15	投资日期	2024-01-05
转让收入	26 400 000	账面价值	25 950 000
其中:转让价格	(略)	其中:投资成本	22 500 000
相关税费	(略)	损益调整	450 000
		其他综合收益	1 200 000
		其他权益变动	1 800 000
转让损益:	450 000		
		原计入其他资本公积	1 800 000
		原计入其他综合收益	1 200 000

制表:宋运辉　　　　复核:沈丹红　　　　记账:宋运辉

(1) 2026 年 3 月 15 日,宏华公司转让南方实业公司 30%股权时:

借:银行存款　　　　　　　　　　　　　　　　　　　　　26 400 000
　　贷:长期股权投资——南方实业(成本)　　　　　　　　22 500 000
　　　　　　　　　　——南方实业(损益调整)　　　　　　　 450 000
　　　　　　　　　　——南方实业(其他综合收益)　　　　 1 200 000
　　　　　　　　　　——南方实业(其他权益变动)　　　　 1 800 000
　　　　投资收益——南方实业　　　　　　　　　　　　　　 450 000

（2）同时将原计入其他综合收益、其他资本公积的金额转入投资收益：

借：其他综合收益　　　　　　　　　　　　　　　　　　　1 200 000
　　资本公积——其他资本公积　　　　　　　　　　　　　1 800 000
　　贷：投资收益——南方实业　　　　　　　　　　　　　　　　3 000 000

知识链接

长期股权投资减值

投资企业应当按照《企业会计准则第8号——资产减值》的规定对长期股权投资进行减值测试，其可收回金额低于账面价值的，应按减值金额借记"资产减值损失——计提的长期股权投资减值准备"科目，贷记"长期股权投资减值准备"科目。

无论是采用成本法还是权益法核算，长期股权投资减值的会计核算是一致的。长期股权投资减值损失一经确认，在以后会计期间不得转回。

练 习 题

核算分析题（一）

【目的】 练习成本法下长期股权投资的核算。

【资料】 浙江宏华股份有限公司（简称"宏华公司"）对M公司股权投资情况如下。

（1）2024年年初购入M公司普通股10万股，占M公司股本的60%，每股购买价6.5元，其中含已宣告发放但未支取的现金红利0.5元/股，另支付佣金、税费共4 000元。已知购入时M公司所有者权益账面价值为100万元，公允价值为110万元。

（2）2024年3月，收到购入时应收未收股利每股0.5元。

（3）M公司2024年实现净利润20万元，宣布按0.4元/股发放现金股利。

（4）M公司2025年发生亏损8万元。

【要求】 根据资料，编制宏华公司有关M公司投资的会计分录（宏华公司与M公司之间无关联关系）。

核算分析题（二）

【目的】 练习权益法下长期股权投资的核算。

【资料】 浙江宏华股份有限公司（简称"宏华公司"）发生如下经济业务：

（1）2024年1月1日，通过投资专户购买P公司发行的股票1 000万股并准备长期持有。本次投资的股票占P公司股份的25%，对P公司的经营与决策具有重大影响。该股票每股买入价为6元，另外发生相关税费40万元。取得投资时P公司所有者权益的账面价值与公允价值相同，为30 000万元。

(2) 2024年3月1日,P公司宣告发放2023年现金股利200万元。

(3) 2024年4月1日,宏华公司收到P公司分派的现金股利并将其存入投资专户。

(4) 2024年P公司实现净利润1 000万元;除净利润外,P公司因其他债权投资使其他综合收益增加200万元。

(5) 2025年3月1日,P公司宣告发放2024年现金股利(每股0.1元)。

(6) 2025年4月1日,宏华公司收到P公司分派的现金股利并将其存入投资专户。

(7) 2025年10月,宏华公司出售所持有的全部P公司股票,出售净收入8 900万元已存入投资专户。

【要求】 根据上述业务,编制宏华公司有关P公司股票投资的会计分录。

知识结构:长期股权投资

第三章 存 货

文本:《企业会计准则第1号——存货》

知识目标

1. 了解存货的内容、确认条件。
2. 熟悉存货的初始计量、发出计量、期末计量。
3. 了解存货清查的程序及方法。
4. 熟悉存货减值的判断。

能力目标

1. 能进行实际成本法下原材料采购核算、发出成本计算及核算。
2. 能进行计划成本法下原材料采购核算、发出成本计算及核算。
3. 能进行周转材料、委托加工物资、库存商品、消耗性生物资产的核算。
4. 能进行存货盘盈、盘亏的核算。
5. 能进行存货跌价准备的计算及核算。

素养目标

1. 通过解读增值税政策的变化、减税降费对企业税费负担的影响等,培养道路自信、理论自信、制度自信、文化自信。
2. 通过解读常见存货舞弊手段、方法等反面案例,培养正确的"三观",明白"君子爱财,取之有道",树立良好的职业道德规范。
3. 通过理解不同存货成本计量方法对利润的影响,培养责任意识,强化社会责任,养成良好的职业道德规范。

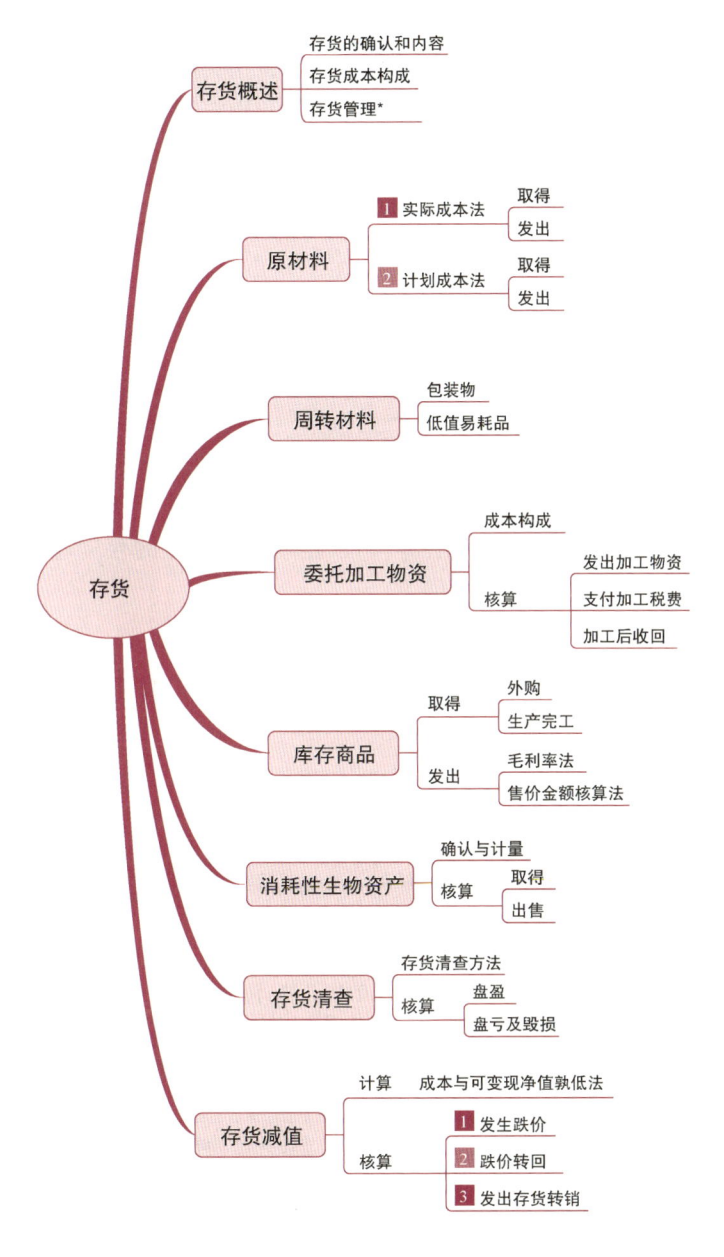

知识导图

- 存货
  - 存货概述
    - 存货的确认和内容
    - 存货成本构成
    - 存货管理*
  - 原材料
    - 1 实际成本法
      - 取得
      - 发出
    - 2 计划成本法
      - 取得
      - 发出
  - 周转材料
    - 包装物
    - 低值易耗品
  - 委托加工物资
    - 成本构成
    - 核算
      - 发出加工物资
      - 支付加工税费
      - 加工后收回
  - 库存商品
    - 取得
      - 外购
      - 生产完工
    - 发出
      - 毛利率法
      - 售价金额核算法
  - 消耗性生物资产
    - 确认与计量
    - 核算
      - 取得
      - 出售
  - 存货清查
    - 存货清查方法
    - 核算
      - 盘盈
      - 盘亏及毁损
  - 存货减值
    - 计算 成本与可变现净值孰低法
    - 核算
      - 1 发生跌价
      - 2 跌价转回
      - 3 发出存货转销

第一节 存货概述

存货(inventory),是指企业在日常活动中持有以备出售的产品或商品、处在生产过程中的在产品、在生产过程或提供劳务过程中耗用的材料和物料等。

一、存货的确认和内容

(一) 存货的确认

企业的存货实际上处于不断地取得、耗用、销售、重置之中,它是一项具有较大流动性、有较快变现能力的有形资产。存货必须同时满足下列两个条件,才能予以确认:

(1) 与该存货有关的经济利益很可能流入企业。
(2) 该存货的成本能够可靠地计量。

存货的确认关系到企业存货的日常核算和管理,关系到企业期末资产价值的确认和损益的计量。存货确认应遵循商品控制权归属,而不论其存放地点,如期末在外加工的存货,其控制权归属于企业,虽然存放地点不在本单位,也属于本单位的存货;再如发出商品,存放地点不在本单位,但属于企业存货的范畴。

(二) 存货的内容

企业的各类存货资产主要有原材料、周转材料、库存商品、委托加工物资、在产品、消耗性生物资产[1]等,存货的内容如表3-1所示。

表 3-1　　　　　　　　　　　　　　存货的内容

内容	含义
原材料	原材料是指企业在生产过程中经加工改变其形态或性质并构成产品主要实体的各种原料及主要材料、辅助材料、燃料、修理用备件(备品备件)、包装材料以及外购半成品(外购件)等
在产品	在产品是指企业正在制造尚未完工的生产物,包括正在各个生产工序加工的产品和已加工完毕但尚未检验或已检验但尚未办理入库手续的产品
半成品	半成品是指经过一定生产过程并已检验合格交付仓库保管但尚未制造完工仍需进一步加工的中间产品
产成品	产成品是指工业企业已经完成全部生产过程并已验收入库,可以按照合同规定的条件送交订货单位,或者可以作为商品对外销售的产品。企业接受外来原料加工制造的代制品和为外单位加工修理的代修品,在制造或修理完成检验入库后视同企业的产成品
商品	商品是指商品流通企业外购或委托加工完成验收入库用于销售的各种商品
包装物	包装物是指为了包装本企业的商品而储备的包装容器,如桶、箱、瓶、坛、袋等
低值易耗品	低值易耗品是指不能作为固定资产核算的各种用具用品,如工具、管理用具、玻璃器皿、劳动保护用品以及在经营过程中周转使用的容器等

---

[1] 根据《企业会计准则第5号——生物资产》,收获后的农产品适用《企业会计准则第1号——存货》,但在存货准则中,消耗性生物资产被纳入存货范围。综合考虑后,本书依据存货特征与消耗性生物资产特征的相似性,将其纳入存货进行了介绍。

(续表)

内容	含义
委托加工物资	委托加工物资是指企业发出在外、委托外单位加工成新的材料、商品、周转材料等的物资
发出商品	发出商品是指在销售过程中已对外发货但不符合销售确认条件的商品
委托代销商品	委托代销商品是指企业委托其他单位代销的商品
消耗性生物资产	消耗性生物资产是指企业(农、林、牧、渔业)生长中的大田作物、蔬菜、用材林以及存栏待售的牲畜等

二、存货成本的确定

存货应当按照成本进行初始计量。存货初始成本包括采购成本、加工成本和其他成本。

不同存货的成本构成内容不同。原材料、商品、低值易耗品等通过购买而取得的存货的成本由采购成本构成；产成品、在产品、半成品等自制或需委托外单位加工完成的存货的成本由采购成本、加工成本以及使存货达到目前场所和状态所发生的其他成本构成。存货成本的具体构成内容如表3-2所示。

表3-2　　　　　　　　　　　　　存货成本的构成

成本类型	具体内容
采购成本	采购成本包括购买价款、相关税费、运杂费等其他可归属于存货采购成本的费用。购买价款，是指企业购入存货的发票账单上列明的价款，但不包括按规定可以抵扣的增值税进项税额。相关税费，是指企业购买存货发生的进口关税、消费税、资源税和不能抵扣的增值税进项税额以及相应的教育费附加等应计入存货采购成本的税费。其他可归属于存货采购成本的费用，是指存货采购过程中除购买价款和相关税费以外的可归属于成本的费用，如在存货采购过程中发生的运输费、包装费、装卸费、仓储费、运输途中的合理损耗、入库前的挑选整理费等
加工成本	加工成本是指材料加工成产成品过程中发生的追加费用，包括直接人工以及按照一定方法分配的制造费用。直接人工是指在生产产品、提供劳务过程中发生的直接从事产品生产和劳务提供人员的薪酬。制造费用是指产品生产、劳务提供过程中发生的各项间接费用
其他成本	其他成本是指除采购成本、加工成本外，使存货达到目前场所和状态所发生的其他支出。如企业为特定客户设计产品所发生的、可直接确定的设计费用等

注意：

- 凡是增值税一般纳税人取得增值税专用发票、海关进口增值税专用缴款书、农产品收购发票等可以抵扣的进项税额的，增值税都应该单独列示，不能计入存货采购成本（除非税法有增值税不得抵扣的特殊规定）。
- 凡是增值税小规模纳税人，增值税不得抵扣，发票金额合并计入存货采购成本。
- 采购运输途中的损耗分为合理损耗和不合理损耗。合理损耗是指存货在运输过程中因商品性质、自然条件及技术设备等原因所发生的不可避免的损耗，如易挥发物资运输途中的自然挥发。合理损耗包含在存货成本中，但超额损耗或不合理损耗，不能计入存货成本。非正常消耗的直接材料、直接人工和制造费用，应在发生时计入当期损益，不计入存货成本。比如，由于自然灾害而发生的直接材料、直接人工和制造费用，由于这些费用的发生不能使该存货达到目前场所和状态，不应计入存货成本，而应确认为当期损益。

- 在一次采购多种存货、采购途中费用不能分清负担对象时,应选择合理的分配方法分配采购费用。通常可按照采购存货的重量、体积、采购价格等的比例作为标准进行分配。
- 企业在存货采购入库后发生的储存费用,应在发生时计入当期损益。但是,在生产过程中为达到下一个生产阶段所必需的仓储费用应计入存货成本。
- 以采购、加工外的其他方式取得的存货,有不同的成本确定方法。如接受出资方投资的存货成本,按照投资合同或协议约定的价值确定(合同或协议约定价值不公允的除外);如接受捐赠取得的存货成本,按照捐赠方提供凭据的金额加上支付的相关税费确定;如非货币性资产交换取得的存货成本,按照换出资产的公允价值和应支付的相关税费确定。

三、存货管理*

存货营运效率直接影响到流动资产的整体营运效率。企业应当根据国家有关法律法规,建立并组织实施适合本单位业务特点和管理要求的存货内部控制制度。

(一)存货采购管理

1. 存货请购与审批管理

存货采购涉及总经理室、企划部、采购部、储运部、质量保证部、生产设备部、财务部等相关部门,每个部门都有不同的责任和权限。企业应当建立存货采购申请制度,依据购置存货的类型,确定归口管理部门,授予相应的请购权,并明确相关部门或人员的职责权限及相应的请购程序。同时,企业应当加强采购业务的预算管理,对于预算内存货采购项目,具有请购权的部门应严格按照预算执行进度办理请购手续;对于超预算和预算外采购项目,具有请购权的部门应对需求部门提出的申请进行审核后再行办理请购手续。

2. 存货采购与验收管理

企业应当建立采购与验收环节的管理制度,对采购方式确定、供应商选择、验收程序等作出明确规定,确保采购过程的透明化。企业应当充分了解和掌握供应商的信誉、供货能力等有关情况,采取由采购、使用等部门共同参与的比质比价的程序。除零星采购外,企业应要求与供货方签订采购合同。

企业根据规定的验收制度和经批准的订单、合同等采购文件,由独立的验收部门或指定专人对所购存货的品种、规格、数量、质量和其他相关内容进行验收,出具验收证明。验收过程中发现异常情况的,负责验收的部门或人员应立即向有关部门报告,及时处理。

3. 付款管理

财会部门在办理付款业务时,应该严格核对采购发票、结算凭证、验收单、合同等有关凭证,检查其真实性、完整性、合法性及合规性,对符合付款条件的采购业务应及时办理付款手续。

建立预付账款和定金的授权批准制度,加强预付账款和定金的管理;加强应付账款、应付票据的管理,由专人按照约定的付款日期、折扣条件等管理应付款项;建立退货管理制度,对退货条件、退货手续、货物出库、退货货款回收等作出明确规定,及时收回退货货款;定期与供应商核对应付账款、应付票据、预付账款等往来款项,如有不符,应查明原因,及时处理。

(二) 存货仓储管理

1. 日常管理

企业应当根据销售计划、生产计划、采购计划、资金筹措计划等制订仓储计划,合理确定库存存货的结构和数量;建立岗位责任制,明确专人对存货入库、调运、转出等各方面的职责任务,并定期或不定期地进行检查;建立存货的分类管理制度,对贵重物品、关键备件、精密仪器、危险品等重要存货,采取额外控制措施。

2. 清查盘点管理

企业应当定期或不定期地对各类存货进行实地清查和盘点,及时发现并掌握存货的灭失、损坏、变质和长期积压等情况。存货发生盘盈、盘亏的,应查明原因,分清责任,并及时报告有关部门。

3. 存货成本管理

企业应当建立健全存货成本会计核算系统,正确计算和结转存货成本,加强对存货减值的会计核算,及时掌握存货价值变动情况,确认、计量存货跌价的依据应当充分,方法应当正确。

(三) 存货领用及发出管理

1. 领用管理

企业内部各材料消耗单位及部门应根据月生产计划生成领料计划并履行审批手续,仓库管理人员根据领料计划中所列的预计用量组织、安排存货品种和数量。领取材料时应填写"领料单"并经部门主管审核签名,仓储审核"领料单"并查验库存,材料保管员根据"领料单"所列的材料品种、规格、发货时间、发货数量组织发货并签名。企业对外捐赠存货,应当履行审批手续,签订捐赠协议或合同,捐赠对象应当明确,捐赠方式应当合理,捐赠程序应当可监督检查。企业运用存货进行对外投资的,应当履行审批手续,并与投资合同或协议等核对一致。

2. 处置管理

企业应当建立存货处置环节的控制制度,明确存货处置的范围、标准、程序、审批权限和责任。各项残次、冷背存货的处置,需由仓储、质检、生产和财会等部门共同提出处置方案,经单位负责人或其授权人员批准后实施。审核重点为处置方式是否适当,处置价格是否合理,处置价款是否及时、足额收取并入账。

(四) 存货管理不相容岗位设置

企业应当建立存货业务的岗位责任制,明确相关部门和岗位的职责、权限,确保办理存货业务的不相容岗位相互分离、制约和监督。存货业务的不相容岗位至少包括:

(1) 存货的采购、验收与付款。
(2) 存货的保管与清查。
(3) 存货的销售与收款。
(4) 存货处置的申请与审批、审批与执行。
(5) 存货业务的审批、执行与相关会计记录。

第二节 原 材 料

本节将介绍工业企业原材料(raw materials)取得、领用的会计核算。工业企业原材料日常核算分实际成本法和计划成本法两种。

一、采用实际成本法核算

原材料按实际成本法进行日常核算,从材料的收发凭证到明细账和总账全部按实际成本计价。实际成本法适用于材料收发次数较少的企业。

(一)实际成本法下原材料核算科目的设置

为了总括地反映和监督材料的增减变动和结存情况,按实际成本法进行材料核算的企业,应设置"在途物资""原材料"等科目,具体内容如表3-3所示。存货采购时支付的可抵扣增值税进项税额,在"应交税费——应交增值税"科目下设置"进项税额"专项核算。

表3-3　　　　　　　　　　实际成本法下原材料核算科目设置

科目名称	核算内容
在途物资	在途物资属于资产类科目,核算企业已购入但尚未验收入库的各种材料物资的实际成本,借方登记企业购入的在途物资的实际成本,贷方登记验收入库的在途物资的实际成本,余额在借方,反映企业尚未验收入库材料物资的实际成本。本科目可按供应单位或物资品种进行明细核算
原材料	原材料属于资产类科目,核算企业库存各种材料的收入、发出与结存情况。在实际成本法下,借方登记验收入库材料的实际成本,贷方登记发出材料的实际成本,余额在借方,反映期末库存材料的实际成本。本科目可按照材料的保管地点、材料的类别、品种、规格等进行明细核算

(二)实际成本法下原材料取得的账务处理

实际成本法下原材料采购的账务处理主要包括购入材料与货物验收入库。

【例3-1】 2024年3月17日,浙江宏华股份有限公司(简称"宏华公司")从供应商鑫泰公司购入某型号铝合金板材35吨,取得增值税专用发票两张,其一为货物采购发票,注明价款为74 900元,增值税税额为9 737元;另一张为运输服务发票,注明运输费为1 000元,增值税税额为90元。所有款项用银行存款付清,材料已验收入库。请编制宏华公司实际成本法下该项原材料采购业务的会计分录。

相关凭证:供应商开具增值税专用发票发票联(见凭证3-1);运输公司开具增值税专用发票发票联(见凭证3-2);收料单(见凭证3-3);银行付款凭证。

(1)购入材料时:

借:在途物资——铝合金板材❶　　　　　　　　　　　　75 900
　　应交税费——应交增值税(进项税额)　　　　　　　9 827
　　贷:银行存款　　　　　　　　　　　　　　　　　　85 727

---

❶ 本例中,在途物资的明细账还可以按"鑫泰公司"来设置。随着财务软件的普及,很多企业对"在途物资"分别按供应商、材料品种进行明细核算,方便查询使用。

(2) 货物验收入库时：

借：原材料——铝合金板材　　　　　　　　　　　　　75 900
　　贷：在途物资——铝合金板材　　　　　　　　　　　　75 900

凭证 3-1

浙江增值税专用发票

No 21255660　　3300203130
　　　　　　　　　21255660

发票联　　　　　　　开票日期：2024年3月17日

购买方	名称：浙江宏华股份有限公司 纳税人识别号：91330108344094012A 地址、电话：杭州市滨江区泰安路123号　0571-87661887 开户行及账号：工行杭州中山支行　1202020900756721249			密码区	<870*-7*067548+59765433- *<<34->8546<87+3*97786<>99- 7<55+*7686467->**-82*334+45- 5/>76546<87+24+*+765/987+8<

货物或应税劳务、服务名称	规格型号	单位	数量	单价	金额	税率	税额
*有色金属冶炼压延品*铝合金板材	PHL2	吨	35	2 140.00	74 900.00	13%	9 737.00
合　计					¥74 900.00		¥9 737.00

价税合计（大写）　⊗捌万肆仟陆佰叁拾柒元整　　　　　　（小写）¥84 637.00

销售方	名称：浙江鑫泰科技股份有限公司 纳税人识别号：91330102757203096K 地址、电话：杭州市西湖区大观路512号　0571-88761133 开户行及账号：工行拱墅支行1202020900673444627	备注

收款人：何友凯　　复核：张君　　开票人：王建明　　销售方：（章）

凭证 3-2

浙江增值税专用发票

No 56153776　　3300203130
　　　　　　　　　56153776

发票联　　　　　　　开票日期：2024年3月17日

购买方	名称：浙江宏华股份有限公司 纳税人识别号：91330108344094012A 地址、电话：杭州市滨江区泰安路123号　0571-87661887 开户行及账号：工行杭州中山支行　1202020900756721249			密码区	09*>937*127786<<8647-<8*- 53217*0675><7-48+576433-34- >5467<55+*7686467->**- 43382*334+**687+24+*+76589

货物或应税劳务、服务名称	规格型号	单位	数量	单价	金额	税率	税额
*运输服务*运费		次	1	1 000.00	1 000.00	9%	90.00
合　计					¥1 000.00		¥90.00

价税合计（大写）　⊗壹仟零玖拾元整　　　　　　（小写）¥1 090.00

销售方	名称：浙江长运联合运输公司 纳税人识别号：91330102110044536N 地址、电话：杭州市上城区解放路146号　0571-88255569 开户行及账号：交通银行杭州众安支行3301349887000464732	备注	起运地：西湖区大观路512号 目的地：滨江区泰安路123号 车型车号：中型货车　浙A660R3 货物信息：铝合金板材

收款人：刘倩倩　　复核：胡军　　开票人：李世诺　　销售方：（章）

凭证 3-3

收 料 单

№ 202556

供应单位： 鑫泰科技股份有限公司
发票号码： 21255660/56153776
2024年 3 月 17 日
仓库：2号仓库

编号	名称及规格	单位	数量 应收	数量 实收	实际价格/元 单价	实际价格/元 买价	实际价格/元 运杂费	实际价格/元 合计
102	铝合金板材	吨	35	35	2 168.571 4	74 900.00	1 000.00	75 900.00
	合计	吨		35	2 168.571 4			75 900.00

财会部门主管：沈丹红　记账：宋运辉　保管部门主管：　收料：梁申　制单：梁申

三　财会部门记账联

在进行原材料采购的账务处理时，需要注意以下几点：

注意点 1：单证到达时间与材料验收入库时间是否一致。

由于单证传递与货物运输途径不同，材料入库与单证的到达往往不在同一天，因此购入材料的会计处理也有所不同。

❶ 发票、结算凭证等各类单证已到，材料已验收入库。【例 3-1】所描述的就是这种状况，一般同城采购时常常出现这种单证、货物同时到达的情况。这时可以将【例 3-1】中的两笔分录合并为一笔：

借：原材料——铝合金板材　　　　　　　　　　　　　　75 900
　　应交税费——应交增值税（进项税额）　　　　　　　　9 827
　　贷：银行存款　　　　　　　　　　　　　　　　　　85 727

❷ 发票、结算凭证等各类单证已到，材料尚未到达。这时企业先编制购入材料的分录，等原材料实际验收入库后再编制货物验收入库分录。假设上述【例 3-1】的材料采购，单证到达时间为 2024 年 3 月 17 日，货物到达时间为 2024 年 4 月 5 日。宏华公司应于 3 月 17 日先编制购入材料分录，再于 4 月 5 日编制材料验收入库分录。

❸ 材料已验收入库，而发票等单证尚未到达企业。这时企业暂不编制任何会计分录，待收到发票账单时再进行会计处理。假设上述【例 3-1】的材料采购，货物验收入库时间为 2024 年 3 月 5 日，单证到达时间为 2024 年 3 月 17 日。宏华公司在 3 月 5 日货物验收入库时不编制分录，于 3 月 17 日单证到达后同时进行购入材料和货物验收入库的账务处理。

如果月末仍未收到该批采购的单证，为真实反映库存材料的状况，需要将已入库材料按暂估成本入账，下月月初红字冲回。

【例 3-2】 假设上述【例 3-1】的材料采购,货物验收入库时间为 2024 年 3 月 5 日,发票结算凭证到达时间为 2024 年 4 月 17 日。请编制宏华公司该笔业务的会计分录。

(1) 3 月 5 日,货物验收入库时不编制分录。
(2) 3 月 31 日,材料暂估入账❶,假设该批材料的合同价为 74 900 元:

借:原材料——铝合金板材　　　　　　　　　　　　74 900
　　贷:应付账款——暂估应付款　　　　　　　　　　　　74 900

(3) 4 月 1 日,红字冲回:

借:原材料——铝合金板材　　　　　　　　　　　　74 900
　　贷:应付账款——暂估应付款　　　　　　　　　　　　74 900

(4) 4 月 17 日,收到单证时:

借:在途物资——铝合金板材　　　　　　　　　　　　75 900
　　应交税费——应交增值税(进项税额)　　　　　　　9 827
　　贷:银行存款　　　　　　　　　　　　　　　　　　85 727
借:原材料——铝合金板材　　　　　　　　　　　　75 900
　　贷:在途物资——铝合金板材　　　　　　　　　　　75 900

注意点 2:采购途中材料发生溢缺。

工业企业购进原材料,应认真组织验收,以确保账实相符。如果原材料验收时发现短缺或溢余,除按实际数量入账外,还应按照溢缺原因分别进行会计处理。

有些途中损耗是合理的,比如材料在运输过程中因材料本身性质、不可抗拒的自然条件及运输技术设备落后等原因所发生的不可避免的损耗。材料运输途中发生的合理损耗金额不得从原材料采购总成本中扣除,或者说照旧计入材料采购成本。故在入库材料数量减少的情况下,应相应提高材料的单位成本。

除此之外,其他原因的材料溢缺,如运输单位失职造成的材料短缺、供货方疏忽造成多发货或少发货等,在查明原因前,一般先记入"待处理财产损溢——待处理流动资产损溢"科目。查明原因后,分别情况进行账务处理:

❶ 供货单位少发货,则与供货单位联系,要求补发货物或冲减采购。补发货物的,在收到货物时借记"原材料"科目,贷记"待处理财产损溢"科目;冲减采购的,编制红字采购分录,同时借记"在途物资"科目,贷记"待处理财产损溢"科目。

❷ 运输单位失职作出赔偿的部分,借记"其他应收款"科目,贷记"待处理财产损溢""应交税费——应交增值税(进项税额转出)"等科目。

❸ 无法查明原因由企业自行负担的损失,借记"管理费用"科目,贷记"待处理财产损溢""应交税费——应交增值税(进项税额转出)"等科目。

❹ 遭受自然灾害发生的损失,借记"营业外支出"科目,贷记"待处理财产损溢"科目。

---

❶ 暂估价可以采用合同定价、双方协商价,或该材料的近期市场采购价等。由于没有收到发票,不能记增值税进项税额。

【例 3-3】 浙江宏华股份有限公司(简称"宏华公司")从宏盛塑胶厂购进隔热泡沫板 40 立方米,2024 年 5 月 10 日,取得的增值税专用发票上注明价款为 20 000 元,增值税税额为 2 600 元,宏华公司验单后付款。2024 年 5 月 15 日,隔热泡沫板到货,验收入库时发现短缺 3 立方米。假设该类原材料的定额损耗率为 10%,请编制宏华公司材料采购的会计分录。

相关凭证: 增值税专用发票发票联;银行付款凭证;收料单;存货购进溢余短缺报告单(见凭证 3-4)。

凭证 3-4

浙江宏华股份有限公司
存货购进溢余短缺报告单

发票号码　31010027　　　　　　　　　　　　　　　　收料单编号　4356
供货单位　宏盛塑胶厂　　　　　　2024年5月15日　　　储存地点　材料仓库

类别	品名	计量单位	应收	实收	溢余			短缺		
					数量	单价	金额	数量	单价	金额
原材料	隔热泡沫	m³	40	37				3	500.00	1 500.00
原　因:	途中定额内损耗									
处理意见	计入成本			主管:同意 何宽		会计:属实 宋运辉		经办: 梁申		

(1) 5 月 10 日,付款时:

　　借:在途物资——隔热泡沫　　　　　　　　　　　　　　　　20 000
　　　　应交税费——应交增值税(进项税额)　　　　　　　　　　2 600
　　　　贷:银行存款　　　　　　　　　　　　　　　　　　　　　　22 600

(2) 5 月 15 日,材料到货时:

　　借:原材料——隔热泡沫　　　　　　　　　　　　　　　　　20 000
　　　　贷:在途物资——隔热泡沫　　　　　　　　　　　　　　　　20 000

入库材料的总成本为 20 000 元,单位成本为 540.54 元/立方米(20 000÷37)。

【例 3-4】 沿用【例 3-3】中的数据,如果短缺 3 立方米材料不属于合理损耗,并且短缺原因不明,则 5 月 15 日材料验收入库时先将短缺 3 立方米材料的金额计入待处理财产损溢,相关会计处理如下:

　　借:原材料——隔热泡沫　　　　　　　　　　　　　　　　　18 500
　　　　待处理财产损溢——待处理流动资产损溢　　　　　　　　1 500
　　　　贷:在途物资——隔热泡沫　　　　　　　　　　　　　　　　20 000

(1) 若材料短缺是供货方少发货造成,联系供货方,对方同意补发货后,5 月 20 日,3 立方米隔热泡沫补发到货并验收入库,相关会计处理如下:

借：原材料——隔热泡沫　　　　　　　　　　　　　　　　　1 500
　　贷：待处理财产损溢——待处理流动资产损溢　　　　　　　　　1 500

(2) 若材料短缺是供货方少发货造成，联系供货方，对方同意退款，5月20日，收到供货方开来的红字增值税发票，同时收到退货款，相关会计处理如下：

借：在途物资——隔热泡沫　　　　　　　　　　　　　　　　1 500
　　应交税费——应交增值税(进项税额)　　　　　　　　　　　195
　　贷：银行存款　　　　　　　　　　　　　　　　　　　　1 695

同时：

借：待处理财产损溢——待处理流动资产损溢　　　　　　　　1 500
　　贷：在途物资——隔热泡沫　　　　　　　　　　　　　　　1 500

(3) 若材料短缺是运输部门失职造成，由运输部门负责赔偿，相关会计处理如下：

借：其他应收款——某运输公司　　　　　　　　　　　　　　1 695
　　贷：待处理财产损溢——待处理流动资产损溢　　　　　　　　　1 500
　　　　应交税费——应交增值税(进项税额转出)　　　　　　　　195❶

(4) 若材料短缺是宏华公司为降低材料采购价格，要求供货方宏盛塑胶厂减少包装程序，致使运输途中包装破损，材料损坏，所有损失由宏华公司自己负责，相关会计处理如下：

借：管理费用　　　　　　　　　　　　　　　　　　　　　1 695
　　贷：待处理财产损溢——待处理流动资产损溢　　　　　　　　　1 500
　　　　应交税费——应交增值税(进项税额转出)　　　　　　　　195

注意点 3：小规模纳税人的材料采购。

小规模纳税人实行增值税简易征收办法。小规模纳税人购进材料时，无论是否取得增值税专用发票，所有支付的款项均计入采购成本，即材料成本包括买价和增值税进项税税额。

【例3-5】 浙江新通光电制品公司(简称"新通公司")为增值税小规模纳税人，其向东方钢铁厂购入一批钢材，收到增值税专用发票两张，一张为货物采购发票，注明钢材价款为25 000元，增值税税额为3 250元；另一张为运输服务发票，注明运费为4 000元，增值税税额为360元。新通公司已付清全部款项，钢材已验收入库。请编制新通公司该项原材料采购业务的会计处理。

相关凭证：增值税专用发票发票联(2张)；收料单；银行付款凭证。

借：原材料——钢材　　　　　　　　　　　　　　　　　　32 610
　　贷：银行存款　　　　　　　　　　　　　　　　　　　32 610

---

❶　企业购进货物发生非正常损失，或购进货物改变用途，进项税额应转出，不再予以抵扣。

课程视频：实际成本法下发出材料的账务处理

（三）实际成本法下原材料发出的账务处理

1. 实际成本法下发出原材料成本计算

实际成本法下核算原材料发出的关键在于发出材料成本的计算。由于采购地点、价格、运杂费的不同，不同批次购入材料的实际成本往往不同，这就需要选择适当的方法计算确定发出材料的成本。实际成本法下，企业发出材料的成本计价方法有**先进先出法**、**月末一次加权平均法**、**移动加权平均法**和**个别计价法**等。

（1）先进先出法。

先进先出法是假定先购入的材料先发出，并以这种假设的流转次序对发出材料成本和期末材料成本进行计算。每次发货都假定发出的是库存最久的材料，期末存货则是最近入库的材料。

先进先出法下，材料明细账按时间先后顺序详细登记收入材料的数量、单价和金额；发出材料时，按照先进先出的原则逐笔登记存货的发出成本和金额。

【例3-6】浙江宏华股份有限公司（简称"宏华公司"）2024年10月甲材料收发情况如表3-4所示，要求采用先进先出法计算本期甲材料发出成本和期末结存成本。

表3-4　　　　　　　　　甲材料收发情况表　　　　　　　　　金额单位：元
编制单位：浙江宏华股份有限公司　　　　　　　　　　　　　　数量单位：千克

2024年		摘要	收入			发出			结存		
月	日		数量	单价	金额	数量	单价	金额	数量	单价	金额
10	1	期初余额							200	5.00	1 000.00
	10	购入	200	8.00	1 600.00				400		
	15	生产领用				300			100		
	20	购入	400	9.00	3 600.00				500		
	25	生产领用				400			100		
	31	合计	600		5 200.00	700			100		

先进先出法下，甲材料发出成本及结存成本计算、甲材料明细账（见表3-5）登账方法如下：

❶ 10日、20日，购入材料，分别登记数量、单价、金额；

❷ 15日，领用材料，先用期初结存材料200千克，再用本月10日购入的材料100千克；

❸ 25日，领用材料，先用10日购入的剩余材料100千克，再用本月20日购入的材料300千克。

表 3-5　　　　　　　　　　甲材料明细账(先进先出法)　　　　　金额单位:元
编制单位:浙江宏华股份有限公司　　　　　　　　　　　　　　　　　数量单位:千克

2024年		摘要	收入			发出			结存		
月	日		数量	单价	金额	数量	单价	金额	数量	单价	金额
10	1	期初余额							200	5.00	1 000.00
	10	购入	200	8.00	1 600.00				200 200	5.00 8.00	1 000.00 1 600.00
	15	生产领用				200 100	5.00 8.00	1 000.00 800.00	100	8.00	800.00
	20	购入	400	9.00	3 600.00				100 400	8.00 9.00	800.00 3 600.00
	25	生产领用				100 300	8.00 9.00	800.00 2 700.00	100	9.00	900.00
	31	合计	600		5 200.00	700		5 300.00	100	9.00	900.00

先进先出法可以随时结转存货发出成本,但较繁琐。如果存货收发业务较多且存货单价不稳定时,其工作量较大。在物价持续上升时,期末存货成本接近于市价,发出存货成本偏低,会高估企业当期利润;反之,在物价持续下降时,会低估企业当期利润。

(2) 月末一次加权平均法。

加权平均法是按照库存存货的平均单价来计算发出存货成本的一种计算方法。按照企业存货管理不同要求,加权平均法又分为<u>月末一次加权平均法</u>和<u>移动加权平均法</u>。

月末一次加权平均法下,材料明细账按时间先后顺序详细登记收入材料的数量、单价、金额,但发出材料、结存材料只登记数量,不登记单价和金额,月末根据计算的加权平均单位成本,汇总登记发出材料成本和结存材料成本。加权平均单位成本的计算,是以月初结存成本加上本月全部进货成本,除以月初结存数量加上本月全部进货数量。月末一次加权平均法计算公式如下:

❶ 加权平均单位成本 = $\dfrac{期初结存材料实际成本 + 本期收入材料实际成本}{期初结存材料数量 + 本期收入材料数量}$

❷ 本月发出材料成本 = 本月发出材料数量 × 加权平均单位成本

❸ 月末结存材料成本 = 期末结存材料数量 × 加权平均单位成本

或月末结存材料成本 = 期初结存材料实际成本 + 本期收入材料实际成本 − 本月发出材料成本

【例 3-7】 沿用表 3-4 中的数据,根据宏华公司 2024 年 10 月甲材料收发情况,要求采用月末一次加权平均法计算本期甲材料发出成本和期末结存成本。

采用月末一次加权平均法,甲材料发出成本及结存成本计算、甲材料明细账(见表 3-6)登账方法如下:

❶ 10 日、20 日,购入材料分别登记数量、单价、金额;

❷ 15 日、25 日,发出材料只登记数量;

❸ 月末,计算加权平均单位成本,得出结存成本及发出成本并登账。

其中:

平均单位成本 $= \dfrac{200 \times 5 + 200 \times 8 + 400 \times 9}{200 + 200 + 400} = 7.75(元/千克)$

本月发出甲材料成本 $= 700 \times 7.75 = 5\,425(元)$

月末结存甲材料成本 $= 100 \times 7.75 = 775(元)$

或月末结存甲材料成本 $= (1\,000 + 5\,200) - 5\,425 = 775(元)$

表 3-6　　　　　　　　甲材料明细账(月末一次加权平均法)　　　　　金额单位:元

编制单位:浙江宏华股份有限公司　　　　　　　　　　　　　　　　数量单位:千克

2024年		摘要	收入			发出			结存		
月	日		数量	单价	金额	数量	单价	金额	数量	单价	金额
10	2	期初余额							200	5.00	1 000.00
	10	购入	200	8.00	1 600.00				400		
	15	生产领用				300			100		
	20	购入	400	9.00	3 600.00				500		
	25	生产领用				400			100		
	31	合计	600		5 200.00	700	7.75	5 425.00	100	7.75	775.00

月末一次加权平均法只在月末计算加权平均单位成本,简化了成本计算工作,但平时无法从账上获得发出存货和结存存货的单价及金额信息,因此不利于存货成本的日常管理和控制。

(3) 移动加权平均法。

移动加权平均法下,材料明细账按时间先后顺序详细登记收入、发出、结存材料的数量、单价、金额。每次进货材料单位成本与原有库存材料平均单位成本不同的,就需计算移动加权平均单位成本。移动加权平均单位成本的计算,是以原有库存存货的成本加上该次进货成本,除以原有库存存货的数量加上该次进货数量。移动加权平均法计算公式如下:

❶ 移动加权平均单位成本 $= \dfrac{原有库存材料的实际成本 + 本次进货实际成本}{原有结存材料数量 + 本次进货数量}$

❷ 本次发出材料成本 = 本次发出材料数量 × 本次移动加权平均单位成本

❸ 月末结存材料成本 = 月末结存材料数量 × 月末材料单位成本

或结存材料成本 = 本次发货前结存材料实际成本 − 本次发出材料实际成本

【例 3-8】　沿用表 3-4 中的数据,根据宏华公司 2024 年 10 月甲材料收发情况,要求采用移动加权平均法计算本期甲材料发出成本和期末结存成本。

采用移动加权平均法,甲材料发出成本及结存成本计算、甲材料明细账(见表 3-7)登账方法如下:

(1) 10日,登记收入材料数量、单价、金额,计算移动加权平均单位成本,登记结存材料数量、单价、金额。10日移动加权平均单位成本计算如下:

$$10\text{日移动加权平均单位成本}=\frac{200\times 5+200\times 8}{200+200}=6.5(\text{元}/\text{千克})$$

(2) 15日,计算发出材料和结存材料成本,登记发出材料及结存材料的数量、单价、金额。15日发出材料成本及结存材料成本为:

$$15\text{日发出材料成本}=300\times 6.5=1\ 950(\text{元})$$

$$15\text{日结存材料成本}=(1\ 000+1\ 600)-1\ 950=650(\text{元})$$

(3) 20日,登记收入材料数量、单价、金额,计算新的移动加权平均单位成本,登记结存材料数量、单价、金额。20日移动加权平均单位成本计算如下:

$$20\text{日移动加权平均单位成本}=\frac{650+400\times 9}{100+400}=8.5(\text{元}/\text{千克})$$

(4) 25日,计算发出材料和结存材料成本,登记发出材料及结存材料的数量、单价、金额。25日发出材料成本及结存材料成本为:

$$25\text{日发出材料成本}=400\times 8.5=3\ 400(\text{元})$$

$$25\text{日结存材料成本}=4\ 250-3\ 400=850(\text{元})$$

表 3-7　　　　　　　甲材料明细账(移动加权平均法)　　　　　　金额单位:元

编制单位:浙江宏华股份有限公司　　　　　　　　　　　　　　　　数量单位:千克

2024年		摘要	收入			发出			结存		
月	日		数量	单价	金额	数量	单价	金额	数量	单价	金额
10	1	期初余额							200	5.00	1 000.00
	10	购入	200	8.00	1 600.00				400	6.50	2 600.00
	15	生产领用				300	6.50	1 950.00	100	6.50	650.00
	20	购入	400	9.00	3 600.00				500	8.50	850.00
	25	生产领用				400	8.50	3 400.00	100	8.50	850.00
	31	合计	600		5 200.00	700		5 350.00	100	8.50	850.00

移动加权平均法计算平均单位成本的方法使发出存货及结存存货的成本比较客观,同时能够使企业管理层及时了解发出和结存存货的单价及金额,但每次收货都要重新计算一次平均单位成本,计算工作量大,收发货频繁的企业不适用。

(4) 个别计价法。

个别计价法,又称个别认定法、分批实际法,即辨别、认清不同存货的购进批次,分别以购进时的单位成本作为发出存货的实际成本,存货成本结转与实物流转一致。这种成本计算方法对存货的管理要求较高,平时必须设置详细的存货记录,收入的存货需附上标签、号码等,以便确认发出存货和期末存货所属进货批次,从而确定其成本。

个别计价法的成本计算准确,符合实际情况,但在存货收发频繁的情况下,发出成本的分辨工作量较大。因此，这种方法适用于一般不能替代使用的存货、为特定项目专门购入的存货以及贵重的存货。

2. 实际成本法下原材料发出的账务处理

上述不同的成本计算方法，有的属于随时结转（如先进先出法、移动加权平均法、个别计价法），有的属于月末结转（月末一次加权平均法）。随时结转法下，可以随时进行材料成本结转的账务处理；月末结转法下，只能在月末进行材料成本结转的账务处理。具体账务处理如表 3-8 所示。

表 3-8　　　　　　　　　　　结转材料成本账务处理

用途	借方科目	贷方科目
产品生产领用	生产成本	原材料
车间一般耗用	制造费用	
企业行政管理部门领用	管理费用	
销售部门领用	销售费用	
工程项目领用	在建工程	
研发部门领用	研发支出	
出租或出售	其他业务成本	

【例 3-9】　浙江宏华股份有限公司 2024 年 10 月领料汇总表如凭证 3-5 所示，请编制原材料成本结转的会计分录。

相关凭证：领料汇总表（后附领料单）（见凭证 3-5）。

凭证 3-5　　　　　　　　　　领料汇总表

编制单位：浙江宏华股份有限公司　　　2024 年 10 月　　　　　　金额单位：元

项目	塑料类材料			合金类材料			合计
	隔热泡沫	塑料	合计	微晶玻璃	铝合金	合计	
生产电磁炉耗用	10 000	30 000	40 000	56 000	120 000	176 000	216 000
生产电饭煲耗用	30 000	25 000	55 000	10 500	17 000	27 500	82 500
生产榨汁机耗用	8 000	45 000	53 000	—	—	—	53 000
生产电炒锅耗用	12 000	—	12 000	105 000	11 000	116 000	128 000
车间一般耗用	—	8 000	8 000	—	5 000	5 000	13 000
管理部门耗用	—	3 000	3 000	—	1 500	1 500	4 500
工程项目耗用	50 000	—	50 000	—	—	—	50 000
专设销售机构领用	3 600	—	3 600	—	—	—	3 600
合计	113 600	111 000	224 600	171 500	154 500	326 000	550 600

借：生产成本	479 500
制造费用	13 000
管理费用	4 500
在建工程	50 000
销售费用	3 600
贷：原材料	550 600

二、采用计划成本法核算

原材料按计划成本法进行日常核算，先对每项材料事先制定一个计划价格，从材料收发凭证到原材料明细账及总分类账均按计划成本登记。同时，另设科目反映实际成本与计划成本之间的差异。计划成本法适用于存货品种多、收发频繁的企业。

（一）计划成本法下原材料核算科目设置

计划成本法下，企业应当设置"材料采购""原材料""材料成本差异"等科目，具体内容如表 3-9 所示。

表 3-9　　　　　　　　　　　计划成本法下原材料核算科目设置

科目名称	核算内容
材料采购	材料采购属于资产类科目，核算采用计划成本进行材料日常核算的企业购入材料的实际成本。借方登记采购材料的实际成本，材料验收入库时先按计划成本贷记本科目，进行调整时，实际成本大于计划成本的差异贷记本科目，实际成本小于计划成本的差异借记本科目。期末余额在借方，反映企业在途材料的实际采购成本。本科目可按照供应单位或购入材料品种进行明细核算
原材料	原材料属于资产类科目，核算库存各种材料的收入、发出与结存情况。在采用计划成本核算材料时，借方登记验收入库的材料的计划成本，贷方登记发出材料的计划成本，期末余额在借方，反映库存材料的计划成本。本科目可按照材料的保管地点、材料的类别、品种、规格等进行明细核算
材料成本差异	材料成本差异属于资产类科目，核算计划成本法下入库材料的实际成本与计划成本的差异。借方登记超支差异及发出材料应负担的节约差异，贷方登记节约差异及发出材料应负担的超支差异。期末借方余额表示库存材料的超支差异(实际成本大于计划成本)，贷方余额表示库存材料的节约差异(实际成本小于计划成本)。本科目可按材料类别、品名进行明细核算

（二）计划成本法下原材料采购的账务处理

计划成本法下原材料采购的账务处理包括：购入材料；货物验收入库；材料成本差异结转。

【例 3-10】　浙江宏华股份有限公司(简称"宏华公司")从扶摇玻璃厂购进微晶玻璃 1 000 平方米。2024 年 3 月 5 日，收到结算凭证，注明单价为 800 元/平方米，共计 800 000 元，增值税税额为 104 000 元，款项通过银行转账付讫。3 月 17 日，材料验收入库，计划单价为 790 元/平方米。请编制宏华公司计划成本法下该项材料采购的会计分录。

相关凭证：增值税专用发票发票联；银行付款凭证；收料单（见凭证3-6）。

(1) 3月5日，购入材料：

借：材料采购——微晶玻璃　　　　　　　　　　　　　　800 000
　　应交税费——应交增值税(进项税额)　　　　　　　104 000
　　　贷：银行存款　　　　　　　　　　　　　　　　　　904 000

凭证3-6

收 料 单

NO 1734532

供应单位：扶摇玻璃厂　　　　　2024年3月17日　　　　　仓库：2号仓库
发票号码：06783296

编号	名称及规格	单位	数量 应收	数量 实收	实际价格 单价	实际价格 金额	计划价格 单价	计划价格 金额	材料成本差异（贷差"-"）
M23	微晶玻璃	平方米	1 000	1 000	800.00	800 000.00	790.00	790 000.00	10 000.00
	合　计					800 000.00		790 000.00	10 000.00

主管：沈丹红　　记账：宋运辉　　保管部门主管：　　收料：梁申　　制单：梁申

第三联 财会部门记账联

(2) 3月17日，货物验收入库：

借：原材料——微晶玻璃　　　　　　　　　　　　　　　790 000
　　　贷：材料采购——微晶玻璃　　　　　　　　　　　　790 000

(3) 结转材料成本差异❶：

借：材料成本差异　　　　　　　　　　　　　　　　　　 10 000
　　　贷：材料采购——微晶玻璃　　　　　　　　　　　　 10 000

计划成本法下进行材料采购的账务处理时，同样需要注意以下几点：

注意点1：单证到达时间与材料验收入库时间是否一致。

与实际成本法一样，计划成本法下材料采购也需要注意单证与货物谁先到达的问题。在材料已验收入库，而发票、结算凭证尚未到达企业的情况下，暂不编制会计分录，待收到发票、结算凭证时再进行材料采购的会计处理。若月末仍未收到该批材料采购的单证，则须按计划成本将材料暂估入账，下月月初红字冲回。

【例3-11】 假设上述【例3-10】中宏华公司采购微晶玻璃，货物已于3月17日验收入库，而发票等单证月末尚未到达。为如实反映库存材料，宏华公司须在月末编制材料暂估入账的会计分录，暂估价为该材料的计划成本(计划单价790元/平方米)。

---

❶ 本例中，材料验收入库与结转材料成本差异的会计分录可以合并，也可以平时不结转材料成本差异，月末统一结转。

(1) 3月31日,暂估入账:
借:原材料——微晶玻璃　　　　　　　　　　　　　　　790 000
　贷:应付账款——暂估应付款　　　　　　　　　　　　　　　790 000
(2) 4月1日,红字冲回:
借:原材料——微晶玻璃　　　　　　　　　　　　　　　790 000
　贷:应付账款——暂估应付款　　　　　　　　　　　　　　　790 000

等收到发票、结算凭证时再编制材料采购及入库、结转差异的会计分录。

注意点 2:采购途中材料发生溢缺。

计划成本法下,材料采购途中发生物资短缺、毁损,若属于合理范围的材料损耗,则将损耗金额记入"材料成本差异"科目;超出合理范围的材料损耗在未查明原因或与有关单位协商解决前,先记入"待处理财产损溢"科目,然后分别进行处理。

【例 3-12】 3月5日,浙江宏华股份有限公司(简称"宏华公司")从扶摇玻璃厂购进微晶玻璃 1 000 平方米,取得的增值税专用发票上注明单价 800 元,总计 800 000 元,增值税税额为 104 000 元,该批材料的计划单价为 790 元/平方米,价税款尚未支付。3月17日,材料验收入库时,发现短缺 20 平方米,超出合理范围,原因待查。请编制宏华公司该项材料采购的会计分录。

相关凭证:增值税专用发票发票联;银行付款凭证;收料单;存货购进溢余短缺报告单。

(1) 3月5日,购入材料:
借:材料采购——微晶玻璃　　　　　　　　　　　　　　800 000
　　应交税费——应交增值税(进项税额)　　　　　　　　104 000
　贷:应付账款——扶摇玻璃　　　　　　　　　　　　　　　904 000
(2) 3月17日,980 平方米微晶玻璃验收入库:
借:原材料——微晶玻璃　　　　　　　　　　　　　　　774 200
　贷:材料采购——微晶玻璃　　　　　　　　　　　　　　　774 200
(3) 结转入库 980 平方米材料的成本差异:
材料成本差异=980×(800-790)=9 800(元)
借:材料成本差异　　　　　　　　　　　　　　　　　　　9 800
　贷:材料采购——微晶玻璃　　　　　　　　　　　　　　　　9 800
(4) 短缺 20 平方米微晶玻璃按实际采购成本转入待处理财产损溢:
借:待处理财产损溢——待处理流动资产损溢　　　　　　16 000
　贷:材料采购——微晶玻璃　　　　　　　　　　　　　　　16 000

【例 3-13】 沿用【例 3-12】中的数据,经查,上述材料短缺中的 5 平方米属于运输途中合理损耗,余下的 15 平方米为运输单位失职造成,与运输公司协商后,对方同意全额赔偿。相关的会计处理如下:

(1) 属合理损耗短缺的5平方米材料转入材料成本差异：
借：材料成本差异　　　　　　　　　　　　　　　　　　　　　　　4 000
　　贷：待处理财产损溢——待处理流动资产损溢　　　　　　　　　　4 000
(2) 属运输单位失职短缺的15平方米材料计入其他应收款：
借：其他应收款——运输公司　　　　　　　　　　　　　　　　　　13 560
　　贷：待处理财产损溢——待处理流动资产损溢　　　　　　　　　　12 000
　　　　应交税费——应交增值税(进项税额转出)　　　　　　　　　　1 560

(三) 计划成本法下原材料发出的账务处理

根据《企业会计准则第1号——存货》的规定，企业日常采用计划成本核算的，发出材料成本应由计划成本调整为实际成本，通过"材料成本差异"科目进行结转。

计划成本法下材料的发出，平时可以按计划单价，根据实际领用数量计算结转材料成本；月末计算分摊材料成本差异时，可将计划成本调整为实际成本。所以，计划成本法下核算材料发出的关键，在于计算发出材料应负担的材料成本差异。

分摊材料成本差异的计算步骤如下：

❶ 材料成本差异率 = $\dfrac{\text{期初结存材料成本差异额} + \text{本期收入材料成本差异额}}{\text{期初结存材料计划成本} + \text{本期收入材料计划成本}} \times 100\%$

❷ 发出材料应分摊的成本差异 = 发出材料的计划成本 × 材料成本差异率

❸ 发出材料的实际成本 = 发出材料计划成本 ± 发出材料应负担的成本差异

❹ 结存材料的实际成本 = 结存材料计划成本 ± 结存材料应负担的成本差异

【例3-14】 浙江宏华股份有限公司(简称"宏华公司")10月原材料A的相关数据如下：

期初："原材料——A材料"科目借方余额为5 000元，"材料成本差异——A材料"科目借方余额为100元。

本月增加：10月5日购入A材料计划成本6 050元，材料成本差异为节约50元；10月15日购入A材料计划成本8 000元，材料成本差异为节约500元；10月25日购入A材料计划成本10 950元，材料成本差异为超支150元。

本月发出：基本生产车间领用A材料1 500元，辅助生产车间领用A材料1 000元，车间一般性耗用A材料600元，企业行政管理部门领用A材料500元。(上述领用均为计划成本)

要求：根据上述资料，计算宏华公司本月发出A材料的实际成本并编制相关会计分录。

相关凭证：领料汇总表；发出材料成本差异计算表(见凭证3-7)。

(1) 根据领料汇总表，按计划成本发出原材料：
借：生产成本——基本生产成本　　　　　　　　　　　　　　　　　1 500
　　　　　　——辅助生产成本　　　　　　　　　　　　　　　　　1 000
　　制造费用　　　　　　　　　　　　　　　　　　　　　　　　　600
　　管理费用　　　　　　　　　　　　　　　　　　　　　　　　　500
　　贷：原材料——A材料　　　　　　　　　　　　　　　　　　　 3 600

(2) 月末，计算并分摊材料成本差异：

材料成本差异率 = $\frac{100-50-500+150}{5\,000+6\,050+8\,000+10\,950} \times 100\% = -1\%$

基本生产车间领用材料应分摊的成本差异 = 1 500×(−1%) = −15(元)
辅助生产车间领用材料应分摊的成本差异 = 1 000×(−1%) = −10(元)
车间管理部门领用材料应分摊的成本差异 = 600×(−1%) = −6(元)
行政管理部门领用材料应分摊的成本差异 = 500×(−1%) = −5(元)

凭证 3-7　　　　　　　　发出材料成本差异计算表

编制单位：浙江宏华股份有限公司　　　2024 年 10 月 31 日　　　　　金额单位：元

项　目	明细项目	发出材料计划成本	材料成本差异率	发出材料分摊差异额
生产成本	基本生产成本	1 500	−1%	−15
生产成本	辅助生产成本	1 000	−1%	−10
制造费用		600	−1%	−6
管理费用		500	−1%	−5
合　计		3 600	−1%	−36

(3) 月末，结转材料成本差异❶：

借：材料成本差异——A 材料　　　　　　　　　　　　36
　　贷：生产成本——基本生产成本　　　　　　　　　　　15
　　　　　　　　——辅助生产成本　　　　　　　　　　　10
　　　　制造费用　　　　　　　　　　　　　　　　　　　6
　　　　管理费用　　　　　　　　　　　　　　　　　　　5

本例中，宏华公司 10 月发出 A 材料的实际成本为 3 564 元(3 600−36)，其中基本生产车间领用 1 485 元(1 500−15)，辅助生产车间领用 990 元(1 000−10)，车间一般性耗用 594 元(600−6)，企业行政管理部门领用 495 元(500−5)。

注意：

如果企业各期的材料成本差异率变动较小，为简化计算，会计期间需要计算发出材料实际成本时可以按期初材料成本差异率分摊差异，期末再进行核实调整。

材料采用计划成本核算，方便将各批材料的实际成本与计划成本比较，考核相关部门的工作业绩；在计划成本不变的情况下，材料管理可以侧重于数量管理，不仅减少了仓库材料收发登记的工作量，而且使材料收发凭证的填制和传递更简单迅速，记账手续大大简化。当

---

❶ 结转材料成本差异的会计分录实务中常用红字，即借记"生产成本"等科目，贷记"材料成本差异"科目，金额用红字。

然在材料价格变动频繁、涨跌幅度较大的情况下,计划成本偏离实际,失去了参考价值和管理意义。

> **思考**
> ➤ 原材料实际成本与计划成本核算科目设置的区别。
> ➤ 实际成本法与计划成本法发出材料的计算方法对比。
> ➤ 实际成本法与计划成本法在进行原材料取得、发出核算时的优缺点对比。

文本:原材料实际成本法与计划成本法账务处理对比

第三节 周转材料

周转材料(overturning materials),是指企业能够多次使用,不符合固定资产定义,逐渐转移其价值但仍保持原有形态的材料物品。企业的周转材料主要包括包装物和低值易耗品等❶。

一、包装物

(一)包装物的内容

包装物是指为了包装商品而储备的各种包装容器,如桶、箱、瓶、坛。包装物可以在企业生产经营过程中反复周转使用,其内容一般包括:

(1) 生产过程中用于包装产品作为产品组成部分的包装物。
(2) 随同产品出售而不单独计价的包装物。
(3) 随同产品出售单独计价的包装物。
(4) 出租或出借给购买单位使用的包装物。

> **注意:**
> ➤ 各种包装材料,如纸、绳、铁丝、铁皮等,属于原材料的内容,不计入包装物;用于储存和保管商品、材料而不随产品出售领用或周转的包装物,也不属于包装物,应按其价值大小和使用年限长短,分别计入固定资产、低值易耗品或原材料。

(二)包装物核算科目的设置

为了反映和监督包装物的增减变动及价值损耗、结存情况,企业应当设置"周转材料——包装物"科目进行核算❷,借方登记各种方式增加的包装物成本,贷方登记包装物领用、出售等减少的成本,余额在借方,反映期末库存包装物的金额。该科目按照包装物的类别、品种等进行明细核算,出租、出借的包装物,还应该在"周转材料——包装物"科目下设置"出租""出借"明细科目,进行明细核算。

---

❶ 除了包装物、低值易耗品外,其他周转材料还包括建筑承包商周转使用的钢模板、木模板、脚手架等。
❷ 在企业包装物比较重要的情况下,也可以直接将"包装物"作为一级科目进行核算。

(三) 包装物的账务处理

包装物的账务处理主要包括购入包装物和领用包装物。包装物的核算与原材料核算一样,根据周转材料管理方法不同,分实际成本法与计划成本法进行账务处理。

1. 购入包装物的账务处理

购入包装物的具体账务处理,如【例 3-15】所示。

【例 3-15】 浙江宏华股份有限公司(简称"宏华公司")对包装物采用计划成本核算,现购入 1 000 个包装箱作为周转材料,取得的增值税专用发票上注明单价为 150 元/个,增值税税额为 19 500 元,价税款已付,包装箱已全部验收入库。该批包装箱的计划单价为 140 元/个。请编制宏华公司包装物购入的会计分录。

相关凭证:增值税专用发票发票联;收料单。

(1) 支付货款时:

借:材料采购——包装箱　　　　　　　　　　　　　　　150 000
　　应交税费——应交增值税(进项税额)　　　　　　　　 19 500
　　贷:银行存款　　　　　　　　　　　　　　　　　　　169 500

(2) 包装物验收入库时:

借:周转材料——包装物(包装箱)　　　　　　　　　　 140 000
　　材料成本差异——周转材料　　　　　　　　　　　　　10 000
　　贷:材料采购——包装箱　　　　　　　　　　　　　　150 000

2. 领用包装物的账务处理

领用包装物的具体财务处理,如表 3-10 所示。

表 3-10　　　　　　　　　　　　　领用包装物的账务处理

用途	借方科目	贷方科目
生产领用的包装物,用于包装本企业产品并构成产品实体组成部分的	生产成本	周转材料——包装物
随同商品出售不单独计价的包装物	销售费用	
随同商品出售单独计价的包装物	其他业务成本	
出借包装物	销售费用	
出租包装物	其他业务成本	

【例 3-16】 浙江宏华股份有限公司(简称"宏华公司")对包装物采用计划成本核算,本月领用包装物情况如下:❶生产领用包装物,计划成本 100 000 元;❷随同商品出售不单独计价的领用包装物,计划成本 50 000 元;❸随同商品出售单独计价的领用包装物,计划成本 80 000 元,取得销售收入 100 000 元,增值税税额 13 000 元,包装物销售款已存入银行。已知本月周转材料的材料成本差异率为-3%,请编制宏华公司领用包装物的会计分录。

相关凭证:领料汇总表;发出材料成本差异计算表;销售包装物增值税专用发票记账联。

(1) 领用包装物并同时结转材料成本差异：

借：生产成本　　　　　　　　　　　　　　　　　　97 000
　　销售费用　　　　　　　　　　　　　　　　　　48 500
　　其他业务成本　　　　　　　　　　　　　　　　77 600
　　材料成本差异　　　　　　　　　　　　　　　　 6 900
　　贷：周转材料——包装物　　　　　　　　　　　230 000

(2) 随同商品出售单独计价的包装物取得出售收入：

借：银行存款　　　　　　　　　　　　　　　　　113 000
　　贷：其他业务收入　　　　　　　　　　　　　 100 000
　　　　应交税费——应交增值税（销项税额）　　　13 000

二、低值易耗品

（一）低值易耗品的内容

低值易耗品是指**使用年限较短、不作为固定资产核算**的各种用具物品，包括：一般工具（如刀具、量具）、专用工具（如专用模具）、替换设备、管理用具（如办公用品）、劳动保护用品和其他用品。低值易耗品和固定资产一样，属于企业的劳动资料，但其与固定资产比较，单位价值相对较低，使用寿命相对较短，所以我们将低值易耗品作为存货进行管理。

（二）低值易耗品核算科目的设置

为了反映和监督低值易耗品的增减变动及价值损耗、结存情况，企业应当设置"**周转材料——低值易耗品**"科目进行核算❶，借方登记低值易耗品的增加，贷方登记低值易耗品领用、摊销，余额在借方，反映期末结存低值易耗品的金额。该科目按照低值易耗品的类别、品种等进行明细核算。

（三）低值易耗品的账务处理

低值易耗品的账务处理主要包括：购入低值易耗品；领用及摊销低值易耗品；报废低值易耗品等。低值易耗品的账务处理方式同样可以分为实际成本法与计划成本法。

1. 购入低值易耗品的账务处理

购入低值易耗品的账务处理具体如【例3-17】所示。

【例3-17】 浙江宏华股份有限公司（简称"宏华公司"）对低值易耗品采用实际成本核算，某日向某家具厂购入一批办公桌，价款共25 000元，取得的增值税专用发票上注明增值税税额为3 250元，另支付运费2 100元，取得增值税专用发票，注明增值税税额为189元，各种款项已付讫，办公桌已作为低值易耗品验收入库。请编制宏华公司购入低值易耗品的会计分录。

相关凭证：增值税专用发票发票联；运输增值税专用发票发票联；低值易耗品入库单；银行付款凭证。

---

❶ 企业也可以直接将"低值易耗品"作为一级科目进行核算。

```
借：周转材料——低值易耗品(办公桌)          27 100
    应交税费——应交增值税(进项税额)          3 439
    贷：银行存款                              30 539
```

2. 领用及摊销低值易耗品的账务处理

低值易耗品等周转材料领用时，按照使用次数**分次**将总成本**摊销**计入成本费用。**金额较小**的，可在领用时**一次**计入成本费用，低值易耗品的具体摊销方法如表 3-11 所示。

表 3-11　　　　　　　　　　低值易耗品摊销方法

摊销方法	操作处理
一次摊销法	领用低值易耗品时，将其全部价值一次计入有关成本、费用
分次摊销法	领用低值易耗品时，按其估计使用次数或期限，平均摊销损耗价值，分别计入有关成本、费用。为了更好地反映使用中低值易耗品的情况，分次摊销法下应在"周转材料——低值易耗品"下设置"在库""在用""摊销"等明细科目

【例 3-18】　浙江宏华股份有限公司(简称"宏华公司")低值易耗品采用一次摊销法核算。2024 年 10 月 10 日，第一生产车间领用 20 套专用刀具，每套成本 500 元，共计 10 000 元。请编制宏华公司领用低值易耗品的会计分录。

相关凭证：低值易耗品领用单。

```
借：制造费用                                10 000
    贷：周转材料——低值易耗品(刀具)          10 000
```

【例 3-19】　浙江宏华股份有限公司(简称"宏华公司")低值易耗品采用分次摊销法核算。2024 年 10 月 10 日，第一生产车间领用 20 套专用刀具，每套成本 500 元，共计 10 000 元。该工具的估计使用次数为 4 次，本次领用摊销 1/4 价值。请编制宏华公司领用低值易耗品的会计分录。

相关凭证：低值易耗品领用单；低值易耗品摊销计算表(见凭证 3-8)。

凭证 3-8　　　　　　　　　　低值易耗品摊销计算表
单位：浙江宏华股份有限公司　　　2024 年 10 月 10 日　　　　金额单位：元

部门	类别	总成本	摊销额	摊销余值
第一车间	专用工具	10 000	2 500	7 500

审核：沈丹红　　　记账：宋运辉　　　制表：宋运辉

(1) 10 月 10 日，领用全新低值易耗品，由在库转入在用：

```
借：周转材料——低值易耗品(在用)            10 000
    贷：周转材料——低值易耗品(在库)          10 000
```

(2) 同时摊销 1/4 低值易耗品价值：
借：制造费用　　　　　　　　　　　　　　　　　　　　　　　2 500
　　贷：周转材料——低值易耗品（摊销）　　　　　　　　　　　　2 500
以后各次领用时摊销的会计分录相同。

3. 报废低值易耗品的财务处理

采用一次摊销法核算的低值易耗品，账面价值已经在领用时全部记入有关成本、费用科目，报废时不需进行会计处理，除非有残料回收、变现，冲减原计入成本、费用的金额。

采用分次摊销法核算的低值易耗品，报废时需将剩余未摊销价值计入有关成本、费用，如有残料回收、变现，减少应计入成本、费用的金额。

【例 3-20】 沿用【例 3-19】中的数据，宏华公司低值易耗品采用分次摊销法核算。上述专用刀具 20 套，每套成本 500 元，在第四次领用时报废，残料作为原材料入库，估价 380 元。请编制宏华公司该项低值易耗品第四次领用及报废的会计分录。

相关凭证：低值易耗品摊销计算表；残料入库单。

借：制造费用　　　　　　　　　　　　　　　　　　　　　　　2 120
　　原材料　　　　　　　　　　　　　　　　　　　　　　　　　380
　　周转材料——低值易耗品（摊销）　　　　　　　　　　　　　7 500
　　贷：周转材料——低值易耗品（在用）　　　　　　　　　　　10 000

一次摊销法核算简便，但账面上不能反映在用低值易耗品的数量和金额，不利于保护企业资产的安全完整。为加强实物管理，企业应当登记低值易耗品备查簿。另外，一次摊销法造成了低值易耗品领用当期费用过高、使用后期却没有费用产生的现象，故一次摊销法适用于价值较低的低值易耗品。分次摊销法适用于可供反复多次使用的低值易耗品，特别是单位价值较高、使用期限较长，或一次领用数量较大的低值易耗品。

第四节　委托加工物资

一、委托加工物资概述

委托加工物资（commission processing materials）是指企业委托外单位加工的各种材料、商品等物资。

委托加工物资在加工过程中将改变原有的实物形态，成本组成项目和金额也将变化，因此需重新对加工后入库的存货进行计价。

企业委托外单位加工物资的成本包括：加工中实际耗用物资的成本；支付的加工费及应负担的往返运杂费等；支付的相关税费；委托加工物资所应负担的消费税等。

为了反映和监督委托加工物资增减变动及其结存情况，应设置"委托加工物资"科目，借方登记委托加工物资的实际成本,贷方登记加工完毕入库物资的实际成本和退回余料的实际成本,余额在借方表示尚未完工的委托加工物资的实际成本。本科目可按加工合同、受托加工单位、加工物资的品种等进行明细核算。

二、委托加工物资的账务处理

委托加工物资账务处理主要包括:发出加工物资;支付加工相关税费及往返运杂费;加工物资及余料收回入库等,具体账务处理如图3-1所示。

发出加工物资时	→	借:委托加工物资 　贷:原材料等 　　材料成本差异(或借方)
支付各种税费及往返运杂费时	→	借:委托加工物资 　应交税费——应交增值税(进项税额) 　(如不可抵扣的增值税计入委托加工物资) 　贷:银行存款等
需要缴纳消费税的委托加工物资	→	借:委托加工物资(收回后直接对外出售的) 　应交税费——应交消费税(收回后连续生产应税消费品的) 　贷:银行存款等
加工物资及余料收回入库时	→	借:原材料或库存商品等 　贷:委托加工物资 　　材料成本差异(或借方)

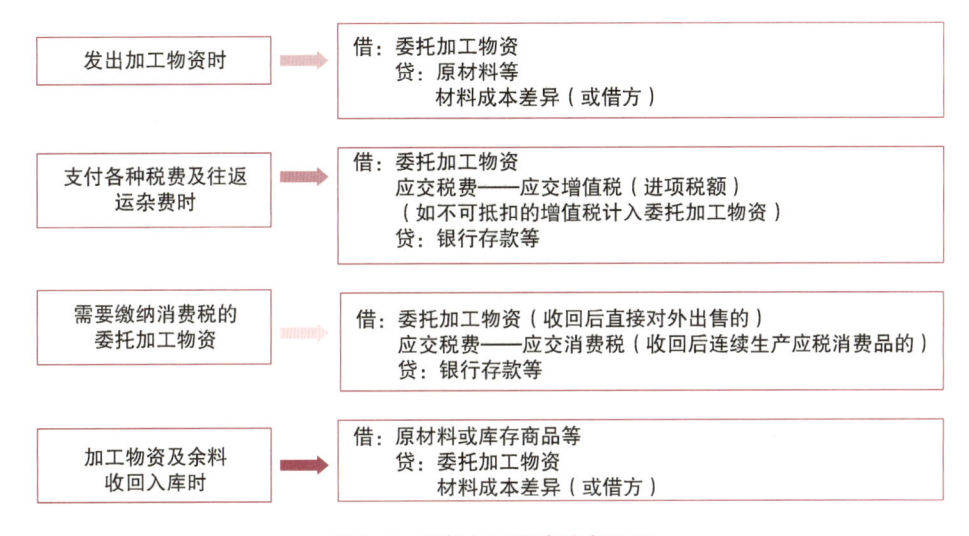

图3-1　委托加工物资账务处理

【例3-21】 浙江宏华股份有限公司(简称"宏华公司")存货采用计划成本核算,并按月初材料成本差异率调整分摊本月发出材料的成本差异。9月1日,宏华公司将6吨钢材发往某机械厂,委托其加工为钢段,每吨钢材的计划成本为6 000元,共计36 000元,上月钢材的材料成本差异率为3%。9月25日,公司以银行存款支付加工费9 000元,加工费发票上注明的增值税税额为1 170元。9月30日,加工完毕的钢段作为原材料收回仓库,钢段的计划成本为每吨8 000元。请编制宏华公司该项委托加工物资的会计分录。

相关凭证: 委托加工合同复印件;领料汇总表;发出材料成本差异计算表;来料加工清单;加工费增值税发票发票联;加工后材料入库单。

(1)9月1日,发出钢材时:

借:委托加工物资——钢段　　　　　　　　　　　　　　37 080
　贷:原材料——钢材　　　　　　　　　　　　　　　　　36 000
　　　材料成本差异——钢材　　　　　　　　　　　　　　1 080

(2)9月25日,支付加工费、增值税时:

借：委托加工物资——钢段　　　　　　　　　　　　　　　　9 000
　　　　应交税费——应交增值税(进项税额)　　　　　　　　　1 170
　　　　贷：银行存款　　　　　　　　　　　　　　　　　　　　10 170
(3) 9月30日，加工完毕验收入库时：
　　委托加工物资的实际成本＝37 080＋9 000＝46 080(元)
　　借：原材料——钢段　　　　　　　　　　　　　　　　　　48 000
　　　　贷：委托加工物资——钢段　　　　　　　　　　　　　　46 080
　　　　　　材料成本差异——钢段　　　　　　　　　　　　　　 1 920

【例 3-22】 浙江宏华股份有限公司(简称"宏华公司")存货采用实际成本核算。现公司将一批原木发往某制造厂加工为一次性筷子，发出原木的成本为 32 000 元。宏华公司以银行存款支付加工费 8 500 元，加工费发票上注明的增值税税额为 1 105 元，受托方代收代缴消费税(木制一次性筷子的消费税税率为 5%)。筷子加工完毕收回后直接用于出售。请编制宏华公司该项委托加工物资的会计分录。

相关凭证：委托加工合同复印件；领料汇总表；来料加工清单；加工费增值税发票发票联；加工后材料入库单。

(1) 发出原木时：
　　借：委托加工物资——一次性筷子　　　　　　　　　　　　32 000
　　　　贷：原材料——原木　　　　　　　　　　　　　　　　　32 000
(2) 支付加工费、增值税时：
　　借：委托加工物资——一次性筷子　　　　　　　　　　　　 8 500
　　　　应交税费——应交增值税(进项税额)　　　　　　　　　1 105
　　　　贷：银行存款　　　　　　　　　　　　　　　　　　　　 9 605
(3) 支付消费税时：
　　代扣代缴的消费税税额＝(32 000＋8 500)÷(1－5%)×5%＝2 131.58(元)
　　借：委托加工物资——一次性筷子　　　　　　　　　　　　 2 131.58
　　　　贷：银行存款　　　　　　　　　　　　　　　　　　　　 2 131.58
(4) 加工完毕验收入库时：
　　委托加工物资的实际成本＝32 000＋8 500＋2 131.58＝42 631.58(元)
　　借：库存商品——一次性筷子　　　　　　　　　　　　　　42 631.58
　　　　贷：委托加工物资——一次性筷子　　　　　　　　　　　42 631.58

【例 3-23】 沿用【例 3-22】中的数据，若上述一次性筷子加工收回后，宏华公司还将继续加工，则支付消费税的会计分录为：
　　借：应交税费——应交消费税　　　　　　　　　　　　　　 2 131.58
　　　　贷：银行存款　　　　　　　　　　　　　　　　　　　　 2 131.58

委托加工物资的实际成本＝32 000＋8 500＝40 500(元)
加工完毕验收入库的会计分录为：
借：原材料——一次性筷子　　　　　　　　　　　　　　　40 500
　　贷：委托加工物资——一次性筷子　　　　　　　　　　　40 500

第五节　库 存 商 品

一、库存商品概述

（一）库存商品的内容

库存商品(merchandise inventory)是指企业完成全部生产过程并已验收入库、合乎标准规格和技术条件，可以按照合同规定的条件送交订货单位，或可以作为商品对外销售的产品以及外购或委托加工完成验收入库用于销售的各种商品。

库存商品包括库存产成品、外购商品、存放在门市部准备出售的商品、发出展览的商品、寄存在外的商品、接受来料加工制造的代制品和为外单位加工修理的代修品等。

> **注意：**
> ◆ 已完成销售手续但购买单位在月末未提取的产品，不应作为企业的库存商品，而应作为代管商品处理，单独设置"代管商品"备查簿进行登记。

（二）库存商品的成本构成

库存商品的成本，与原材料等其他存货一样，包括采购成本、加工成本和其他成本。其中采购成本中的运输费、装卸费、保险费以及其他可归属于存货采购成本的各种进货费用，对于商品流通企业来说，可以根据不同情况进行不同的处理，具体处理方法如图3-2所示。

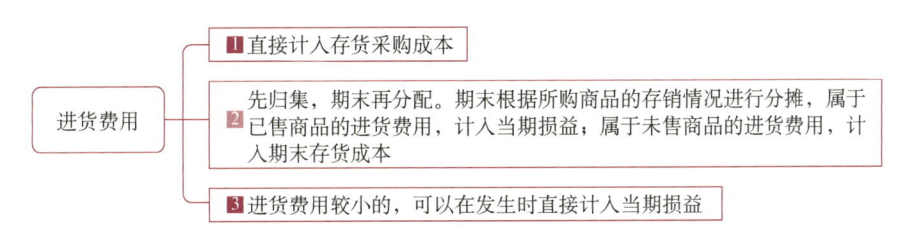

进货费用
1. 直接计入存货采购成本
2. 先归集，期末再分配。期末根据所购商品的存销情况进行分摊，属于已售商品的进货费用，计入当期损益；属于未售商品的进货费用，计入期末存货成本
3. 进货费用较小的，可以在发生时直接计入当期损益

图3-2　进货费用的处理方法

二、库存商品的账务处理

（一）库存商品取得的账务处理

一般地，工业企业库存商品的增加为产品生产完工入库，商品流通企业库存商品的增加

为外购商品入库。

1. 生产完工入库的库存商品

工业企业为了反映和监督库存商品的增减变动及其结存情况,应当设置"库存商品"科目,借方登记生产完工验收入库商品的成本,贷方登记发出商品的成本,期末余额在借方,反映各种库存商品的实际成本。该科目按照库存商品的类别、品种等进行明细核算。

工业企业完工产品入库时,借记"库存商品"科目,贷记"生产成本——基本生产成本"科目。

【例 3-24】 浙江宏华股份有限公司(简称"宏华公司")本月部分完工产品情况如下:本月完工电饭煲入库 1 000 台,实际单位成本 300 元;完工电热水壶 3 000 台,实际单位成本 180 元。请编制宏华公司该项完工产品入库的会计分录。

相关凭证:完工产品入库单(见凭证 3-9)。

借:库存商品——电饭煲　　　　　　　　　　　　　　300 000
　　　　　　——电热水壶　　　　　　　　　　　　　540 000
　贷:生产成本——基本生产成本　　　　　　　　　　840 000

凭证 3-9　　　　　　浙江宏华股份有限公司完工产品入库单　　NO:42011035

生产部门:二车间　　　　　　　　　　　　　　　　　　2024 年 10 月 8 日

序号	商品名称	品名及规格	单位	数量	单位成本	金额	备注
1	电饭煲	FS 415	只	1 000	300.00	300 000.00	
2	电热水壶	WF288	只	3 000	180.00	540 000.00	
	合　计			4 000		840 000.00	

第三联 记账联

验收人:梁甲　　交物人:张密山　　会计:宋运辉　　制表:宋运辉

2. 外购入库的库存商品

商品流通企业外购的库存商品可以采用进价或售价核算。

进价核算是指以购进成本反映外购商品,"库存商品"科目的用法与工业企业相同。

售价核算是指以销售价格反映外购商品,"库存商品"科目的借方、贷方、余额均以商品售价反映。商品售价和进价的差额,通过"商品进销差价"科目核算。"商品进销差价"科目属于资产类科目,借方登记发出商品分摊的差价,贷方登记入库商品售价大于进价的差额。期末余额在贷方,表示期末结余商品售价大于进价的差额。

采用进价核算的企业,外购商品入库时借记"库存商品"科目,贷记"在途物资"科目;采用售价核算的企业,外购商品入库时借记"库存商品"科目(售价),贷记"在途物资"科目(进价),贷记"商品进销差价"科目。

【例 3-25】 甲商品流通企业库存商品采用进价核算。10 月 10 日,外购某型号自行车 200 辆,每辆进价 250 元,取得的增值税专用发票上注明货款为 50 000 元,增值税税额为 6 500 元。货款已支付,自行车于 10 月 16 日验收入库。请编制甲企业该项外购商品入库的会计分录。

相关凭证：增值税专用发票发票联；入库单；银行付款凭证。

(1) 10月10日,取得发票等单证：

借：在途物资——自行车　　　　　　　　　　　　　　50 000
　　应交税费——应交增值税(进项税额)　　　　　　　 6 500
　　　贷：银行存款　　　　　　　　　　　　　　　　　　56 500

(2) 10月17日,商品验收入库：

借：库存商品——自行车　　　　　　　　　　　　　　50 000
　　　贷：在途物资——自行车　　　　　　　　　　　　　50 000

【例3-26】 若上述【例3-25】中甲企业库存商品采用售价核算。其他条件不变,外购200辆自行车预计售价为320元/辆。则甲企业的会计处理为：

(1) 10月10日的会计处理与【例3-25】一致。

(2) 10月17日,商品验收入库时：

借：库存商品——自行车　　　　　　　　　　　　　　64 000
　　　贷：在途物资——自行车　　　　　　　　　　　　　50 000
　　　　　商品进销差价——自行车　　　　　　　　　　　14 000

(二) 库存商品发出的账务处理

库存商品发出的核算需先进行发出商品成本的计算。与原材料发出成本计算方法一样,库存商品发出成本计算可以采用先进先出法、月末一次加权平均法、移动加权平均法、个别计价法等(具体内容详见本章第二节)。

此外,商品流通企业发出商品成本的计算还有毛利率法、售价金额核算法两种专用方法。

1. 毛利率法

毛利率法是根据本期商品销售净额乘以上期实际毛利率(或本期计划毛利率),推算出本期商品销售毛利,进而计算本期商品销售成本和期末结存商品成本的一种方法。

毛利率法计算公式如下：

❶ 毛利率＝(商品销售收入净额－商品销售成本)÷商品销售收入净额×100%

❷ 本期商品销售毛利＝本期商品销售收入净额×上期实际毛利率

❸ 本期商品销售成本＝本期商品销售收入净额－本期商品销售毛利

【例3-27】 甲商品流通企业库存商品采用进价核算,成本计算采用毛利率法。10月1日,"库存商品——自行车"科目借方余额40 000元,本月购进不同品牌型号的自行车共76 000元,本月销售自行车取得净收入60 000元。已知上季度自行车类商品的毛利率为25%。要求计算甲企业10月自行车的销售成本及期末结存成本。

自行车销售毛利＝60 000×25%＝15 000(元)

自行车销售成本＝60 000－15 000＝45 000(元)

期末自行车结存成本＝(40 000＋76 000)－45 000＝71 000(元)

采用毛利率法计算发出商品成本，不是对单个商品逐一计算，而是按商品类别合并计算，大大减少了企业的计算工作量，适用于经营商品品种较多、采用进价核算的商品批发企业。

2. 售价金额核算法

售价金额核算法是指库存商品的购入、加工收回、销售均按售价核算，"库存商品"科目反映商品的售价，同时设置"商品进销差价"科目反映售价与进价的差额，期末在已销商品与结存商品间分摊并结转进销差价，从而将已销商品成本与结存商品成本调整为进价的一种方法。

售价金额核算法计算公式如下：

❶ 商品进销差价率 = $\dfrac{\text{期初商品进销差价} + \text{本期增加商品进销差价}}{\text{期初库存商品售价} + \text{本期增加库存商品售价}} \times 100\%$

❷ 本期已销商品分摊的进销差价 = 本期商品销售收入 × 商品进销差价率

❸ 本期已销商品成本 = 本期商品销售收入 − 本期已销商品分摊的进销差价

❹ 期末结存商品分摊的进销差价 = 期初库存商品进销差价 + 本期购入商品进销差价 − 本期已销商品分摊的进销差价

❺ 期末结存商品成本 = 期末库存商品售价 − 期末结存商品分摊的进销差价

【例 3-28】 乙商品流通企业库存商品采用售价金额核算。10 月 1 日，"库存商品——食品柜"科目借方余额 100 000 元，"商品进销差价——食品柜"科目贷方余额 25 000 元；本月食品柜购入商品进价合计 161 800 元，售价总额为 220 000 元，本月食品柜不含税销售收入为 180 000 元。要求计算乙企业 10 月食品柜的销售成本及期末结存成本。

商品进销差价率 = (25 000 + 58 200) ÷ (100 000 + 220 000) × 100% = 26%
本期已销商品分摊的进销差价 = 180 000 × 26% = 46 800(元)
本期已销商品成本 = 180 000 − 46 800 = 133 200(元)
期末结存商品分摊的进销差价 = (25 000 + 58 200) − 46 800 = 36 400(元)
期末结存商品成本 = (100 000 + 220 000 − 180 000) − 36 400 = 103 600(元)

售价金额核算法下，库存商品不是按品名单个核算，而是按柜组、门市部，对同一分类下的商品进行合并核算。对于经营品种繁多、交易次数频繁且数量零星的零售企业来说，售价金额核算法能大大提高记账效率。

上面介绍了库存商品发出成本的计算方法，库存商品销售的账务处理将在本教材收入章节进行讲解。

思考

➤ 商品流通企业与工业企业对于存货的核算有很大的区别。商品流通企业有哪些专用的存货核算和计算方法？

➤ 除了原材料，企业其他的如周转材料、委托加工物资等存货的核算方法有哪些特点？

第六节　消耗性生物资产

一、消耗性生物资产概述

生物资产，是指农业活动所涉及的活的动物或植物。生物资产分为消耗性生物资产、生产性生物资产和公益性生物资产，本节介绍消耗性生物资产。

消耗性生物资产，是指农林牧渔业企业生长中的大田作物、蔬菜、用材林以及存栏待售的牲畜等，如玉米和小麦等庄稼、速生丰产用材林、存栏待售的牲畜、养殖的鱼等。

（一）消耗性生物资产的成本构成

消耗性生物资产的成本可分为直接费用和分摊的间接费用，具体如下：

（1）自行栽培的大田作物和蔬菜的成本包括在收获前耗用的种子、肥料、农药等材料费、人工费和应分摊的间接费用。

（2）自行营造的林木类消耗性生物资产的成本包括郁闭前发生的造林费、抚育费、营林设施费、良种试验费、调查设计费和应分摊的间接费用。

（3）自行繁殖的育肥畜的成本包括出售前发生的饲料费、人工费和应分摊的间接费用。

（4）水产养殖的动物和植物的成本包括在出售或入库前耗用的苗种、饲料、肥料等材料费、人工费和应分摊的间接费用。

（二）消耗性生物资产核算科目的设置

为了反映和监督消耗性生物资产的增减变动及其储存情况，企业应设置"消耗性生物资产""农产品"等科目，具体内容如表 3-12 所示。

表 3-12　消耗性生物资产核算科目的设置

科目名称	核算内容
消耗性生物资产	消耗性生物资产属于资产类科目，核算企业持有的消耗性生物资产的实际成本。该科目借方登记消耗性生物资产的增加金额，贷方登记销售消耗性生物资产的减少金额；期末借方余额，反映企业消耗性生物资产的实际成本
农产品	农产品属于资产类科目，核算企业消耗性生物资产收获的农产品。该科目借方登记收获农产品的增加额，贷方登记收获农产品的减少额；期末余额在借方，反映企业库存的收获的农产品

二、消耗性生物资产的账务处理

消耗性生物资产的具体账务处理如图 3-3 所示。

企业应当至少于每年年度终了对其拥有的消耗性生物资产进行检查。有确凿证据表明由于遭受自然灾害、病虫害、动物疫病侵袭或市场需求变化等原因，使消耗性生物资产的可变现净值低于其账面价值的，应当按照可变现净值低于账面价值的差额，计提生物资产跌价准备，并计入当期损益。消耗性生物资产的可变现净值和账面价值应当分别按照存货减值的办法确定。

```
外购的消耗性生物资产  →  借：消耗性生物资产
                          贷：银行存款

自行栽培的大田作物和蔬菜，收获前发生的必要支出；自行营造的林木类消耗性生物资产，郁闭前发生的必要支出；自行繁殖的育肥畜、水产养殖的动植物，出售前发生的必要支出  →  借：消耗性生物资产
                          贷：银行存款

择伐、间伐或抚育更新性质采伐而补植林木类消耗性生物资产发生的后续支出  →  借：消耗性生物资产
                          贷：银行存款

林木类消耗性生物资产达到郁闭后发生的管护费用等后续支出  →  借：管理费用
                          贷：银行存款

农业生产过程中发生的应归属于消耗性生物资产的费用  →  借：消耗性生物资产
                          贷：生产成本

消耗性生物资产收获为农产品，应按照其账面余额结转时  →  借：农产品
                          贷：消耗性生物资产

出售消耗性生物资产或农产品，按照其账面余额结转成本时  →  借：主营业务成本等
                          贷：消耗性生物资产、农产品
```

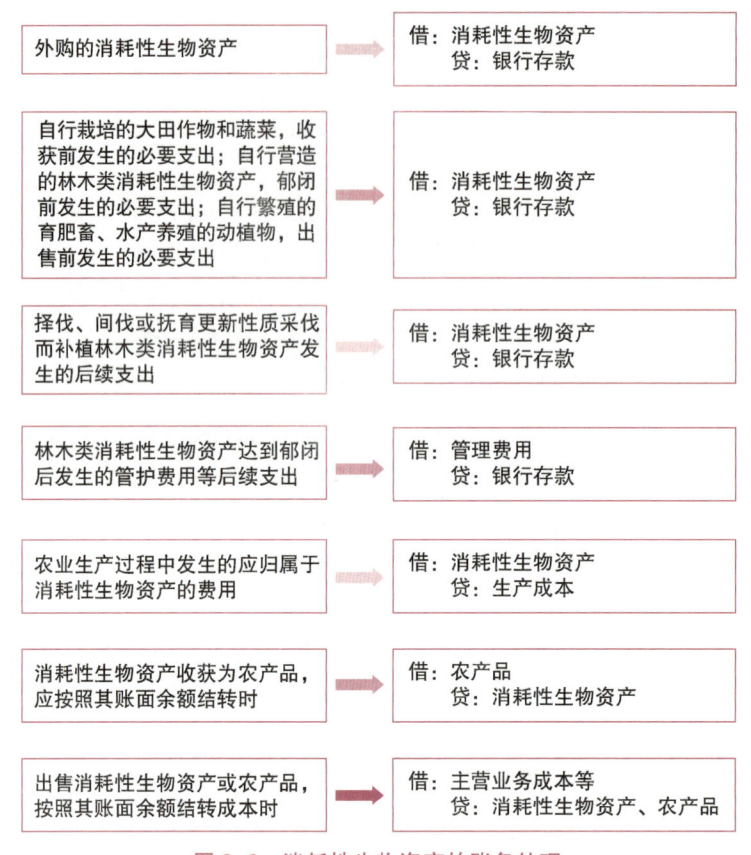

图 3-3 消耗性生物资产的账务处理

消耗性生物资产减值的影响因素已经消失的，减记金额应当予以恢复，并在原已计提的跌价准备金额内转回，转回的金额计入当期损益。

【例 3-29】 浙江绿水股份有限公司（简称"绿水公司"）为一家林业有限责任公司，其下属森林班统一组织培植管护一片森林。3 月，绿水公司共发生森林管护费用 40 000 元，其中，本月应付人员薪酬 20 000 元，仓库领用库存肥料 16 000 元，管护设备折旧 4 000 元。管护总面积为 5 000 公顷。森林的详细情况是：作为用材林的杨树林共 4 000 公顷，已郁闭的占 80%，其余的尚未郁闭；作为水土保持林的马尾松共 1 000 公顷，全部已郁闭。管护费用按照森林面积比例分配。请编制绿水公司消耗性生物资产的会计分录。

计算过程如下：

未郁闭杨树林应分配共同费用的比例＝4 000×(1−80%)÷5 000＝0.16

已郁闭杨树林应分配共同费用的比例＝4 000×80%÷5 000＝0.64

已郁闭马尾松应分配共同费用的比例＝1 000÷5 000＝0.2

未郁闭杨树林应分配的共同费用＝40 000×0.16＝6 400(元)

已郁闭杨树林应分配的共同费用＝40 000×0.64＝25 600(元)

已郁闭马尾松应分配的共同费用＝40 000×0.2＝8 000(元)

绿水公司应编制如下会计分录：
借：消耗性生物资产——用材林（杨树林） 6 400
　　管理费用 33 600
　　贷：应付职工薪酬 20 000
　　　　原材料 16 000
　　　　累计折旧 4 000

第七节　存 货 清 查

存货数量的确定和计量，关系到企业的资产是否真实、客观。企业在资产负债表日必须通过存货清查，核对仓储存货数量与账面记录是否一致。存货清查(stock checks)是指通过对存货的实地盘点，确定存货的实有数，并与账面记录数量进行核对，从而确定存货实存数与账存数是否相符的一种方法。

一、存货清查方法

（一）存货盘存方法

企业存货的数量需要通过盘存来确定，常用的盘存方法及其特点如表 3-13 所示。

表 3-13　　　　　　　　　　　常用的存货盘存方法

分类	盘存方法	特点
按盘存时间来分	定期盘存	定期盘存一般在月末、季末、年末进行
	不定期盘存	不定期盘存是指临时性的盘点，如发生事故损失、仓库保管员交接工作、存货调价等情况进行的盘存
按盘存制度分	实地盘存	平时只登记存货的收入，不登记支出，期末通过实地盘点存货数量，确定存货的期末库存，倒挤出存货支出。缺点是虽然平时登账工作简单，但不能随时了解存货的收发和结存动态，也将非正常存货耗用及损失计入存货发出成本
	永续盘存	平时完整登记存货的收入、支出及结存，通过盘点核对存货账面登记数量与实际库存数量是否相符。缺点是在存货品种较多且收发频繁的情况下，账簿登记工作量大

（二）存货盘存程序

在盘存前，要做好各项准备，包括制订详细的存货盘存计划，确定盘存时间、盘存人员、盘存方法。参与盘存的人员一般由财务人员、业务人员和仓储管理人员组成，还可考虑由审计人员监盘。存货盘存程序需要准备好各种计量器具，将存货按品种、类别、规格分类堆放，有序排列，按数码齐，外包装应写清名称、数量、规格、容量。

根据盘点结果，财务人员填制"盘存表"。确定已入库采购、已销未出库、已出库未销数，得出实际库存数，与会计账面数进行核对，确定盘盈盘亏数，填制"存货盘点报告"。对于残次冷背物品、由于存货结转及计价造成的存货价格的背离等,应将其价格与可变现净值相比,确定可能造成的损失。

盘存结果与账面记录不符的,应及时查明原因进行处理;未能查明原因的,财务部门应于年终决算前提出处理建议,并根据企业的管理权限,经股东大会、董事会、经理会议等类似机构批准后,在年终结账前处理完毕。

二、存货清查的账务处理

为核算企业在财产清查中查明的各种存货的盘盈、盘亏和毁损情况,企业应设置"待处理财产损溢"科目,借方登记存货的盘亏、毁损金额及盘盈的转销金额,贷方登记存货的盘盈金额及盘亏、毁损的转销金额。企业清查的各种存货损溢,应在期末结账前处理完毕,期末处理后,"待处理财产损溢"科目应无余额。

(一) 存货盘盈的账务处理

企业发生存货盘盈,主要是收发计量或核算上的差错造成的,应根据"存货盘点报告"中所列盘盈金额调增存货的账存数,使得账实相符。具体账务处理如图3-4所示。

发生存货盘盈 → 借：原材料等
　　　　　　　　贷：待处理财产损溢——待处理流动资产损溢

处理结果报经批准后 → 借：待处理财产损溢——待处理流动资产损溢
　　　　　　　　　　　贷：管理费用等

图 3-4　存货盘盈的账务处理

【例3-30】浙江宏华股份有限公司(简称"宏华公司")库存商品采用实际成本核算。2024年10月财产清查发现:盘盈商品电炖锅605只,该型号电炖锅的生产成本为40元/只。后经查明,其中600只电炖锅为销售时少发货,已联系客户并补发货;另5只为收发错误,报经批准后冲减管理费用。请编制宏华公司该项存货盘盈业务的会计分录。

相关凭证：存货盘存表；存货盘点报告(见凭证3-10)。

凭证3-10

浙江宏华股份有限公司
存货盘点溢缺报告单

仓库：产成品仓库　　　　　2024年10月25日　　　　　盘点单编号：2010008

商品编号	商品名称	单位	盘盈			盘亏			毁损			原因
			数量	单价	金额	数量	单价	金额	数量	单价	金额	
CP2514	电炖锅	只	605	40	24 200.00							收发错误
	合计				24 200.00							

处理意见	清查小组	何宽	审批部门	宋运辉	使用保管部门	李浩
	600只补发客户,5只未查明原因入管理费用		同意		同意	

(1) 盘盈时,根据财产清查结果调整存货账面数:

借:库存商品——电炖锅　　　　　　　　　　　　　　24 200
　　贷:待处理财产损溢——待处理流动资产损溢　　　　　　24 200

(2) 按管理权限报经批准后:

借:待处理财产损溢——待处理流动资产损溢　　　　　　24 000
　　贷:库存商品——电炖锅　　　　　　　　　　　　　　24 000
借:待处理财产损溢——待处理流动资产损溢　　　　　　　　200
　　贷:管理费用　　　　　　　　　　　　　　　　　　　　200

(二) 存货盘亏及毁损的账务处理

企业发生存货盘亏及毁损,应根据"存货盘点报告"中所列盘亏金额调减存货的账存数,使得账实相符。具体账务处理如图 3-5 所示。

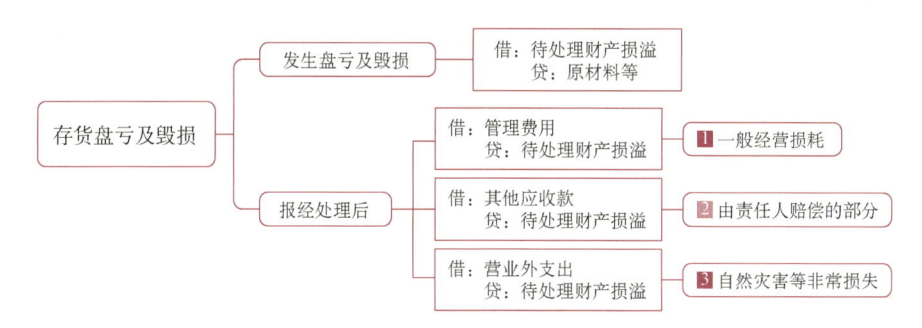

图 3-5　存货盘亏及毁损的账务处理

> 💡 **注意:**
>
> ✦ 企业由于<u>管理不善</u>造成的存货被盗、丢失、霉烂变质等损失,还需同时贷记"应交税费——应交增值税(进项税额转出)"科目。

【例 3-31】 浙江宏华股份有限公司(简称"宏华公司")为增值税一般纳税人,适用增值税税率 13%,原材料采用计划成本核算。2024 年 10 月财产清查,发现作为原材料使用的某种塑料盘亏 20 千克,计划单价 400 元/千克,上月该材料的成本差异率为 3%。后经查明,盘亏塑料是由于保管不善被盗,责成保管员赔偿 2 000 元,其余计入管理费用。请编制宏华公司该项存货盘亏业务的会计分录。

相关凭证: 存货盘存表;存货盘点溢缺报告单(见凭证 3-11)。

(1) 盘亏时,根据财产清查结果调整存货账面数:

借:待处理财产损溢——待处理流动资产损溢　　　　　　8 240
　　贷:原材料——塑料　　　　　　　　　　　　　　　　8 000
　　　　材料成本差异——塑料　　　　　　　　　　　　　　240

（2）按管理权限报经批准后：

借：其他应收款　　　　　　　　　　　　　　　　　2 000.00
　　管理费用　　　　　　　　　　　　　　　　　　 7 311.20
　　　贷：待处理财产损溢——待处理流动资产损溢　　　　8 240.00
　　　　　应交税费——应交增值税（进项税额转出）　　　1 071.20

凭证 3-11

浙江宏华股份有限公司
存货盘点溢缺报告单

仓库：材料仓库　　　　2024 年 10 月 26 日　　　　盘点单编号：2010013

材料编号	材料名称	计量单位	盘盈			盘亏				毁损				原因
			数量	计划单价	金额	数量	计划单价	差异率	金额	数量	计划单价	差异率	金额	
KM0302	塑料	千克				20	400	+3%	8 240.00					保管不善
合计									8 240.00					

处理意见	清查小组 何宽	审批部门 宋运辉	使用保管部门 李洁
	保管员赔偿2 000元，其余入管理费用	同意	同意

第八节　存货减值

资产负债表日，为了不高估存货资产，企业应判断存货是否有减值，按**成本与可变现净值孰低法**对存货进行计量。

一、存货减值判断及减值金额确定

（一）存货减值迹象

企业应在资产负债表日判断存货是否存在减值迹象。如果存在下列情况之一的，表明该存货可能发生减值：

（1）该存货的市场价格持续下跌，并且在可预见的未来无回升的希望。
（2）企业使用该项原材料生产的产品成本大于产品的销售价格。
（3）企业因产品更新换代，原有库存原材料已不适应新产品的需要，而该原材料的市场价格又低于其账面成本。
（4）因企业所提供的商品或劳务过时或消费者偏好改变而使市场的需求发生变化，导致市场价格逐渐下跌。
（5）其他足以证明该项存货实质上已经发生减值的情形。

（二）成本与可变现净值孰低法

存货减值又称存货跌价，企业要对存在减值迹象的存货进行减值测试，比较其成本与可变现净值的大小。

成本,是指存货的历史成本,即入账成本。

可变现净值,是指在正常生产经营过程中,以存货的估计售价减去至完工估计将要发生的成本、销售费用以及相关税费后的金额。存货可变现净值的计算,应以取得的确凿证据为基础,并且考虑持有存货目的、资产负债表日后事项的影响等因素。处于不同生产经营环节的存货可变现净值的计算方法不同,如表 3-14 所示。

表 3-14　　　　　　　　　　　　存货可变现净值的计算

存货情形	计算过程
直接用于出售的存货	未签订销售合同: 可变现净值＝市场销售价格－估计的销售费用和相关税费 签订销售合同: 可变现净值＝合同价格－估计的销售费用和相关税费
需要经过加工的存货	用于生产产品的材料: 第一步:计算产品的可变现净值 可变现净值＝产品估计售价－估计的销售费用和相关税费 第二步:比较产品的可变现净值与成本 当产品的可变现净值低于成本时,材料按照可变现净值计量 材料可变现净值＝产品估计售价－进一步加工至完工的成本－估计的销售费用和相关税费 当产品的可变现净值高于成本时,材料按照成本计量

> **注意:**
> ↓ 如果存货已霉烂变质,或者已过期,或者生产中已不再需要,在足以证明存货已无使用价值和转让价值的情况下,其可变现净值为零。

> 【例 3-32】 12 月 31 日,浙江宏华股份有限公司(简称"宏华公司")某库存产品的成本为 220 000 元,其中一半已签订销售合同,合同价 111 500 元,另一半未签订销售合同,市场价 130 000 元,估计将发生销售费用分别为 3 000 元、2 000 元。请判断该项存货是否减值。
> (1) 已签合同的存货的可变现净值＝111 500－3 000＝108 500(元)
> 该部分产品的成本为 110 000 元,成本高于可变现净值,发生减值。
> 已签合同的存货减值金额＝110 000－108 500＝1 500(元)
> (2) 未签合同的存货的可变现净值＝130 000－2 000＝128 000(元)
> 该部分产品的成本为 110 000 元,成本低于可变现净值,未发生减值。

> **注意:**
> ↓ 当企业持有的同一项存货数量多于销售合同或劳务合同订购的数量的,应按已签订合同、未签订合同分别确定其可变现净值,并与其相对应的成本进行比较,分别判断存货是否跌价,确定跌价金额或转回金额。

【例 3-33】 12 月 31 日,浙江宏华股份有限公司(简称"宏华公司")库存 A 材料的成本为 16 000 元,其市场销售价格下降至 15 000 元。假设按生产计划将 A 材料加工成 B 产品,还需发生加工成本 18 000 元,估计完工后 B 产品市场价为 47 000 元,销售费用 3 500 元。请判断 A 材料是否减值。

第一步:计算产品的可变现净值。

B 产品可变现净值＝产品估计售价－估计的销售费用和相关税费＝47 000－3 500＝43 500(元)

第二步:比较产品的可变现净值与成本。

B 产品成本＝16 000＋18 000＝34 000(元)

B 产品的可变现净值 43 500 元大于其成本 34 000 元,未发生减值,故 A 材料仍然按照成本 16 000 元计量。

思考

➢ 在【例 3-33】中假设,估计完工后 B 产品市场价为 37 000 元,其他条件不变,判断 A 材料是否减值。

【例 3-34】 根据市场需求的变化,浙江宏华股份有限公司(简称"宏华公司")决定停止生产乙产品,为生产乙产品储备的甲材料将全部出售。12 月 31 日,库存甲材料的账面价值为 16 000 元,该材料市场价现为 15 000 元,出售材料估计发生的销售费用为 100 元。请判断甲材料是否减值。

甲材料的可变现净值＝15 000－100＝14 900(元)

甲材料的成本为 16 000 元,成本高于可变现净值,发生减值。

甲材料减值金额＝16 000－14 900＝1 100(元)

企业通常对存在减值迹象的存货按单项分别进行判断,即将某产品、某材料等单个存货项目的成本与其可变现净值逐一对比,判断其是否出现了减值。但当企业存货品种多、数量大、单价又较低时,可以按照存货类别分类计算判断减值情况;当同一地区生产和销售的存货,处在相同的市场环境下,存货本身又具有相同或类似的最终目的,具有相同的风险和报酬,可以对其合并计算判断减值情况。

【例 3-35】 12 月 31 日,某公司存货有关数据如表 3-15 所示,分别用单项比较法、分类比较法、总额比较法计算存货减值金额。

表 3-15　　　　　　　　存货成本与可变现净值数据　　　　　　金额单位:元

项目	数量	成本		可变现净值	
		单位成本	总金额	单价	总金额
A 类存货					
A1	10	1 000	10 000	1 020	10 200
A2	20	600	12 000	580	11 600
小计			22 000		21 800

(续表)

项目	数量	成本 单位成本	成本 总金额	可变现净值 单价	可变现净值 总金额
B类存货					
B1	50	220	11 000	200	10 000
B2	100	150	15 000	165	16 500
小计			26 000		26 500
总　计			48 000		48 300

(1) 单项比较法：

存货 A1 的成本 10 000 元，可变现净值 10 200 元，未减值。
存货 A2 的成本 12 000 元，可变现净值 11 600 元，减值 400 元。
存货 B1 的成本 11 000 元，可变现净值 10 000 元，减值 1 000 元。
存货 B2 的成本 15 000 元，可变现净值 16 500 元，未减值。
按单项比较法，公司当年年末存货共减值 1 400 元。

(2) 分类比较法：

A 类存货的成本小计 22 000 元，可变现净值 21 800 元，减值 200 元。
B 类存货的成本小计 26 000 元，可变现净值 26 500 元，未减值。
按分类比较法，公司当年年末存货共减值 200 元。

(3) 总额比较法：

所有存货的成本合计 48 000 元，可变现净值 48 300 元，未减值。

二、存货减值的核算

(一) 存货减值核算科目的设置

已经发生减值的存货，需要将账面价值调整为可变现净值，应设置"存货跌价准备""资产减值损失"等科目，具体内容如表 3-16 所示。

表 3-16　　　　　　　　　存货减值核算科目的设置

科目名称	核算内容
存货跌价准备	存货跌价准备属于资产类科目，是存货类科目的备抵调整科目，核算企业存货减值及减值变动情况。借方登记存货跌价准备的转销及存货减少时减值准备的转出，贷方反映计提的减值准备的金额，余额在贷方，反映已计提尚未转销的跌价准备。本科目按存货项目或类别进行明细核算
资产减值损失	资产减值损失属于损益类科目，核算企业对存货、固定资产、无形资产等各项资产计提减值准备所形成的损失。该科目借方登记企业计提存货减值的金额，贷方登记存货减值准备转销的金额，期末，将"资产减值损失"转入"本年利润"科目后无余额

(二) 存货减值的账务处理

存货减值的账务处理包括计提存货跌价准备；存货跌价准备转回；发出存货结转存货跌价准备等，具体账务处理如图 3-6 所示。

```
计提存货跌价准备  →  借：资产减值损失
                    贷：存货跌价准备

存货跌价准备转回  →  借：存货跌价准备
                    贷：资产减值损失

发出存货结转跌价准备 → 借：存货跌价准备
                      主营业务成本
                      贷：库存商品等
```

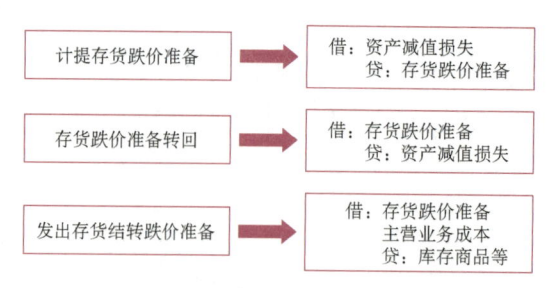

图 3-6　存货减值账务处理

1. 计提存货跌价准备

【例 3-36】浙江宏华股份有限公司(简称"宏华公司")采用单项比较法计提存货跌价准备。2024 年 12 月 31 日，账簿上有关存货 A2 的情况如下："存货跌价准备——A2"科目的金额为贷方 150 元，"库存商品——A2"科目的金额为借方 12 000 元。经减值测试及计算，期末 A2 存货可变现净值为 11 600 元。请编制宏华公司该项存货减值的会计分录。

相关凭证：存货跌价准备计算表(见凭证 3-12)；存货可变现净值评估证明。

分析：存货 A2 成本为 12 000 元，可变现净值为 11 600 元，可变现净值低于成本，A2 发生减值，减值金额为 400 元(12 000－11 600)。

本期存货跌价准备计提额＝400－150＝250(元)

借：资产减值损失　　　　　　　　　　　　　　　　　　　　　　250
　　贷：存货跌价准备——A2　　　　　　　　　　　　　　　　　　　　250

凭证 3-12　　　　　　　　　　存货跌价准备计算表

编制单位：浙江宏华股份有限公司　　2024 年 12 月 31 日　　　　金额单位：元

项目	成本	可变现净值	减值金额	存货跌价准备账面余额	存货跌价准备计提额
A2	12 000	11 600	400	150	250
……					
合计					

复核：沈丹红　　　　　　　记账：宋运辉　　　　　　　制表：宋运辉

2. 存货跌价准备转回

【例 3-37】浙江宏华股份有限公司(简称"宏华公司")采用单项比较法计提存货跌价准备。12 月 31 日，账簿上有关存货 A2 的情况如下："存货跌价准备——A2"科目的金额为贷方 500 元，"库存商品——A2"科目的金额为借方 12 000 元。经减值测试及计算，A2 存货可变现净值为 11 600 元。请计算宏华公司本期存货 A2 应计提的存货跌价准备并编制会计分录。

相关凭证：存货跌价准备计算表；存货可变现净值计算评估证明。

分析：存货 A2 成本为 12 000 元，可变现净值为 11 600 元，可变现净值低于成本，A2 发生减值，减值金额为 400 元(12 000－11 600)。

本期存货跌价准备计提额＝400－500＝－100(元)

借：存货跌价准备——A2　　　　　　　　　　　　　100
　　贷：资产减值损失　　　　　　　　　　　　　　　　　　100

由上述两例我们注意到，计算各期存货跌价准备的计提或转回金额，除了比较存货成本与可变现净值外，还应该考虑计提前"存货跌价准备"科目的余额方向及金额大小。

3. 发出存货结转存货跌价准备

【例 3-38】 浙江宏华股份有限公司(简称"宏华公司")采用分类比较法计提存货跌价准备，期初"库存商品——小家电类"科目的金额为借方 40 000 元，"存货跌价准备——小家电类"科目的金额为贷方 1 000 元。本期销售各类小家电成本共 16 000 元。请编制宏华公司结转销售成本同时结转存货跌价准备的会计分录。

销售时随同结转存货跌价准备金额＝(1 000÷40 000)×16 000＝400(元)

借：主营业务成本　　　　　　　　　　　　　　　15 600
　　存货跌价准备——电饭煲　　　　　　　　　　　　400
　　贷：库存商品——电饭煲　　　　　　　　　　　　　16 000

思考

➤ 期末结存存货需要在数量上、价值上两方面进行清查。存货的盘盈盘亏是对存货数量的核实，存货跌价是对存货价值的核实。那么，如果存货价值有可能上升，需要进行会计处理吗？为什么？

文本：存货清查、存货跌价账务处理总结

素养园地

獐子岛事件启示：不守信逃不过北斗卫星

2014 年 10 月，大连獐子岛集团股份有限公司(简称"獐子岛公司")对海底扇贝进行盘点，一网网撒下去却空空如也。通过计算，其损失为 8 亿元，当年账面亏损 8 亿元。2015 年 6 月，獐子岛公司再次对海底扇贝盘点。奇迹发生了，上一年走失的扇贝全部回来了，而且还带了许多金光闪闪的珍珠。当天，公司利润大增的消息一出，几秒内股价涨幅达 8%，第二天更是强势涨停。其中的真实性却让人持有怀疑态度，而这背后实质上是一个会计问题，因为会计具有"神奇"的力量：想让公司"盈利"，公司就能"盈利"；想让公司亏损，公司就能马上"亏损"。这背后的真相简单概括如下：

第一年，扇贝"跑掉了"。獐子岛公司在海底下养的扇贝叫虾夷扇贝。虾夷是日本北海道的别称，扇贝苗是从日本北海道买来的，故有人戏说扇贝消失的原因是扇贝第一年初来乍到非常想家都跑回北海道了。此时的会计处理为：存货损失 8 亿元，企业亏损增加 8 亿元。假设在不考虑扇贝损失的情况下,公司营业利润为亏损 2 亿元,扇贝"出走"使亏损变成了 10 亿元。

第二年,扇贝"回来了"。此时的会计处理为:存货增加 8 亿元,企业冲销 8 亿元损失,原本亏损 2 亿元,但由于扇贝"回家"使公司从亏损 2 亿元变成盈利 6 亿元。

獐子岛公司利用这样的利润操纵手段就避免了出现连续 2 年亏损的局面。2016 年 1 月,獐子岛事件引发相关部门与社会的关注,证监会启动核查程序,对獐子岛事件进行核查。2020 年 6 月,证监会利用北斗卫星定位数据,揭示了獐子岛存货等信息披露虚假行为,并作出了相应处置。

练 习 题

核算分析题(一)

【目的】 练习实际成本法下原材料购进的核算。

【资料】 浙江宏华股份有限公司(简称"宏华公司")为增值税一般纳税人,原材料采用实际成本核算,10 月原材料采购情况如下:

(1) 1 日,购入甲材料,增值税专用发票上注明的价款为 50 000 元,增值税税额为 6 500 元。甲材料已验收入库,货款已通过银行转账付讫。

(2) 3 日,向光明厂购入乙材料 200 吨,单价 210 元,增值税税率 13%,乙材料已验收入库,发票结算凭证未到。

(3) 7 日,收到银行转来的托收承付结算凭证和账单,向东方工厂采购甲材料 600 吨,采购价 300 000 元,增值税专用发票上注明的增值税税额为 39 000 元,东方工厂代垫运输费 5 000 元,收到增值税专用发票上注明的增值税税额为 450 元。宏华公司核对后同意支付,货物尚未到达。

(4) 10 日,东方工厂的货物已到达,实际验收入库 595 吨,短缺 5 吨(单价精确到分)。

(5) 经查,之前向东方工厂采购甲材料短缺 5 吨系对方少发,协商后由东方工厂退回少发材料的价税款,同时收到对方开出的红字发票,退货款尚未收到。

(6) 月末,向光明厂采购的乙材料单证尚未到达。

【要求】 根据上述业务,编制宏华公司有关会计分录。

核算分析题(二)

【目的】 练习实际成本法下原材料发出成本的计算。

【资料】 浙江宏华股份有限公司(简称"宏华公司")10 月 A 材料收发情况如表 3-17 所示。

【要求】 分别采用先进先出、月末一次加权平均、移动加权平均计算本月发出材料成本和结存材料成本。

表 3-17　　　　　　　　　　　　　　A 材料收发一览表

期初结存		本期收入				本期发出	
数量(千克)	单价(元)	日期	数量(千克)	单价(元)		日期	数量(千克)
5 000	1.20	8 日	1 500	1.30		5 日	3 500
		10 日	3 000	1.35		15 日	5 000
		18 日	3 000	1.50		25 日	3 000

核算分析题(三)

【目的】　练习计划成本法下材料收发的核算。

【资料】　浙江宏华股份有限公司(简称"宏华公司")为增值税一般纳税人,原材料采用计划成本核算,材料成本差异于材料入库时结转。10 月 1 日,"材料采购"科目期初余额为借方 5 500 元,"原材料"科目期初余额为借方 14 500 元(其中,1 200 元为上月发票账单未到的暂估入账 C 材料),"材料成本差异"科目期初余额为借方 470 元。10 月原材料收发情况如下：

(1) 4 日,收到发票及付款通知,企业向甲厂采购的 A 材料对方已发货,按合同规定价款 25 000 元,增值税税率为 13%,代垫运输费 4 000 元,增值税税率为 9%,企业审核无误后当即付款。

(2) 8 日,甲厂 A 材料到货,验收入库,该批材料的计划成本为 28 000 元。

(3) 11 日,上月已付款的在途 B 材料运达,实际采购金额 5 500 元,验收入库时发现短缺 10%,原因待查,其余 B 材料入库,计划成本 5 000 元。

(4) 14 日,收到采购 C 材料的发票账单,注明价款为 1 180 元,增值税税额为 153.4 元,该批材料已于上月验收入库,计划成本 1 200 元,C 材料的货款暂欠。

(5) 17 日,从大兴厂购料,价款 8 000 元,增值税税额为 1 040 元,对方代垫运费 800 元,增值税税额为 72 元。上月已预付款项 5 000 元,余款以银行转账支付。当日材料验收入库,计划成本 9 000 元。

(6) 25 日,从乙厂购料,价款 5 000 元,增值税税额为 650 元,宏华公司签发了一张金额 5 650 元、期限 3 个月的商业汇票进行结算,材料尚未到达。

(7) 30 日,盘盈材料一批,计划成本 1 000 元。

(8) 31 日,本月 11 日入库的材料短缺查明为运输单位不当造成,并责成运输单位赔偿,赔偿款尚未收到。

(9) 31 日,本月仓库领用材料情况如下：生产产品耗用 5 000 元;车间一般耗用 200 元;厂部耗用 1 300 元;销售部门耗用 800 元;多余材料出售 5 000 元。

【要求】

(1) 编制上述业务(1)至业务(8)的会计分录。

(2) 根据业务(9),进行相关计算,编制发出材料成本差异计算表(见表 3-18),并编制发出材料的会计分录。

表 3-18　　　　　　　　　　　　发出材料成本差异计算表

项　目	发出材料计划成本	差异率	差异额
合　计			

核算分析题（四）

【目的】　练习周转材料、委托加工物资的核算。

【资料一】　A 企业为增值税一般纳税人，存货采用计划成本核算。上月月末与铭泰厂签订协议，委托其加工包装物一批，材料上月已发出，上月月末"委托加工物资"科目余额为借方 7 920 元。本月有关委托加工物资和包装物部分业务如下：

(1) 10 日，收到铭泰厂开出的增值税专用发票，注明加工费 5 000 元，增值税税额为 650 元，当即开出支票付讫。

(2) 15 日，以银行存款支付加工物资往返运杂费 190 元（运杂费不考虑增值税）。

(3) 20 日，委托加工的 500 件包装物全部完工并验收入库，计划单价 20 元，同时有 10 千克余料退回重新入库，余料计划单价为 100 元/千克。

(4) 结转委托加工完工入库包装物的材料成本差异额。

【资料二】　B 企业为增值税一般纳税人，存货采用实际成本核算，低值易耗品采用分次摊销法（均按两次分摊）。本月有关委托加工物资及低值易耗品的部分业务如下：

(1) 3 日，委托 MG 加工厂加工一批 C 材料，发出原材料 12 920 元，用现金支付材料运输费 300 元，增值税税额 27 元。

(2) 7 日，购入某专用工具一批，价格 10 000 元，增值税税额 1 300 元，价税款已通过银行转账付讫，专用工具已作为低值易耗品验收入库。

(3) 10 日，收到 MG 加工厂开出的加工费发票，注明加工费 5 000 元，增值税税额 650 元；MG 工厂代收代缴消费税 896 元，所有款项当即用转账支票付清；C 材料加工后收回，作为原材料重新入库，尚需继续加工后才能出售。

(4) 办公室领用全新办公桌 5 张，单位成本 4 500 元。

(5) 基本车间报废专用工具 3 件，单位成本 3 000 元，残料价值 300 元已变卖收现。

【要求】　根据上述业务，编制 A、B 企业有关会计分录。

核算分析题（五）

【目的】　练习库存商品的核算。

【资料一】　A 工业企业"完工产品入库单"记载本月完工甲产品 3 000 件，实际单位成本为200元/件;完工乙产品800件,实际单位成本为1 000元/件。

【资料二】 B商业批发企业为增值税一般纳税人,库存商品采用进价法核算。月初糖果类库存商品余额为180 000元,本月糖果类商品进销情况如下:

(1) 10日,购入糖果价款30 000元,增值税税额3 900元;支付途中运杂费200元,增值税税额18元。所有款项已通过银行转账支付。

(2) 15日,上述糖果到货,验收入库,短缺3千克为合理损耗。

(3) 除上述采购外,本月没有采购其他糖果。本月销售糖果取得收入100 000元,上季度糖果类商品的毛利率为20%。

【资料三】 C商业零售企业为增值税一般纳税人,库存商品采用售价金额核算。月初"库存商品——儿童用品类"科目借方余额为550 000元,"商品进销差价——儿童用品类"科目贷方余额为150 000元。本月儿童用品类商品进销情况如下:

(1) 5日,购入儿童用品一批总价1 200 000元,增值税税额156 000元;支付途中运杂费500元,增值税税额45元,运杂费直接计入当期损益。所有款项已通过银行转账支付。

(2) 12日,上述儿童用品到货,验收入库,本批商品售价总额为1 950 000元。

(3) 除上述采购外,本月没有其他儿童用品类商品采购业务。本月儿童用品类商品销售收入为820 000元。

【要求】

(1) 根据资料一,编制A工业企业商品完工验收入库的会计分录。

(2) 根据资料二,编制B批发企业本月商品采购的会计分录;用毛利率法计算B企业本月商品销售成本及期末商品结存成本。

(3) 根据资料三,编制C零售企业本月商品采购的会计分录;用售价金额核算法计算C企业本月商品销售成本及期末商品结存成本。

核算分析题(六)

【目的】 练习存货清查、存货跌价的核算。

【资料一】 甲企业为增值税一般纳税人,存货采用实际成本法核算,会计期末对存货清查发现:

(1) 盘盈A材料一批,实际成本3 000元;盘亏B材料一批,实际成本13 000元。

(2) 盘盈A材料原因未明,经批准计入管理费用,盘亏B材料为收发计量错误造成,责成有关人员赔偿6 000元,其余计入管理费用。

【资料二】 乙企业为增值税一般纳税人,存货采用实际成本法核算,期末存货采用成本与市价孰低法计价,按单项存货计提存货跌价准备。12月1日,"原材料——C材料"科目余额为借方80 000元,"存货跌价准备——C材料"科目余额为贷方3 600元:

(1) 本月生产领用C材料一批,实际成本20 000元,同时转出相应金额的存货跌价准备。

(2) 会计期末对C材料进行减值测试,期末库存C材料的账面金额为60 000元,市场采购价格为62 000元,将C材料生产成产成品出售,预计完工产成品的销售价格为

110 000元,预计将发生加工成本50 000元,预计销售费用3 000元。

【要求】

(1) 根据资料一,编制甲企业存货清查相关的会计分录。

(2) 根据资料二,编制乙企业C材料相关的会计分录。

知识结构:存货

第四章 固定资产

知识目标

1. 了解固定资产的确认、分类。
2. 认识固定资产的计价。
3. 熟悉固定资产折旧影响因素、折旧范围、折旧方法。
4. 理解固定资产资本化后续支出、费用化后续支出。
5. 熟悉固定资产减值的判断。
6. 熟悉固定资产终止确认条件。
7. 了解生产性生物资产的特征、分类。

文本:《企业会计准则第4号——固定资产》

能力目标

1. 能进行外购固定资产的核算。
2. 能进行自行建造固定资产的核算。
3. 能进行接受投资、接受捐赠等其他形式固定资产取得的核算。
4. 能进行年限平均法、工作量法、加速折旧法固定资产折旧的计算及折旧核算。
5. 能进行固定资产资本化后续支出、费用化后续支出的核算。
6. 能进行固定资产清查方法及盘盈、盘亏的核算。
7. 能进行固定资产减值的计算及核算。
8. 能进行固定资产处置的核算。
9. 能进行生产性生物资产的核算。

素养目标

1. 通过对中国航母、火神山和雷神山神速建造等固定资产的认知,培养创新精神与爱国情怀。
2. 通过解读"减税降费"等热点问题,培养理论自信和文化自信,提升专业素养和思想内涵,实现知识传授与价值引领的统一。
3. 通过解析固定资产舞弊案例,总结固定资产造假的三种常见模式、典型表现与识别方法,培养责任意识,强化社会责任,养成良好的职业道德规范。

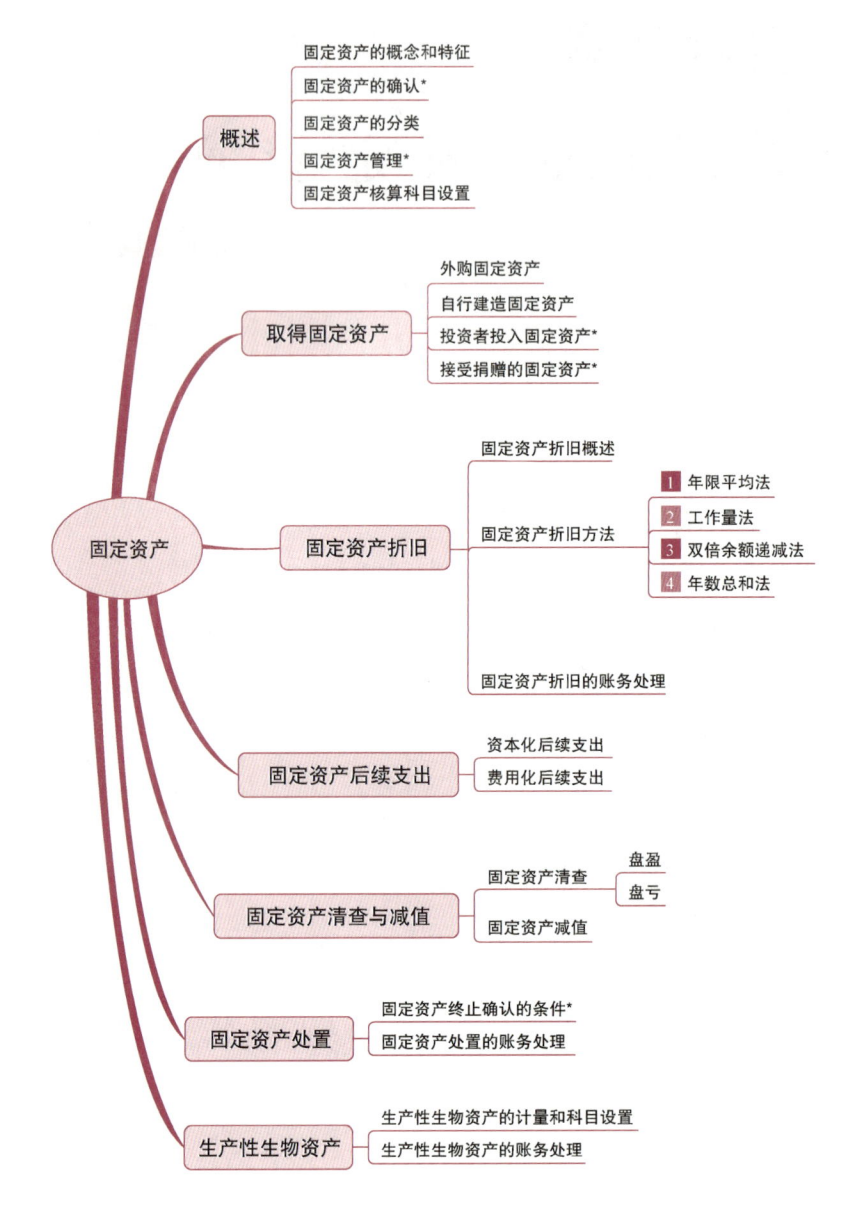

知识导图

- **固定资产**
  - **概述**
    - 固定资产的概念和特征
    - 固定资产的确认*
    - 固定资产的分类
    - 固定资产管理*
    - 固定资产核算科目设置
  - **取得固定资产**
    - 外购固定资产
    - 自行建造固定资产
    - 投资者投入固定资产*
    - 接受捐赠的固定资产*
  - **固定资产折旧**
    - 固定资产折旧概述
    - 固定资产折旧方法
      1. 年限平均法
      2. 工作量法
      3. 双倍余额递减法
      4. 年数总和法
    - 固定资产折旧的账务处理
  - **固定资产后续支出**
    - 资本化后续支出
    - 费用化后续支出
  - **固定资产清查与减值**
    - 固定资产清查
      - 盘盈
      - 盘亏
    - 固定资产减值
  - **固定资产处置**
    - 固定资产终止确认的条件*
    - 固定资产处置的账务处理
  - **生产性生物资产**
    - 生产性生物资产的计量和科目设置
    - 生产性生物资产的账务处理

第一节　固定资产概述

一、固定资产的概念和特征

固定资产(fixed assets)是指同时具有以下特征的有形资产：❶为生产商品、提供劳务、出租或经营管理而持有的；❷使用寿命超过一个会计年度。从这一定义可以看出，作为企业的固定资产应具备以下特征，具体内容如图 4-1 所示。

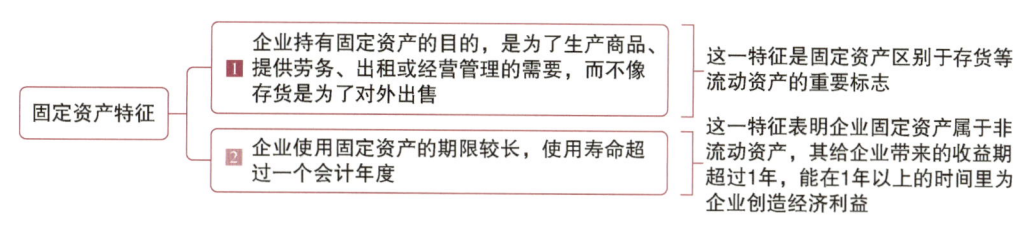

```
                    ┌─ ❶ 企业持有固定资产的目的，是为了生产商品、  ── 这一特征是固定资产区别于存货等
                    │     提供劳务、出租或经营管理的需要，而不像        流动资产的重要标志
固定资产特征 ──┤     存货是为了对外出售
                    │
                    └─ ❷ 企业使用固定资产的期限较长，使用寿命超  ── 这一特征表明企业固定资产属于非
                          过一个会计年度                              流动资产，其给企业带来的收益期
                                                                    超过1年，能在1年以上的时间里为
                                                                    企业创造经济利益
```

图 4-1　固定资产的特征

二、固定资产的确认*

（一）固定资产确认条件

一项资产如要作为固定资产加以确认，首先需要符合固定资产的定义，其次还要符合以下两个条件：

1. 与该固定资产有关的经济利益很可能流入企业

资产最重要的特征是预期会给企业带来经济利益。企业在确认固定资产时，需要判断与该项固定资产有关的经济利益是否很可能流入企业。如果与该项固定资产有关的经济利益很可能流入企业，并同时满足固定资产确认的其他条件，那么企业应将其确认为固定资产；否则不应将其确认为固定资产。

2. 该固定资产的成本能够可靠地计量

成本能够可靠地计量是资产确认的一项基本条件。企业在确定固定资产成本时必须取得确凿证据，但是，有时需要根据所获得的最新资料，对固定资产的成本进行合理的估计。例如，企业对于已达到预定可使用状态但尚未办理竣工决算的固定资产，需要根据工程预算、工程造价或者工程实际发生的成本等资料，按估计价值确定其成本，办理竣工决算后，再按照实际成本调整原来的暂估价值。

（二）固定资产确认条件的具体应用

根据固定资产确认条件，具体分析下列固定资产如何确认：

（1）企业由于安全或环保的要求购入设备等，虽然不能直接给企业带来经济利益，但有助于企业从其他相关资产的使用中获得未来经济利益或者获得更多的未来经济利益，也应确认为固定资产。例如，为净化环境或者满足国家有关排污标准的需要购置的环保设备，这些设备的使用虽然不会为企业带来直接的经济利益，但却有助于企业提高对废水、废气、废渣的处理能力,有利于净化环境,企业为此将减少未来由于污染环境而需支付的环境治理费或者罚款,因此,企业应将这些设备确认为固定资产。

(2) 固定资产的各组成部分,如果具有不同使用寿命或者以不同方式为企业提供经济利益,由此适用不同折旧率或折旧方法的,表明这些组成部分实际上是以独立的方式为企业提供经济利益,因此,企业应当将各组成部分确认为单项固定资产。例如,飞机的引擎,如果其与飞机机身具有不同的使用寿命,适用不同折旧率和折旧方法,则企业应当将其单独确认为一项固定资产。

(3) 工业企业所持有的工具、用具、备品备件、维修设备等资产,施工企业所持有的模板、挡板、架料等周转材料,以及地质勘探企业所持有的管材等资产,尽管具有固定资产的某些特征,如使用期限超过 1 年,也能够带来经济利益,但由于数量多、单价低,考虑到成本效益原则,在实务中通常确认为存货。但符合固定资产定义和确认条件的,比如民用航空运输企业的高价周转件等,应当确认为固定资产。

三、固定资产的分类

固定资产种类繁多,规格不一。为加强管理,便于组织会计核算,有必要对其进行科学、合理的分类。根据不同的管理需要和核算要求以及不同的分类标准,固定资产可按下列方法分类,如图 4-2 所示。

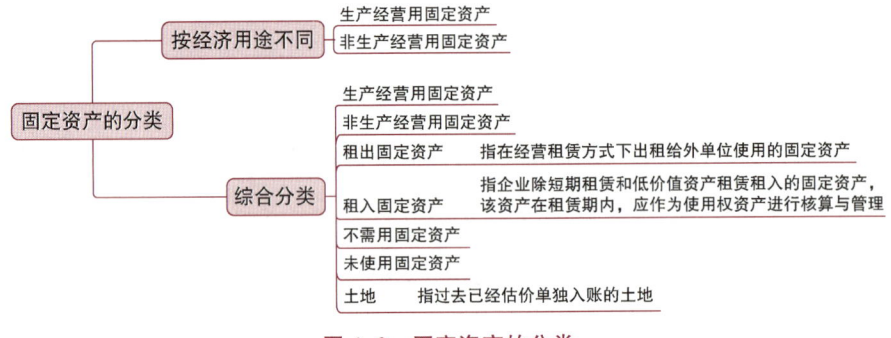

```
                     ┌─ 按经济用途不同 ─┬─ 生产经营用固定资产
                     │                └─ 非生产经营用固定资产
                     │
                     │                 ┌─ 生产经营用固定资产
固定资产的分类 ──────┤                 ├─ 非生产经营用固定资产
                     │                 ├─ 租出固定资产  指在经营租赁方式下出租给外单位使用的固定资产
                     └─ 综合分类 ──────┤                 指企业除短期租赁和低价值资产租赁租入的固定资产,
                                       ├─ 租入固定资产  该资产在租赁期内,应作为使用权资产进行核算与管理
                                       ├─ 不需用固定资产
                                       ├─ 未使用固定资产
                                       └─ 土地          指过去已经估价单独入账的土地
```

图 4-2 固定资产的分类

> 💡 **注意**:
> - 因征地而支付的补偿费,应计入与土地有关的房屋、建筑物的价值内,不单独作为土地价值入账。
> - 土地不包括企业取得的土地使用权,企业取得的土地使用权会计上作为无形资产进行管理和核算。

> ❓ **思考**
> ➤ 企业短期租入的固定资产是否应作为企业的固定资产核算?

四、固定资产管理*

企业应该建立固定资产内部控制制度,规范固定资产业务流程,明确固定资产的取得与验收、日常保管、处置与转移等环节的控制要求,并设置相应的记录或凭证,如实记载各环节业务的开展情况,确保固定资产业务全过程得到有效控制。

(一) 固定资产取得与验收管理

首先,企业应根据发展战略和生产经营实际需要编制固定资产投资预算,并严格按审批后的预算进行固定资产采购。

其次,企业应建立固定资产验收制度,协同固定资产管理部门、使用部门和财会部门,区别固定资产的不同取得方式以分别组织验收,出具验收报告,并与购货合同、供应商的发货单及投资方、捐赠方等提供的有关凭据、资料进行核对。企业在办理固定资产验收手续的同时,应当完整地取得固定资产使用说明书及其他相关说明资料。

最后,验收合格投入使用的固定资产,应当填制固定资产交接单,同时登记固定资产账簿,设置固定资产卡片。

(二) 固定资产日常管理

企业应建立固定资产归口分级管理制度,明确固定资产管理部门、使用部门和财会部门的职责权限,确保固定资产管理权责明晰、责任到人。

首先,应建立固定资产维修保养制度,定期对固定资产进行检查、维修和保养,保证固定资产正常运行,提高固定资产使用效率。如固定资产需要大修的,应由财会部门、固定资产管理和使用部门共同组织评估,提出修理方案,经单位负责人或其授权人员批准后实施。

其次,应建立固定资产投保制度,明确应投保固定资产的范围和标准,由固定资产管理部门会同财会部门等拟订投保方案,经单位负责人或其授权人员批准后办理投保手续,防范和控制固定资产的意外风险。

企业还应建立固定资产清查盘点制度,明确固定资产清查的范围、期限和组织程序,定期或不定期地进行盘点。企业相关人员应根据盘点结果填写固定资产盘点报告表,并与固定资产账簿和卡片相核对,发现账实不符的,应编制固定资产盘盈、盘亏表并及时作出报告。单位固定资产管理部门、使用部门应当查明固定资产盘盈、盘亏的原因,提出初步处理意见,经单位负责人或其授权人员批准后作出相应处理。

最后,企业应加强对固定资产折旧、减值的会计核算,及时掌握固定资产价值变动情况。确认、计量固定资产减值的依据应当充分,方法应当正确。

(三) 固定资产处置与转移管理

对使用期满正常报废的固定资产,应由固定资产管理部门填制固定资产报废单,经单位授权部门或人员批准后进行报废清理。

对未使用、不需用的固定资产,应由固定资产管理部门提出处置申请,经单位授权部门或人员批准后进行处置。

对拟出售或投资转出的固定资产,应由有关部门或人员填制固定资产清理单,经单位授权部门或人员批准后予以出售或转作投资。

对出租、出借的固定资产,应由固定资产管理部门会同财会部门拟订方案,经单位负责人或其授权人员批准后办理相关手续,签订出租、出借合同。合同应当明确固定资产出租、出借期间的修缮保养、税赋缴纳、租金及运杂费的收付、归还期限等事项。

单位内部调拨固定资产,应当填制固定资产内部调拨单,由调入部门、调出部门、固定资产管理部门和财会部门的负责人及有关管理人员签字后,方可办理固定资产交接手续。

(四) 固定资产管理不相容岗位

企业应当建立固定资产业务的岗位责任制,明确相关部门和岗位的职责、权限,确保办理固定资产业务的不相容岗位相互分离、制约和监督。固定资产业务的不相容岗位至少包括:

(1) 固定资产投资预算的编制与审批。
(2) 固定资产的取得、验收与款项支付。
(3) 固定资产投保的申请与审批。
(4) 固定资产的保管与清查。
(5) 固定资产处置的申请与审批、审批与执行。
(6) 固定资产业务的审批、执行与相关会计记录。

五、固定资产核算科目的设置

为了反映和监督固定资产的取得、计提折旧和处置等情况,企业一般需要设置"固定资产""累计折旧""在建工程""工程物资""固定资产清理""固定资产减值准备"等科目,具体内容如表 4-1 所示。

表 4-1　　　　　　　　　　　固定资产核算科目的设置

科目名称	核算内容
固定资产	固定资产属于资产类科目,核算企业固定资产的原价;借方登记企业增加的固定资产原价,贷方登记企业减少的固定资产原价;期末余额在借方,反映企业期末固定资产的账面原价。企业应当设置固定资产登记簿和固定资产卡片,按固定资产类别、使用部门和每项固定资产进行明细核算
累计折旧	累计折旧属于资产类科目,是"固定资产"的调整科目,核算企业固定资产的累计折旧;借方登记处置固定资产转出的累计折旧,贷方登记企业计提的固定资产折旧;期末余额在贷方,反映企业固定资产的累计折旧额
在建工程	在建工程属于资产类科目,核算企业基建、更新改造等在建工程发生的支出;借方登记企业各项在建工程的实际支出,贷方登记完工工程转出的成本;期末余额在借方,反映企业尚未达到预定可使用状态的在建工程的成本
工程物资	工程物资属于资产类科目,核算企业为在建工程而准备的各种物资的实际成本;借方登记企业购入工程物资的成本,贷方登记领用工程物资的成本;期末余额在借方,反映企业为在建工程准备的各种物资的成本
固定资产清理	固定资产清理属于资产类科目,核算企业因出售、报废、毁损、对外投资、非货币性资产交换、债务重组等原因转入清理的固定资产价值以及在清理过程中发生的清理费用和清理收益。该科目借方登记转出的固定资产账面价值、清理过程中应支付的相关税费及其他费用,贷方登记出售固定资产取得的价款、残料价值和变价收入。如果期末余额在借方,反映企业尚未清理完毕的固定资产清理净损失;如果期末余额在贷方,则反映企业尚未清理完毕的固定资产清理净收益。固定资产清理完成时,该科目借方登记转出的清理净收益,贷方登记转出的清理净损失,结转清理净收益、净损失后,该科目无余额。企业应当按照被清理的固定资产项目设置明细账,进行明细核算

科目名称	核算内容
固定资产减值准备	固定资产减值准备属于资产类科目,是"固定资产"的备抵科目,核算固定资产发生的减值准备。该科目借方登记固定资产处置时减值准备的转出,贷方登记已计提的减值准备的金额。若固定资产减值准备期末余额在贷方,反映企业已计提但尚未转销的固定资产减值准备额

第二节 取得固定资产

固定资产的取得有不同渠道,如企业外购固定资产、自行建造固定资产(包括自营方式建造和出包方式建造),也有外部投资者投入固定资产,接受捐赠取得固定资产等,企业还可以通过债务重组或非货币性资产交换取得固定资产。不同渠道取得的固定资产,其会计核算不尽相同。

一、外购固定资产

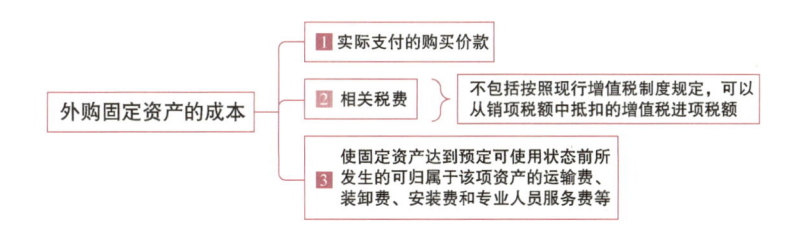

(一) 外购固定资产的成本

外购固定资产的成本由三部分构成,具体内容如图4-3所示。

外购固定资产的成本
1. 实际支付的购买价款
2. 相关税费 —— 不包括按照现行增值税制度规定,可以从销项税额中抵扣的增值税进项税额
3. 使固定资产达到预定可使用状态前所发生的可归属于该项资产的运输费、装卸费、安装费和专业人员服务费等

图4-3 外购固定资产的成本

> 注意:
> - 专业人员培训费不构成固定资产入账价值,在发生时计入当期损益。
> - 特殊行业的特定固定资产,确定其初始入账成本时,还应考虑弃置费用。弃置费用通常是指根据国家法律和行政法规、国际公约等规定,企业承担的环境保护和生态恢复等义务所确定的支出,如油气资产、核电站核设施等的弃置和恢复环境义务。对此,企业应当将弃置费用的现值计入相关固定资产的成本,同时确认相应的预计负债。在固定资产的使用寿命内,按照预计负债的摊余成本和实际利率计算确定的利息费用,应当在发生时计入财务费用。*
> - 企业以一笔款项购入多项没有单独标价的固定资产,应将各项资产单独确认为固定资产,并按各项固定资产公允价值的比例对总成本进行分配,分别确定各项固定资产的成本。

(二) 外购固定资产的账务处理

企业外购的固定资产分为不需要安装的固定资产和需要安装的固定资产两种情形。

企业外购不需要安装的固定资产,应按实际支付的购买价款、相关税费以及使固定资产达到预定可使用状态前所发生的可归属于该项资产的运输费、装卸费和专业人员服务费等,作为固定资产成本,借记"固定资产"科目,贷记"银行存款"等科目。若企业为增值税一般纳税人,取得增值税专用发票、海关进口增值税专用缴款书等增值税抵扣凭证,并经税务机关认证可以抵扣的,应按可以抵扣的增值税进项税额,借记"应交税费——应交增值税(进项税额)"科目,贷记"银行存款""应付账款"等科目。

企业外购需要安装的固定资产,应在购入的固定资产取得成本的基础上加上安装调试成本等,作为购入固定资产的成本,先通过"在建工程"科目核算,待安装完毕达到预定可使用状态时,再由"在建工程"科目转入"固定资产"科目,具体账务处理如图 4-4 所示。

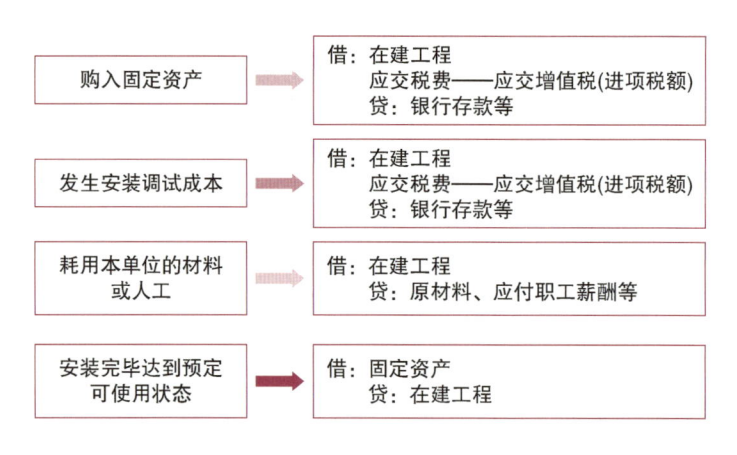

购入固定资产	→	借：在建工程 应交税费——应交增值税(进项税额) 贷：银行存款等
发生安装调试成本	→	借：在建工程 应交税费——应交增值税(进项税额) 贷：银行存款等
耗用本单位的材料或人工	→	借：在建工程 贷：原材料、应付职工薪酬等
安装完毕达到预定可使用状态	→	借：固定资产 贷：在建工程

图 4-4 需要安装固定资产的账务处理

> **注意：**
> ↳ 小规模纳税人购入固定资产发生的增值税税额应计入固定资产成本,借记"固定资产"或"在建工程"科目,不通过"应交税费——应交增值税"科目核算。

【例 4-1】 2024 年 7 月 4 日,浙江宏华股份有限公司(简称"宏华公司")购入一台不需要安装即可投入使用的设备,取得的增值税专用发票上注明的价款为 50 000 元,增值税税额为 6 500 元,另外支付运输费 500 元,取得的增值税专用发票上注明增值税税额为 45 元;发生包装费 300 元,取得的增值税专用发票上注明增值税税额为 18 元,款项以银行存款支付。该设备马上交由车间投入使用。请编制宏华公司设备取得的会计分录。

相关凭证:购买合同复印件;增值税专用发票发票联 3 张(见凭证 4-1、凭证 4-2、凭证 4-3);固定资产验收单(见凭证 4-4);转账付款证明。

第二节　取得固定资产

凭证 4-1

浙江增值税专用发票
发票联

No 21256352　3300203130
21256352

开票日期：2024年7月4日

购货单位	名　　称：浙江宏华股份有限公司 纳税人识别号：91330108344094012A 地　址、电　话：杭州市滨江区泰安路123号　0571-87661887 开户行及账号：工行杭州中山支行　1202020900756721249	密码区	9-9>8087-5*-767548+59765433- *<<34->877+24+*+3*97786<>99- 7<55+*7686467->*><8+9786+45- 5/>76546<876<7/8<9765/987+8<

货物或应税劳务、服务名称	规格型号	单位	数量	单价	金额	税率	税额
*塑料加工设备*塑封机	SH218	台	1	50 000.00	50 000.00	13%	6 500.00
合　计					¥50 000.00		¥6 500.00

价税合计（大写）　⊗伍万陆仟伍佰元整　　　（小写）¥56 500.00

销货单位	名　　称：浙江宏鑫机械制造厂 纳税人识别号：91332603603001112K 地　址、电　话：台州市黄椒路309号0576-87605429 开户行及账号：工行黄岩支行1202030058363803366	备注	（发票专用章）

收款人：刘芸　　复核：赵丹　　开票人：孙宇　　销售方：（章）

凭证 4-2

浙江增值税专用发票
发票联

No 21256353　3300203130
21256353

开票日期：2024年7月4日

购货单位	名　　称：浙江宏华股份有限公司 纳税人识别号：91330108344094012A 地　址、电　话：杭州市滨江区泰安路123号　0571-87661887 开户行及账号：工行杭州中山支行　1202020900756721249	密码区	7-4>4567-5*-767548+59765433- *<<34->877+24+*+3*97786<>99- 7<55+*7686467->*><8+9786+45- 5/>76546<876<7/8<9765/987+8<

货物或应税劳务、服务名称	规格型号	单位	数量	单价	金额	税率	税额
*运输服务*运费					500.00	9%	45.00
合　计					¥500.00		¥45.00

价税合计（大写）　⊗伍佰肆拾伍元整　　　（小写）¥545.00

销货单位	名　　称：浙江长运联合运输公司 纳税人识别号：91330102110044536N 地　址、电　话：杭州市上城区解放路146号0571-88245365 开户行及账号：交通银行杭州公安支行3301349887000464732	备注	台州-杭州 塑封机 厢式货车 浙A-58924

收款人：王军　　复核：张丽　　开票人：王成　　销售方：（章）

凭证 4-3

浙江增值税专用发票

№ 21256354　3300203130
21256354

发票联

开票日期：2024年7月4日

购货单位	名　　称	浙江宏华股份有限公司	密码区	65K>4567-5*-767548+59765433-*<<34->877+24+*+3*97786<>99-7<55+*7686467->*<(8+9786+45-5/>76546<876<7/8<9765/KD+8<
	纳税人识别号	91330108344094012A		
	地址、电话	杭州市滨江区泰安路123号　0571-87661887		
	开户行及账号	工行杭州中山支行　1202020900756721249		

货物或应税劳务、服务名称	规格型号	单位	数量	单价	金额	税率	税额
*包装设备*包装服务					300.00	6%	18.00
合　计					¥300.00		¥18.00

价税合计（大写）　⊗叁佰壹拾捌元整　　　（小写）¥318.00

销货单位	名　　称	浙江长运联合运输公司	备注	
	纳税人识别号	91330102110044536N		
	地址、电话	杭州市上城区解放路146号0571-88245365		
	开户行及账号	交通银行杭州众安支行3301349887000464732		

收款人：王军　　复核：张丽　　开票人：王成　　销售方：（章）

凭证 4-4

固定资产验收单

资产编号	MG-21809	资产名称	塑封机		
规格(型号)	SH218	资产代码	160102013	购置日期	2024.7.4
计量单位	台	单价(元)	50 800.00	金额(元)	50 800.00
出厂日期	2023.12.20	管理人	郑凯延		李华
生产厂家	浙江宏鑫机械制造厂		安装使用地点	包装车间	
附件情况	塑封膜、压缩机保护壳、护卡膜各10套				
固定资产验收情况说明	验收合格				
参加验收人员签字	宋运辉　梁申　张明虎　李明				
管理部门负责人签字	郑凯延	总经理签字	雷东宝	办理人签字	李华

借：固定资产——塑封机　　　　　　　　　　　　　　　　50 800
　　应交税费——应交增值税（进项税额）　　　　　　　　 6 563
　　贷：银行存款　　　　　　　　　　　　　　　　　　　57 363

【例 4-2】 7月8日,浙江宏华股份有限公司(简称"宏华公司")向红星机械厂购入一台需要安装的设备,取得的增值税专用发票上注明的价款为 200 000 元,增值税税额为 26 000 元。宏华公司开出期限 3 个月、面值为 226 000 元的商业承兑汇票一张,另开出转账支票支付运费 2 000 元,取得的增值税专用发票上注明增值税税额为 180 元。设备运抵企业后当即进行安装,以转账支票支付安装费用 4 000 元,取得的增值税专用发票上注明增值税税额为 360 元。7 月月末,该设备安装完毕,投入使用。请编制宏华公司设备购入、安装、投入使用的会计分录。

相关凭证:购买合同复印件;增值税专用发票发票联 3 张;设备安装交接单;设备运转试验记录单;固定资产验收单;转账支票存根联;商业承兑汇票付款单位留存联及各类付款单证。

(1) 支付价税款、运费等:

借:在建工程——设备　　　　　　　　　　　　　　　　　　202 000
　　应交税费——应交增值税(进项税额)　　　　　　　　　　26 180
　　贷:应付票据——红星机械厂　　　　　　　　　　　　　　226 000
　　　　银行存款　　　　　　　　　　　　　　　　　　　　　 2 180

(2) 支付安装费:

借:在建工程——设备　　　　　　　　　　　　　　　　　　 4 000
　　应交税费——应交增值税(进项税额)　　　　　　　　　　 360
　　贷:银行存款　　　　　　　　　　　　　　　　　　　　　 4 360

(3) 7 月月末安装完毕,投入使用:

固定资产的入账价值＝202 000＋4 000＝206 000(元)

借:固定资产——设备　　　　　　　　　　　　　　　　　　206 000
　　贷:在建工程——设备　　　　　　　　　　　　　　　　206 000

【例 4-3】 7月20日,浙江宏华股份有限公司(简称"宏华公司")从甲公司一次购入三套具有不同生产能力且没有单独标价的设备 A、B、C,取得的增值税专用发票上注明的价款为 1 060 万元,增值税税额为 137.8 万元,运杂费 18.4 万元,全部以银行存款转账支付。假定设备 A、B、C 的公允价值分别为 540 万元、750 万元、210 万元。请计算确定各项固定资产成本并编制固定资产取得的会计分录。

相关凭证:购买合同复印件;增值税专用发票发票联;运杂费发票或收据;转账付款单证;固定资产成本分摊计算表(见凭证 4-5);固定资产验收单。

凭证 4-5　　　　　　　　　固定资产成本分摊计算表

金额单位:元

总成本	其中:		
	购买价	运杂费	其他
10 784 000.00	10 600 000.00	184 000.00	—

(续表)

项　目	公允价值	分配比例	入账价值
设备 A	5 400 000.00	36%	3 882 240.00
设备 B	7 500 000.00	50%	5 392 000.00
设备 C	2 100 000.00	14%	1 509 760.00
合　计	15 000 000.00		10 784 000.00

复核：沈丹红　　　　　　　　　　　　　　　　　　　　　制表：宋运辉

确定各项固定资产的成本：

❶ 固定资产的总成本＝10 600 000＋184 000＝10 784 000(元)
❷ A、B、C 设备的公允价值分配比例
A 设备分配价值分配比例＝540÷(540＋750＋210)＝36%
B 设备分配价值分配比例＝750÷(540＋750＋210)＝50%
C 设备分配价值分配比例＝210÷(540＋750＋210)＝14%
❸ 固定资产 A、B、C 的入账价值分别为：
A 设备入账价值＝10 784 000×36%＝3 882 240(元)
B 设备入账价值＝10 784 000×50%＝5 392 000(元)
C 设备入账价值＝10 784 000×14%＝1 509 760(元)

宏华公司应编制如下会计分录：

借：固定资产——A 设备　　　　　　　　　　　　　3 882 240
　　　　　　——B 设备　　　　　　　　　　　　　5 392 000
　　　　　　——C 设备　　　　　　　　　　　　　1 509 760
　　应交税费——应交增值税(进项税额)　　　　　 1 378 000
　贷：银行存款　　　　　　　　　　　　　　　　 12 162 000

【例 4-4】* 　11 月 30 日，浙江宏华股份有限公司(简称"宏华公司")购入某项含有放射元素的仪器，总价 100 万元，预计使用期满报废时特殊处理费用的现值为 30 万元。请编制宏华公司该项仪器取得的会计分录。

相关凭证：购买合同复印件；增值税专用发票发票联；银行付款凭证；弃置费用现值计算表；固定资产验收单。

借：固定资产　　　　　　　　　　　　　　　　　　1 300 000
　贷：银行存款　　　　　　　　　　　　　　　　　1 000 000
　　　预计负债——预计弃置费用　　　　　　　　　　 300 000

二、自行建造固定资产

自行建造固定资产的成本，由建造该项资产达到预定可使用状态前所发生的必要支出构成。这些必要支出包括工程物资成本、人工成本、缴纳的相关税费、应予资本化的借款费用以及应分摊的间接费用等。企业为建造固定资产通过出让方式取得的土地使用权而支付的土地出让金不计入在建工程成本,应确认为无形资产(土地使用权)。企业自行建造固定资产包括自营工程和出包工程两种建造方式。

(一) 自营工程

自营工程是指企业自行组织工程物资采购、自行组织施工人员施工的建筑工程和安装工程。其成本应当按照直接材料、直接人工、直接机械施工费等计量。企业为建造固定资产准备的各种物资,包括工程用材料、尚未安装的设备以及为生产准备的工器具等,通过"工程物资"科目进行核算。工程物资应当按照实际支付的买价、运输费、保险费等相关税费作为实际成本,并按照各种专项物资的种类进行明细核算。工程完工后,剩余的工程物资转为本企业存货的,按其实际成本或计划成本进行结转。建设期间发生的工程物资盘亏、报废及毁损、减去残料价值以及保险公司、过失人等赔偿后的净损失,计入所建工程项目的成本;盘盈的工程物资或处置净收益,冲减所建工程项目的成本。工程完工后发生的工程物资盘盈、盘亏、报废、毁损,计入当期损益。工程达到预定可使用状态前因进行试运转所发生的净支出,计入工程成本;发生的净收益,冲减工程成本。

自营工程主要涉及的业务有:购入工程物资;领用工程物资;工程耗用人工、材料等其他费用;工程完工交付使用。具体账务处理如图4-5所示。

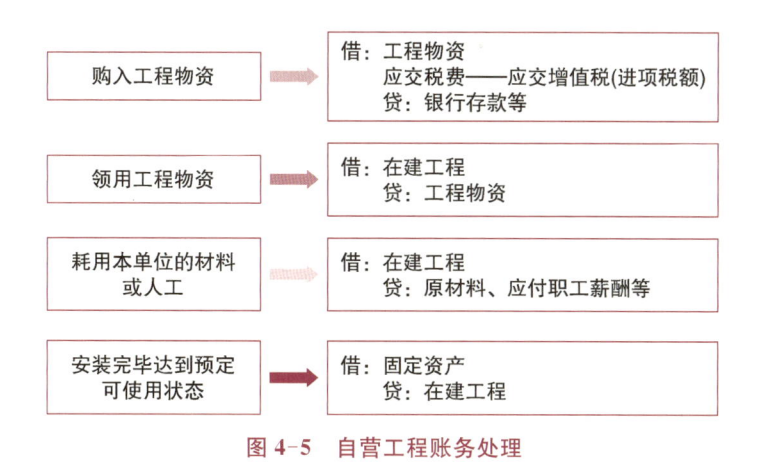

购入工程物资	→	借：工程物资 　　应交税费——应交增值税(进项税额) 贷：银行存款等
领用工程物资	→	借：在建工程 贷：工程物资
耗用本单位的材料或人工	→	借：在建工程 贷：原材料、应付职工薪酬等
安装完毕达到预定可使用状态	→	借：固定资产 贷：在建工程

图4-5 自营工程账务处理

> 注意：
>
> ♦ 所建造的固定资产已达到预定可使用状态,但尚未办理竣工结算的,应当自达到预定可使用状态之日起,根据工程预算、造价或者工程实际成本等,按暂估价值转入固定资产,并按有关计提固定资产折旧的规定,计提固定资产折旧。待办理竣工决算手续后再调整原来的暂估价值,但不需要调整原已计提的折旧额。

高危行业企业按照国家规定提取的安全生产费,应当计入相关产品的成本或当期损益,同时记入"专项储备"科目。企业使用提取的安全生产费形成固定资产的,应当通过"在建工程"科目归集所发生的支出,待安全项目完工达到预定可使用状态时确认为固定资产;同时,按照形成固定资产的成本冲减专项储备,并确认相同金额的累计折旧。该固定资产在以后期间不再计提折旧。

【例 4-5】 6月,浙江宏华股份有限公司(简称"宏华公司")采用自营方式建造厂房一幢,为此购入工程物资一批,取得的增值税专用发票上注明的价款为 2 500 000 元,增值税税额为 325 000 元,款项以银行存款支付。6月至 12月,宏华公司共投入工程物资 2 450 000 元(不含税),支付应付工程人员薪酬 700 000 元,支付其他费用 350 000 元(已通过银行转账支付)。12月月底,工程达到预定可使用状态并通过验收,多余工程物资作为原材料入库。请编制宏华公司该项自营工程会计分录。

相关凭证:工程预算表;增值税专用发票;工程物资领用单;工资费用分配表;各类付款凭证;多余材料入库单;工程决算;固定资产(工程)验收单;固定资产清单;房地产权属证明复印件等。

(1) 购入工程物资:

借:工程物资　　　　　　　　　　　　　　　　　　　　　2 500 000
　　应交税费——应交增值税(进项税额)　　　　　　　　　325 000
　　贷:银行存款　　　　　　　　　　　　　　　　　　　　2 825 000

(2) 工程领用物资:

借:在建工程——厂房　　　　　　　　　　　　　　　　　2 450 000
　　贷:工程物资　　　　　　　　　　　　　　　　　　　　2 450 000

(3) 工程发生直接人工、其他费用:

借:在建工程——厂房　　　　　　　　　　　　　　　　　1 050 000
　　贷:应付职工薪酬——工资　　　　　　　　　　　　　　700 000
　　　　银行存款　　　　　　　　　　　　　　　　　　　　350 000

(4) 工程达到预定可使用状态:

厂房成本=2 450 000+1 050 000=3 500 000(元)

借:固定资产——厂房　　　　　　　　　　　　　　　　　3 500 000
　　贷:在建工程——厂房　　　　　　　　　　　　　　　　3 500 000

(5) 多余工程物资作为原材料入库:

借:原材料　　　　　　　　　　　　　　　　　　　　　　50 000
　　贷:工程物资　　　　　　　　　　　　　　　　　　　　50 000

思考

➤ 假设上题中宏华公司采用自营方式建造一幢职工宿舍楼,其他条件不变,宏华公司该如何进行相应的账务处理。

(二)出包工程

出包工程是指企业通过招标等方式将工程项目发包给建造商,由建造商组织施工的建筑工程和安装工程。企业采用出包方式进行的固定资产工程,其工程的具体支出主要由建造承包商核算,在这种方式下,"在建工程"科目主要核算企业与建造承包商办理工程价款的结算的情况,企业支付给建造承包商的工程价款作为工程成本,通过"在建工程"科目核算。

出包工程涉及业务主要包括支付工程价款和工程完工验收。企业按合理估计的发包工程进度和合同规定向建造承包商结算的进度款,并由对方开具增值税专用发票,按增值税专用发票上注明的价款,借记"在建工程"科目;按增值税专用发票上注明的增值税进项税额,借记"应交税费——应交增值税(进项税额)"科目;按实际支付的金额,贷记"银行存款"等科目。工程达到预定可使用状态时,按其成本,借记"固定资产"科目,贷记"在建工程"科目。

【例 4-6】 2024 年 5 月 10 日,浙江宏华股份有限公司(简称"宏华公司")将新建厂房工程出包给杭州市第一施工有限公司,合同造价 8 000 000 元。5 月 12 日,宏华公司按合同规定预付工程款,取得的增值税专用发票中注明的价款为 5 000 000 元,增值税税额为 450 000 元;9 月 8 日,工程达到预定可使用状态,宏华公司补付工程款,取得的增值税专用发票上注明的价款为 3 000 000 元,增值税税额为 270 000 元,所有款项均通过银行转账支付。请编制宏华公司该项出包工程相关会计分录。

相关凭证:出包合同复印件;增值税专用发票发票联 2 张(如凭证 4-6);银行转账付款证明;固定资产(工程)验收单;固定资产清单等。

凭证 4-6

(1) 5 月 12 日,预付工程款:

借:在建工程——某建筑工程　　　　　　　　　　　5 000 000
　　应交税费——应交增值税(进项税额)　　　　　　450 000
　　贷:银行存款　　　　　　　　　　　　　　　　　5 450 000

(2) 9 月 8 日,补付工程款:

```
借：在建工程——某建筑工程                    3 000 000
    应交税费——应交增值税(进项税额)          270 000
    贷：银行存款                                 3 270 000
(3) 工程达到预定可使用状态：
借：固定资产——厂房                          8 000 000
    贷：在建工程——某建筑工程                    8 000 000
```

三、投资者投入固定资产*

接受固定资产投资的企业，在办理了固定资产移交手续之后，应按**投资合同或协议约定的价值**加上应支付的相关税费作为固定资产的入账价值，但合同或协议约定价值不公允的除外。投资者投入固定资产，一方面反映固定资产的增加，另一方面反映所有者权益的增加。按投入固定资产的合同价或协议价加上应支付的相关税费，借记"在建工程""固定资产"等科目，按合同约定投资者享有被投资单位的法定资本额，贷记"实收资本"或"股本"等科目，两者的差额记入"资本公积——资本溢价(股本溢价)"科目。

【例 4-7】 12 月 12 日，浙江宏华股份有限公司(简称"宏华公司")接受安信公司投资转入的设备一台，投资双方确认的价值为 200 000 元(不考虑增值税)。出资后，安信公司拥有宏华公司 130 000 元的资本额。假定不考虑其他因素，请编制宏华公司接受投资的会计分录。

相关凭证：投资合同复印件；固定资产验收单。

```
借：固定资产                                  200 000
    贷：实收资本——安信公司                      130 000
        资本公积——资本溢价                       70 000
```

四、接受捐赠的固定资产*

接受捐赠的固定资产，如果捐赠方提供了有关凭证的，按凭据上注明的金额加上应支付的相关税费作为入账成本，若捐赠方没有提供有关凭证的，则按如下顺序确定固定资产的成本：

(1) 若同类或类似固定资产存在**活跃市场**的，按同类或类似固定资产的市场价格估计的金额，加上应支付的相关税费，作为入账价值。

(2) 若同类或类似固定资产不存在活跃市场的，按接受捐赠的固定资产的**预计未来现金流量现值**作为入账基础。如果接受捐赠的是旧的固定资产，还应按固定资产的新旧程度估计价值损耗后入账。

企业接受捐赠的固定资产，借记"在建工程""固定资产"科目，贷记"营业外收入——捐赠利得"科目。

【例 4-8】 浙江宏华股份有限公司(简称"宏华公司")接受泰信公司捐赠的设备一台。该设备类似固定资产的市场公允价为 50 000 元，估计八成新，假定不考虑其他因素，请编制宏华公司取得捐赠资产的会计分录。

相关凭证：固定资产交接单（见凭证4-7）；捐赠合同复印件；固定资产价值证明。

凭证4-7

固定资产交接单

原使用单位：泰信公司　　　接收单位：浙江宏华股份有限公司　　　第　号

资产名称	吸尘器生产线		资产编号	MJ3087
型　号	XK239		规　格	
数量／单位	台		单价／总价	40 000.00
生产厂家	××机械制造厂		国　别	
出厂编号	BH210-H050631			
出厂日期	2022.06.31		交付人	张　鸣
交接日期	2024.12.13		接收人	梁　申

附备件情况	序号	名　称	规格／型号	数量
	1	固定叶轮		2
	2	整流器外壳		

随机资料	固定资产保修单；使用说明书。	交接记录	交出单位（盖章） 接收单位（盖章）

备注：泰信公司捐赠取得

借：固定资产　　　　　　　　　　　　　　　　　　40 000
　　贷：营业外收入——捐赠利得　　　　　　　　　　　　40 000

第三节　固定资产折旧

一、固定资产折旧概述

（一）固定资产折旧(depreciation of fixed assets)

企业应当在固定资产的使用寿命内，按照确定的方法对应计折旧额进行系统分摊。所谓应计折旧额，是指应当计提折旧的固定资产原价扣除其预计净残值后的金额，已计提减值准备的固定资产，还应当扣除已计提的固定资产减值准备累计金额。企业应当根据固定资产的性质和使用情况，合理确定固定资产的使用寿命和预计净残值。固定资产的使用寿命、预计净残值一经确定，不得随意变更，但是符合《企业会计准则第4号——固定资产》第十九条规定的除外。上述事项在报经股东大会或董事会、经理（厂长）会议或类似机构批准后，作为计提折旧的依据，并按照法律、行政法规等的规定报送有关各方备案。

（二）影响固定资产折旧的因素

要合理地计算固定资产的折旧额，必须了解影响固定资产折旧的因素，这些因素主要有：固定资产原价、预计净残值、固定资产减值准备、固定资产的使用寿命。具体内容如表 4-2 所示。

表 4-2　　　　　　　　　　　　影响固定资产折旧的因素

影响因素	具体内容
固定资产原价	固定资产原价是指固定资产的成本
预计净残值	预计净残值是指假定固定资产预计使用寿命已满并处于使用寿命终了时的预期状态中，企业目前从该项资产处置中获得的扣除预计处置费用后的金额
固定资产减值准备	固定资产减值准备是指固定资产已计提的固定资产减值准备的累计金额
固定资产的使用寿命	固定资产的使用寿命是指企业使用固定资产的预计期间，或者该固定资产所能生产产品或提供劳务的数量

注意：
　　固定资产计提减值准备后，应当在剩余使用寿命内根据调整后的固定资产账面价值（固定资产账面余额扣减累计折旧和累计减值准备后的金额）和预计净残值重新计算折旧率和折旧额。

提示：
　　固定资产账面净值＝固定资产原值－累计折旧
　　固定资产账面价值＝固定资产原值－累计折旧－固定资产减值准备

企业确定固定资产使用寿命时，应当考虑下列因素：
（1）该项资产预计生产能力或实物产量。
（2）该项资产预计有形损耗，即固定资产在使用过程中，由于正常使用和自然力的作用而引起的使用价值和价值的损失，如设备使用中发生磨损、房屋建筑物受到自然侵蚀等。
（3）该项资产预计无形损耗，即由于科学技术的进步和劳动生产率的提高而带来的固定资产价值上的损失，如因新技术的出现而使现有的资产技术水平相对陈旧、市场需求变化使产品过时等。
（4）法律或者类似规定对该项资产使用的限制。

（三）固定资产折旧范围

《企业会计准则第 4 号——固定资产》规定，企业应对所有固定资产计提折旧，但是已提足折旧仍继续使用的固定资产和单独计价入账的土地除外。
具体确定折旧范围时，还需注意以下几点：
（1）固定资产应当按月计提折旧，当月增加的固定资产，当月不计提折旧，从下月起计提折旧；当月减少的固定资产，当月仍计提折旧，从下月起不再计提折旧。
（2）固定资产提足折旧后，不论能否继续使用，均不再计提折旧。所谓提足折旧是指已经提足该项固定资产的应计折旧额。

（3）已达到预定可使用状态但尚未办理竣工决算的固定资产，应当按照估计价值确定其成本，并计提折旧；待办理竣工决算后，再按实际成本调整原来的暂估价值，但不需要调整原已计提的折旧额。

（4）处于更新改造过程停止使用的固定资产，应将其账面价值转入在建工程，不再计提折旧。更新改造项目达到预定可使用状态转为固定资产后，再按照重新确定的使用寿命、预计净残值和折旧方法计提折旧。

（5）已全额计提减值准备的固定资产，不计提折旧。

（6）提前报废的固定资产，已经不属于固定资产的核算范畴，不能继续提取折旧，也不能补提折旧。

（7）持有待售的固定资产停止计提折旧。

注意：

企业至少应当于每年年度终了，对固定资产的使用寿命、预计净残值和折旧方法进行复核。使用寿命预计数与原先估计数有差异的，应当调整固定资产使用寿命。预计净残值预计数与原先估计数有差异的，应当调整预计净残值。与固定资产有关的经济利益预期实现方式有重大改变的，应当改变固定资产折旧方法。

固定资产使用寿命、预计净残值和折旧方法的改变应按照会计估计变更的有关规定进行处理。

思考

➢ 下列固定资产中，哪些应计提折旧？

（1）短期租赁。
（2）租入固定资产（短期租赁和低价值资产租赁租入的固定资产除外）。
（3）已提足折旧仍继续使用的固定资产。
（4）已达到预定可使用状态但尚未办理竣工决算的固定资产。
（5）处于更新改造过程停止使用的固定资产。
（6）提前报废的固定资产。
（7）已全额计提减值准备的固定资产。
（8）季节性停用的固定资产。
（9）因大修理而停用的固定资产。

二、固定资产折旧方法

企业应当根据与固定资产有关的经济利益的预期实现方式，合理选择固定资产折旧方法。可选用的折旧方法包括年限平均法、工作量法、双倍余额递减法和年数总和法等。

（一）年限平均法

年限平均法又称直线法，其特点是将固定资产的应计折旧额均衡地分摊到固定资产预

计使用寿命内,采用这种方法计算的每期折旧额是相等的。其计算公式如下:

❶ 年折旧率＝(1－预计净残值率)÷预计使用寿命(年)
❷ 月折旧率＝年折旧率÷12
❸ 月折旧额＝固定资产原价×月折旧率

【例 4-9】 浙江宏华股份有限公司有一幢厂房,原价为 5 000 000 元,预计可使用 20 年,预计报废时的净残值率为 2%。请采用年限平均法计算该厂房的折旧率(保留小数点后 2 位)和折旧额。

年折旧率＝(1－2%)÷20＝4.90%
月折旧率＝4.90%÷12≈0.41%
月折旧额＝5 000 000×0.41%＝20 500(元)

(二) 工作量法

工作量法是指根据实际工作量计算每期应计提折旧额的一种方法。采用这种方法,固定资产每期所计提的折旧额与当期实际完成的工作量成正比,其计算公式如下:

❶ 单位工作量折旧额＝固定资产原价×(1－预计净残值率)÷预计总工作量
❷ 某项固定资产当月折旧额＝该项固定资产当月工作量×单位工作量折旧额

【例 4-10】 浙江宏华股份有限公司的一辆运输卡车,原价 20 万元,预计净残值率 5%,预计总行驶里程为 100 万千米,2024 年 8 月行驶了 5 000 千米。请采用工作量法计算该卡车 8 月折旧额。

单位里程折旧额＝200 000×(1－5%)÷1 000 000＝0.19(元/千米)
2024 年 8 月折旧额＝5 000×0.19＝950(元)

(三) 双倍余额递减法

双倍余额递减法是指在不考虑固定资产预计净残值的情况下,根据每期期初固定资产原价减去累计折旧后的余额和双倍的直线法折旧率计算固定资产折旧的一种方法。双倍余额递减法是加速折旧法的一种。其计算公式如下:

❶ 年折旧率＝$\dfrac{2}{预计使用寿命(年)}$×100%
❷ 年折旧额＝每个折旧年度年初固定资产账面净值×年折旧率
❸ 月折旧额＝年折旧额÷12

💡 **注意:**

➕ 采用双倍余额递减法计提固定资产折旧,一般应在固定资产使用寿命到期前的两年内,改为年限平均法,将固定资产账面净值扣除预计净残值后的余额平均摊销。

➕ 双倍余额递减法先<u>按年计算</u>折旧,再将得到的年折旧额按<u>直线法平均</u>到 12 个月。

➕ 年折旧额公式中的"折旧年度",是指以固定资产<u>开始计提折旧的月份</u>为始计算的 1 个年度期间,如某公司 3 月取得某项固定资产,其折旧年度为"从当年 4 月至第二年 3 月的期间"。

【例 4-11】 浙江宏华股份有限公司有一大型设备,原价 3 200 000 元,预计使用寿命 5 年,预计净残值率 4%。请采用双倍余额递减法计算该设备各年折旧额。

年折旧率 = 2÷5×100% = 40%
第 1 年折旧额 = 3 200 000×40% = 1 280 000(元)
第 2 年折旧额 = (3 200 000−1 280 000)×40% = 1 920 000×40% = 768 000(元)
第 3 年折旧额 = (1 920 000−768 000)×40% = 1 152 000×40% = 460 800(元)
从第 4 年起改用年限平均法(直线法)计提折旧:
第 4 年、第 5 年折旧额 = (1 152 000−460 800−3 200 000×4%)÷2 = 281 600(元)
计算的各年折旧额如表 4-3 所示。

表 4-3 固定资产折旧计算表
(双倍余额递减法) 金额单位:元

年份	账面净值(原价−累计折旧) ❶=❶−❻	账面净值−预计净残值 ❷=❶−预计净残值	年折旧率 ❸	年摊销率 ❹	年折旧额 ❺=❶×❸或=❷×❹	累计折旧 ❻=❻+❺
1	3 200 000	—	40%		1 280 000	1 280 000
2	1 920 000	—	40%		768 000	2 048 000
3	1 152 000	—	40%		460 800	2 508 800
4	691 200	563 200		50%	281 600	2 790 400
5	691 200	563 200		50%	281 600	3 072 000

本例中,在固定资产使用寿命到期前两年内,公司将固定资产账面净值 691 200 元扣除预计净残值 128 000 元后的余额平均摊销,每年折旧额为 281 600 元。从表 4-3 中可以看出,在这种方法下,在到期前的最后两年之前,固定资产的年折旧率保持不变,随着时间的延长,固定资产的账面净值由于累计折旧不断增加,而呈现下降趋势,从而表现为年折旧额逐年下降的趋势。

【例 4-12】 沿用【例 4-11】中的数据,假定上述设备在 2024 年 7 月投入使用,计算该设备各月折旧额。

分析: 该设备 2024 年 7 月投入使用,应该从 2024 年 8 月开始计提折旧。
2024 年 8 月—2025 年 7 月,各月折旧额 = 1 280 000÷12 = 106 666.67(元)
2025 年 8 月—2026 年 7 月,各月折旧额 = 768 000÷12 = 64 000(元)
2026 年 8 月—2027 年 7 月,各月折旧额 = 460 800÷12 = 38 400(元)
2027 年 8 月—2028 年 7 月,各月折旧额 = 281 600÷12 = 23 466.67(元)

(四) 年数总和法

年数总和法又称年限合计法,是指将固定资产的原价减去预计净残值后的余额,乘以一个逐年递减的分数计算每年的折旧额,这个分数的分子代表固定资产尚可使用寿命,分母代表固定资产预计使用寿命逐年数字总和。其计算公式为：

❶ 年折旧率 = $\dfrac{\text{尚可使用年限}}{\text{预计使用寿命的年数总和}} \times 100\%$

❷ 年折旧额 =（固定资产原价－预计净残值）× 年折旧率

【例 4-13】 浙江宏华股份有限公司有一大型设备，原价 3 200 000 元，预计使用寿命 5 年，预计净残值率 4%。请采用年数总和法计算该设备各年折旧额。

第 1 年折旧额 = 3 200 000 ×（1－4%）× 5/15 = 1 024 000（元）
第 2 年折旧额 = 3 200 000 ×（1－4%）× 4/15 = 819 200（元）
第 3 年折旧额 = 3 200 000 ×（1－4%）× 3/15 = 614 400（元）
第 4 年折旧额 = 3 200 000 ×（1－4%）× 2/15 = 409 600（元）
第 5 年折旧额 = 3 200 000 ×（1－4%）× 1/15 = 204 800（元）

计算的各年折旧额如表 4-4 所示。

表 4-4　　　　　　　　固定资产折旧计算表
（年数总和法）　　　　　　　　　金额单位：元

年份	尚可使用年限	原价－预计净残值	变动折旧率	年折旧额	累计折旧
1	5	3 072 000	5/15	1 024 000	1 024 000
2	4	3 072 000	4/15	819 200	1 843 200
3	3	3 072 000	3/15	614 400	2 457 600
4	2	3 072 000	2/15	409 600	2 867 200
5	1	3 072 000	1/15	204 800	3 072 000

从表 4-4 中可以看出，采用年数总和法计提固定资产折旧，各年中固定资产的原价减去预计净残值的余额始终保持不变，一直在改变的是年折旧率，并且随着时间的延长，年折旧率呈现出下降的趋势。

【例 4-14】 沿用【例 4-13】中的数据。假定上述设备在 2024 年 7 月投入使用，计算该设备各月折旧额。

2024 年 8 月—2025 年 7 月，各月折旧额 = 1 024 000 ÷ 12 = 85 333.33（元）
2025 年 8 月—2026 年 7 月，各月折旧额 = 819 200 ÷ 12 = 68 266.67（元）
2026 年 8 月—2027 年 7 月，各月折旧额 = 614 400 ÷ 12 = 51 200（元）
2027 年 8 月—2028 年 7 月，各月折旧额 = 409 600 ÷ 12 = 34 133.33（元）
2028 年 8 月—2029 年 7 月，各月折旧额 = 204 800 ÷ 12 = 17 066.67（元）

上述两种加速折旧法中，双倍余额递减法是通过计提折旧基数的逐年减少来达到折旧额逐年减少的目的，年数总和法是通过折旧率逐年降低来达到折旧额逐年减少的目的。加速折旧法一定程度上弥补了平均年限法和工作量法的不足。加速折旧法又称快速折旧法或递减折旧法，在资产使用的早期计提较多折旧，这是因为固定资产在早期能提供更多的服务，创造更多的营业收入，早期的维修保养费也比后期要少。理论上，采用加速折旧法能使每年负担的固定资产使用成本趋于平衡，而且更多地考虑到了无形损耗。

文本：固定资产折旧计算方法比较表

思考
> 双倍余额递减法和年数总和法的折旧计算有何不同之处?

三、固定资产折旧的账务处理

固定资产应当按月计提折旧,通常编制"固定资产折旧计算表"作为固定资产折旧账务处理的依据。计提的折旧应当记入"累计折旧"科目,并根据固定资产的用途计入相关资产的成本或者当期损益。具体的账务处理如表 4-5 所示。

表 4-5　　　　　　　　　　　　固定资产折旧的账务处理

用途	借方科目	贷方科目
基本生产车间所使用的固定资产	制造费用	累计折旧
管理部门所使用的固定资产、未使用和不需用固定资产	管理费用	
销售部门所使用的固定资产	销售费用	
自行建造固定资产过程中使用的固定资产	在建工程	
研发无形资产过程中使用的固定资产	研发支出	
经营租出固定资产	其他业务成本	

【例 4-15】 浙江宏华股份有限公司(简称"宏华公司")2024 年 8 月固定资产折旧计算表如凭证 4-8 所示,请编制宏华公司固定资产折旧的会计分录。

相关凭证:固定资产折旧计算表。

凭证 4-8　　　　　浙江宏华股份有限公司固定资产折旧计算表
　　　　　　　　　　　　　2024 年 8 月　　　　　　　　　　金额单位:元

使用部门	固定资产项目	上月折旧额	上月增加固定资产 原价	上月增加固定资产 折旧额	上月减少固定资产 原价	上月减少固定资产 折旧额	本月折旧额
A 车间	厂房	3 000					3 000
	机器设备	15 000					15 000
	其他设备	900					900
	小计	18 900					18 900
B 车间	厂房	2 000					2 000
	机器设备	12 000	40 000	200			12 200
	小计	14 000					14 200
C 车间	厂房	2 100					2 100
	机器设备	14 000			30 000	900	13 100
	小计	16 100					15 200
厂部管理部门	房屋建筑	1 200					1 200
	运输工具	1 500					1 500
	小计	2 700					2 700

(续表)

使用部门	固定资产项目	上月折旧额	上月增加固定资产 原价	上月增加固定资产 折旧额	上月减少固定资产 原价	上月减少固定资产 折旧额	本月折旧额
销售部门	房屋建筑	15 000					15 000
在建工程	机器设备	21 000	50 000	250	80 000	400	20 850
合计		87 700	90 000	450	110 000	1 300	86 850

借：制造费用——A车间　　　　　　　　　　　18 900
　　　　　　——B车间　　　　　　　　　　　14 200
　　　　　　——C车间　　　　　　　　　　　15 200
　　管理费用　　　　　　　　　　　　　　　　2 700
　　销售费用　　　　　　　　　　　　　　　　15 000
　　在建工程　　　　　　　　　　　　　　　　20 850
　贷：累计折旧　　　　　　　　　　　　　　　86 850

素养园地

捡了芝麻丢西瓜——河北钢铁折旧调整事件启示

2014年3月，河北钢铁公司董事会决定从2014年1月1日起调整固定资产折旧年限。其具体调整方案是：将房屋建筑物折旧年限由25~30年增加至40~45年；将机器设备折旧年限由10~13年增加至12~22年；将运输工具折旧年限由6~8年增加至10~15年；将其他固定资产折旧年限由3~10年增加至8~22年。

◇ 调整折旧的目的：新增巨额利润

按照公司新的固定资产折旧年限测算，预计2014年将减少固定资产折旧20亿元，由此导致公司所有者权益及净利润增加15亿元(税后)。这对于最近两年平均净利润不到2亿元的河北钢铁来说，无异于一笔"巨资"。

◇ 调整折旧的代价：为利润数字缴税

本次调整，使得折旧减少20亿元，河北钢铁要为增加的利润缴税5亿元，现金流将更加紧张。会计调整虽然改变了公司利润表的数字，却无法带来货真价实的现金流量。公司经营净流量从2011年的180多亿元下降到2013年前三季度的5 300万元。

第四节　固定资产后续支出

固定资产后续支出是指固定资产使用过程中发生的更新改造支出、修理费用等。企业的固定资产在投入使用后，为了适应新技术发展的需要，或者为维护或提高固定资产的使用效能,往往需要对现有固定资产进行维护、改建、扩建或者改良。固定资产后续支出分为资本化后续支出和费用化后续支出,如图 4-6 所示。

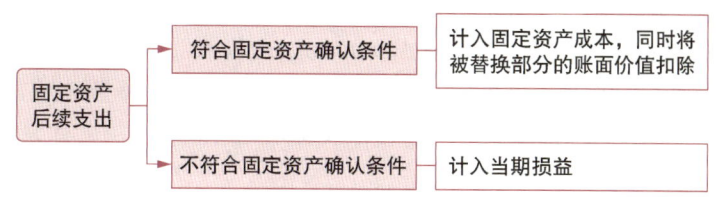

图 4-6　固定资产后续支出

一、资本化后续支出

资本化后续支出是指满足固定资产确认条件的支出,如固定资产发生的更新改造支出等。这类支出通常改进了固定资产的质量和性能,凡是符合以下条件之一的,均可确认为固定资产资本化的后续支出:❶使固定资产的使用寿命延长;❷利用该设备生产的产品质量提高;❸利用该设备使生产成本降低;❹使产品的品种、性质、规格等发生良好的变化;❺使企业的经营管理环境或条件改善。根据重要性的要求,固定资产资本化后续支出一般数额较大,受益期较长,固定资产改良效果明显。

固定资产发生资本化后续支出时,企业一般应将该固定资产的原价、已计提的累计折旧和减值准备转销,将其账面价值转入在建工程,并在此基础上重新确定固定资产原价。当固定资产转入在建工程,应停止计提折旧。发生的可资本化的后续支出,通过"在建工程"科目核算。在固定资产发生的后续支出完工并达到预定可使用状态时,再从在建工程转为固定资产,同时将被替换部分的账面价值扣除,并按重新确定的原价、使用寿命、预计净残值和折旧方法计提折旧。

资本化后续支出的会计处理主要有:固定资产投入更新改造;发生更新改造支出;拆除(被替换)部分零部件;更新改造完成。具体账务处理如图 4-7 所示。

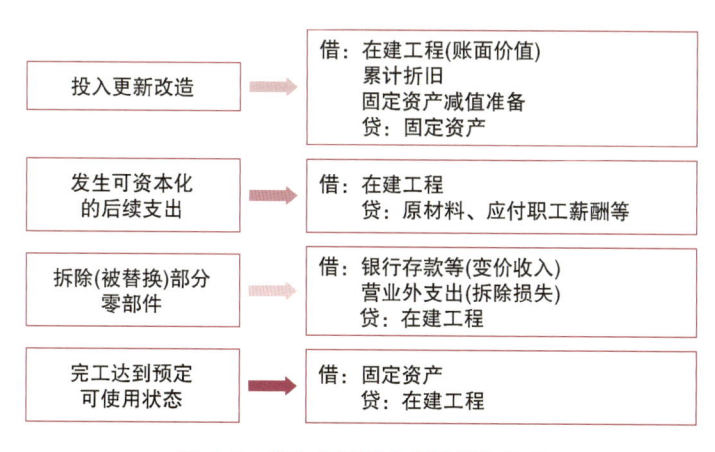

图 4-7　资本化后续支出的账务处理

【例 4-16】 2024 年 5 月 31 日,浙江宏华股份有限公司(简称"宏华公司")对一条生产线进行改造,该生产线账面原价 400 000 元,累计折旧 96 000 元,未计提减值准备。更新改造过程如下:领用原材料 300 000 元,发生人工费用 100 000 元,耗用水电等其他费用 120 000 元;拆除某重要零部件,原值 100 000 元,出售该部件取得收入 8 000 元存入银行;试运行净收入 25 000 元。2025 年 2 月,改造完工,生产线重新投入使用,生产性能大大提高。不考虑其他因素,请编制宏华公司该项资本化后续支出的会计分录。

相关凭证:固定资产改良申请;工程物资领用单;工资费用分配表;水电费等各项费用发票或收据;余料出售发票;银行收款证明;固定资产运转试验记录单;固定资产验收单等。

(1) 2024 年 5 月 31 日,投入改造时:

借:在建工程——生产线改建　　　　　　　　　　　　　304 000
　　累计折旧　　　　　　　　　　　　　　　　　　　　 96 000
　　贷:固定资产——某生产线　　　　　　　　　　　　　　　　400 000

(2) 发生资本化支出时:

借:在建工程——生产线改建　　　　　　　　　　　　　520 000
　　贷:原材料　　　　　　　　　　　　　　　　　　　　　　 300 000
　　　　应付职工薪酬　　　　　　　　　　　　　　　　　　　 100 000
　　　　银行存款　　　　　　　　　　　　　　　　　　　　　 120 000

(3) 拆除并出售重要零部件时:

拆除部分的账面价值❶ = 100 000 − 100 000 ÷ 400 000 × 96 000 = 76 000(元)

借:银行存款　　　　　　　　　　　　　　　　　　　　　8 000
　　营业外支出　　　　　　　　　　　　　　　　　　　　68 000
　　贷:在建工程——生产线改建　　　　　　　　　　　　　　　 76 000

(4) 取得试运行收入:

借:银行存款　　　　　　　　　　　　　　　　　　　　 25 000
　　贷:在建工程——生产线改建　　　　　　　　　　　　　　　 25 000

(5) 工程完工达到预定可使用状态:

更新改造完成后的生产线成本 = 304 000 + 520 000 − 76 000 − 25 000 = 723 000(元)

借:固定资产——新生产线　　　　　　　　　　　　　　 723 000
　　贷:在建工程——生产线改建　　　　　　　　　　　　　　　 723 000

思考

➢ 被替换部分资产残料收入等经济利益的流入,是否影响最终固定资产的入账价值?

二、费用化后续支出

一般情况下,固定资产投入使用之后,由于磨损、各组成部分耐用程度不同,可能导致固

---

❶ 拆除部分的账面价值等于拆除部分账面原价减去拆除部分折旧,拆除部分折旧 = 累计折旧额 ×(拆除部分原价 ÷ 固定资产原价)。

定资产的局部损坏,为了维护固定资产的正常运转和使用,充分发挥其使用效能,企业会对固定资产进行必要的维护。

固定资产的日常维护支出通常不满足固定资产的确认条件,应在发生时直接计入当期损益。企业行政管理部门发生的不可资本化的后续支出,比如,发生的固定资产日常修理费用及其可抵扣的增值税进项税额,借记"管理费用""应交税费——应交增值税(进项税额)"科目,贷记"银行存款"等科目;企业专设销售机构发生的不可资本化的后续支出,比如,发生的固定资产日常修理费用及其可抵扣的增值税进项税额,借记"销售费用""应交税费——应交增值税(进项税额)"科目,贷记"银行存款"等科目。

> **注意:**
> 企业对固定资产进行定期检查发生的大修理费用,有确凿证据表明符合固定资产确认条件的部分,应予资本化计入固定资产成本,不符合固定资产确认条件的,应当费用化,计入当期损益。(即可能资本化可能费用化)

以租赁方式租入的使用权资产发生的改良支出,应通过"长期待摊费用"科目核算,并在剩余租赁期与租赁资产尚可使用年限两者中较短的期间内,采用合理的方法进行摊销。

【例 4-17】 9月,浙江宏华股份有限公司(简称"宏华公司")按照既定维修计划,一车间对某专用设备进行日常修理,发生维修费并取得增值税专用发票,注明修理费20 000元,增值税税额2 600元,款项已转账支付。请编制宏华公司该项费用化后续支出的会计分录。

相关凭证: 固定资产日常修理审批验收单;增值税专用发票发票联;转账付款证明等。

借:制造费用　　　　　　　　　　　　　　　　　　　　20 000
　　应交税费——应交增值税(进项税额)　　　　　　　　 2 600
　　贷:银行存款　　　　　　　　　　　　　　　　　　　22 600

> **知识链接**
>
> 2021年11月2日,中华人民共和国财政部关于企业会计准则的实施问答(固定资产准则实施问答)的内容如下。
>
> 问:不符合固定资产资本化后续支出条件的固定资产日常修理费用应如何进行会计处理?
>
> 答:企业应当根据《企业会计准则第1号——存货》(财会〔2006〕3号)、《企业会计准则第4号——固定资产》(财会〔2006〕3号)等有关规定进行会计处理。因此,不符合固定资产资本化后续支出条件的固定资产日常修理费用,在发生时应当按照受益对象计入当期损益或计入相关资产的成本。与存货的生产和加工相关的固定资产日常修理费用按照存货成本确定原则进行处理,行政管理部门、企业专设的销售机构等发生的固定资产日常修理费用按照功能分类计入管理费用或销售费用。

【例 4-18】 9 月,浙江宏华股份有限公司(简称"宏华公司")因业务发展需要,从某机床厂租入一生产设备,租期 3 年,每年 9 月 30 日支付租金一次,年租金 20 000 元。设备租入后无法直接使用,宏华公司对其进行改造,以提高性能,共发生各项改良支出 150 000 元。9 月 30 日,改良工程结束,达到预期效果,设备投入使用。不考虑相关税费,请编制宏华公司该项设备租入的相关会计分录。

相关凭证:短期租入固定资产改良申请;增值税专用发票发票联;固定资产验收单;长期待摊费用摊销计算表;转账付款证明等。

(1) 每年 9 月 30 日支付租金时:

借:管理费用　　　　　　　　　　　　　　　　　　　　　　20 000
　　贷:银行存款　　　　　　　　　　　　　　　　　　　　　　20 000

(2) 租入设备改良支出:

借:长期待摊费用　　　　　　　　　　　　　　　　　　　　150 000
　　贷:银行存款　　　　　　　　　　　　　　　　　　　　　150 000

(3) 长期待摊费用摊销时:

各年摊销额＝150 000÷3＝50 000(元)

借:管理费用　　　　　　　　　　　　　　　　　　　　　　50 000
　　贷:长期待摊费用　　　　　　　　　　　　　　　　　　　50 000

第五节　固定资产清查与减值

固定资产在使用过程中,由于管理不善、使用不当、法律经济环境变化等原因,会出现账实不符、价值降低等现象,企业至少应于每年资产负债表日,通过财产清查对固定资产进行盘点,及时发现数量溢缺;通过减值测试,计算可收回金额,重新判断固定资产的价值。

一、固定资产清查

企业应定期或者至少于每年年末对固定资产进行清查盘点,以保证固定资产核算的真实性,充分挖掘企业现有固定资产的潜力。在固定资产清查过程中,如果发现盘盈、盘亏的固定资产,应填制固定资产盘盈盘亏报告表。清查固定资产的损溢,应及时查明原因,并按照规定程序报批处理。

(一) 固定资产的盘盈

企业在财产清查中盘盈的固定资产,根据《企业会计准则第 28 号——会计政策、会计估计变更和差错更正》的规定,应当作为重要的前期差错进行会计处理。企业在财产清查中盘亏的固定资产,在按管理权限报经批准处理前,应先通过"以前年度损益调整"科目核算。

盘盈的固定资产,应按重置成本确定其入账价值,借记"固定资产"科目,贷记"以前年度损益调整"科目。由于以前年度损益调整而增加的所得税费用,借记"以前年度损益调整"科目,贷记"应交税费——应交所得税"科目;将以前年度损益调整科目余额转入留存收益时,借记"以前年度损益调整"科目,贷记"盈余公积""利润分配——未分配利润"科目。

【例 4-19】 2024 年 12 月,浙江宏华股份有限公司(简称"宏华公司")在财产清查过程中,发现 2023 年 12 月购入的一台设备尚未入账,重置成本为 30 000 元(假定与其计税基础不存在差异),根据《企业会计准则第 28 号——会计政策、会计估计变更和差错更正》规定,该盘盈固定资产作为前期差错进行处理,假定宏华公司按净利润的 10% 计提法定盈余公积。请编制宏华公司该项固定资产盘盈的会计分录。

相关凭证：固定资产盘点表；固定资产盘盈盘亏报告单。

(1) 盘盈固定资产时：

借：固定资产　　　　　　　　　　　　　　　　　　　30 000
　　贷：以前年度损益调整　　　　　　　　　　　　　　　　30 000

(2) 因以前年度损益增加而调整所得税费用时：

借：以前年度损益调整　　　　　　　　　　　　　　　　7 500
　　贷：应交税费——应交所得税　　　　　　　　　　　　7 500

(3) 结转以前年度损益调整时：

借：以前年度损益调整　　　　　　　　　　　　　　　　22 500
　　贷：盈余公积——法定盈余公积　　　　　　　　　　　2 250
　　　　利润分配——未分配利润　　　　　　　　　　　　20 250

(二) 固定资产的盘亏

盘亏固定资产一般通过"待处理财产损溢——待处理固定资产损溢"科目核算。

企业在财产清查中盘亏的固定资产,按照盘亏固定资产的账面价值,借记"待处理财产损溢——待处理固定资产损溢"科目,按已计提的累计折旧,借记"累计折旧"科目,按照已计提的减值准备,借记"固定资产减值准备"科目,按固定资产的原价,贷记"固定资产"科目。

企业按管理权限报经批准后处理时,按可收回的保险赔偿或过失人赔偿,借记"其他应收款"科目,按照应计入营业外支出的金额,借记"营业外支出——盘亏损失"科目,贷记"待处理财产损溢"科目。

【例 4-20】 2024 年 12 月 31 日,浙江宏华股份有限公司(简称"宏华公司")盘亏一台笔记本电脑,经查该台笔记本电脑原价 18 000 元,已提折旧 8 000 元,购入时增值税税额为 2 340 元。请编制宏华公司该项固定资产盘亏的会计分录。

相关凭证：固定资产盘点表；固定资产盘盈盘亏报告单(见凭证 4-9)。

凭证 4-9

固定资产盘盈盘亏报告单

部门：一车间　　　　　　　　　2024年12月31日　　　　　　　金额单位：元

固定资产编号	固定资产名称	固定资产规格及型号	盘盈			盘亏			原因
			数量	重置价	累计折旧	数量	原价	已提折旧	已提减值准备	
KM2514	笔记本电脑	HJ-31				1	18 000	8 000		管理不善

处理意见　审批部门　同意处理 雷东宝　　清查小组 同意处理 何宽　　使用保管部门 同意处理 梁申

(浙江宏华股份有限公司财务专用章)

(1) 盘亏固定资产时：
借：待处理财产损溢——待处理固定资产损溢　　　10 000
　　累计折旧　　　　　　　　　　　　　　　　　　 8 000
　　贷：固定资产——设备　　　　　　　　　　　　　　　　18 000
(2) 转出不可抵扣的进项税额时：
借：待处理财产损溢——待处理固定资产损溢　　　 1 300
　　贷：应交税费——应交增值税(进项税额转出)　　　　　 1 300
(3) 报经批准转销盘亏损失时：
借：营业外支出——盘亏损失　　　　　　　　　　 11 300
　　贷：待处理财产损溢——待处理固定资产损溢　　　　　11 300

> 💡 注意：
> ✦ 根据现行增值税制度规定，购进货物及不动产发生**非正常损失**，其负担的进项税额**不得抵扣**，其中购进货物包括被确认为固定资产的货物。

本例中盘亏的固定资产，应按其账面净值（即固定资产原价－已计提折旧）乘以适用税率计算不可以抵扣的税额。据此，在本例中，该笔记本电脑因盘亏，其购入时的增值税进项税额中不可从销项税额中抵扣的金额为 1 300 元[(18 000－8 000)×13%]，应借记"待处理财产损溢"科目，贷记"应交税费——应交增值税(进项税额转出)"科目。

二、固定资产减值

固定资产的初始入账价值是历史成本，固定资产使用年限较长，市场条件和经营环境的变化、科学技术的进步以及企业经营管理的不善等原因，都可能导致固定资产创造未来经济利益的能力大大下降。因此，固定资产的真实价值有可能低于账面价值，企业在期末必须对固定资产减值损失进行确认。

固定资产在资产负债表日存在可能发生减值的迹象时（见图 4-8），其**可收回金额低于账面价值**的，企业应当将该固定资产的账面价值减记至可收回金额，减记的金额确认为**减值损失**，计入当期损益。

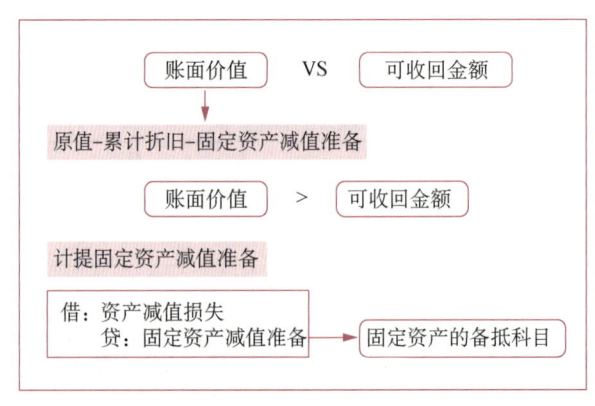

图 4-8　固定资产发生减值迹象

(一) 可收回金额*

可收回金额根据固定资产的公允价值减去处置费用后的净额与资产预计未来现金流量现值两者较高者确定。

资产的公允价值减去处置费用后的净额,通常反映的是资产如果被出售或者处置时可以收回的净现金流入。其中,资产的公允价值,是指市场参与者在计量日发生的有序交易中,出售一项资产所能收到的价格;处置费用是指可以直接归属于资产处置的增量成本,包括与资产处置有关的法律费用、相关税费、搬运费以及为使资产达到可销售状态所发生的直接费用等,但是财务费用和所得税费用等不包括在内。

资产的公允价值减去处置费用后的净额,应当按照下列顺序确定:

❶ 首先,应当根据公平交易中资产的销售协议价格减去可直接归属于该资产处置费用的金额确定。

❷ 其次,在资产不存在销售协议但存在活跃市场的情况下,应当根据该资产的市场价格减去处置费用后的净额确定。

❸ 最后,在既不存在资产销售协议又不存在资产活跃市场的情况下,企业应当以可获取的最佳信息为基础,根据在资产负债表日假定处置该资产,熟悉情况的交易双方自愿进行公平交易愿意提供的交易价格减去资产处置费用后的净额,估计资产的公允价值减去处置费用后的净额。

❹ 企业按照上述要求仍然无法可靠估计资产的公允价值减去处置费用后的净额的,应当以该资产预计未来现金流量的现值作为其可收回金额。资产预计未来现金流量的现值,应当按照资产在持续使用过程中和最终处置时所产生的预计未来现金流量,选择恰当的折现率对其进行折现后的金额加以确定。

(二) 账面价值

固定资产的账面价值是指固定资产账面原价扣减累计折旧和累计固定资产减值准备后的金额。

(三) 减值损失确定

企业在对资产进行减值测试并计算确定资产的可收回金额后,如果资产的可收回金额低于账面价值,应当将资产的账面价值减记至可收回金额,减记的金额确认为资产减值损失,计入当期损益,借记"资产减值损失——计提的固定资产减值准备"科目,同时,计提相应的资产减值准备,贷记"固定资产减值准备"科目。

资产减值损失确认后,减值资产的折旧或者摊销费用应当在未来期间作相应调整,以使该资产在剩余使用寿命内,系统地分摊调整后的资产账面价值(扣除预计净残值)。

> 💡 注意:
> ♦ 根据《企业会计准则第8号——资产减值》的规定,企业固定资产减值损失一经确认,在以后会计期间不得转回。但是,遇到资产报废、出售、对外投资、以非货币性资产交换方式换出、通过债务重组抵偿债务等情况,同时符合资产终止确认条件的,企业应当将相关资产减值准备予以转销。

【例 4-21】 浙江宏华股份有限公司(简称"宏华公司")拥有的某项生产设备,账面原价 100 万元,累计折旧 20 万元,已提减值准备 8 万元,预计净残值为零,2024 年年末,宏华公司对其进行减值测试,发现同样新旧程度的该类固定资产市场价为 70 万元,如直接出售预计还将发生各类处置费用 1.3 万元;若选择继续使用该项固定资产,剩余使用年限为 3 年,预计未来 3 年该资产为企业带来的净现金流量分别为:40 万元、30 万元、10 万元,企业的必要投资报酬率为 8%。请判断宏华公司该项固定资产是否减值,如果减值,请计算减值金额。

(1) 确定可收回金额。

公允价值－处置费用＝700 000－13 000＝687 000(元)

预计未来现金流量现值＝400 000×$(P/F, 8\%, 1)$＋300 000×$(P/F, 8\%, 2)$＋100 000×$(P/F, 8\%, 3)$＝706 955.24(元)

预计未来现金流量现值＞公允价值减去处置费用后的净额,所以可收回金额为 706 955.24 元。

(2) 确定账面价值。

固定资产的账面价值＝1 000 000－200 000－80 000＝720 000(元)

(3) 确定减值金额:账面价值＞可收回金额,该项固定资产发生减值,减值金额＝720 000－706 955.24＝13 044.76(元)。

【例 4-22】 沿用【例 4-21】中的数据,请编制宏华公司计提固定资产减值准备的会计分录。

相关凭证:固定资产价值评估证明;固定资产减值准备计算表(见凭证 4-10)。

凭证 4-10

固定资产减值准备计算表

2024 年 12 月 31 日　　　　　　　　　　　　　　金额单位:元

项目	账面价值	可收回金额	减值额
生产设备 A	720 000.00	706 955.24	13 044.76
账面价值计算:			
账面原价	累计折旧	减值准备	
1 000 000.00	200 000.00	80 000.00	
可收回金额计算:			
公允价值净值	687 000.00	预计未来现金流量现值	706 955.24
其中:公允价值	700 000.00	未来(3)年现金净流量,折现率:(8%)	
处理费用	13 000.00	第 1 年:400 000.00	370 370.37
		第 2 年:300 000.00	257 201.65
		第 3 年:100 000.00	79 383.22

复核:沈丹红　　　　　记账:宋运辉　　　　　制表:宋运辉

借:资产减值损失　　　　　　　　　　　　　　13 044.76
　　贷:固定资产减值准备　　　　　　　　　　　　　13 044.76

【例 4-23】 2024 年资产负债表日,浙江宏华股份有限公司(简称"宏华公司")生产车间某设备存在减值迹象。该设备于 2021 年 6 月投入使用,原价 120 000 元,预计净残值率 5%,预计使用年限 6 年,采用直线法折旧。现对该资产进行减值测试,可收回金额为 48 000 元。若减值后该项固定资产的剩余折旧年限、预计净残值率、折旧方法不变。请编制宏华公司该项固定资产有关的会计分录。

相关凭证:固定资产折旧计算表;固定资产价值评估证明;固定资产减值准备计算表。

(1) 2024 年资产负债表日,该项设备减值的会计处理。

❶ 计算设备减值金额:

年折旧额=120 000×(1−5%)÷6=19 000(元)

截至 2024 年 12 月累计折旧额=19 000×3.5=66 500(元)

固定资产账面价值=120 000−66 500=53 500(元)

可收回金额为 48 000 元

所以,固定资产减值额=53 500−48 000=5 500(元)

❷ 编制计提减值准备的会计分录。

借:资产减值损失　　　　　　　　　　　　　　　　　5 500
　　贷:固定资产减值准备　　　　　　　　　　　　　　5 500

(2) 2025 年起,各年折旧的会计处理。

❶ 计算年折旧额。

年折旧额=48 000×(1−5%)÷2.5=18 240(元)

❷ 各年编制的计提折旧的会计分录。

借:制造费用　　　　　　　　　　　　　　　　　　　18 240
　　贷:累计折旧　　　　　　　　　　　　　　　　　　18 240

第六节　固定资产处置

固定资产处置即固定资产的终止确认,包括固定资产的出售、报废、毁损、对外投资、非货币性资产交换、债务重组等。

企业在生产经营过程中,可能将不适用或不需用的固定资产对外出售转让,或因磨损、技术进步等原因对固定资产进行报废,或因遭受自然灾害而对毁损的固定资产进行处理。对于上述事项在进行会计处理时,应当按照规定程序办理有关手续,结转固定资产的账面价值,计算有关的清理收入、清理费用及残料价值等。

一、固定资产终止确认的条件[*]

固定资产满足下列条件之一的,应当予以终止确认:

(一) 该固定资产处于处置状态

固定资产处置包括固定资产的出售、转让、报废或毁损、对外投资、非货币性资产交换、债务重组等。处于处置状态的固定资产不再用于生产商品、提供劳务、出租或经营管理,因此不再符合固定资产的定义,应予以终止确认。

(二) 该固定资产预期通过使用或处置不能产生经济利益

固定资产的确认条件之一是"与该固定资产有关的经济利益很可能流入企业",如果一项固定资产预期通过使用或处置不能产生经济利益,就不再符合固定资产的定义和确认条件,应予以终止确认。

二、固定资产处置的账务处理

企业出售、转让划归为持有待售类别的固定资产,按照持有待售非流动资产、处置组的相关内容进行会计处理;固定资产未划归为持有待售类别而出售、转让的,通过"固定资产清理"科目归集所发生的损益,其产生的收益或损失记入"资产处置损益"科目,计入当期损益;固定资产因报废毁损等原因而终止确认的,通过"固定资产清理"科目归集所发生的损益,其产生的利得或损失记入"营业外收入"或"营业外支出"科目。

固定资产处置涉及的主要业务有:固定资产转入清理;发生清理费用;出售收入和残料等的处理;保险赔偿等的处理;清理净损益的处理。

(一) 固定资产转入清理

固定资产转入清理时,按固定资产的账面价值,借记"固定资产清理"科目,按已计提的累计折旧,借记"累计折旧"科目,按已计提的减值准备,借记"固定资产减值准备"科目,按其账面余额,贷记"固定资产"科目。

(二) 发生清理费用

固定资产清理过程中,应支付的清理费用及其可抵扣的增值税进项税额,借记"固定资产清理""应交税费——应交增值税(进项税额)"科目,贷记"银行存款"等科目。

(三) 出售收入和残料等的处理

企业收回出售固定资产的价款、残料价值和变价收入等,应冲减清理支出。按实际收到的出售价款以及残料变价收入等,借记"银行存款""原材料"等科目,贷记"固定资产清理""应交税费——应交增值税(销项税额)"等科目。

(四) 保险赔偿等的处理

企业计算或收到的应由保险公司或过失人赔偿的损失,应冲减清理支出,借记"其他应收款""银行存款"等科目,贷记"固定资产清理"科目。

(五) 清理净损益的处理

固定资产清理完成后产生的清理净损益,依据固定资产处置方式的不同,分别适用不同的处理方法:

(1) 因正常出售、转让等原因产生的固定资产处置利得或损失应计入资产处置损益,借记或贷记"资产处置损益"科目,贷记或借记"固定资产清理"科目。

(2) 因已丧失使用功能或自然灾害发生毁损等原因而报废清理产生的利得或损失应计入营业外收支。属于已丧失使用功能正常报废清理产生的处理净损失,借记"营业外支出——处置非流动资产损失"科目,贷记"固定资产清理"科目;属于自然灾害等非正常原因造成的,借记"营业外支出——非常损失"科目,贷记"固定资产清理"科目;如为净收益,借记"固定资产清理"科目,贷记"营业外收入"科目。

> **注意:**
> ✦ 固定资产处置损益需要根据不同的情况分别计入资产处置损益或营业外收支。

【例 4-24】 浙江宏华股份有限公司(简称"宏华公司")一项设备原值为 40 000 元,使用期满正常报废,该设备累计折旧额 37 400 元,已计提减值准备 1 500 元,清理过程中收到残料变卖收入现金 500 元(含税价),另用现金支付清理费用 300 元,设备清理完毕。请编制宏华公司该项固定资产清理的会计分录。

相关凭证:固定资产报废单;报废固定资产支出凭证;残料变卖收入发票;固定资产清理损益计算表(见凭证 4-11)等。

(1) 设备转入清理:
借:固定资产清理——某设备　　　　　　　　　　　1 100
　　累计折旧　　　　　　　　　　　　　　　　　　37 400
　　固定资产减值准备　　　　　　　　　　　　　　1 500
　　贷:固定资产——某设备　　　　　　　　　　　　　　40 000

(2) 取得清理收入:
借:库存现金　　　　　　　　　　　　　　　　　　500.00
　　贷:固定资产清理——某设备　　　　　　　　　　　442.48
　　　　应交税费——应交增值税(销项税额)　　　　　　57.52

(3) 发生清理费用:
借:固定资产清理——某设备　　　　　　　　　　　300
　　贷:库存现金　　　　　　　　　　　　　　　　　　300

(4) 清理净损益结转:
借:营业外支出——非流动资产处置损失　　　　　957.52
　　贷:固定资产清理——某设备　　　　　　　　　　　957.52

凭证 4-11　　　　　　　固定资产清理损益计算表

日期	2024 年 12 月 20 日	资产使用部门	一车间
资产名称	××设备	清理原因	正常到期报废
清理收入内容	金　额	清理支出内容	金　额
残料收入	442.48	账面净值	1 100.00
		清理费用	300.00
固定资产清理净损失(收益)	人民币:¥957.52		
会计: 宋运辉	制表: 宋运辉		复核: 沈丹红

【例 4-25】 12月31日,浙江宏华股份有限公司(简称"宏华公司")出售一幢厂房,原价 2 000 000 元,已计提折旧 1 500 000 元,未计提减值准备。实际出售价格为 1 200 000 元,增值税税率为 9%,款项已存入银行。请编制宏华公司该项固定资产清理的会计分录。

相关凭证: 固定资产转让合同复印件;增值税专用发票记账联;转账收款证明;固定资产清理损益计算表等。

(1) 将出售固定资产转入清理时:

借:固定资产清理	500 000
累计折旧	1 500 000
贷:固定资产	2 000 000

(2) 收到出售固定资产的价款和税款时:

借:银行存款	1 308 000
贷:固定资产清理	1 200 000
应交税费——应交增值税(销项税额)	108 000

(3) 结转出售固定资产实现的利得时:

| 借:固定资产清理 | 700 000 |
| 贷:资产处置损益 | 700 000 |

【例 4-26】 浙江宏华股份有限公司(简称"宏华公司")的一座仓库因遭受台风袭击而毁损,原价 4 000 000 元,已计提折旧 1 000 000 元,未计提减值准备。其残料估计价值 50 000 元,残料已办理入库。同时发生清理费用并取得增值税专用发票,发票注明装卸费为 20 000 元,增值税税额为 1 800 元,以银行存款支付。经保险公司核定,应赔偿损失 1 500 000 元,款项已存入银行。假定不考虑其他相关税费,请编制宏华公司该项固定资产清理的会计分录。

相关凭证: 固定资产报废单;材料入库单;增值税专用发票发票联;进账单(收账通知);转账付款单证;固定资产清理损益计算表等。

(1) 将毁损的仓库转入清理时:

借:固定资产清理	3 000 000
累计折旧	1 000 000
贷:固定资产	4 000 000

(2) 残料入库时:

| 借:原材料 | 50 000 |
| 贷:固定资产清理 | 50 000 |

(3) 支付清理费用时:

借:固定资产清理	20 000
应交税费——应交增值税(进项税额)	1 800
贷:银行存款	21 800

(4) 确定并收到保险公司理赔款项时：

借：其他应收款　　　　　　　　　　　　　　1 500 000
　　贷：固定资产清理　　　　　　　　　　　　　　1 500 000
借：银行存款　　　　　　　　　　　　　　　　1 500 000
　　贷：其他应收款　　　　　　　　　　　　　　　1 500 000

(5) 结转毁损固定资产发生的损失时：

借：营业外支出——非常损失　　　　　　　　1 470 000
　　贷：固定资产清理　　　　　　　　　　　　　　1 470 000

文本：固定资产业务账务处理总结

第七节　生产性生物资产

一、生产性生物资产概述

生产性生物资产，是指为产出农产品、提供劳务或出租等目的而持有的生物资产，包括经济林、薪炭林、产畜和役畜等。

(一) 生产性生物资产的计量

(1) 外购生产性生物资产的成本，包括购买价款、相关税费、运输费、保险费以及可直接归属于购买该资产的其他支出。

(2) 自行营造或繁殖的生产性生物资产的成本，应当按照下列规定确定：

❶ 自行营造的林木类生产性生物资产的成本，包括达到预定生产经营目的前发生的造林费、抚育费、营林设施费、良种试验费、调查设计费和应分摊的间接费用等必要支出。

❷ 自行繁殖的产畜和役畜的成本，包括达到预定生产经营目的（成龄）前发生的饲料费、人工费和应分摊的间接费用等必要支出。达到预定生产经营目的，是指生产性生物资产进入正常生产期，可以多年连续稳定产出农产品、提供劳务或出租。

(3) 因择伐、间伐或抚育更新性质采伐而补植林木类生物资产发生的后续支出，应当计入林木类生物资产的成本。

(4) 生物资产在郁闭或达到预定生产经营目的后发生的管护、饲养费用等后续支出，应当计入当期损益。

(二) 生产性生物资产核算科目的设置

为了反映和监督生产性生物资产的生产、耗费、产出等情况，企业需要设置"生产性生物资产""生产性生物资产累计折旧"等科目，具体内容如表 4-6 所示。

表 4-6　　　　　　　　　　生产性生物资产核算科目的设置

科目名称	核算内容
生产性生物资产	生产性生物资产属于资产类科目，核算企业(农、林、牧、渔业)持有的生产性生物资产的原价(成本)。借方登记外购、自行营造的林木、自行繁殖产畜和役畜等增加的生产性生物资产成本，贷方登记出售、报废、毁损、对外投资等减少的生产性生物资产原价(成本)。期末借方余额，反映企业(农、林、牧、渔业)生产性生物资产的原价(成本)
生产性生物资产累计折旧	生产性生物资产累计折旧属于资产备抵科目，核算企业(农、林、牧、渔业)成熟生产性生物资产的累计折旧。借方登记处置生产性生物资产结转的生产性生物资产累计折旧，贷方登记企业按月计提成熟生产性生物资产的折旧。期末贷方余额，反映企业成熟生产性生物资产的累计折旧额

二、生产性生物资产的账务处理

(一) 生产性生物资产增加的账务处理

生产性生物资产的具体账务处理如图 4-9 所示。

业务类型	账务处理
外购的生产性生物资产	借：生产性生物资产 　　应交税费——应交增值税(进项税额) 贷：银行存款等
自行营造的林木类生产性生物资产，按照达到预定生产经营目的前发生的造林费、抚育费、营林设施费、良种试验费、调查设计费和应分摊的间接费用等必要支出；自行繁殖的产畜和役畜，达到预定生产经营目的前发生的饲料费、人工费和应分摊的间接费用等必要支出	借：生产性生物资产——未成熟生产性生物资产 贷：原材料、银行存款、应付利息等
未成熟生产性生物资产达到预定生产经营目的时	借：生产性生物资产——成熟生产性生物资产 贷：生产性生物资产——未成熟生产性生物资产
育肥畜转为产畜或役畜	借：生产性生物资产 　　贷：消耗性生物资产 产畜或役畜淘汰转为育肥畜 借：消耗性生物资产 　　生产性生物资产累计折旧 贷：生产性生物资产
择伐、间伐或抚育更新等生产性采伐而补植林木类生产性生物资产发生的后续支出	借：生产性生物资产——未成熟生产性生物资产 贷：银行存款 发生的管护、饲养费用等后续支出： 借：管理费用 贷：银行存款

图 4-9　生产性生物资产的账务处理

【例 4-27】 宏华公司自 2024 年年初开始自行营造 100 公顷橡胶树,当年发生种苗费 169 000 元,平整土地和定植所需机器设备折旧费 55 500 元;自营造开始正常生产周期为 6 年,假定各年均匀发生抚育肥料及农药费 41 750 元、人工费 75 000 元、每年应分摊管护费用 402 500 元。假定不考虑相关税费等其他因素,宏华公司应编制如下会计分录:

(1) 2024 年,发生种苗费、平整土地等费用,会计分录为:

借:生产性生物资产——未成熟生产性生物资产　　　224 500
　　贷:原材料——种苗　　　　　　　　　　　　　　169 000
　　　　累计折旧　　　　　　　　　　　　　　　　　 55 500

(2) 每年发生抚育肥料及农药费、人工费、应分摊管护费用,会计分录为:

借:生产性生物资产——未成熟生产性生物资产　　　519 250
　　贷:原材料——肥料及农药　　　　　　　　　　　 41 750
　　　　应付职工薪酬　　　　　　　　　　　　　　　 75 000
　　　　银行存款　　　　　　　　　　　　　　　　　402 500

【例 4-28】 沿用【例 4-27】的数据,宏华公司自行营造生产性生物资产达到预定生产经营目的。

生产性生物资产成本总额=224 500+519 250×6=3 340 000(元)。

宏华公司应编制如下会计分录:

借:生产性生物资产——成熟生产性生物资产　　　3 340 000
　　贷:生产性生物资产——未成熟生产性生物资产　3 340 000

(二) 生产性生物资产折旧的账务处理

企业对达到预定生产经营目的的生产性生物资产,应当按期计提折旧,并根据用途分别计入相关资产的成本或当期损益。

企业应当根据生产性生物资产的性质、使用情况和有关经济利益的预期实现方式,合理确定其使用寿命、预计净残值和折旧方法。可选用的折旧方法包括年限平均法、工作量法、产量法等。生产性生物资产的使用寿命、预计净残值和折旧方法一经确定,不得随意变更。

企业确定生产性生物资产的使用寿命,应当考虑的因素包括:预计的产出能力或实物产量;预计的有形损耗,如产畜和役畜衰老、经济林老化等;预计的无形损耗,如因新品种的出现而使现有的生产性生物资产的产出能力和产出农产品的质量等方面相对下降、市场需求的变化使生产性生物资产产出的农产品相对过时等。

企业至少应当于每年年度终了对生产性生物资产的使用寿命、预计净残值和折旧方法进行复核。使用寿命或预计净残值的预期数与原先估计数有差异的,或者有关经济利益预期消耗方式有重大改变的,应当作为会计估计变更,调整生产性生物资产的使用寿命或预计净残值或者改变折旧方法。

(三) 生产性生物资产减值的账务处理

企业至少应当于每年年度终了对生产性生物资产进行检查,有确凿证据表明由于遭受自然灾害、病虫害、动物疫病侵袭或市场需求变化等原因,使生产性生物资产的可收回金额低于其账面价值的,应当按照可收回金额低于账面价值的差额,计提**生产性生物资产减值准备**,并计入当期损益。可收回金额应当按照资产减值的办法确定。生产性生物资产减值准备一经计提,**不得转回**。

(四) 生产性生物资产成本结转

生产性生物资产收获的农产品成本,按照产出或采收过程中发生的材料费、人工费和应分摊的间接费用等必要支出计算确定,并采用加权平均法、个别计价法、蓄积量比例法、轮伐期年限法等方法,将其账面价值结转为农产品成本。

(五) 生产性生物资产后续计量的公允价值账务处理

根据规定,生产性生物资产通常按照成本计量,但有确凿证据表明其公允价值能够持续可靠取得的除外。采用公允价值计量的生物资产,应当同时满足下列两个条件:

(1) 生产性生物资产有活跃的交易市场。活跃的交易市场,是指同时具有下列特征的市场:❶市场内交易的对象具有同质性;❷可以随时找到自愿交易的买方和卖方;❸市场价格的信息是公开的。

(2) 能够从交易市场上取得同类或类似生物资产的市场价格及其他相关信息,从而对生物资产的公允价值作出合理估计。

练 习 题

核算分析题(一)

【目的】 练习固定资产购进的核算。

【资料】 浙江宏华股份有限公司(简称"宏华公司")为增值税一般纳税人,适用的增值税税率为13%,12月发生有关固定资产购进的业务如下:

(1) 1日,购入一台不需安装的设备,买价为12 000元,增值税税额为1 560元,购进途中发生运输费5 000元并取得增值税专用发票,注明增值税税额为450元。所有款项以汇兑方式支付,设备已验收投入使用。

(2) 15日,购入一台需要安装的设备,买价为600 000元,增值税税额为78 000元,支付运费3 000元并取得增值税专用发票,注明增值税税额为270元,所有款项以汇兑方式支付。设备安装时领用原材料成本为10 000元;领用自产M产品成本为35 000元,计税价格为40 000元;设备安装时支付的有关人员工资为50 000元。25日安装工程结束,设备达到预定可使用状态。

(3) 30日,为降低采购成本,从乙公司一次性购进了三套不同型号且有不同生产能力的设备X、Y、Z,以银行存款支付货款880 000元、增值税税额114 400元;包装费20 000元。假定设备X、Y、Z分别满足固定资产的定义及其确认条件,公允价值分别为300 000元、250 000元、450 000元。假设不考虑其他相关税费。

【要求】 根据上述业务,编制宏华公司有关会计分录。

核算分析题(二)

【目的】 练习在建工程的核算。

【资料】 浙江宏华股份有限公司(简称"宏华公司")为增值税一般纳税人,适用的增值税税率为13%,1月1日准备自行建造一条生产线。有关资料如下:

(1) 1月2日,购入工程物资一批,取得的增值税专用发票注明买价为300万元,增值税税额为39万元,款项以银行存款支付。

(2) 2月8日,领用生产用原材料一批,成本为10万元。

(3) 1月2日至6月30日,工程先后领用工程物资224万元。

(4) 6月30日,对工程物资进行清查,发现工程物资减少10万元,经调查属保管员过失造成,根据企业管理规定,保管员应赔偿5万元。剩余工程物资转为企业原材料。

(5) 领用本公司所生产的产品一批,账面价值为60万元,计税价格为90万元。

(6) 工程建设期间发生工程人员职工薪酬3.5万元。

(7) 6月30日,完工并交付使用。

【要求】 根据上述资料,编制宏华公司有关会计分录。(计算结果保留2位小数;答案中的金额单位用万元表示)

核算分析题(三)*

【目的】 练习接受捐赠固定资产和投资转入固定资产的核算。

【资料】 浙江宏华股份有限公司(简称"宏华公司")为增值税一般纳税人,适用的增值税税率为13%,12月发生有关固定资产的经济业务如下:

(1) 5日,接受A公司捐赠的设备一台,A公司未提供相关单据。市场上类似设备的公允价值为200 000元,估计该设备的新旧程度为八成新。另以银行存款支付运杂费等10 000元,设备运抵企业投入使用。

(2) 收到D公司投入设备一台,投资合同中的固定资产协议价格为500 000元。接受投资后对方拥有本企业30%的股权(本企业变更注册后的资本为100万元)。

【要求】 根据上述业务,编制宏华公司有关会计分录。(不考虑其他相关税费)

核算分析题(四)

【目的】 练习固定资产折旧的计算。

【资料】 2024年12月20日,浙江宏华股份有限公司(简称"宏华公司")购入一台不需要安装的机器设备,取得的增值税专用发票注明价款为117 000元,增值税税额为15 210元,另支付保险费2 000元、包装费1 000元,款项均以银行存款支付。该设备即日起投入基本生产车间使用,预计可使用5年,预计净残值为5 000元,假定不考虑固定资产减值因素。

【要求】

(1) 根据上述资料,编制宏华公司购入设备时的会计分录。

(2) 分别采用平均年限法、双倍余额递减法、年数总和法计算该设备2025年度至2029年度每年的折旧额。

核算分析题(五)

【目的】 练习固定资产处置的核算。

【资料】 浙江宏华股份有限公司(简称"宏华公司")为增值税一般纳税人,适用的增值税税率为13%,12月处置部分固定资产的经济业务如下:

(1) 10日,出售一台不再使用的设备,原价为60 000元,已提折旧15 000元,出售收入为40 000元,已开出增值税专用发票,出售价税款存入银行,发生其他清理费用1 800元,用银行存款支付,清理完毕结转清理净损益。

(2) 25日,现有一台设备由于性能等原因决定提前报废,原价为500 000元,已计提折旧450 000元,未计提减值准备。报废时的残值变价收入为20 000元(含税价),报废清理过程中发生清理费用3 500元。有关收入、支出均通过银行办理结算。

【要求】 根据上述业务,编制宏华公司有关会计分录。

核算分析题(六)

【目的】 练习固定资产清查的核算。

【资料】 浙江宏华股份有限公司(简称"宏华公司")为增值税一般纳税人,适用的增值税税率为13%,2024年12月发生有关固定资产的经济业务如下:

(1) 20日,在财产清查过程中,发现2023年12月购入的一台设备尚未入账,重置成本为30 000元(假定与其计税基础不存在差异)。假定宏华公司按净利润的10%计提法定盈余公积。

(2) 31日,财产清查时发现短缺一台笔记本电脑,原价为10 000元,已计提折旧7 000元。

【要求】 根据上述业务,编制宏华公司有关会计分录。

核算分析题(七)

【目的】 练习固定资产减值的核算。

【资料】 浙江宏华股份有限公司(简称"宏华公司")为增值税一般纳税人,适用的增值税税率为13%,12月31日,某项固定资产原价为100 000元,已提折旧20 000元,已提减值准备12 000元。现对其进行减值测试,发现销售净价为65 000元,预计未来现金流量的现值为66 000元。

【要求】 根据上述业务,编制宏华公司有关会计分录。

知识结构:固定资产

第五章 无形资产

知识目标

1. 了解无形资产的特征、确认条件。
2. 认识无形资产的内容。
3. 了解无形资产使用寿命的判断。
4. 熟悉无形资产的初始计量、后续计量。
5. 了解无形资产减值的判断。

能力目标

1. 能进行外购无形资产的核算。
2. 能进行自行研发无形资产的核算。
3. 能进行无形资产摊销的计算及核算。
4. 能进行无形资产减值的计算及核算。
5. 能进行无形资产处置的核算。

素养目标

1. 通过分析科技创新型企业的案例,培养自主创新精神与爱国情怀。
2. 通过分析商标侵权案,培养诚信意识与法治意识。
3. 通过分析融入自主创新理念的"科技自立"相关案例,认识专业的力量以及知识的价值,深刻感受技术创新的重要性。
4. 通过分析无形资产相关案例,感受素养教育的实质性意义与价值。

文本:《企业会计准则第6号——无形资产》

知识导图

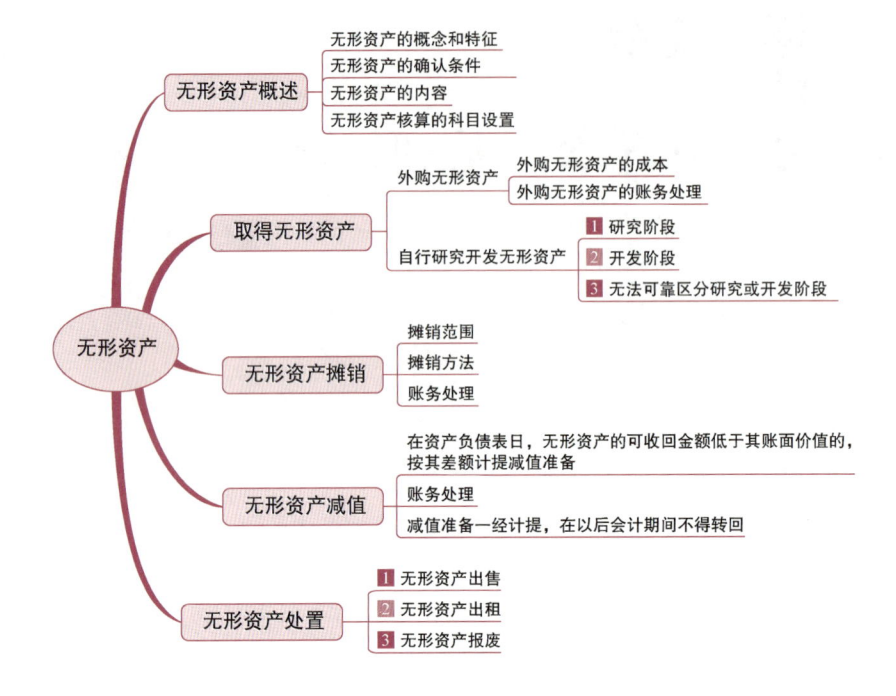

```
                    ┌─ 无形资产概述 ─┬─ 无形资产的概念和特征
                    │               ├─ 无形资产的确认条件
                    │               ├─ 无形资产的内容
                    │               └─ 无形资产核算的科目设置
                    │
                    ├─ 取得无形资产 ─┬─ 外购无形资产 ─┬─ 外购无形资产的成本
                    │               │               └─ 外购无形资产的账务处理
                    │               └─ 自行研究开发无形资产 ─┬─ ① 研究阶段
                    │                                       ├─ ② 开发阶段
                    │                                       └─ ③ 无法可靠区分研究或开发阶段
         无形资产 ──┤
                    ├─ 无形资产摊销 ─┬─ 摊销范围
                    │               ├─ 摊销方法
                    │               └─ 账务处理
                    │
                    ├─ 无形资产减值 ─┬─ 在资产负债表日,无形资产的可收回金额低于其账面价值的,按其差额计提减值准备
                    │               ├─ 账务处理
                    │               └─ 减值准备一经计提,在以后会计期间不得转回
                    │
                    └─ 无形资产处置 ─┬─ ① 无形资产出售
                                    ├─ ② 无形资产出租
                                    └─ ③ 无形资产报废
```

第一节　无形资产概述

一、无形资产的概念和特征

无形资产(intangible assets)是指企业拥有或者控制的没有实物形态的可辨认非货币性资产。无形资产具有以下三个主要特征：

(一) 不具有实物形态

无形资产是不具有实物形态的非货币性资产,它不像固定资产、存货等有形资产具有实物形态。

(二) 具有可辨认性

满足下列条件之一的资产,符合无形资产定义中的可辨认性标准：

(1) 能够从企业中分离或者划分出来,并能单独或者与相关合同、资产或负债一起,用于出售、转让、授予许可、租赁或者交换。

(2) 源自合同性权利或其他法定权利,无论这些权利是否可以从企业或其他权利和义务中转移或者分离。

> **注意：**
> ♦ **商誉**由于无法与企业自身分离而存在,不具有可辨认性,不在本节讲述。

(三) 属于非货币性长期资产

无形资产属于非货币性资产,且能够在多个会计期间为企业带来经济利益。无形资产的使用年限在1年以上,其价值将在各个受益期间逐渐摊销。

二、无形资产的确认条件

无形资产应当在符合定义的前提下,同时满足以下两个条件,才能予以确认。

(一) 与该无形资产有关的经济利益很可能流入企业

作为无形资产确认的项目,其所产生的经济利益具备很可能流入企业。通常情况下,无形资产产生的未来经济利益可能包括在销售商品、提供劳务的收入当中,或者包括在企业使用该项无形资产而减少或节约的成本中,也可能体现在获得的其他利益当中。例如,生产加工企业在生产工序中使用了某种知识产权,降低了未来生产成本,但不是为了增加未来收入。

会计实务中,要确定无形资产所创造的经济利益是否很可能流入企业,需要实施职业判断。在实施这种判断时,需要对无形资产在预计使用寿命内可能存在的各种经济因素作出合理估计,并且应当有确凿的证据支持。例如,企业是否有足够的人力资源、高素质的管理队伍、相关的硬件设备、相关的原材料等来配合无形资产为企业创造经济利益。同时,更为重要的是关注一些外界因素的影响,如是否存在与该无形资产相关的新技术、新产品冲击,或其生产的产品是否存在市场等。在实施判断时,企业管理层应对在无形资产的预计使用寿命内存在的各种因素作出最稳健的估计。

(二) 该无形资产的成本能够可靠地计量

成本能够可靠地计量是确认资产的一项基本条件,对于无形资产而言,这个条件相对更重要。例如,企业内部产生的品牌、报刊名、刊头、客户名单和实质上类似项目的支出,由于不能与整个业务开发成本区分开来,成本无法可靠计量,不应确认为无形资产。

三、无形资产的内容

无形资产包括专利权、非专利技术、商标权、著作权、土地使用权和特许权等。

(一) 专利权

专利权(patent right)是指国家专利主管机关依法授予发明创造专利申请人对其发明创造在法定期限内所享有的专有权利,包括发明专利权、实用新型专利权和外观设计专利权。它给予持有者独家使用或控制某项发明的特殊权利。《中华人民共和国专利法》明确规定,专利人拥有的专利权受到国家法律保护。专利权是允许其持有者独家使用或控制的特权,但它并不保证一定能给持有者带来经济效益,如有的专利可能会被另外更有经济价值的专利淘汰。因此,企业不应将其所拥有的一切专利权都予以资本化,不能将所有的专利权作为无形资产管理和核算。一般而言,只有从外单位购入的专利或者自行开发并按法律程序申请取得的专利,才能作为无形资产管理和核算。这种专利可以降低成本,或者提高产品质量,也可将其转让出去获得转让收入。

企业从外单位购入的专利权,应按实际支付的价款作为专利权的成本。企业自行开发并按法律程序申请取得的专利权,应按照《企业会计准则第6号——无形资产》确定的金额作为成本。

(二) 非专利技术

非专利技术(non-patents)又称专有技术、技术秘密、技术诀窍,是指先进的、未公开的、未申请专利、可以带来经济效益的技术及诀窍,主要内容包括:

(1) 工业专有技术,即在生产上已经采用,仅限于少数人知道,不享有专利权或发明权的生产、装配、修理、工艺或加工方法的技术知识。

(2) 商业(贸易)专有技术,即具有保密性质的市场情报、原材料价格情报以及用户、竞争对象的情况和有关知识。

(3) 管理专有技术,即生产组织的经营方式、管理方式、培训职工方法等保密知识。

非专利技术并不是专利法的保护对象,所有人依靠自我保密的方式来维持其独占权。非专利技术可以用于转让和投资。

企业的非专利技术,有些是自己开发研究的,有些是根据合同规定从外部购入的。如果是企业自己开发研究的,应将符合《企业会计准则第6号——无形资产》规定的开发支出资本化条件的,确认为无形资产。对于从外部购入的非专利技术,应将实际发生的支出予以资本化,作为无形资产入账。

(三) 商标权

商标是用来辨认特定的商品或劳务的标记。商标权(trademark right)是指专门在某类指定的商品或产品上使用特定的名称或图案的权利。《中华人民共和国商标法》明确规定,经商标局核准注册的商标为注册商标,商标注册人享有商标专用权,受法律的保护。

企业自创商标并将其注册登记,所花费用一般不大,是否将其资本化并不重要。能够给拥有者带来获利能力的商标,往往是通过多年的广告宣传和其他传播商标名称的手段,以及客户的信赖等树立起来的。广告费一般不作为商标权的成本,而是在发生时直接计入当期损益。

按照《中华人民共和国商标法》的规定,商标可以转让,但受让人应保证使用该注册商标的产品质量。如果企业购买他人的商标,一次性支出费用较大的,可以将其资本化,作为无形资产管理。这时,应根据购入商标的价款、支付的手续费及有关费用作为商标的成本。

(四) 著作权

著作权(copyright)又称版权,指作者对其创作的文学、科学和艺术作品依法享有的某种特殊权利。著作权包括精神权利(人身权利)和经济权利(财产权利)。前者指作品署名、发表作品、确认作者身份、保护作品的完整性、修改已经发表的作品等各项权利,包括作品发表权、署名权、修改权和保护作品完整权;后者指以出版、表演、广播、展览、录制唱片、摄制影片等方式使用作品以及因授权他人使用作品而获得经济利益的权利。版权可以出售、转让和赠与。

(五) 土地使用权

土地使用权(land usage right)是指国家准许某一企业或单位在一定期间内对国有土地享有开发、利用、经营的权利。根据《中华人民共和国土地管理法》的规定,我国实行土地的社会主义公有制,即全民所有制和劳动群众集体所有制。任何单位和个人不得侵占、买卖或者以其他形式非法转让。土地使用权可以依法转让。作为投资性房地产或作为固定资产核算的土地,按投资性房地产或固定资产核算。企业以缴纳土地出让金等方式外购或投资者投入取得土地使用权,应将取得时发生的支出资本化,作为土地使用权的成本,记入"无形资产"科目。

(六) 特许权

特许权(chartered right)又称经营特许权、专营权,指企业在某一地区经营或销售某种特定商品的权利,或是一家企业接受另一家企业使用其商标、商号、技术秘密等的权利。前者一般是指政府机构授权、准许企业使用或在一定地区享有经营某种业务的特权,如水、电、邮电通信等专营权、烟草专卖权等;后者指企业依照签订的合同,有限期或无限期地使用另一家企业的某些权利,如连锁店、分店使用总店的名称等。

> **注意:**
> - 企业单独估价入账的土地应当作为固定资产核算。
> - 一般情况下企业通过出让方式或购买方式取得土地使用权,作为无形资产核算;如果在该土地使用权上建造房屋,则该土地使用权应当单独作为无形资产核算。
> - 企业购入的土地使用权改变用途为出租或用于资本增值,应当作为投资性房地产核算。但是,房地产开发企业取得的土地使用权是为了建造对外出售的房屋建筑物时,相关的土地使用权应当计入所建造的房屋建筑物成本(开发成本);如果是自用,并不是用于开发写字楼或商品房,则单独作为无形资产核算。

四、无形资产核算科目的设置

为了反映和监督无形资产的取得、摊销和处置等情况,企业应当设置"无形资产""研发支出""累计摊销""无形资产减值准备"等科目,如表5-1所示。

表 5-1　　　　　　　　　　无形资产核算科目的设置

科目名称	核算内容
无形资产	无形资产属于资产类科目,核算企业持有的无形资产成本,借方登记取得无形资产的成本,贷方登记出售无形资产时转出无形资产的账面余额,期末余额在借方,反映企业无形资产的成本。本科目应按无形资产项目设置明细科目进行核算
研发支出	研发支出属于资产类科目,核算企业自行研究开发无形资产过程中发生的各项支出,下设"资本化支出""费用化支出"两个明细项目。借方归集企业发生的各项研究开发支出,贷方登记期末费用化研发支出的转出及达到预定用途时资本化研发支出的转出,期末余额在借方,反映企业正在进行中的研究开发项目中满足资本化条件的支出
累计摊销	累计摊销属于资产类科目,是"无形资产"的调整科目,核算企业对使用寿命有限的无形资产的累计摊销。贷方登记企业计提的无形资产摊销,借方登记处置无形资产转出的累计摊销,期末余额在贷方,反映企业无形资产的累计摊销额。本科目可按无形资产项目进行明细核算
无形资产减值准备	无形资产减值准备属于资产类科目,是"无形资产"的调整科目,核算企业计提的无形资产减值准备的金额。贷方登记计提的减值准备金额,借方登记减值准备的转销额,期末余额在贷方。本科目应按无形资产项目进行明细核算

第二节　取得无形资产

无形资产通常按照实际成本进行初始计量,即以取得无形资产并使之达到预定用途而发生的全部支出作为无形资产的成本。企业取得无形资产的主要方式有外购、自行研究开发等。取得的方式不同,其会计处理也有所差别。

一、外购无形资产

（一）外购无形资产的成本

外购无形资产成本的构成内容如图 5-1 所示。

外购无形资产成本
1. 购买价款
2. 相关税费
3. 直接归属于使该项资产达到预定用途所发生的其他支出

图 5-1　外购无形资产成本的构成

其中,直接归属于使该项资产达到预定用途所发生的其他支出包括使无形资产达到预定用途所发生的专业服务费用、测试无形资产是否能够正常发挥作用的费用等。

> 💡 **注意：**
> 下列各项不包括在无形资产的初始成本中：
> - 为引入新产品进行宣传发生的广告费、管理费用及其他间接费用。
> - 无形资产已经达到预定用途以后发生的费用。
> - 按照现行增值税制度规定,可以从销项税额中抵扣的增值税进项税额。

购买无形资产的价款超过正常信用条件延期支付,实质上具有融资性质的,无形资产的成本以购买价款的现值为基础确定。实际支付的价款与购买价款的现值之间的差额确认为未确认融资费用,并且在信用期间内采用实际利率法进行摊销,摊销金额除满足借款费用资本化条件应当计入无形资产成本外,均应计入当期损益(财务费用)。

（二）外购无形资产的账务处理

外购无形资产,按无形资产的成本借记"无形资产"科目,按可抵扣的增值税进项税额,借记"应交税费——应交增值税(进项税额)"科目,贷记"银行存款"等科目。

> **【例 5-1】** 2024 年 12 月 20 日,浙江宏华股份有限公司(简称"宏华公司")购入一项专利权,使用该专利权能够使宏华公司的生产能力和销售利润率有明显的提高。该专利购入价 20 万元,款项通过银行转账支付。请编制宏华公司购入该项专利权的会计分录。
> **相关凭证：** 专利权转让合同复印件(见凭证 5-1);发明专利证书复印件(见凭证 5-2);增值税普通发票发票联(见凭证 5-3);转账付款证明。

借：无形资产——专利权　　　　　　　　　　　　　　200 000
　　贷：银行存款　　　　　　　　　　　　　　　　　　　　　200 000

凭证 5-1

专利权转让合同

前言（鉴于条款）
——鉴于转让方天翔板材制造公司拥有树脂精细板材及其制造方法专利，其专利号ZL031088536，申请日2022-03-10，授权日2022-05-10，专利权的有效期为2042-05-10。
——鉴于受让方浙江宏华股份有限公司对上述专利的了解，希望获得该专利权。
——鉴于转让方同意将其拥有的专利权转让给受让方，双方一致同意签订本合同。
……
第四条　转让费及支付方式
本合同涉及的专利权的转让费为（￥200,000 元），采用一次付清方式，在合同生效之日10日内，受让方将转让费全部汇至转让方的账号。
……

转让方签章　　　　　　　　　　　　　受让方签章
转让方法人代表签章　郑光明　　　　　受让方法人代表签章　雷东宝
2024年12月20日　　　　　　　　　　　2024年12月20日

凭证 5-2

证书号：第311800

发明专利证书

发 明 名 称：树脂精细板材及其制造方法
发 明 人：郑光明
专 利 号：ZL031088536
专利申请日：2022年3月10日
专 利 人：郑光明
授权公告日：2022年5月10日

　　本发明经过本局依照《中华人民共和国专利法》进行审查，决定授予专利权，颁发本证书，并在专利登记簿上予以登记，专利权至授权公告之日起生效。
　　本专利的专利权期限为20年，至申请日起算，专利权人应当依照专利法及其实施细则的规定缴纳年费，缴纳本专利年费的期限是每年3月10日前一个月内。未按照规定缴纳年费的，专利权自应当缴纳年费期满之日起终止。
　　专利权证书记载专利权登记时的法律状况，专利权的转移、质押、失效、终止、恢复和专利权人的姓名或名称、国籍、地址变更等事项记载在专利登记簿上。

局长　申长雨

2022年5月10日

凭证 5-3

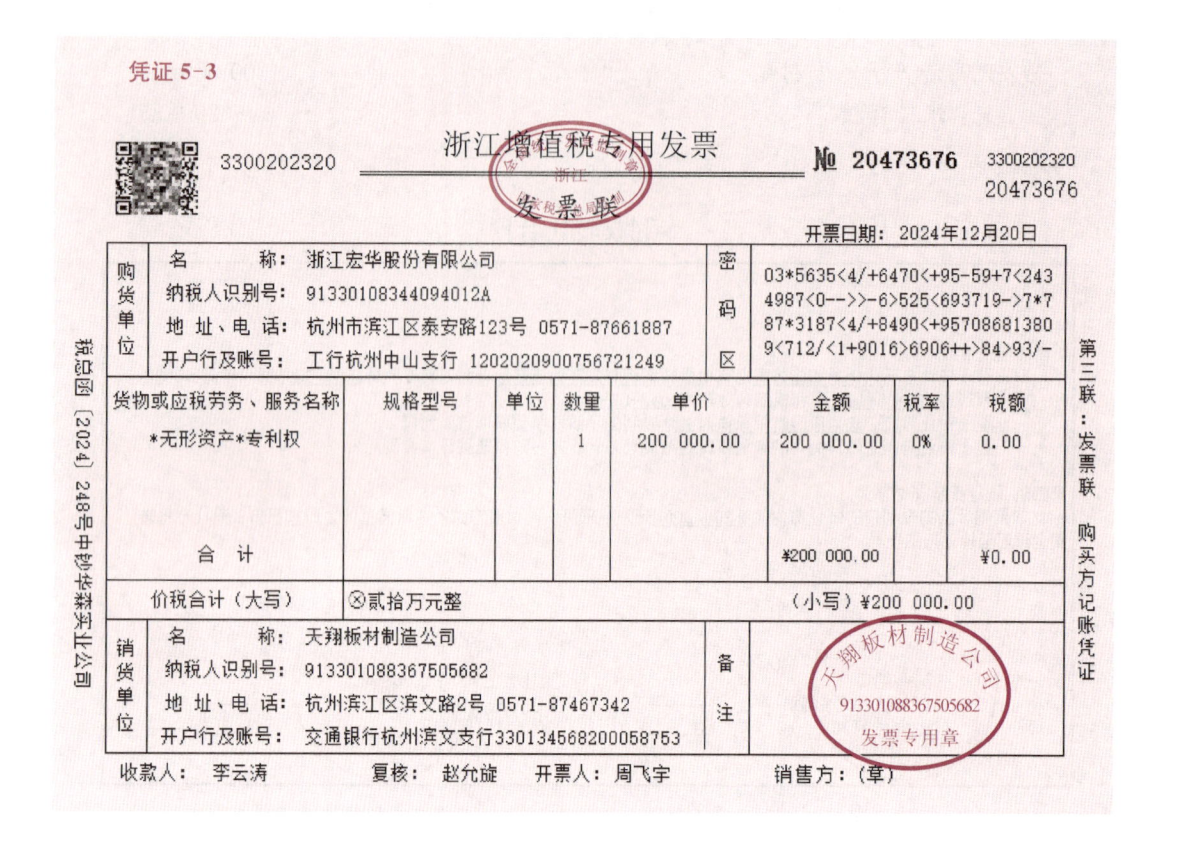

浙江增值税专用发票 № 20473676

开票日期：2024年12月20日

购货单位	名称：浙江宏华股份有限公司
	纳税人识别号：913301083440940012A
	地址、电话：杭州市滨江区泰安路123号 0571-87661887
	开户行及账号：工行杭州中山支行 1202020900756721249

货物或应税劳务、服务名称	规格型号	单位	数量	单价	金额	税率	税额
*无形资产*专利权			1	200 000.00	200 000.00	0%	0.00
合 计					¥200 000.00		¥0.00

价税合计（大写）：⊗ 贰拾万元整　　（小写）¥200 000.00

销货单位	名称：天翔板材制造公司
	纳税人识别号：913301088367505682
	地址、电话：杭州滨江区滨文路2号 0571-87467342
	开户行及账号：交通银行杭州滨文支行 330134568200058753

收款人：李云涛　　复核：赵允旋　　开票人：周飞宇　　销售方：（章）

二、自行研究开发无形资产

（一）区分研究阶段与开发阶段

对于企业自行进行的研究开发项目，应当区分研究阶段与开发阶段分别进行核算。关于研究阶段与开发阶段的具体划分，企业应当根据自身实际情况以及相关信息加以判断。

1. 研究阶段

研究阶段是指为获取新的技术和知识等进行的有计划的调研。研究活动包括：为获取知识而进行的活动；研究成果或其他知识的应用研究、评价和最终选择；材料、设备、产品、工序、系统或服务替代品的研究；新的或经改进的材料、设备、产品、工序、系统或服务的可能替代品的配制、设计、评价和最终选择等。

研究阶段基本上是探索性的，是为进一步的开发活动进行资料及相关方面的准备，已经进行的研究活动将来是否会转入开发、开发后是否会形成无形资产等均具有较大的不确定性。考虑到研究阶段的探索性及其成果的不确定性，企业无法证明其能够带来未来经济利益的无形资产的存在。因此，对于企业内部研究开发项目，研究阶段的有关支出，应当在发生时全部费用化，计入当期损益（管理费用）。

2. 开发阶段

开发阶段是指在进行商业性生产或使用前，将研究成果或其他知识应用于某项计划或设计，以生产出新的或具有实质性改进的材料、装置、产品等。开发活动包括：生产前或使用前的原型和模型的设计、建造和测试；含新技术的工具、夹具、模具和冲模的设计；不具有商业性生产经济规模的试生产设施的设计、建造和运营;新的或经改造的材料、设备、产品、工序、系统或服务所选定的替代品的设计、建造和测试等。

相对于研究阶段而言,开发阶段应当是已完成研究阶段的工作,在很大程度上具备了形成一项新产品或新技术的基本条件。考虑到进入开发阶段的研发项目往往形成成果的可能性较大,因此,如果企业能够证明开发支出符合无形资产的定义及相关确认条件,则可将其确认为无形资产。

具体来讲,对于企业内部研究开发项目,开发阶段的支出同时满足了下列条件的才能资本化,确认为无形资产,否则应当计入当期损益(管理费用),具体处理方式如图 5-2 所示。

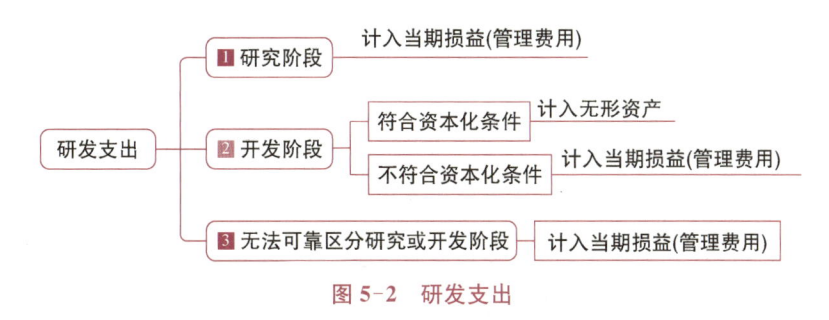

图 5-2 研发支出

（1）完成该无形资产以使其能够使用或出售在技术上具有可行性。
（2）具有完成该无形资产并使用或出售的意图。
（3）无形资产产生经济利益的方式,包括能够证明运用该无形资产生产的产品存在市场或无形资产自身存在市场,无形资产将在内部使用的,应当证明其有用性。
（4）有足够的技术、财务资源和其他资源支持,以完成该无形资产的开发,并有能力使用或出售该无形资产。
（5）归属于该无形资产开发阶段的支出能够可靠地计量。

3. 无法可靠区分研究或开发阶段

无法可靠区分研究阶段和开发阶段的支出,应当在发生时费用化,计入当期损益(管理费用)。研究阶段与开发阶段的研发支出核算见图 5-2。

(二) 自行研究开发无形资产的成本

内部研发活动形成的无形资产成本,由可直接归属于该资产的创造、生产并使该资产能够以管理层预定的方式运作的所有必要支出组成。可直接归属成本包括开发该无形资产时耗费的材料、劳务成本、注册费、在开发该无形资产过程中使用的其他专利权和特许权的摊销、按照借款费用的处理原则可以资本化的利息支出等。在开发无形资产过程中发生的除上述可直接归属于无形资产开发活动的其他销售费用、管理费用等间接费用、无形资产达到预定用途前发生的可辨认的无效和初始运作损失、为运行该无形资产发生的培训支出等,不构成无形资产的开发成本。

> 注意:
> 内部开发无形资产的成本仅包括在满足资本化条件的时点至无形资产达到预定用途前发生的支出总和,对于同一项无形资产在开发过程中达到资本化条件之前已经费用化计入当期损益的支出不再进行调整。

(三) 自行研究开发无形资产的账务处理

自行研究开发无形资产主要涉及的业务有：研发支出的发生和归集、费用化研发支出的转出、达到预定用途无形资产形成。其具体账务处理如图 5-3 所示。

```
发生研究开发费用  →  借：研发支出——费用化支出
                        ——资本化支出
                      应交税费——应交增值税(进项税额)
                    贷：银行存款、应付职工薪酬、原材料等

期末，将费用化支出  →  借：管理费用
转入"管理费用"          贷：研发支出——费用化支出

项目达到预定用途    →  借：无形资产
形成无形资产            贷：研发支出——资本化支出
```

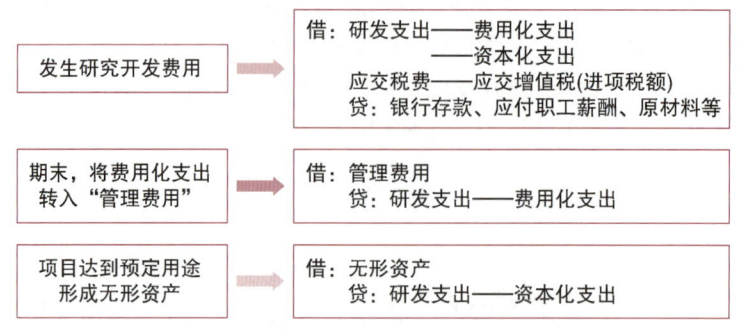

图 5-3 自行研究开发无形资产的账务处理

【例 5-2】 2024 年 5 月 1 日，浙江宏华股份有限公司(简称"宏华公司")的董事会批准研发某项新型技术，该研发项目具有可靠的技术和财务等资源的支持，且一旦研发成功将降低该公司的生产成本。2024 年 10 月 1 日起，该项目进入开发阶段。2024 年，宏华公司共发生的研发支出如下：原材料耗用 500 万元(研究阶段 300 万元，开发阶段 200 万元)；人工费 200 万元(研究阶段 150 万元，开发阶段 50 万元)；固定资产折旧 30 万元(研究阶段 10 万元，开发阶段 20 万元)；支付其他费用 150 万元(研究阶段 100 万元，开发阶段 50 万元)，假设开发阶段的支出均符合资本化条件。2024 年年底，研发项目正在进行中。请编制宏华公司 2024 年有关该项自行研究无形资产的会计分录。

相关凭证：请编制原材料领料单；工资费用分配表；固定资产折旧计算表等。

(1) 各项研发支出发生时：

借：研发支出——费用化支出	5 600 000
——资本化支出	3 200 000
贷：原材料	5 000 000
应付职工薪酬	2 000 000
累计折旧	300 000
银行存款	1 500 000

(2) 2024 年年末将费用化研发支出转入管理费用：

借：管理费用	5 600 000
贷：研发支出——费用化支出	5 600 000

【例 5-3】 沿用【例 5-2】中的数据，2025 年，宏华公司继续研发该项新型技术，发生如下支出(均符合资本化条件)：原材料耗用 300 万元；人工费 20 万元；固定资产折旧 40 万元；支付其他费用 80 万元。至 2025 年 5 月 1 日，该项实用新型技术达到预定用途。请编制宏华公司 2025 年该项自行研究无形资产的会计分录。

相关凭证：原材料领料单；工资费用分配表；固定资产折旧计算表；实用新型专利证书复印件等。

(1) 各项研发支出发生时：

借：研发支出——资本化支出　　　　　　　　　　4 400 000
　　贷：原材料　　　　　　　　　　　　　　　　　3 000 000
　　　　应付职工薪酬　　　　　　　　　　　　　　　200 000
　　　　累计折旧　　　　　　　　　　　　　　　　　400 000
　　　　银行存款　　　　　　　　　　　　　　　　　800 000

(2) 2025年5月1日，无形资产达到预定用途时：

借：无形资产——非专利技术　　　　　　　　　　7 600 000
　　贷：研发支出——资本化支出　　　　　　　　　7 600 000

素养园地

减税降费：为企业创新发展添动力

2021年，党中央、国务院围绕提振工业经济运行、支持中小微企业发展等方面，打出一套"减税降费＋缓税缓费"组合拳，有效助力稳增长、强后劲。特别是在创新最为活跃的制造业领域，两度"升级"研发费用加计扣除政策，推动制造业提升创新能力。数据显示，2021年，全国有32万户企业提前享受研发加计扣除政策优惠，减免税额3 333亿元。

格力电器董事长兼总裁董明珠表示，预计2021年格力电器总部享受高新技术企业15%企业所得税、研发费用加计扣除等政策带来的优惠将超过15亿元。当前，格力电器更加注重自主研发掌握核心科技，在智能装备领域卡位布局，让智能装备不仅服务自身生产，同时，也服务其他行业和工业企业，积极推动"中国制造"升级"中国智造"。

浙江龙盛集团股份有限公司表示，研发费用加计扣除比例提高等税收优惠政策为公司盘活现金流、推动产业结构转型升级提供了助力。该集团上百家子公司中，仅浙江吉盛化学建材有限公司一家，2021年就享受研发费用加计扣除额达2 202万元，预计减免税额约330万元。

第三节　无形资产摊销

企业应当于取得无形资产时分析判断其使用寿命。企业会计准则对无形资产摊销范围的规定具体包括：使用寿命有限的无形资产应进行摊销；使用寿命不确定的无形资产，在持有期间内不需要进行摊销，但应当至少在每年年度终了进行减值测试。

一、无形资产摊销额的计算

使用寿命有限的无形资产，应在其预计的使用寿命内采用系统合理的方法对应摊销金额进行摊销。

（一）无形资产的应摊销金额

无形资产的应摊销金额是指无形资产的成本扣除预计残值后的金额。已计提减值准备的无形资产,还应扣除已计提的无形资产减值准备累计金额。

无形资产的预计残值一般为零,但下列情况除外:

(1) 有第三方承诺在无形资产使用寿命结束时购买该无形资产。

(2) 可以根据活跃市场得到无形资产预计残值信息,并且该市场在该项无形资产使用寿命结束时可能存在。

(二) 无形资产的摊销期

无形资产的摊销期自其可供使用(即其达到预定用途)时起至终止确认时止,即当月增加的无形资产,当月开始摊销;当月减少的无形资产,当月不再摊销。

(三) 无形资产的摊销方法

无形资产摊销方法包括年限平均法(直线法)、生产总量法等。企业选择的无形资产摊销方法,应当反映与该项无形资产有关的经济利益的预期消耗方式。无法可靠确定预期消耗方式的,应当采用年限平均法(直线法)摊销。

文本:《企业会计准则解释第11号——关于以使用无形资产产生的收入为基础的摊销方法》

> **注意:**
>
> 企业至少应于每年年度终了,对使用寿命有限的无形资产的残值、摊销期、摊销方法进行复核,如果有证据表明无形资产的使用寿命、摊销方法与以前估计不同的,应改变其摊销年限和摊销方法,并按照会计估计变更进行处理。

二、无形资产摊销的账务处理

企业应当按月对无形资产进行摊销,通过编制"无形资产摊销计算表"作为无形资产摊销账务处理的依据。企业各月计提的无形资产摊销额,应当根据无形资产服务对象计入相关资产的成本或者当期损益,具体的账务处理如表 5-2 所示。

表 5-2　　　　　　　　　　无形资产摊销的账务处理

用途	借方科目	贷方科目
管理用的无形资产	管理费用	累计摊销
出租的无形资产	其他业务成本	
某项无形资产包含的经济利益通过所生产的产品或其他资产实现的	制造费用等	

【例 5-4】 浙江宏华股份有限公司(简称"宏华公司")对一般无形资产采用直线法摊销。2024 年 12 月无形资产的摊销计算表如凭证 5-4 所示。请编制宏华公司该月无形资产摊销的会计分录。

相关凭证:无形资产摊销计算表。

借:制造费用　　　　　　　　　　　　　　　　　　　90 000
　　管理费用　　　　　　　　　　　　　　　　　　　275 000
　　其他业务成本　　　　　　　　　　　　　　　　　34 375
　　贷:累计摊销　　　　　　　　　　　　　　　　　　　399 375

凭证 5-4　　　　　　　无形资产摊销计算表

编制单位：浙江宏华股份有限公司　　2024-12-31　　　　　　　金额单位：元

项目	明细	取得日期	用途	账面价值	摊销年限/年	月摊销额
制造费用	专利权 A	2017.1	生产	240 000	8	2 500
	专有技术 M	2019.4	生产	8 400 000	8	87 500
管理费用	特许权	2021.9	公司管理	6 000 000	10	50 000
	商标权	2020.8	公司管理	9 000 000	6	125 000
	土地使用权	2022.1	公司管理	60 000 000	50	100 000
其他业务成本	专利权 B	2022.3	出租	750 000	10	6 250
	专用技术 N	2022.3	出租	2 700 000	8	28 125
合计				8 709 000		399 375

复核：沈丹红　　　记账：宋运辉　　　制表：宋运辉

第四节　无形资产减值

无形资产在资产负债表日存在可能发生减值的迹象时，其可收回金额低于账面价值的，企业应当将该无形资产的账面价值减记至可收回金额，减记的金额确认为减值损失，计入当期损益，同时计提相应的资产减值准备。

企业按照应减记的金额，借记"资产减值损失"科目，贷记"无形资产减值准备"科目。

> **注意：**
> - 根据《企业会计准则第 8 号——资产减值》的规定，企业无形资产减值损失一经确认，在以后会计期间不得转回。
> - 使用寿命确定的无形资产在出现减值迹象时才进行减值测试；使用寿命不确定的无形资产，应至少每年年度终了时进行减值测试。

【例 5-5】 2022 年 1 月 1 日，浙江宏华股份有限公司（简称"宏华公司"）购入一项成本为 6 000 万元的畅销产品的商标。该商标按照法律规定还有 5 年的使用寿命，但是在保护期届满时，宏华公司可每 10 年以较低的手续费申请延期。同时，宏华公司有充分的证据表明其有能力申请延期。此外，有关的调查表明，根据产品生命周期、市场竞争等方面情况综合判断，该商标将在不确定的期间内能为企业带来现金流量。2024 年年底，宏华公司对该商标按照资产减值的原则进行减值测试，经测试表明该商标已经发生减值，现公允价值为 4 000 万元。请编制宏华公司该项无形资产减值的会计分录。

相关凭证： 无形资产商标权价值评估证明；无形资产减值准备计算表（见凭证 5-5）。

分析： 此商标权为使用寿命不确定的无形资产，不需要摊销，所以 2024 年年底该商标权的账面价值为 60 000 000 元，减值金额为 20 000 000 元（60 000 000－40 000 000）。

| 借：资产减值损失 | 20 000 000 |
| 贷：无形资产减值准备——商标权 | 20 000 000 |

凭证 5-5   **无形资产减值计算表**

2024 年 12 月 31 日   金额单位：元

项目	账面价值	公允价值	减值额
商标权	60 000 000	40 000 000	20 000 000

复核：沈丹红   记账：宋运辉   制表：宋运辉

【例 5-6】 2022 年 2 月，浙江宏华股份有限公司（简称"宏华公司"）与红星科技制造公司签订一项生产工艺技术转让合同，合同约定：该工艺的配方价值 800 万元，红星科技制造公司派出技术人员进行指导，收费 35 万元。宏华公司另外支付了印花税等相关税费 5 万元，所有款项一次性转账支付。该生产工艺技术合同转让期 8 年。2022 年 4 月，该技术开始使用。宏华公司通过对市场的考察，预计该技术将在 10 年内领先于市场，无残值。2023 年年末、2024 年年末，宏华公司预计该项工艺的可收回金额分别为 680 万元、500 万元，其他因素不变。请编制宏华公司与该项无形资产有关的会计分录。

相关凭证：无形资产转让合同复印件；签订合同时无形资产价值评估证明；增值税普通发票发票联（见凭证 5-6）；税收缴款书或完税证明；转账付款证明；2023 年年末、2024 年年末无形资产价值评估证明；2023 年年末、2024 年年末无形资产减值准备计算表。

凭证 5-6

(1) 2022 年的会计处理：

❶ 4 月无形资产入账时：

无形资产入账价值＝800＋35＋5＝840(万元)

借：无形资产——非专利技术　　　　　　　　　　　　　　　8 400 000
　　贷：银行存款　　　　　　　　　　　　　　　　　　　　　8 400 000

❷ 2022 年年末摊销无形资产时：

摊销金额＝840÷8÷12×9＝78.75(万元)

借：制造费用　　　　　　　　　　　　　　　　　　　　　　　787 500
　　贷：累计摊销　　　　　　　　　　　　　　　　　　　　　　787 500

(3) 2023 年的会计处理：

❶ 2023 年年末摊销无形资产时：

摊销金额＝840÷8＝105(万元)

借：制造费用　　　　　　　　　　　　　　　　　　　　　　1 050 000
　　贷：累计摊销　　　　　　　　　　　　　　　　　　　　　1 050 000

❷ 2023 年年末无形资产账面价值 656.25 万元(840－78.75－105)，小于公允价值 680 万元，所以无需计提减值准备。

(3) 2024 年的会计处理：

❶ 2024 年年末摊销无形资产时：

摊销金额＝840÷8＝105(万元)

借：制造费用　　　　　　　　　　　　　　　　　　　　　　1 050 000
　　贷：累计摊销　　　　　　　　　　　　　　　　　　　　　1 050 000

❷ 2024 年年末计提无形资产减值准备时：

2024 年年末无形资产账面价值 551.25 万元(840－78.75－105－105)，大于公允价值 500 万元，所以，应计提无形资产减值准备 51.25 万元(551.25－500)。

借：资产减值损失　　　　　　　　　　　　　　　　　　　　　512 500
　　贷：无形资产减值准备——非专利技术　　　　　　　　　　　512 500

素养园地

彰显知识产权价值：华为发布"十大发明"成果

"专利制度的本质是激励创新，促进技术公开并被业界公平广泛地使用，从而推动产业繁荣和社会进步。"这是华为创始人任正非对于专利权的阐述。

"2022 创新和知识产权论坛"上，华为发布了两年一度的"十大发明"成果，包括全新的加法神经网络、多目标博弈算法、光虹膜、全精度浮点计算、抬头显示系统、确定性 IP、5G Single Air、双活网络附属存储等。这些发明成果已取得了巨大的经济效益和社会效益，充分体现了知识产权价值。

第五节 无形资产处置

无形资产处置主要指无形资产出售、出租、对外捐赠，或者是无法为企业带来经济利益时，应予终止确认并转销。

一、无形资产出售

企业出售无形资产，表明企业放弃该无形资产的所有权，应按照持有待售的非流动资产、处置组的相关规定进行会计处理。将所取得的价款与该无形资产账面价值的差额作为资产处置利得或损失，计入当期损益。值得注意的是，企业出售无形资产确认其利得的时点，应按照收入确认中的相关原则进行确认。企业出售无形资产时，应当按照实际收到的金额等，借记"银行存款"等科目，按照已计提的累计摊销，借记"累计摊销"科目，按已计提的减值准备，借记"无形资产减值准备"科目，按照应支付的相关税费及其他费用，贷记"应交税费""银行存款"等科目，按其账面余额，贷记"无形资产"科目，按照其差额，则贷记或借记"资产处置损益"科目。

【例5-7】 2024年12月20日，浙江宏华股份有限公司（简称"宏华公司"）将拥有的一项商标权出售，开具的增值税发票上注明价款30万元，增值税税额1.8万元，款项存入银行。该商标权的账面余额为25万元，累计摊销额为5万元。假定不考虑其他相关税费，请编制宏华公司该项商标权转让的会计分录。

相关凭证： 无形资产转让合同复印件；无形资产价值评估证明；增值税专用发票（见凭证5-7）；转账收款证明；无形资产转让损益计算表（见凭证5-8）。

凭证5-7

凭证 5-8	无形资产转让损益计算表		
	2024 年 12 月 20 日		金额单位:元
项目	商标权		
无形资产原值	250 000.00	转让收入	300 000.00
累计摊销	50 000.00	转让税费	0.00
减值准备	0.00		
转让净收益(损失"—")¥100 000.00			
复核 沈丹红	记账 宋运辉		制表 宋运辉

借：银行存款　　　　　　　　　　　　　　　　　　318 000
　　累计摊销　　　　　　　　　　　　　　　　　　 50 000
　贷：无形资产——商标权　　　　　　　　　　　　250 000
　　　应交税费——应交增值税(销项税额)　　　　　 18 000
　　　资产处置损益　　　　　　　　　　　　　　　100 000

二、无形资产出租

企业将所拥有的无形资产的使用权让渡给他人，并收取租金，属于与企业日常活动相关的其他经营活动取得的收入，在满足收入确认条件的情况下，应确认相关的收入及成本，并通过其他业务收支科目进行核算。

让渡无形资产使用权而取得的租金收入，借记"银行存款"等科目，贷记"其他业务收入""应交税费——应交增值税(销项税额)"等科目；摊销的出租无形资产的成本和发生与出租该无形资产有关的各项费用支出时，借记"其他业务成本"等科目，贷记"累计摊销"等科目。

【例 5-8】 2024 年 1 月 1 日，浙江宏华股份有限公司（简称"宏华公司"）将某商标权出租给利星公司使用，租期 5 年，年租金 20 万元（不含税），于每年年末收取，宏华公司在出租期间不再使用该项商标。该商标权的初始入账价值为 80 万元，预计使用期限 10 年，按直线法摊销。请编制宏华公司该项无形资产出租的会计分录。

相关凭证：无形资产转让合同复印件；租金收入发票；税收缴款书或完税证明；转账收款证明；无形资产摊销计算表。

(1) 2024 年年末，收取租金收入：
借：银行存款　　　　　　　　　　　　　　　　　　212 000
　贷：其他业务收入　　　　　　　　　　　　　　　200 000
　　　应交税费——应交增值税(销项税额)　　　　　 12 000

(2) 2024 年无形资产摊销：
借：其他业务成本　　　　　　　　　　　　　　　　 80 000
　贷：累计摊销　　　　　　　　　　　　　　　　　 80 000

三、无形资产报废

如果无形资产预期不能为企业带来经济利益,例如,该无形资产已被其他新技术所替代或超过法律保护期,不能再为企业带来经济利益的,则不再符合无形资产的定义,应将其报废并予转销,其账面价值转入当期损益。转销时,应按已计提的累计摊销额,借记"累计摊销"科目;按已计提的减值准备,借记"无形资产减值准备"科目,按其账面余额,贷记"无形资产"科目;按其差额,借记"营业外支出——非流动资产处置损失"科目。

【例 5-9】 6 月 15 日,浙江宏华股份有限公司(简称"宏华公司")某项非专利技术的账面余额为 500 万元,累计摊销额为 250 万元,累计计提减值准备 200 万元。假定以该项非专利技术生产的产品已没有市场,预期不能再为公司带来经济利益(不考虑其他相关税费)。请编制宏华公司该项无形资产报废的会计分录。

相关凭证:无形资产报废损益计算表。

借:累计摊销　　　　　　　　　　　　　　　　　　　　2 500 000
　　无形资产减值准备　　　　　　　　　　　　　　　　2 000 000
　　营业外支出——处置非流动资产损失　　　　　　　　　 500 000
　贷:无形资产——非专利技术　　　　　　　　　　　　　5 000 000

练 习 题

核算分析题(一)

【目的】 练习外购无形资产的核算。

【资料】 1 月 1 日,浙江宏华股份有限公司(简称"宏华公司")从外单位购入某项专利权的入账价值为 600 万元(免税),预计使用寿命为 8 年,该项专利用于产品生产;同时,购入一项商标权,取得的增值税专用发票上注明的价款为 800 万元,增值税税额为 48 万元,预计使用寿命为 10 年,预计净残值均为 0,价税款均已以银行存款支付。

【要求】
(1) 编制宏华公司当年外购无形资产的会计分录。
(2) 计算宏华公司当年无形资产的摊销额,并编制无形资产摊销的会计分录。

核算分析题(二)

【目的】 练习自行研究开发无形资产的核算。

【资料】 浙江宏华股份有限公司(简称"宏华公司")从 2024 年 5 月 1 日开始自行研究开发一项新产品专利技术用于生产产品,在研究开发过程中发生材料费 3 000 万元、人工工资 500 万元,以及用银行存款支付的其他费用 200 万元,总计 3 700 万元,其中,符合资本化条件的支出为 3 000 万元。2024 年 12 月 31 日,该专利技术达到预定用途。假定形成无形资产的专利技术采用直线法按10年摊销,预计净残值为零。

【要求】 (不考虑相关税费)

(1) 编制宏华公司自行研究开发无形资产的会计分录。

(2) 计算宏华公司2025年无形资产的摊销额,并编制无形资产摊销的会计分录。

核算分析题(三)

【目的】 练习使用寿命不确定的无形资产的核算。

【资料】 5月1日,浙江宏华股份有限公司(简称"宏华公司")购入一项无形资产,取得的增值税专用发票上注明的价款为300万元,增值税税额为18万元,价税款以银行存款支付,宏华公司无法预见该无形资产为企业带来经济利益的期限。当年12月31日该无形资产的可收回金额为200万元。

【要求】 根据上述资料,编制宏华公司当年与该项无形资产相关的会计分录(答案中的金额单位用万元表示)。

核算分析题(四)

【目的】 练习无形资产处置的核算。

【资料】 浙江宏华股份有限公司(简称"宏华公司")本年部分无形资产业务如下:

(1) 8月,出售一项商标权,该商标权的成本为500万元,已摊销金额为300万元,已计提的减值准备为50万元,出售价款为200万元(不含税)。

(2) 10月,将一项专利权出租给D公司,当期取得租金收入5万元(不含税),已存入银行,该专利权当期摊销额为3万元。

(3) 以某专利权生产的产品已没有市场,预期不能再为企业带来经济利益。12月31日,企业将该专利报废,该专利账面原值为25万元,累计摊销金额为13万元,累计已计提减值准备5万元。

【要求】 根据上述业务,编制宏华公司相关会计分录。

知识结构:无形资产

第六章　投资性房地产

文本:《企业会计准则第3号——投资性房地产》

知识目标

1. 了解投资性房地产的概念与范围。
2. 熟悉投资性房地产的初始计量。
3. 熟悉投资性房地产的后续计量。

能力目标

1. 能进行成本模式下投资性房地产取得、折旧或摊销、减值、处置的核算。
2. 能进行公允价值模式下投资性房地产取得、期末计价、处置的核算。
3. 能进行投资性房地产取得租金收入的核算。
4. 能进行投资性房地产发生后续支出的核算。

素养目标

1. 通过分析上市银行为何拥有巨额隐性财富案例,提高对于行业规范的关注度,激发专业兴趣,培养有责任心、爱岗敬业、诚信守法的品质。
2. 通过分析小米公司2015—2017年因不同会计政策财务结果迥异的案例,培养责任意识,强化社会责任感,养成良好的职业道德规范。

知识导图

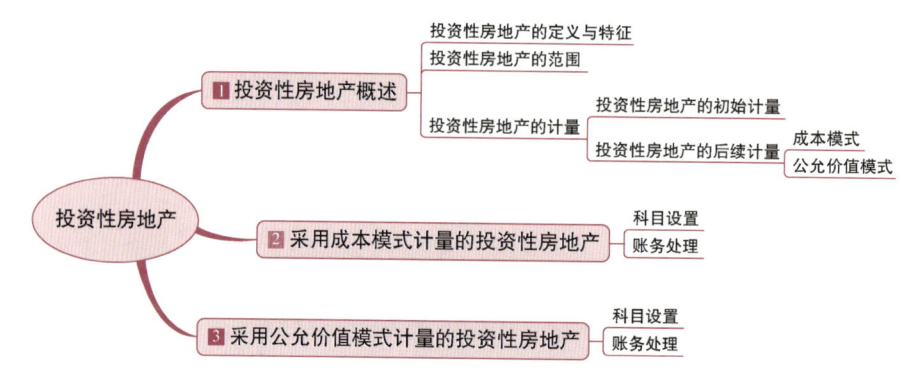

投资性房地产
- 1 投资性房地产概述
  - 投资性房地产的定义与特征
  - 投资性房地产的范围
  - 投资性房地产的计量
    - 投资性房地产的初始计量
    - 投资性房地产的后续计量
      - 成本模式
      - 公允价值模式
- 2 采用成本模式计量的投资性房地产
  - 科目设置
  - 账务处理
- 3 采用公允价值模式计量的投资性房地产
  - 科目设置
  - 账务处理

第一节 投资性房地产概述

一、投资性房地产的定义与特征

投资性房地产(investment properties)是指为赚取租金或资本增值,或者两者兼有而持有的房地产。投资性房地产应当能够单独计量和出售。

投资性房地产具有以下特征:

(一)投资性房地产是一种经营性活动

投资性房地产的主要形式是出租建筑物、出租土地使用权,这实质上属于一种让渡资产使用权行为。房地产租金就是让渡资产使用权取得的使用费收入,是企业为完成其经营目标所从事的经营性活动以及与之相关的其他活动形成的经济利益总流入。投资性房地产的另一种形式是持有并准备增值后转让的土地使用权,尽管其增值收益通常与市场供求、经济发展等因素有关,但目的是增值后转让以赚取增值收益,也是企业为完成其经营目标所从事的经营性活动以及与之相关的其他活动形成的经济利益总流入。

(二)投资性房地产在用途、状态、目的等方面区别于作为生产经营场所的房地产和用于销售的房地产

企业持有的房地产除了用作自身管理、生产经营活动场所和对外销售之外,出现了将房地产用于赚取租金或增值收益的活动,甚至成为个别企业的主营业务。这就需要将投资性房地产单独作为一项资产核算和反映,与自用的厂房、办公楼等房地产和作为存货(已完工商品房)的房地产加以区别,从而更加清晰地反映企业所持有房地产的构成情况和盈利能力。

二、投资性房地产的范围

(一)属于投资性房地产的项目

投资性房地产主要包括已出租的土地使用权、持有并准备增值后转让的土地使用权和已出租的建筑物,具体内容如表 6-1 所示。

表 6-1 投资性房地产的项目

项目	内容
已出租的土地使用权	企业通过出让或转让方式取得并以经营租赁方式出租的土地使用权。对于以经营租赁方式租入土地使用权再转租给其他单位的,不能确认为投资性房地产
持有并准备增值后转让的土地使用权	企业通过出让或转让方式取得并准备增值后转让的土地使用权。但是,按照国家有关规定认定的闲置土地,不属于持有并准备增值后转让的土地使用权
已出租的建筑物	企业拥有产权并以经营租赁方式出租的房屋等建筑物,包括自行建造或开发活动完成后用于出租的建筑物

> **注意：**
> ➕ 用于出租的建筑物是指企业拥有产权的建筑物，企业以短期租赁方式租入再转租的建筑物不属于投资性房地产。
> ➕ 已出租的建筑物是企业已经与其他方签订了租赁协议，约定以经营租赁方式出租的建筑物。一般应自租赁协议规定的租赁期开始日起，经营租出的建筑物才属于已出租的建筑物。
> ➕ 企业将建筑物出租，按租赁协议向承租人提供的相关辅助服务在整个协议中不重大的，应当将该建筑物确认为投资性房地产。例如，企业将其办公楼出租，同时向承租人提供维护、保安等日常辅助服务，企业应当将其确认为投资性房地产。

（二）不属于投资性房地产的项目

企业自用房地产及作为存货的房地产不属于投资性房地产的项目，具体内容如表6-2所示。

表6-2　　　　　　　　　　　　非投资性房地产的项目

项目	内容
自用房地产	为生产商品、提供劳务或者经营管理而持有的房地产，包括自用建筑物（固定资产）和自用土地使用权（无形资产）
作为存货的房地产	通常指房地产开发企业在正常经营过程中销售的或为销售而正在开发的商品房和土地

> **注意：**
> ➕ 如果某项房地产部分用于赚取租金或资本增值、部分自用（即用于生产商品、提供劳务或经营管理），能够单独计量和出售的、用于赚取租金或资本增值的部分，应当确认为投资性房地产；不能够单独计量和出售的、用于赚取租金或资本增值的部分，不确认为投资性房地产。该项房地产自用的部分，以及不能够单独计量和出售的、用于赚取租金或资本增值的部分，应当确认为固定资产或无形资产。

> **思考**
> ➤ 下列各项中，哪些属于企业的投资性房地产？
> （1）已出租的建筑物。
> （2）已出租的土地使用权。
> （3）持有并准备增值后转让的土地使用权。
> （4）以短期租赁方式租入再转租给其他单位的建筑物。
> （5）房地产企业开发的准备出售的房屋。
> （6）房地产企业开发的已出租的房屋。
> （7）企业持有的准备建造房屋的土地使用权。
> （8）按照国家有关规定认定的闲置土地。
> （9）计划用于出租但尚未出租的土地使用权。

三、投资性房地产的计量

(一) 投资性房地产的初始计量

投资性房地产初始计量时,应当按照成本进行计量。

1. 外购投资性房地产的初始计量

企业外购的房地产,只有在购入房地产的同时开始对外出租或用于资本增值,才能作为投资性房地产加以确认。

企业购入房地产,自用一段时间之后再改为出租或用于资本增值的,应当先将外购的房地产确认为固定资产或无形资产,自租赁期开始日或用于资本增值之日起,才能从固定资产或无形资产转换为投资性房地产。

企业外购投资性房地产时,应当按照取得时的实际成本进行初始计量。取得时的实际成本,包括购买价款、相关税费和可直接归属于该资产的其他支出。

2. 自行建造投资性房地产的初始计量

企业自行建造的房地产,只有在自行建造活动完成(即达到预定可使用状态)的同时开始对外出租或用于资本增值,才能被确认为投资性房地产。

企业自行建造房地产达到预定可使用状态后一段时间才对外出租或用于资本增值的,应当先将自行建造的房地产确认为固定资产、无形资产或存货,自租赁期开始日或用于资本增值之日开始,从固定资产、无形资产或存货转换为投资性房地产。

自行建造投资性房地产的成本,由建造该项固定资产达到预定可使用状态前发生的必要支出构成,包括土地开发费、建筑成本、安装成本、应予以资本化的借款费用、支付的其他费用和分摊的间接费用等。建造过程中发生的非正常性损失,直接计入当期损益,不计入建造成本。

(二) 投资性房地产的后续计量

投资性房地产的后续计量有成本和公允价值两种模式,如图 6-1 所示。

```
                          ┌─ 成本模式 ── 按期(月)计提折旧(摊销);存在减值迹象的,
投资性房地产               │              应对其进行减值处理
的后续计量 ────────────────┤
                          └─ 公允价值模式 ─ 不提折旧或摊销,应当以资产负债表日投资性房地
                                           产的公允价值为基础调整其账面价值,公允价值与
                                           原账面价值之间的差额确认为公允价值变动损益,
                                           计入当期损益
```

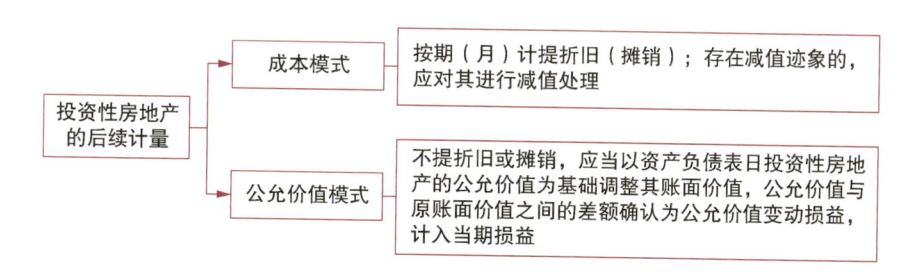

图 6-1 投资性房地产的后续计量

投资性房地产的后续计量通常应当采用成本模式计量,满足下列特定条件时可以采用公允价值模式计量。

(1) 投资性房地产所在地有活跃的房地产交易市场。

(2) 企业能够从活跃的房地产交易市场取得同类或类似房地产的市场价格及其他相关信息,从而对投资性房地产的公允价值作出合理估计。

> **注意:**
> ● 同一企业只能采用一种计量模式对所有投资性房地产进行后续计量,**不得同时采用**两种计量模式。
> ● 为保证会计信息的可比性,企业对投资性房地产的计量模式一经确定,**不得随意变更**。只有在房地产市场比较成熟、能够采用公允价值模式条件下,才允许企业对投资性房地产计量从成本模式变更为公允价值计量模式。成本模式转为公允价值模式的,应当作为会计政策变更处理,将计量模式变更时公允价值与账面价值的差额,调整期初留存收益。已采用公允价值计量模式的,**不得从公允价值模式转换为成本模式**。

第二节 采用成本模式计量的投资性房地产

采用成本计量模式对投资性房地产进行核算,主要涉及的业务有:外购的投资性房地产;自行建造的投资性房地产;内部转换形成的投资性房地产;投资性房地产出租取得租金收入;计提折旧、发生减值、产生后续支出等;投资性房地产转换为自用房地产;投资性房地产处置等。

一、采用成本模式计量的投资性房地产核算科目的设置

成本模式下,为了反映和监督投资性房地产的取得、后续计量、处置等情况,企业应设置"投资性房地产""投资性房地产累计折旧(摊销)""投资性房地产减值准备"等科目;为了反映投资性房地产取得的收入、发生的成本,企业应设置"其他业务收入""其他业务成本"等科目,具体内容如表6-3所示。

表6-3　　　　采用成本模式计量的投资性房地产核算科目的设置

科目名称	核算内容
投资性房地产	投资性房地产属于资产类科目,核算企业投资性房地产的成本;借方登记企业投资性房地产的取得成本,贷方登记企业减少的投资性房地产成本;期末余额在借方,反映投资性房地产的金额。本科目按照投资性房地产的类别和项目进行明细核算
投资性房地产累计折旧(摊销)	比照"累计折旧""累计摊销"科目进行账务处理
投资性房地产减值准备	比照"固定资产减值准备""无形资产减值准备"科目进行账务处理
其他业务收入	其他业务收入属于损益类科目,核算企业投资性房地产取得租金收入、处置投资性房地产实现的收入
其他业务成本	其他业务成本属于损益类科目,核算投资性房地产计提的折旧或进行摊销、处置投资性房地产结转的成本

二、采用成本模式计量的投资性房地产的账务处理

(一) 投资性房地产取得的账务处理

企业取得的投资性房地产应当按照其取得时的成本进行计量。下面分别对外购、自行建造和内部转换三种情况进行说明。

1. 外购的投资性房地产

外购投资性房地产的成本,包括购买价款、相关税费和可直接归属于该资产的其他支出,不包括可以抵扣的增值税进项税额。外购取得投资性房地产时,按照取得时的实际成本,借记"投资性房地产"科目,按可抵扣的增值税,借记"应交税费——应交增值税(进项税额)"科目,按全部支付的款项,贷记"银行存款"等科目。

【例6-1】 2024年12月5日,浙江宏华股份有限公司(简称"宏华公司")与铭泰机电杭州公司签订了短期租赁合同,约定自写字楼购买之日起将这栋写字楼出租给铭泰机电杭州公司,为期3年。12月10日,宏华公司购入写字楼,取得的增值税专用发票上注明价款为2 000万元,增值税税额为180万元。假定不考虑其他因素,宏华公司采用成本模式进行后续计量。请编制宏华公司购入该项投资性房地产的会计分录。

相关凭证: 增值税专用发票发票联;固定资产验收单;房屋产权证明复印件;房屋租赁合同复印件;转账付款证明。

借:投资性房地产——写字楼   20 000 000
    应交税费——应交增值税(进项税额)   1 800 000
  贷:银行存款   21 800 000

2. 自行建造的投资性房地产

企业自行建造投资性房地产的成本,由建造该项资产达到预定可使用状态前所发生的必要支出构成,包括土地开发费、建筑成本、安装成本、应予以资本化的借款费用、支付的其他费用和分摊的间接费用等。建造过程中发生的非正常性损失,直接计入当期损益,不计入建造成本。建造完工达到预定可使用状态时,应当按照确定的成本,借记"投资性房地产"科目,贷记"在建工程"等科目。

【例6-2】 浙江宏华股份有限公司(简称"宏华公司")对投资性房地产计量采用成本模式。2024年起,公司采用出包方式建造一栋商用楼,计划该商用楼完工后用于出租,已办理经营租赁手续,总投资4 000万元。2024年12月1日,工程达到预定可使用状态,当即出租。请编制宏华公司出租商用楼的会计分录。

相关凭证: 资产清单;房屋产权证明复印件;房屋租赁合同复印件(见凭证6-1);固定资产验收单(见凭证6-2);房屋租赁资产清单。

借:投资性房地产——商用楼   40 000 000
  贷:在建工程   40 000 000

凭证 6-1

房屋租赁合同

出租人：浙江宏华股份有限公司　　　签订地点：文新路111号
承租人：铭泰机电杭州公司　　　　　签订时间：2024 年 12 月 1 日
第一条　租金房屋坐落在 新华路123号 ，建筑面积 300 m²，间数 5层4间
第二条　租赁期限从 2024 年 12 月 1 日至 2029 年 12 月 1 日；
第三条　租金（大写）壹佰万元整
第四条　租金的支付期限与方式：每年200 000元，共五年
第五条　承租人员责支付房屋的水费、电费、煤气费、电话费、光缆电视收视费、卫生费和物业管理费；
第六条　租赁房屋的用途： 商用楼
第七条　租赁房屋的维修……
……

出租人（盖章）	承租人（盖章）	鉴（公）证意见
法定代表人（签名） 雷东宝	法定代表人（签名） 陈开岩	
居民身份证号码 330901119881212	居民身份证号码 330901119800324	
电话：0571-88776655	电话：0571-82345000	鉴（公）证机关（公章）
开户银行及账号 工行杭州中山支行 1202020900756721249	开户银行及账号	经办人（签名）

凭证 6-2

浙江宏华股份有限公司固定资产(工程类)验收报告单

项目名称	商用楼			项目编号	SYL-201
建设单位	浙江宏华股份有限公司	经办人	李辉	联系电话	13587654321
施工单位	浙江新光建筑公司	经办人	张敏	联系电话	13339837272
合同编号	SYL-201	合同金额(元)	4 000 万元	追加金额(元)	
开工日期	2024 年 1 月 1 日	完工日期	2024 年 11 月 30 日	验收日期	2024 年 12 月 1 日
工程简介	新华路123号商用楼建设，土地面积13亩，商用楼规格5层4间					
工程建设施工情况	按合同时间施工建设完成					
存在问题						
验收结论	通过验收					
验收小组	姓名	工作单位			签名
	雷东宝	浙江宏华股份有限公司			
	李辉	浙江宏华股份有限公司			
	张敏	浙江新光建筑公司			
	陈莉娜	洪基建筑设计公司			
	陈玉	浙江荣杨工程监理有限公司			
建设单位意见			施工单位意见		
通过验收（盖章） 2024-12-1			通过验收（盖章） 2024-12-1		

> **注意：**
> ↳ 企业购入或自行建造的房地产，部分用于出租（或资本增值）、部分用于自用，用于出租（或资本增值）的部分应当予以单独确认的，应按照不同部分的公允价值占公允价值总额的比例将成本在不同部分之间进行分配。

企业购入的土地使用权改变用途改为出租或用于资本增值，应当作为投资性房地产核算。但是，房地产开发企业取得的土地使用权用于建造对外出售的房屋建筑物，相关的土地使用权作为建筑物成本（开发成本）核算；如果是自用，并不是用于开发写字楼或商品房，则单独作为无形资产核算。

【例 6-3】 2 月 15 日，浙江宏华股份有限公司（简称"宏华公司"）购入一块土地的使用权，并在这块土地上开始自行建造三栋厂房。10 月 20 日，宏华公司预计厂房即将完工，与环宇公司签订了经营租赁合同，将其中的一栋厂房租赁给环宇公司使用。租赁合同约定，该厂房达到预定可使用状态时开始起租。11 月 1 日，三栋厂房同时达到预定可使用状态。该块土地使用权的成本为 600 万元；三栋厂房的实际造价均为 1 000 万元，能够单独出售。假定宏华公司采用成本模式计量，不考虑其他因素。请编制宏华公司该项投资性房地产的会计分录。

相关凭证：固定资产验收单；房屋产权证明复印件；房屋租赁合同复印件；转账付款证明。

```
借：投资性房地产——厂房              10 000 000
    固定资产——厂房                  20 000 000
    贷：在建工程                              30 000 000
借：投资性房地产——土地使用权         2 000 000
    贷：无形资产——土地使用权                  2 000 000
```

3. 内部转换形成的投资性房地产

企业将作为存货的房地产转换为采用成本模式计量的投资性房地产时，应当按照该项存货在 转换日的账面价值，借记"投资性房地产"科目，按照其账面余额，贷记"开发产品"科目，已计提存货跌价准备的，还应当同时结转存货跌价准备。

企业将自用土地使用权或建筑物转换为采用成本模式计量的投资性房地产时，应当按该项建筑物或土地使用权在转换日的原价、累计折旧（累计摊销）、减值准备等，分别转入"投资性房地产""投资性房地产累计折旧（累计摊销）""投资性房地产减值准备"科目，对应关系如图 6-2 所示。

固定资产或无形资产（原价）	➡	投资性房地产
累计折旧或累计摊销	➡	投资性房地产累计折旧（摊销）
固定资产减值准备或无形资产减值准备	➡	投资性房地产减值准备

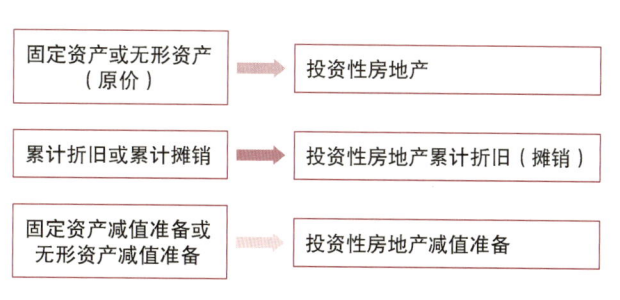

图 6-2 自用转为采用成本模式计量的投资性房地产

【例6-4】 浙江宏华股份有限公司(简称"宏华公司")对投资性房地产采用成本计量模式。公司有一栋自用办公楼,2024年6月1日起,公司整体搬迁,同时将这栋办公楼出租,租赁协议于2024年10月1日生效。2024年10月1日,该办公楼账面原价3 000万元,已提折旧1 500万元,未计提减值准备。请编制宏华公司该办公楼转换为投资性房地产的会计分录。

相关凭证: 房屋租赁合同复印件;房屋租赁资产清单。

2024年10月1日,租赁开始日:

借:投资性房地产——办公楼　　　　　　　　　　　　　　30 000 000
　　累计折旧　　　　　　　　　　　　　　　　　　　　　15 000 000
　　贷:固定资产——办公楼　　　　　　　　　　　　　　30 000 000
　　　　投资性房地产累计折旧　　　　　　　　　　　　　15 000 000

(二) 投资性房地产取得租金收入的账务处理

投资性房地产出租取得的租金收入,借记"银行存款"等科目,贷记"其他业务收入""应交税费——应交增值税(销项税额)"等科目,出租期间发生的与取得租金收入有关的费用则记入"其他业务成本"科目。

【例6-5】 浙江宏华股份有限公司(简称"宏华公司")对投资性房地产采用成本计量模式。公司有一出租的街面房(自建),已确认为投资性房地产,该房屋账面原价4 500万元,预计使用年限30年,预计净残值零,按直线法折旧。经营租赁合同规定,租金每月15万元(不含税,租金收入的增值税税率为9%)。请编制宏华公司每月取得该项投资性房地产租金收入的会计分录。

相关凭证: 增值税专用发票记账联(见凭证6-3);银行转账收款证明。

凭证6-3

浙江增值税专用发票　　　№ 11283557

开票日期:2024年12月31日

购买方	名　称:铭泰机电杭州公司 纳税人识别号:91330102219947568N 地址、电话:杭州市上城区新华路96号　0571-87123532 开户行及账号:工行杭州新华支行　1202020035723754659

货物或应税劳务、服务名称	规格型号	单位	数量	单价	金额	税率	税额
*经营租赁*房屋租金		月	1	150 000	150 000.00	9%	13 500.00
合　计					￥150 000.00		￥13 500.00

价税合计(大写)　⊗壹拾陆万叁仟伍佰元整　　(小写)￥163 500.00

销售方	名　称:浙江宏华股份有限公司 纳税人识别号:91330108344094012A 地址、电话:杭州市滨江区秦安路123号　0571-87661887 开户行及账号:工行杭州中山支行　1202020900756721249

收款人:王静　　复核:胡远　　开票人:张超　　销售方:(章)

借：银行存款	163 500
贷：其他业务收入	150 000
应交税费——应交增值税（销项税额）	13 500

（三）投资性房地产折旧（摊销）的账务处理

成本模式下，投资性房地产应按照固定资产或无形资产的有关规定，按期（月）计提折旧或摊销，借记"其他业务成本"等科目，贷记"投资性房地产累计折旧（摊销）"科目。

【例 6-6】 沿用【例 6-5】中的数据，请编制宏华公司每月计提该项出租的街面房折旧时的会计分录。

相关凭证：投资性房地产折旧计算表。

月折旧额＝4 500÷30÷12＝12.5（万元）

借：其他业务成本	125 000
贷：投资性房地产累计折旧	125 000

（四）投资性房地产减值的账务处理

投资性房地产存在减值迹象的，适用资产减值的有关规定。经减值测试后确定发生减值的，应当计提减值准备，借记"资产减值损失"科目，贷记"投资性房地产减值准备"科目。已经计提减值准备的投资性房地产，其减值损失在以后的会计期间<u>不得转回</u>。

【例 6-7】 沿用【例 6-5】中的数据，当年 12 月，宏华公司的这栋街面房出现减值迹象，经减值测试，其可收回金额为 4 000 万元，此时街面房的账面价值为 4 200 万元，以前未计提减值准备。请编制宏华公司对该栋街面房计提减值准备的会计分录。

相关凭证：投资性房地产价值评估证明；投资性房地产减值准备计算表。

借：资产减值损失	2 000 000
贷：投资性房地产减值准备	2 000 000

思考

➤ 企业会计准则中规定哪些资产可以计提减值准备？对哪些资产减值损失一经确认，在以后会计期间不得转回？这一规定的目的是什么？

（五）投资性房地产后续支出的账务处理

投资性房地产的后续支出包括费用化后续支出与资本化后续支出。

满足投资性房地产确认条件的后续支出，如对投资性房地产进行改建、扩建等的支出，作为资本化后续支出，计入投资性房地产成本。采用成本模式计量时，投资性房地产进入改扩建或装修阶段后，应当将其账面价值转入改扩建工程。借记"投资性房地产——在建""投资性房地产累计折旧"等科目，贷记"投资性房地产"科目。发生资本化的改良或装修支出，通过"投资性房地产——在建"科目归集，借记"投资性房地产——在建"科目，贷记"银行存款""应付账款"等科目。改扩建或装修完成后,借记"投资性房地产"科目,贷记"投资性房地产——在建"科目。

【例6-8】 2024年1月,浙江宏华股份有限公司(简称"宏华公司")一项厂房经营租赁合同即将到期,原价为2 000万元,已计提折旧600万元。为了提高厂房的租金收入,宏华公司决定在租赁期满后对厂房进行改扩建,并与江宇公司签订经营租赁合同,约定自改扩建完工时将厂房出租给江宇公司。12月20日,厂房改扩建工程完工,共发生支出100万元。宏华公司即日按照租赁合同将厂房出租给江宇公司。假设宏华公司采用成本模式计量。请编制宏华公司关于该项投资性房地产改扩建的会计分录。

相关凭证:固定资产改扩建申请;各种改扩建费用发票及收据;固定资产验收单;房屋产权证明复印件;房屋租赁合同复印件;转账付款证明。

(1) 开始改扩建时:

借:投资性房地产——厂房(在建)　　　　　　　　14 000 000
　　投资性房地产累计折旧　　　　　　　　　　　　6 000 000
　　　贷:投资性房地产——厂房　　　　　　　　　　　　　20 000 000

(2) 改扩建期间:

借:投资性房地产——厂房(在建)　　　　　　　　1 000 000
　　　贷:银行存款　　　　　　　　　　　　　　　　　　　1 000 000

(3) 改扩建工程完工时:

借:投资性房地产——厂房　　　　　　　　　　　15 000 000
　　　贷:投资性房地产——厂房(在建)　　　　　　　　　　15 000 000

不满足投资性房地产确认条件的后续支出,如企业对投资性房地产进行日常维护所发生的支出,应当在发生时计入当期损益,借记"其他业务成本"等科目,贷记"银行存款"等科目。

【例6-9】 浙江宏华股份有限公司(简称"宏华公司")对某项投资性房地产进行日常维修,发生维修支出16万元,其中:人工费6万元,耗用原材料10万元,不考虑相关税费。请编制宏华公司该项投资性房地产日常维修的会计分录。

相关凭证:固定资产修理审批验收单;工资费用分配表;领料单等。

借:其他业务成本　　　　　　　　　　　　　　　160 000
　　　贷:应付职工薪酬　　　　　　　　　　　　　　　　　60 000
　　　　　原材料　　　　　　　　　　　　　　　　　　　100 000

(六) 投资性房地产转换为自用房地产的账务处理

企业将采用成本模式计量的投资性房地产转为自用房地产时,应当按该项投资性房地产在转换日的账面余额、累计折旧(摊销)、减值准备等,分别转入"固定资产""累计折旧""固定资产减值准备"等科目,对应关系如图6-3所示。

企业将采用成本模式计量的投资性房地产转为存货时,应当按该项投资性房地产在转换日的账面价值,借记"开发产品"科目,按已计提的折旧或摊销,借记"投资性房地产累计折旧（摊销）"科目，原已计提减值准备的，借记"投资性房地产减值准备"科目，按其账面余额，贷记"投资性房地产"科目。

```
投资性房地产                ➡  固定资产或无形资产（原价）
投资性房地产累计折旧（摊销）  ➡  累计折旧或累计摊销
投资性房地产减值准备          ➡  固定资产减值准备或无形资产减值准备
```

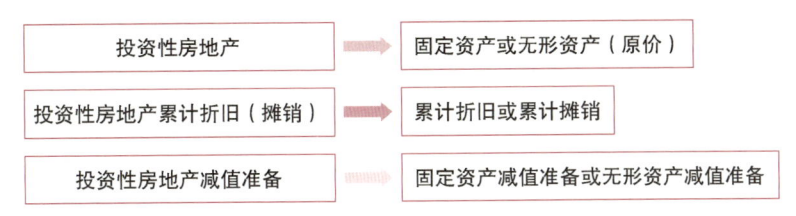

图 6-3　投资性房地产转为自用房地产

（七）投资性房地产处置的账务处理

处置采用成本模式计量的投资性房地产时，应当按照实际收到的金额，借记"银行存款"等科目，贷记"其他业务收入""应交税费——应交增值税（销项税额）"等科目；按照该项投资性房地产的账面价值，借记"其他业务成本"科目，按其账面余额，贷记"投资性房地产"科目，按照已计提的折旧或摊销，借记"投资性房地产累计折旧（摊销）"科目；原已计提减值准备的，借记"投资性房地产减值准备"科目。

【例 6-10】 继续沿用【例 6-5】至【例 6-7】中的数据，假设浙江宏华股份有限公司（简称"宏华公司"）的街面房，租约到期后整体出售给明泰集团公司，合同价款 5 300 万元（不含税，增值税税率 9%），款项已收。此时，该投资性房地产已计提折旧 750 万元。请编制宏华公司出售该栋街面房的会计分录。

相关凭证： 房屋销售合同复印件；增值税专用发票记账联（见凭证 6-4）；银行转账收款证明；投资性房地产处置申请单；投资性房地产清理损益计算表。

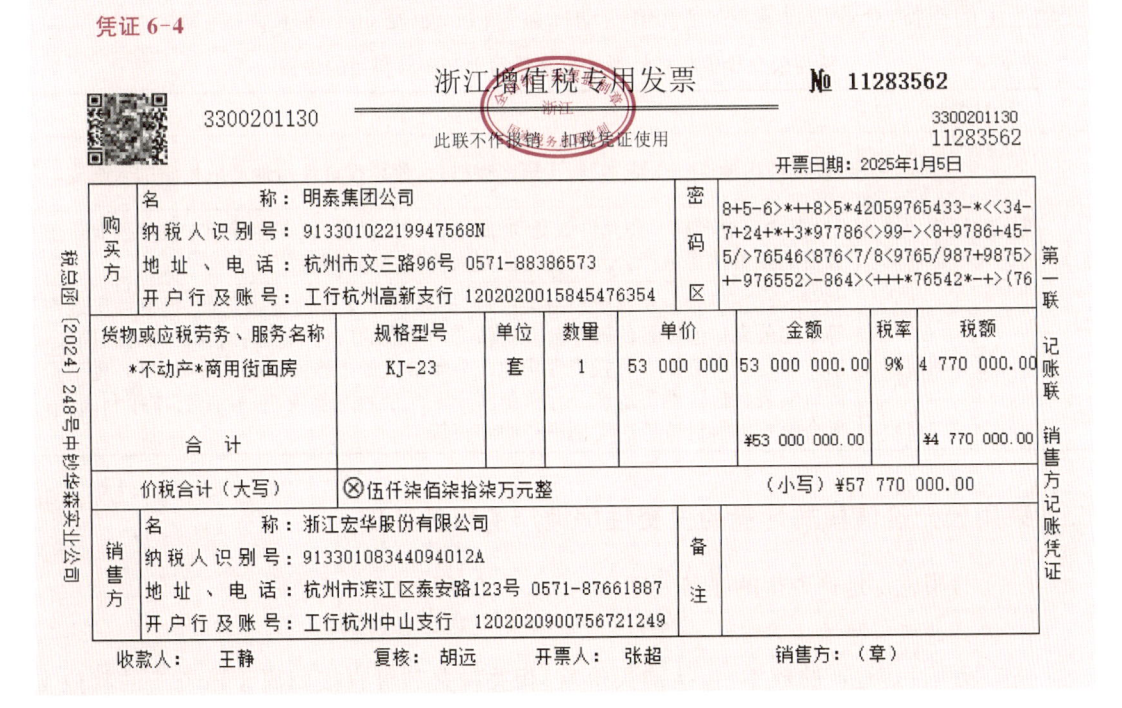

凭证 6-4

浙江增值税专用发票　№ 11283562

3300201130　　　　　　　　　　　　　　　3300201130
　　　　　　　　此联不作报销扣税凭证使用　　　 11283562
　　　　　　　　　　　　　　　　　　　开票日期：2025年1月5日

| 购买方 | 名　称：明泰集团公司
纳税人识别号：91330102219947568N
地　址、电　话：杭州市文三路96号 0571-88386573
开户行及账号：工行杭州高新支行 1202020015845476354 | 密码区 | 8+5-6)*++8)5*42059765433-*<<34-
7+24+*+3*97786<)99-><8+9786+45-
5/>76546<876<7/8<9765/987+9875>
+-976552>-864><+++*76542-+>(76 |

货物或应税劳务、服务名称	规格型号	单位	数量	单价	金额	税率	税额
*不动产*商用街面房	KJ-23	套	1	53 000 000	53 000 000.00	9%	4 770 000.00
合　计					¥53 000 000.00		¥4 770 000.00

价税合计（大写）　⊗伍仟柒佰柒拾柒万元整　　　　（小写）¥57 770 000.00

| 销售方 | 名　称：浙江宏华股份有限公司
纳税人识别号：91330108344094012A
地　址、电　话：杭州市滨江区泰安路123号 0571-87661887
开户行及账号：工行杭州中山支行 1202020900756721249 | 备注 | |

收款人：王静　　复核：胡远　　开票人：张超　　　　销售方：（章）

(1) 取得出售收入：
借：银行存款   57 770 000
    贷：其他业务收入   53 000 000
        应交税费——应交增值税（销项税额）   4 770 000
(2) 结转账面价值：
借：其他业务成本   35 500 000
    投资性房地产累计折旧   7 500 000
    投资性房地产减值准备   2 000 000
    贷：投资性房地产   45 000 000

文本：采用成本模式计量的投资性房地产业务账务处理总结

第三节　采用公允价值模式计量的投资性房地产

采用公允价值计量模式对投资性房地产进行核算，主要涉及的业务有：外购投资性房地产；自行建造投资性房地产；内部转换形成的投资性房地产；投资性房地产取得租金收入；期末计价；发生后续支出；投资性房地产转为自用；投资性房地产处置等。

一、采用公允价值模式计量的投资性房地产核算科目的设置

为了总括反映公允价值计量模式下投资性房地产的核算，企业应设置"投资性房地产"科目，同时下设："成本""公允价值变动"明细科目；为了反映投资性房地产取得的收入、发生的成本，企业应设置"其他业务收入""其他业务成本"科目；为了反映投资性房地产公允价值变动产生的损益，企业应设置"公允价值变动损益"科目，如表6-4所示。

表6-4　　采用公允价值模式计量的投资性房地产核算科目的设置

科目名称	核算内容
投资性房地产——成本	"投资性房地产——成本"属于资产类科目，核算投资性房地产取得时的入账成本
投资性房地产——公允价值变动	"投资性房地产——公允价值变动"属于资产类科目，核算会计期末按照公允价值计量的投资性房地产公允价值与原账面价值之间的差额
公允价值变动损益	"公允价值变动损益"属于损益类科目，核算企业交易性金融资产、投资性房地产等采用公允价值计量的资产公允价值变动形成的应计入当期损益的利得和损失。借方登记资产负债表日投资性房地产公允价值低于账面余额的差额，贷方登记资产负债表日投资性房地产公允价值高于账面余额的差额，期末结转"本年利润"后无余额。本科目按资产类别进行明细核算

二、采用公允价值模式计量的投资性房地产的账务处理

（一）投资性房地产取得的账务处理

1. 外购的投资性房地产

外购投资性房地产的**成本**，包括购买价款、相关税费和可直接归属于该资产的其他支

出,不包括可以抵扣的增值税进项税额。外购取得投资性房地产时,按照取得时的实际成本,借记"投资性房地产——成本"科目,按可抵扣的增值税,借记"应交税费——应交增值税(进项税额)"科目,按全部支付的款项,贷记"银行存款"等科目。

【例6-11】 浙江宏华股份有限公司(简称"宏华公司")对投资性房地产采用公允价值计量模式。12月,公司购入一排街面房并当即对外出租以赚取租金。房屋购买价款2 000万元,取得增值税专用发票,增值税税率9%,所有款项以银行存款付讫。请编制宏华公司购入该项投资性房地产的会计分录。

相关凭证:房地产买卖合同复印件;房地产权证明复印件;契税等完税证明;各类付款单证;固定资产验收单;资产清单;房屋租赁合同复印件;房屋租赁资产清单。

借:投资性房地产——成本　　　　　　　　　　　　20 000 000
　　应交税费——应交增值税(进项税额)　　　　　　1 800 000
　　贷:银行存款　　　　　　　　　　　　　　　　　21 800 000

2. 自行建造的投资性房地产

企业自行建造投资性房地产的成本,由建造该项资产达到预定可使用状态前所发生的必要支出构成,包括土地开发费、建筑成本、安装成本、应予以资本化的借款费用、支付的其他费用和分摊的间接费用等。建造过程中发生的非正常性损失,直接计入当期损益,不计入建造成本。建造完工达到可预定可使用状态时,应当按照确定的成本,借记"投资性房地产——成本"科目,贷记"在建工程"等科目。

3. 内部转换形成的投资性房地产

企业将作为存货的房地产转换为采用公允价值模式计量的投资性房地产时,应当按照该项存货在转换日的公允价值,借记"投资性房地产——成本"科目,按其账面余额,贷记"开发产品"等科目,原已计提存货跌价准备的,应当同时结转存货跌价准备,借记"存货跌价准备"科目;同时,转换日的公允价值小于账面价值的,按其差额,借记"公允价值变动损益"科目;转换日的公允价值大于账面价值的,按其差额,贷记"其他综合收益"科目。当该项投资性房地产处置时,因转换计入其他综合收益的部分应转入当期损益。

企业将自用房地产转换为采用公允价值模式计量的投资性房地产时,应当按该自用房地产在转换日的公允价值作为投资性房地产的入账价值,借记"投资性房地产——成本"科目,按已计提的累计折旧或累计摊销,借记"累计折旧"(或"累计摊销")科目,原已计提减值准备的,借记"固定资产减值准备"(或"无形资产减值准备")科目,按其账面余额,贷记"固定资产"(或"无形资产")科目。同时,转换日的公允价值小于账面价值的,按其差额,借记"公允价值变动损益"科目;转换日的公允价值大于账面价值的,按其差额,贷记"其他综合收益"科目。当该项投资性房地产处置时,因转换计入其他综合收益的部分应转入当期损益。

【例6-12】 浙江宏华股份有限公司(简称"宏华公司")对投资性房地产采用公允价值计量模式。公司有一栋自用办公楼,2024年10月1日,将这栋办公楼整体出租给大业公司,租赁协议于同日生效。该办公楼账面原价4 900万元,已提折旧2 500万元,已提减值准备300万元,2024年10月1日公允价值5 400万元。假设该办公楼符合公允价值计量要求和条件,请编制宏华公司该项房地产转换的会计分录。

相关凭证:房屋租赁合同复印件;房屋租赁资产清单;房地产价值评估证明;投资性房地产公允价值变动计算表(见凭证6-5)。

凭证6-5　　　　　　　　投资性房地产公允价值变动计算表

编制单位:浙江宏华股份有限公司　　2024年12月31日　　　　金额单位:万元

项目	账面价值			公允价值	价值变动额
办公楼(文心街)	账面原价	累计折旧	减值准备		
	4 900	2 500	300	5 400	3 300

复核:沈丹红　　　　记账:宋运辉　　　　制表:宋运辉

```
借:投资性房地产——办公楼(成本)      54 000 000
    累计折旧                         25 000 000
    固定资产减值准备                  3 000 000
  贷:固定资产——办公楼              49 000 000
      其他综合收益                   33 000 000
```

【例6-13】 沿用【例6-12】中的数据,假设2024年10月1日公允价值为1 880万元。请编制宏华公司该项房地产转换的会计分录。

```
借:投资性房地产——办公楼(成本)      18 800 000
    累计折旧                         25 000 000
    固定资产减值准备                  3 000 000
    公允价值变动损益                  2 200 000
  贷:固定资产——办公楼              49 000 000
```

(二) 投资性房地产取得租金收入的账务处理

取得租金收入的核算,公允价值模式与成本模式是完全一样的,投资性房地产持有期间取得的租金收入记入"其他业务收入"科目,发生的与取得租金收入有关的费用记入"其他业务成本"科目。

(三) 投资性房地产后续支出的账务处理

与投资性房地产有关的后续支出,满足投资性房地产确认条件的,应当计入投资性房地产成本。采用公允价值模式计量的,投资性房地产进入改扩建或装修阶段,借记"投资性房地产——在建"科目,贷记"投资性房地产——成本""投资性房地产——公允价值变动"等科目;在改扩建或装修完成后,借记"投资性房地产——成本"科目,贷记"投资性房地产——在建"科目。

与投资性房地产有关的后续支出,不满足投资性房地产确认条件的,如企业对投资性房地产进行日常维护所发生的支出,应当在发生时计入当期损益,借记"其他业务成本"等科目,贷记"银行存款"等科目。

(四) 投资性房地产期末按公允价值调整的账务处理

投资性房地产采用公允价值模式进行后续计量的,不计提折旧或摊销,也不需计提减值准备,应当以资产负债表日的公允价值计量。资产负债表日,投资性房地产的公允价值高于其账面价值的差额,借记"投资性房地产——公允价值变动"科目,贷记"公允价值变动损益"科目;公允价值低于其账面价值的,借记"公允价值变动损益"科目,贷记"投资性房地产——公允价值变动"科目。

【例 6-14】 浙江宏华股份有限公司(简称"宏华公司")对投资性房地产采用公允价值计量模式。公司自行建造一栋精装修写字楼,造价 9 000 万元,2024 年 1 月 1 日建造完成的同时租赁给鸿昇公司使用,租赁期 3 年,年租金 800 万元(不含税增值税税率为 9%)。该项写字楼地处商业繁华区,所在城区有活跃的房地产交易市场,而且能够从房地产交易市场上取得同类房地产的市场报价。2024 年 12 月 31 日,该写字楼的公允价值为 8 900 万元,2025 年 12 月 31 日,该写字楼的公允价值为 9 300 万元。请编制宏华公司该项投资性房地产的相关会计分录。

相关凭证:固定资产验收单;资产清单;房屋租赁合同复印件;房屋租赁资产清单;各年租金收入发票记账联;2024 年固定资产价值评估证明;2024 年、2025 年投资性房地产公允价值变动计算表。

(1) 2024 年 1 月 1 日,投资性房地产增加时:
借:投资性房地产——写字楼(成本)　　　　　　　　　　90 000 000
　　贷:在建工程　　　　　　　　　　　　　　　　　　　90 000 000

(2) 2024 年,收取(或应收)租金时:
借:银行存款/其他应收款　　　　　　　　　　　　　　8 720 000
　　贷:其他业务收入　　　　　　　　　　　　　　　　8 000 000
　　　　应交税费——应交增值税(销项税额)　　　　　720 000

(3) 2024 年 12 月 31 日,期末计价:
借:公允价值变动损益——投资性房地产　　　　　　　1 000 000
　　贷:投资性房地产——写字楼(公允价值变动)　　　1 000 000

(4) 2025 年,收取(或应收)租金时:
借:银行存款/其他应收款　　　　　　　　　　　　　　8 720 000
　　贷:其他业务收入　　　　　　　　　　　　　　　　8 000 000
　　　　应交税费——应交增值税(销项税额)　　　　　720 000

(5) 2025 年 12 月 31 日,期末计价:
借:投资性房地产——写字楼(公允价值变动)　　　　　4 000 000
　　贷:公允价值变动损益——投资性房地产　　　　　4 000 000

(五) 投资性房地产转换为自用房地产的账务处理

企业将采用公允价值模式计量的投资性房地产转为自用房地产时,应当以其转换日的公允价值作为自用房地产的账面价值,公允价值与原账面价值之间的差额计入当期损益。

按转换日,按该项投资性房地产的公允价值,借记"固定资产"(或"无形资产")科目,按该项房地产的成本,贷记"投资性房地产——成本"科目,按该项投资性房地产的累计公允价值变动,贷记或借记"投资性房地产——公允价值变动"科目,按其差额,贷记或借记"公允价值变动损益"科目。

企业将采用公允价值模式计量的投资性房地产转为存货时,应当以其转换日的公允价值作为存货的账面价值,公允价值与原账面价值之间的差额计入当期损益。在转换日,企业按该项投资性房地产的公允价值,借记"开发产品"等科目;按该项房地产的成本,贷记"投资性房地产——成本"科目;按该项投资性房地产的累计公允价值变动,贷记或借记"投资性房地产——公允价值变动"科目;按其差额,贷记或借记"公允价值变动损益"科目。

【例 6-15】 2024 年 1 月 30 日,浙江宏华股份有限公司(简称"宏华公司")将一出租建筑物收回自用,该投资性房地产采用公允价值模式计量。2023 年 12 月 31 日,该建筑物的公允价值为 3 000 万元(成本 2 800 万元,公允价值变动 200 万元)。2024 年 1 月 30 日,该建筑物的公允价值为 3 100 万元。请编制宏华公司将投资性房地产转为自用的会计分录。

相关凭证:固定资产价值评估证明;固定资产交接单;投资性房地产公允价值变动计算表。

借:固定资产——写字楼　　　　　　　　　　　　　　31 000 000
　　贷:投资性房地产——写字楼(成本)　　　　　　　　28 000 000
　　　　　　　　　　——写字楼(公允价值变动)　　　　2 000 000
　　　　公允价值变动损益——投资性房地产　　　　　　1 000 000

(六)投资性房地产处置的账务处理

处置采用公允价值模式下投资性房地产时,应当按照实际收到的金额,借记"银行存款"等科目,贷记"其他业务收入""应交税费——应交增值税(销项税额)"科目;按该项投资性房地产的账面余额,借记"其他业务成本"科目,按其成本,贷记"投资性房地产——成本"科目,按其累计公允价值变动,贷记或借记"投资性房地产——公允价值变动"科目;同时,按照原计入该项投资性房地产的公允价值变动,借记或贷记"公允价值变动损益"科目,贷记或借记"其他业务成本"科目。如果存在原转换日计入其他综合收益的金额,也一并结转。按照该项投资性房地产在转换日计入其他综合收益的金额,借记"其他综合收益"科目,贷记"其他业务成本"科目。

【例 6-16】 浙江宏华股份有限公司(简称"宏华公司")对投资性房地产采用公允价值计量模式。2024 年 5 月 31 日,有一栋出租写字楼租约到期,公司将该写字楼以 6 800 万元(不含税,增值税税率为 9%)的价格出售给原承租方铭泰公司。2023 年 12 月 31 日,写字楼的公允价值为 6 300 万元(该写字楼原为企业外购房产,成本 7 000 万元,公允价值变动－700 万元)。假设不考虑其他因素,请编制宏华公司处置写字楼的会计分录。

相关凭证:房屋销售合同复印件;增值税专用发票记账联;租金收入银行收款证明;缴税付款凭证或完税证明;固定资产处置申请单;固定资产清理损益计算表。

(1) 2024年5月31日,取得处置收入:
借:银行存款　　　　　　　　　　　　　　　　74 120 000
　　贷:其他业务收入　　　　　　　　　　　　　　68 000 000
　　　　应交税费——应交增值税(销项税额)　　　　6 120 000
(2) 结转处置成本:
借:其他业务成本　　　　　　　　　　　　　　　63 000 000
　　投资性房地产——写字楼(公允价值变动)　　　7 000 000
　　贷:投资性房地产——写字楼(成本)　　　　　70 000 000
(3) 同时,结转累计公允价值变动损益:
借:其他业务成本　　　　　　　　　　　　　　　7 000 000
　　贷:公允价值变动损益——投资性房地产　　　　7 000 000

素养园地

玩转会计准则非道德:中兴通讯涉嫌虚增净利润

从会计处理的角度分析,将自用房产变成投资性房地产,不仅能增加公司净资产,还能少计提折旧,增加公司净利润,这也使一些企业为创造再融资与借贷的条件,从而利用投资性房地产调整利润和净资产。

账面价值6.6亿元的自有房地产,一经评估变身为投资性房地产,增值9.32亿元,中兴通讯此举及后续账面价值14.29亿元自有房地产的转型,是制造业上市公司中少见的手法,有虚增利润和净资产的嫌疑。

中兴通讯股份有限公司(简称"中兴通讯")成立于1985年,是全球领先的综合通信解决方案提供商,在香港和深圳两地上市的大型通讯设备公司。早在2008年5月,中兴通讯公司便通过了一项议案,将其经营范围从原先以程控交换机、移动通信设备为代表的通信业务,扩展到房屋租赁领域。

2012年上半年,中兴通讯投资性房地产从期初的0元猛增到期末的近16亿元,这些建筑物由自用房产转为投资性房地产,转换日账面价值为人民币约6.6亿元,经评估后的转换日公允价值为人民币约15.95亿元,评估增值人民币9.32亿元计入资本公积。

2012年,中兴通讯还将账面价值近14.29亿元的自用房地产转为投资性房地产。如果按照此次评估价格的增长幅度,转换后投资性房地产的公允价值增长1.5倍,两项合计可增加净资产近30亿元。

按中兴通讯固定资产的折旧政策,房屋及建筑物使用寿命为30年,年折旧率为3.17%。上半年6.6亿元加上将要转成投资性房地产的14.29亿元自用房地产,近21亿元固定资产不用折旧,按年折旧率3.17%计算,可增加公司税前利润近6 600万元(不考虑残值)。

而2012年上半年,中兴通讯的净利润为2.45亿元,而扣除非经常性损益的净利润约

−5 938 万元,同期公司固定资产折旧约 4.99 亿元。

当房地产如火如荼时,中兴通讯采用公允价值计量资产,业绩看似增加了不少。如果将来房地产泡沫破灭,公司是不是也能客观地确认亏损呢?

练 习 题

核算分析题(一)

【目的】 练习成本模式下投资性房地产的核算。

【资料】 某公司投资性房地产采用成本模式计量。2024 年 1 月 1 日,公司将一幢自用办公楼对外出租,租期 3 年,每年 12 月 31 日收取租金 300 万元(不含税,增值税税率 9%)。出租当日,该幢办公楼的账面价值为 2 000 万元(其中账面原价 2 500 万元,累计折旧 500 万元),已知该办公楼月折旧率为 0.5%。2027 年 1 月 5 日,公司将该幢办公楼对外出售,开出增值税专用发票注明价款 2 080 万元,价税款存入银行。

【要求】

(1) 编制 2024 年 1 月 1 日将自用办公楼改为投资性房地产的会计分录。

(2) 编制 2024 年与该投资性房地产有关的会计分录。

(3) 编制 2027 年 1 月 5 日该投资性房地产出售的会计分录。

(4) 假设 2027 年 1 月 5 日,公司将该幢办公楼收回自用,编制相关会计分录。

核算分析题(二)

【目的】 练习公允价值模式下投资性房地产的核算。

【资料】 某公司采用公允价值计量模式核算投资性房地产。

(1) 2024 年 1 月 1 日,公司将一幢自用办公楼对外出租,租期 3 年,每年 12 月 31 日收取租金 100 万元(不含税,增值税税率 9%)。出租当日,该幢办公楼的账面价值为 2 000 万元(其中账面原价 2 500 万元,累计折旧 500 万元),公允价值为 2 200 万元。

(2) 2024 年 12 月 31 日,该幢办公楼的公允价值为 2 150 万元。

(3) 2025 年 12 月 31 日,该幢办公楼的公允价值为 2 120 万元。

(4) 2026 年 12 月 31 日,该幢办公楼的公允价值为 2 250 万元。

(5) 2027 年 1 月 5 日,公司将该幢办公楼对外出售,开出增值税专用发票注明价款 2 280 万元,价税款存入银行。

【要求】

(1) 编制 2024 年 1 月 1 日将自用办公楼改为投资性房地产的会计分录。

(2) 编制各年确认租金收入的会计分录。

(3) 编制各年确认公允价值变动损益的会计分录。

(4) 编制 2027 年 1 月 5 日该项投资性房地产出售的会计分录。

（5）假设2027年1月5日，公司将该幢办公楼收回自用，当日公允价值2 280万元，编制相关会计分录。

第七章 负 债

知识目标

1. 了解负债的特点及分类。
2. 了解借款利息的计算、应付票据利息的计算。
3. 认识应付职工薪酬的内容及范围。
4. 认识应付工资与实发工资的区别。
5. 熟悉应付职工薪酬税前扣除标准。
6. 熟悉企业增值税、消费税、城市建设维护税、教育费附加等税费的计算。

能力目标

1. 能进行短期借款取得、计息、付息、偿还的核算。
2. 能进行应付票据开出、计息及到期的核算。
3. 能进行短期薪酬的结算(分配)、发放的核算。
4. 能进行企业增值税、消费税、城市建设维护税、教育费附加等税费的核算。

素养目标

1. 通过分析我国税费改革变化历程,增强制度自信和道路自信。
2. 通过分析五粮液消费税案例,培养良好的职业道德观念,养成严谨、仔细的职业习惯。
3. 通过分析偷税抗税的反面案例,树立"偷税抗税违法,纳税协税光荣"的价值观,培养良好的财会职业道德观念。
4. 结合应付职工薪酬部分的内容,培养正确择业观,建立符合社会主义核心价值观的个人价值实现及判断目标。

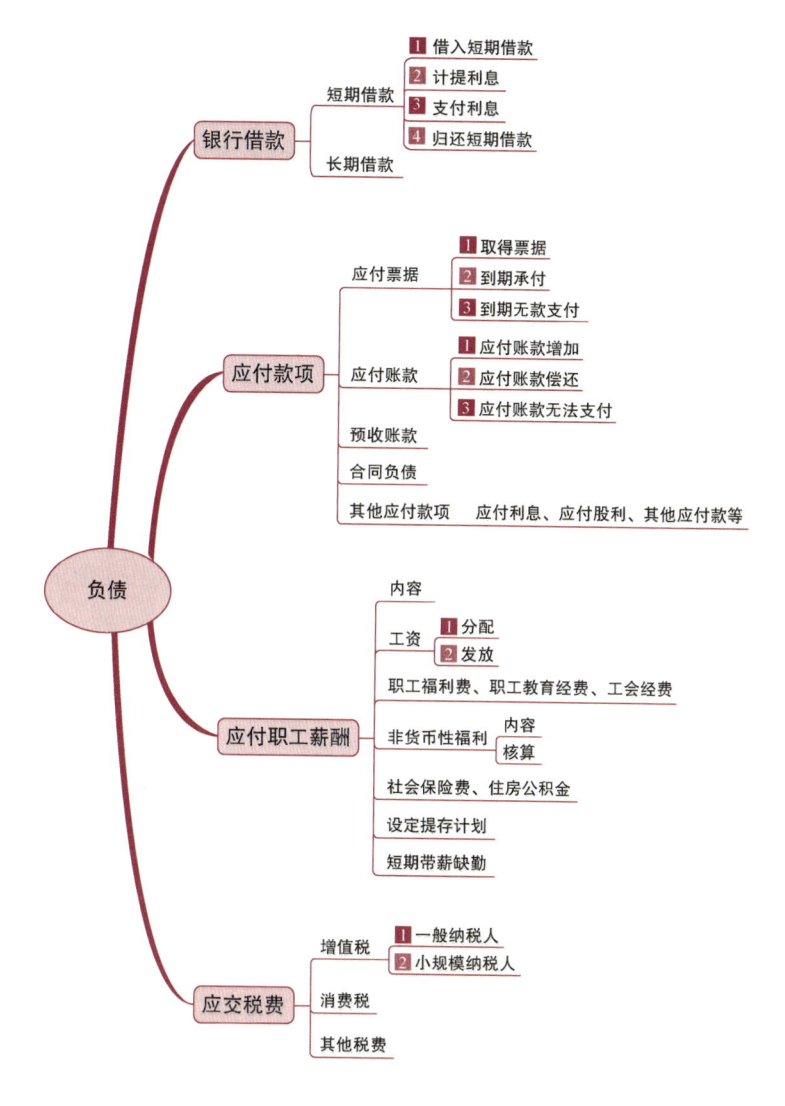

知识导图

- **负债**
  - **银行借款**
    - 短期借款
      - 1 借入短期借款
      - 2 计提利息
      - 3 支付利息
      - 4 归还短期借款
    - 长期借款
  - **应付款项**
    - 应付票据
      - 1 取得票据
      - 2 到期承付
      - 3 到期无款支付
    - 应付账款
      - 1 应付账款增加
      - 2 应付账款偿还
      - 3 应付账款无法支付
    - 预收账款
    - 合同负债
    - 其他应付款项　应付利息、应付股利、其他应付款等
  - **应付职工薪酬**
    - 内容
    - 工资
      - 1 分配
      - 2 发放
    - 职工福利费、职工教育经费、工会经费
    - 非货币性福利
      - 内容
      - 核算
    - 社会保险费、住房公积金
    - 设定提存计划
    - 短期带薪缺勤
  - **应交税费**
    - 增值税
      - 1 一般纳税人
      - 2 小规模纳税人
    - 消费税
    - 其他税费

负债(liability)是指企业过去的交易或者事项形成的、预期会导致经济利益流出企业的现时义务。它有以下几个特征：❶负债是企业承担的现时义务（基本特征）。未来发生的交易或者事项形成的义务，不属于现时义务，不应当确认为负债；❷负债预期会导致经济利益流出企业（本质特征）；❸负债是由企业过去的交易或者事项所形成的。

负债按偿还时间长短划分为流动负债和非流动负债两类。流动负债是指将在1年或超过1年的一个营业周期内，需要以流动资产或增加其他负债来抵偿的债务，主要包括短期借款、应付票据、应付账款、预收账款、合同负债、应付职工薪酬、应交税费、应付利息、应付股利、其他应付款等。非流动负债是指偿还期在1年或超过1年的一个营业周期以上的债务，主要包括长期借款、应付债券、长期应付款等。

第一节　银行借款

一、银行借款概述

借款是企业债务筹资的主要方式，银行借款是指企业向银行或其他金融机构等借入的、需要按期还本付息的款项。

（一）银行借款的分类

银行借款的分类如表7-1所示。

表7-1　　　　　　　　　　　银行借款的分类

借款种类	含义	借款用途	借款目的
短期借款(short-term borrowings)	企业向银行或其他金融机构等借入的、还款期限在1年（含1年）以内的各种借款	主要包括流动资金借款、临时借款、结算借款等	为解决企业季节性、临时性营运资金的短缺，保证企业生产经营活动的正常进行
长期借款(long-term borrowings)	企业向银行或其他金融机构等借入的期限在1年（不含1年）以上的各种借款	主要包括固定资产投资借款、基建借款、更新改造借款等	为解决企业固定资产投资等长期性投资的资金需要

（二）银行借款筹资的特点

与其他筹资方式相比，银行借款具有以下优点：

❶ 速度快。与发行债券、融资租赁等债务筹资方式相比，银行借款获得借款的程序更方便快捷。

❷ 弹性大。借贷双方可根据情况变化协商变更有关借款条款，如根据经营状况变更借款数量、时间、条件、还款方式等。

❸ 成本相对较低。利用银行借款筹资，比发行债券和融资租赁的利息负担要低，而且不用支付证券发行费用、租赁手续费等。

当然，银行借款相较于其他筹资方式也有其劣势，比如借款的限制条件相对较多。银行为了规避风险，往往在协议中提出比较苛刻的借款条件，如要求企业提供担保、要求企业保持有一定的债务比例等，这些限制条款对企业的生产经营活动和财务政策有一定影响，增加了借款单位的机会成本。再者银行借款的数额往往有限制，不能像发行债券、股票那样一次筹集到大笔资金，无法满足企业大规模的资金需求。

二、短期借款

（一）短期借款核算科目的设置

为了总括反映和监督短期借款的取得、计息、付息、归还等情况，企业应设置"短期借款""应付利息""财务费用"等科目进行核算，如表 7-2 所示。

表 7-2　　　　　　　　　　短期借款核算科目的设置

科目名称	核算内容
短期借款	属于负债类科目，核算企业向银行或其他金融机构借入的期限在 1 年及以下的各种借款。本科目借方登记短期借款的减少，贷方登记短期借款的增加，期末余额在贷方，反映尚未清偿的短期借款。本科目应按借款种类、贷款人、币种进行明细核算
应付利息	属于负债类科目，核算企业按照合同约定应支付的利息，包括预计应付短期借款利息、按期付息到期还本的长期借款利息、发行企业债券应支付的利息等。本科目借方登记企业支付的利息，贷方登记资产负债表日计提的应付未付利息，期末余额在贷方，反映企业应付未付的利息。本科目应按贷款项目进行明细核算

（二）短期借款的账务处理

短期借款主要涉及的业务有：取得借款；计提利息；支付利息；归还借款等。短期借款账务处理如图 7-1 所示。

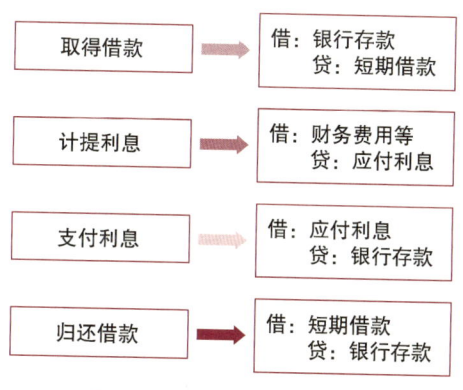

```
取得借款  →  借：银行存款
              贷：短期借款

计提利息  →  借：财务费用等
              贷：应付利息

支付利息  →  借：应付利息
              贷：银行存款

归还借款  →  借：短期借款
              贷：银行存款
```

图 7-1　短期借款账务处理

【例 7-1】 2024 年 10 月 1 日，浙江宏华股份有限公司（简称"宏华公司"）向中国工商银行借入 100 万元的流动资金贷款用于生产经营活动，合同规定借款期限 6 个月，年利率 5.4%，按季结息，到期一次偿还本金。请编制宏华公司有关该项短期借款的会计分录。

相关凭证：银行借款申请书；银行借款合同复印件（见凭证 7-1）；银行借款借据收账通知（见凭证 7-2）；银行借款利息费用计算表（见凭证 7-3）；银行付款通知书（见凭证 7-4）；银行借款还款凭证（见凭证 7-5）。

（1）2024 年 10 月 1 日，借入款项时：

借：银行存款　　　　　　　　　　　　　　　　　　　　　　1 000 000
　　贷：短期借款——工行流动资金借款　　　　　　　　　　　　1 000 000
(2) 2024年10月31日，计提当月利息❶：
每月利息金额＝1 000 000×5.4％÷12＝4 500(元)
借：财务费用　　　　　　　　　　　　　　　　　　　　　　　　4 500
　　贷：应付利息　　　　　　　　　　　　　　　　　　　　　　　4 500
2024年11月30日、2025年1月31日、2025年2月28日的计息分录相同。
(3) 2024年12月20日，收到银行计息单支付当季利息时：
借：财务费用　　　　　　　　　　　　　　　　　　　　　　　　4 500
　　应付利息　　　　　　　　　　　　　　　　　　　　　　　　　9 000
　　贷：银行存款　　　　　　　　　　　　　　　　　　　　　　 13 500
根据重要性信息质量要求，若短期借款的利息金额不大，企业可以不预提利息，将季度内发生的利息费用全部计入第三个月的财务费用，即每季度前两个月不编制计息分录，季度末收到银行计息单时，直接将所有利息金额借记"财务费用"科目，贷记"银行存款"科目。
(4) 2025年4月1日，企业归还本金及最后一季利息：
借：短期借款——工行流动资金借款　　　　　　　　　　　　1 000 000
　　财务费用　　　　　　　　　　　　　　　　　　　　　　　　　4 500
　　应付利息　　　　　　　　　　　　　　　　　　　　　　　　　9 000
　　贷：银行存款　　　　　　　　　　　　　　　　　　　　　　1 013 500

凭证 7-1

中国工商银行借款合同

立合同单位：__浙江宏华股份有限公司__（简称借款方）
__中国工商银行__ __杭州中山支行__（简称贷款方）
根据国家规定，借款方为生产周转所需贷款，经贷款方审查同意发放。为明确双方责任，恪守信用，特签订本合同，共同遵守。
　　第一条　借款方向贷款方借款人民币(大写) __壹佰万元整__ 元，用于__生产周转__。预计用款为 __2024__ 年 __1 000 000__ 元； __—__ 年 __—__ 元。
　　第二条　自支用贷款之日起，按实际支用数计算利息，并计算复利。在合同规定借款期内，年息为 __5.4__ ％。借款方如果不按期归还贷款，逾期部分加收利息 __50__ ％。
　　第三条　借款方保证从 __2024__ 年 __10__ 月起至 __2025__ 年 __4__ 月止，用国家规定的还贷资金偿还全部贷款。逾期不还的，贷款方有权限期追回贷款，或者商请借款单位的其他开户银行代为扣款清偿。
　　第四条　……
　　第八条　本合同经过双方签字、盖章后生效，贷款本息全部清偿后失效。

借款方：(公章)__浙江宏华股份有限公司__　　贷款方：(公章)__中国工商银行杭州中山支行__
地　址：__浙江杭州市滨江区泰安路123号__　　地　址：__浙江杭州市上城区中山中路131号__
法人代表：(签字)__雷东宝__　　　　　　　　法人代表：(签字)__张光耀__
开户银行及账号：__工行杭州中山支行__，账号：__1202020900756721249__
签约日期 __2024年9月20日__　　　　　　　　签约地点 __浙江杭州市上城区中山中路131号__

---

❶ 短期借款按季结息的，每季度末的20日为结息日；按月结息的，每月的20日为结息日。

凭证 7-2

ICBC 中国工商银行 借款借据（收账通知）

借款企业名称：浙江宏华股份有限公司　　2024 年 10 月 1 日

贷款种类	流动资金周转贷款	贷款账号	109	存款账号	1202020900756721249
借款金额	人民币（大写）壹佰万元整				亿千百十万千百十元角分 ￥1 0 0 0 0 0 0 0 0
借款用途	生产周转借款				
约定还款期	6个月	期限 2024年10月1日 于 2025年4月1日 到期			

上列借款已批准发放，转放你单位存款户。
此致
单位
银行签章

（中国工商银行杭州中山支行 业务章 2024-10-01）

主管　　会计 王都　　复核　　记账

此联转账后退还借款单位

凭证 7-3

借款利息费用计算表

编制单位：浙江宏华股份有限公司　　2024 年 10 月 1 日—2024 年 10 月 31 日　　金额单位：元

贷款银行	贷款种类	累计积数	月利率	月利息额
中国工商银行杭州中山支行	生产周转借款	1 000 000	4.5‰	4 500
合　计				4 500

审核：沈丹红　　　　　　　　　　　　　　　　　　　制表：宋运辉

凭证 7-4

中国工商银行（杭州中山支行）付款通知书

日期：2024年12月31日

机构号：102331000250　　　　交易代码：3324258990875

单位名称	浙江宏华股份有限公司
账号	1202020900756721249
摘要	利息（2024.10.01-2024.12.31）　13 500.00
金额合计（大写）人民币壹万叁仟伍佰元整	金额合计（小写）￥13 500.00

（中国工商银行杭州中山支行 2024.12.31 转讫）

注：此付款通知书加盖我行业务章方有效。

流水号　124107765865　　　　　　　　　经办

凭证7-5

中国工商银行贷款　（还款凭证）

借款单位名称	浙江宏华股份有限公司	贷款账号	109	结算账号	1202020900756721249
还款金额（大写）	人民币　壹佰万元整			￥ 1 0 0 0 0 0 0 0 0	
贷款种类	流动资金周转借款	借出日期 2024年10月1日		原定还款日期 2025年04月01日	

上述借款请从本单位1202020900756721249账户中支付。

借款单位盖章（公章：浙江宏华股份有限公司财务专用章）

单位分（借）（贷）中国工商银行杭州中山支行 2025.04.01 转讫

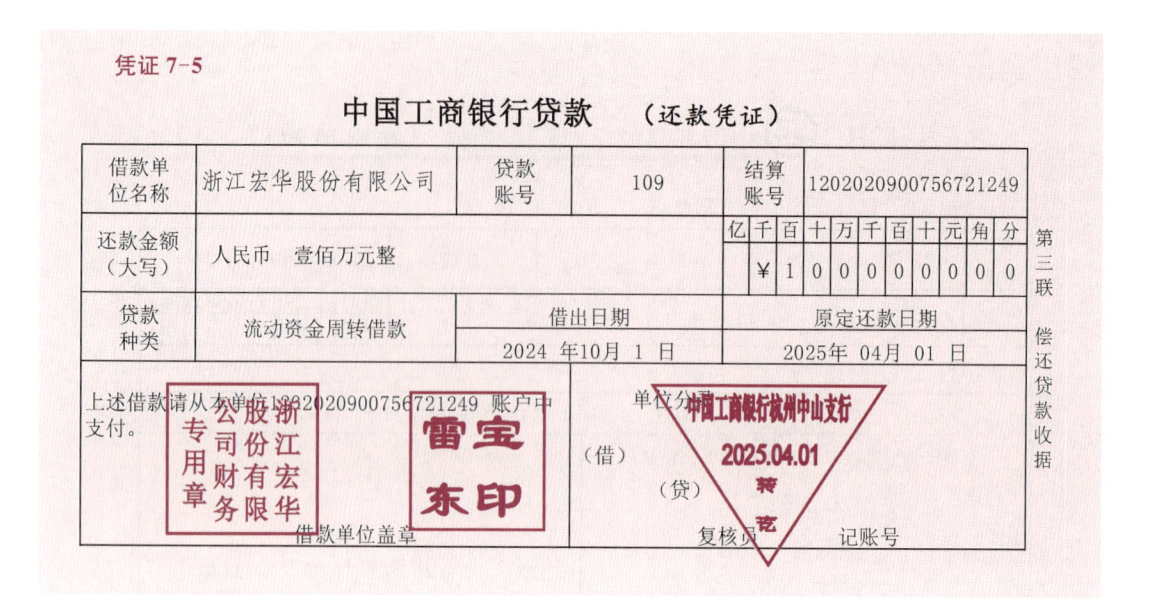

复核员（雷宝东印）　记账号

第三联　偿还贷款收据

三、长期借款*

（一）长期借款核算科目的设置

为了总括反映和监督长期借款的取得、计息、付息及归还情况，企业应设置"长期借款""应付利息"等科目进行核算。

"长期借款"科目核算企业向银行或其他金融机构等借入的期限在1年以上（不含1年）的各种借款。"长期借款"科目借方登记长期借款的减少，贷方登记长期借款的增加，期末余额在贷方，反映尚未清偿的长期借款。本科目应按借款种类、贷款人、借入币种等，分别设置"本金""利息调整""应计利息"等明细科目进行明细核算❶。

课程视频：长期借款

（二）长期借款的账务处理

长期借款主要涉及的业务有：取得借款；期末计息；支付利息；归还借款等。

（1）取得长期借款时，按实际收到的金额借记"银行存款"科目，按借款本金贷记"长期借款——本金"科目，两者之间的差额，借记"长期借款——利息调整"科目。

（2）资产负债表日，企业应按长期借款的摊余成本和实际利率计算确定的利息费用，借记"在建工程""财务费用""管理费用""制造费用"等科目；按借款本金和合同利率计算确定的利息，贷记"应付利息"（分期付息方式下）或"长期借款——应计利息"（到期一次还本付息方式下）科目；按其差额，贷记"长期借款——利息调整"科目。

> 💡 **注意：**
> ✦ 长期借款计算确定的利息费用应当按照借款费用准则的处理原则进行，属于筹建期间的利息支出，记入"管理费用"科目；属于生产经营期间的，用于购建固定资产等符合

---

❶ "长期借款"科目下设置"本金""利息调整""应计利息"等明细账户的用法参考金融资产章节"债权投资"明细账户的用法。

资本化条件的资产的,在资产尚未达到预定可使用状态前所发生的应当资本化的利息支出,分别记入"在建工程""研发支出——资本化支出""制造费用"等科目;属于生产经营期间的,按规定不予资本化的利息支出或资产达到预定可使用状态后所发生的利息支出,记入"财务费用"等科目。

(3) 支付利息时,借记"应付利息"或"长期借款——应计利息"科目,贷记"银行存款"科目。

(4) 归还借款本金时,借记"长期借款——本金"科目,按转销的利息调整金额,贷记"长期借款——利息调整"科目,按实际还款额,贷记"银行存款"科目,按其差额,借记"在建工程""财务费用""制造费用"等科目。

【例 7-2】 浙江宏华股份有限公司(简称"宏华公司")为购建某塑控检测设备,于 2024 年 1 月 1 日从中国工商银行借入 3 年期的固定资产购建借款 800 万元,借款合同已签,合同规定借款固定利率为 8%,每年年末付息一次,3 年后归还本金及最后一期利息。款项随即转入企业中国工商银行账户。借款当日,宏华公司以银行存款支付工程价款共计 600 万元。至 2024 年年底,工程尚未完工。请编制宏华公司 2024 年有关该借款及工程的会计分录。

相关凭证:银行借款申请书;银行借款合同复印件;银行借款借据收账通知;银行借款利息费用计算表;银行计收利息清单支款通知;工程开支发票;工程付款凭证。

(1) 1 月 1 日,借入长期借款时:

借:银行存款　　　　　　　　　　　　　　　　　　　　　　　8 000 000
　　贷:长期借款——工行固定资产借款　　　　　　　　　　　　　　8 000 000

(2) 1 月 1 日,支付工程款时:

借:在建工程——塑控检测设备　　　　　　　　　　　　　　　　6 000 000
　　贷:银行存款　　　　　　　　　　　　　　　　　　　　　　6 000 000

(3) 12 月 31 日,计提长期借款利息时:

应付利息＝8 000 000×8%＝640 000(元)

借:在建工程——塑控检测设备　　　　　　　　　　　　　　　　640 000
　　贷:应付利息——工行　　　　　　　　　　　　　　　　　　640 000

(4) 收到银行计息单,支付利息时:

借:应付利息——工行　　　　　　　　　　　　　　　　　　　640 000
　　贷:银行存款　　　　　　　　　　　　　　　　　　　　　640 000

💡 注意:

↓ 本例中,工程尚未完工期间,长期借款利息符合资本化条件,应该计入工程成本,即借记"在建工程"科目;工程完工后,利息开支属于费用化支出,借记"财务费用"科目。

【例 7-3】 沿用【例 7-2】中的数据,该项工程购建业务于 2025 年 8 月 31 日完成,工程项目达到预定可使用状态。请编制宏华公司 2025 年、2026 年有关该借款及工程的会计分录。

相关凭证：银行借款利息费用计算表；银行计收利息清单支款通知；固定资产验收单；银行借款还款凭证。

(1) 2025年1月1日—8月31日计息：

计入工程成本的利息＝8 000 000×8％÷12×8＝426 667(元)

借：在建工程——塑控检测设备	426 667
贷：应付利息——工行	426 667

(2) 2025年8月31日工程完工，达到预定可使用状态：

工程总成本＝6 000 000＋640 000＋426 667＝7 066 667(元)

借：固定资产——塑控检测设备	7 066 667
贷：在建工程——塑控检测设备	7 066 667

(3) 2025年9月1日—12月31日计息：

计入财务费用的利息＝8 000 000×8％÷12×4＝213 333(元)

借：财务费用	213 333
贷：应付利息——工行	213 333

(4) 收到银行计息单，支付2025年利息：

借：应付利息——工行	640 000
贷：银行存款	640 000

(5) 2026年12月31日计息：

借：财务费用	640 000
贷：应付利息——工行	640 000

(6) 2026年12月31日归还本金及最后一期利息：

借：长期借款——工行固定资产借款	8 000 000
应付利息——工行	640 000
贷：银行存款	8 640 000

文本：借款业务账务处理总结

思考

➢ 企业应付未付的借款利息一定要通过"应付利息"科目核算吗？

➢ 企业发生的利息费用支出一定要通过"财务费用"科目核算吗？

第二节　应　付　款　项

一、应付票据

应付票据(notes payable)是指企业购买材料、商品和接受服务等而开出、承兑的商业汇票。

在金融资产章节，我们已经学习了商业汇票的基本知识，包括商业汇票按照承兑人不同,分为商业承兑汇票和银行承兑汇票;按是否载明利率,分为不带息商业汇票和带息商业汇票。

(一) 应付票据核算科目的设置

企业应设置"应付票据"科目,核算应付票据的发生、偿付等情况。该科目贷方登记开出、承兑商业汇票的面值、带息票据计提的利息,借方登记到期承兑支付的票款或转出金额,期末余额在贷方,反映企业尚未到期的商业汇票的金额。本科目可按债权人进行明细核算。

企业还应当设置"应付票据备查簿",详细登记商业汇票的种类、号数、出票日、票面金额、交易合同号和收款人、到期日、金额等情况资料。银行承兑汇票应注明承兑人,带息商业汇票需标注票面利率。商业汇票到期结清票款或退票后,上述内容在备查簿中注销。

(二) 应付票据的账务处理

应付票据主要涉及的业务有:签发并承兑商业汇票;商业汇票到期承付;商业汇票到期无款支付等。

(1) 企业因采购材料、商品或接受服务等而开出、承兑商业汇票时,应按其票面金额作为应付票据的入账价值,借记"原材料""库存商品""应交税费——应交增值税(进项税额)"等科目,贷记"应付票据"。企业向银行申请签发银行承兑汇票时,银行在按规定审查后同意承兑的,购货单位向银行支付的手续费,作为财务费用处理,借记"财务费用""应交税费——应交增值税(进项税额)"科目,贷记"银行存款"。

(2) 企业采购材料、商品或接受服务前期已记入"应付账款"科目的,则在开出并承兑商业汇票抵付货款时,借记"应付账款"科目,贷记"应付票据"科目。

(3) 商业汇票到期承付时,根据开户银行的付款通知,借记"应付票据"科目,贷记"银行存款"科目。

(4) 商业汇票到期无法承付时,需区分承兑人进行不同的会计处理:若为银行承兑汇票,则由银行代为支付,并作为企业在该银行的短期借款处理,借记"应付票据"科目,贷记"短期借款"科目;若为商业承兑汇票,则按票据账面余额转入应付账款,借记"应付票据"科目,贷记"应付账款"科目。

【例 7-4】 浙江宏华股份有限公司(简称"宏华公司")向新时代铸件厂采购一批原材料,收到对方开来货物采购增值税专用发票,注明价款 40 000 元,增值税税额 5 200 元,合同约定采用商业汇票结算方式。6 月 7 日,宏华公司开出商业汇票一张,面值 45 200 元,期限 6 个月。经开户银行承兑,收到银行开来的直接收费金融服务项目增值税专用发票,注明承兑手续费 40 元,增值税税额 2.4 元。12 月 7 日,票据到期,宏华公司通过开户银行转账支付款项。请编制宏华公司该银行承兑汇票相关业务的会计分录。

相关凭证:采购合同复印件;增值税专用发票发票联;商业承兑汇票(付款人留存联);委托收款凭证(付款通知);银行转账凭证。

(1) 6 月 7 日,签发商业汇票:

借:在途物资——新时代铸件厂	40 000
应交税费——应交增值税(进项税额)	5 200
贷:应付票据——新时代铸件厂	45 200

(2) 支付商业汇票承兑手续费：

借：财务费用　　　　　　　　　　　　　　　　　　　　40.00
　　应交税费——应交增值税（进项税额）　　　　　　　 2.40
　　贷：银行存款　　　　　　　　　　　　　　　　　　　42.40

(3) 12月7日，商业汇票款到期承付：

借：应付票据——新时代铸件厂　　　　　　　　　　　45 200
　　贷：银行存款　　　　　　　　　　　　　　　　　　45 200

【例7-5】 沿用【例7-4】中的数据，假设12月7日，票据到期，浙江宏华股份有限公司收到新时代铸件厂通过银行转来的付款通知，但公司近期资金紧张，无力支付，由承兑银行代为支付。则宏华公司的会计处理为：

借：应付票据——新时代铸件厂　　　　　　　　　　　45 200
　　贷：短期借款　　　　　　　　　　　　　　　　　　45 200

> **知识链接**
>
> ♦ 带息应付票据持有期间，一般应在会计期末，按票据存续时间和票面利率计算应付利息，增加应付票据的账面价值，借记"财务费用"科目，贷记"应付票据"科目。带息应付票据到期，按应付票据账面余额借记"应付票据"科目，按尚未计提利息借记"财务费用"科目，按实际支付金额贷记"银行存款"科目。

二、应付账款

应付账款（accounts payable）是指企业因购买材料、商品或接受服务供应等经营活动而应付给供应单位的款项。应付账款的入账时间，一般应在取得所购买物资或劳务控制权时确认。

（一）应付账款核算科目的设置

企业应设置"应付账款"科目，核算应付账款的发生、偿还和转销情况。该科目贷方登记企业购买材料、商品和接受服务等而产生的应付未付款项以及因无款支付到期商业承兑汇票转入的应付票据款项，借方登记企业偿还、开出商业汇票抵付、无法支付冲销的各种应付账款项，期末余额在贷方，反映企业尚未支付的应付账款。本科目应按照债权人设置明细科目进行明细核算。

（二）应付账款的账务处理

应付账款主要涉及的业务有：应付账款发生；应付账款偿还；或确实无法支付的应付账款的转销。

（1）企业采购材料、商品或接受服务时，根据收到的发票账单，按相关凭证记载的价款借记"在途物资""原材料""库存商品"等科目，按可抵扣的增值税额借记"应交税费——应交增值税（进项税额）"，按应付金额贷记"应付账款"科目。若材料、商品已入库，但发票账单月末未能到达,则按材料、商品的暂估价,月末借记"原材料""库存商品"等科目,贷记"应付账款——暂估应付款"科目。

(2) 企业偿还应付账款或开出商业汇票抵付应付账款时,借记"应付账款"科目,贷记"银行存款""应付票据"等科目。

(3) 因债权人撤销或其他原因而使应付账款无法清偿时,需将确实无法支付的应付账款予以转销,按其账面余额计入营业外收入,借记"应付账款"科目,贷记"营业外收入"科目。

【例7-6】 浙江宏华股份有限公司(简称"宏华公司")2024年5月发生如下与应付账款有关的经济业务:

(1) 5月10日,从A公司购入一批钢材并作为原材料验收入库。取得的增值税专用发票上注明的价款为200 000元,增值税税额为26 000元。供货方规定若宏华公司10天内付清货款,可按材料价款获得1%的现金折扣(计算现金折扣不考虑增值税),宏华公司于5月18日付清款项。

(2) 5月25日,收到电力公司的电费增值税专用发票,注明企业4月电费48 000元,增值税税额6 240元,款项已通过银行转账支付。

(3) 5月31日,一笔应付B公司的货款8 000元,由于B公司宣告破产未进行追索,成为无法支付的应付账款。

(4) 5月31日,计算出本月应付电费52 000元,其中生产车间电费46 000元,企业行政管理部分电费6 000元。

请编制宏华公司上述业务的会计分录。

相关凭证: 材料采购增值税专用发票发票联;材料验收入库单;银行转账付款证明;电力公司增值税专用发票发票联;应付账款转销审批单;电费分配表。

(1) 5月10日,采购材料:

借:原材料——钢材　　　　　　　　　　　　　　　　200 000
　　应交税费——应交增值税(进项税额)　　　　　　 26 000
　　　贷:应付账款——A公司　　　　　　　　　　　　　　226 000

5月18日,偿还应付账款:

借:应付账款——A公司　　　　　　　　　　　　　　226 000
　　贷:财务费用　　　　　　　　　　　　　　　　　　 2 000
　　　　银行存款　　　　　　　　　　　　　　　　　224 000

(2) 5月25日,支付4月电费:

借:应付账款——电力公司　　　　　　　　　　　　　 48 000
　　应交税费——应交增值税(进项税额)　　　　　　　6 240
　　　贷:银行存款　　　　　　　　　　　　　　　　　 54 240

(3) 5月31日,转销应付账款:

借:应付账款——B公司　　　　　　　　　　　　　　　8 000
　　贷:营业外收入　　　　　　　　　　　　　　　　　 8 000

(4) 5月31日，分配5月电费：

借：生产成本　　　　　　　　　　　　　　　　46 000
　　管理费用　　　　　　　　　　　　　　　　 6 000
　　贷：应付账款——电力公司　　　　　　　　　　　　52 000

💡 *注意*：
➕ 不单独设置"预付账款"科目的企业，发生的预付款可通过"应付账款"科目核算。
➕ 采购材料、商品或接受服务记载应付账款时，应注意商业折扣、现金折扣。若有商业折扣的，应付账款按扣除商业折扣后的金额入账；若附有现金折扣条件的，应按照可变对价的相关规定入账。

三、预收账款

预收账款(deposit received)是指企业按合同规定预收的款项。如提供租赁服务预收的租金等。预收账款不适用于收入准则。

（一）预收账款核算科目的设置

企业应设置"预收账款"科目，核算预收账款的取得、偿付等情况。该科目贷方登记企业预收租金等发生的预收账款金额，借方登记企业实现租金收入时冲销的预收账款金额。"预收账款"科目期末余额如在贷方，反映企业预收的款项；期末余额如在借方，反映企业尚未转销的款项。本科目应按客户设置明细科目进行核算。

（二）预收账款的账务处理

预收账款涉及的业务主要有：取得预收款；确认租金收入等；收到补付的款项；退回客户多预付的款项。

(1) 企业提供租赁服务预收租金时，根据收款证明，借记"银行存款"科目，贷记"预收账款"科目。

(2) 企业确认租金等收入时，按照实现的收入，借记"预收账款"科目，贷记"其他业务收入""应交税费——应交增值税（销项税额）"等科目。

(3) 企业收到客户补付租金等款项时，根据收款证明，借记"银行存款"科目，贷记"预收账款"科目。

(4) 企业退回客户多预付的款项时，根据付款证明，借记"预收账款"科目，贷记"银行存款"科目。

💡 *注意*：
➕ 不单独设置"预收账款"科目的企业，发生的预收款可通过"应收账款"科目核算。

四、合同负债

合同负债(contractual liabilities)是指企业已收或应收客户对价而应向客户转让商品的

义务。收入准则中核算的销售商品或提供服务预收的款项,通过"合同负债"科目核算。具体账务处理参见第九章。

五、其他应付款项

除上述提到的应付票据、应付账款、预付账款、合同负债外,企业还有应付股利、应付利息、其他应付款等反映短期往来债务的负债类科目,如表 7-3 所示。

表 7-3　　　　　　　　　　　其他应付款项核算科目的设置

科目名称	核算内容
应付股利	企业根据股东大会或类似机构审议批准的利润分配方案确定分配给投资者的现金股利或利润。企业通过设置"应付股利"科目,核算宣告发放但尚未实际发放的现金股利或利润。该科目的贷方登记应支付的现金股利或利润,借方登记实际发放的现金股利或利润,期末余额在贷方,反映企业应付未付的现金股利或利润。本科目应按不同的投资者进行明细核算。本科目的具体使用参照所有者权益章节有关利润分配的核算
应付利息	企业按照合同约定应支付的利息,包括短期借款、分期付息到期还本的长期借款、企业债券等应支付的利息。企业通过设置"应付利息"科目,核算应付利息的发生、支付情况。该科目的贷方登记按照合同约定计算的应付利息,借方登记实际支付的利息,期末余额在贷方,反映企业应付未付的利息。本科目应按债权人进行明细核算。本科目的具体应用参照本章有关短期借款的核算
其他应付款	企业除应付票据、应付账款、预收账款、合同负债、应付职工薪酬、应交税费、应付股利、应付利息等经营活动以外的其他各项应付、暂收的款项,包括应付短期或低价值租赁固定资产租金、应付租入包装物租金、存入保证金等。企业通过设置"其他应付款"科目,核算其他各项应付、暂收款的增减变动及结存情况。该科目的借方登记实际支付的其他各项应付、暂收款,贷方登记其他各项应付、暂收款的增加,期末余额在贷方,反映企业应付未付的其他应付款项。本科目分别按其他应付款项目和对方单位(或个人)进行明细核算

【例 7-7】 2024 年 1 月 1 日,浙江宏华股份有限公司(简称"宏华公司")与甲公司签订短期办公房租赁合同,租入办公房一间,每月租金 18 000 元(不含税,增值税税率为 9%),按季支付,租赁合同于签订当日生效。合同生效当日宏华公司另转账支付办公房保证金 30 000 元。请编制宏华公司支付保证金、计提租金、支付租金的会计分录。

相关凭证:房屋租赁合同复印件;房屋租金增值税专用发票发票联;银行转账支付凭证。

(1) 1 月 1 日,支付保证金:

借:其他应收款——甲公司　　　　　　　　　　　　　　　　30 000
　　贷:银行存款　　　　　　　　　　　　　　　　　　　　　　30 000

(2) 1 月 31 日,计提 1 月房屋租金:

借:管理费用　　　　　　　　　　　　　　　　　　　　　　　18 000
　　贷:其他应付款——甲公司　　　　　　　　　　　　　　　　18 000

2 月、3 月计提房屋租金的会计处理与 1 月一致。

(3) 3 月 31 日,支付当季房屋租金:

借:其他应付款——甲公司　　　　　　　　　　　　　　　　54 000
　　应交税费——应交增值税(进项税额)　　　　　　　　　　4 860
　　贷:银行存款　　　　　　　　　　　　　　　　　　　　　　58 860

> **注意：**
> 　不动产租赁涉及的增值税税率为 9%，出租单位可按合同规定，在收到租金当月开具增值税专用发票。

文本：应付款项账务处理总结

> **思考**
> ➤ 企业与其他单位、个人的各项应付款项在核算上有什么区别？你会正确选择使用会计科目吗？
> ➤ 存入保证金和存出保证金分别在什么科目核算？

文本：《企业会计准则第9号——职工薪酬》

第三节　应付职工薪酬

一、职工薪酬的内容

职工薪酬(salary and benefits)，是指企业为获得职工提供的服务或解除劳动关系而给予的各种形式的报酬或补偿。职工薪酬包括短期薪酬、离职后福利、辞退福利和其他长期职工福利。企业提供给职工配偶、子女、受赡养人、已故员工遗属及其他受益人等的福利，也属于职工薪酬。

这里所称的"职工"，主要包括三类人员，具体如图 7-2 所示。

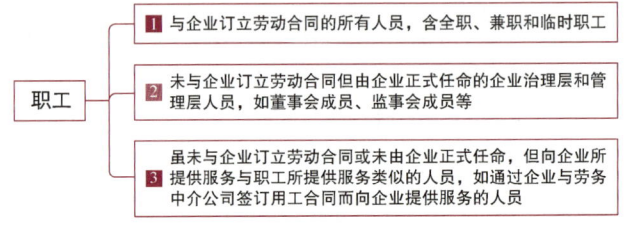

职工
1. 与企业订立劳动合同的所有人员，含全职、兼职和临时职工
2. 未与企业订立劳动合同但由企业正式任命的企业治理层和管理层人员，如董事会成员、监事会成员等
3. 虽未与企业订立劳动合同或未由企业正式任命，但向企业所提供服务与职工所提供服务类似的人员，如通过企业与劳务中介公司签订用工合同而向企业提供服务的人员

图 7-2　职工的范畴

（一）短期薪酬

短期薪酬，是指企业在职工提供相关服务的年度报告期间结束后 12 个月内需要全部予以支付的职工薪酬，因解除与职工的劳动关系给予的补偿除外。短期薪酬具体包括：职工工资、奖金、津贴和补贴，职工福利费，医疗保险、工伤保险等社会保险费，住房公积金，工会经费和职工教育经费，短期带薪缺勤，短期利润分享计划，非货币性福利以及其他短期薪酬。

1. 职工工资、奖金、津贴和补贴

职工工资、奖金、津贴和补贴，是指按照国家统计局《关于工资总额组成的规定》，构成工资总额的计时工资、计件工资、支付给职工的超额劳动报酬和增收节支的劳动报酬、为补偿职工特殊或额外的劳动消耗和因其他特殊原因支付给职工的津贴，为保证职工工资水平不受物价影响支付给职工的物价补贴按规定支付的加班工资和加点工资,以及特殊情况下支付的工资。其中,企业按照短期奖金计划向职工发放的奖金属于短期薪酬,按照长期奖金计划向职工发放的奖金属于其他长期职工福利。

2. 职工福利费

职工福利费,是指企业向职工提供的职工困难补助、丧葬补助费、抚恤费、职工异地安家费、独生子女费、探亲假路费、防暑降温费等职工福利性支出。

3. 医疗保险、工伤保险等社会保险费

医疗保险、工伤保险等社会保险费,是指企业根据国家规定的基准和比例计算,向社会保险经办机构缴纳的医疗保险费、工伤保险费等❶。其中,医疗保险个人也需按一定比例缴存;工伤保险个人不负担。一般情况下,个人缴存的基本医疗保险由单位在发放工资时从职工工资中扣除。

4. 住房公积金

住房公积金,是指企业按照国家《住房公积金管理条例》规定的基准和比例计算,向住房公积金管理机构缴存的公积金。住房公积金账户资金主要用于职工个人购买、建造、翻建、大修自住住房,任何单位和个人不得挪作他用。住房公积金分单位缴存和职工个人缴存两部分。一般情况下,单位和个人两者缴存比例一致,均在职工上一年度月平均工资的5%～12%。其中个人缴存的部分由单位在发放工资时从职工工资中扣除。

5. 工会经费和职工教育经费

企业为改善职工文化生活、提高职工业务素质,用于开展工会活动和职工教育及职业技能培训,应根据国家相关规定从成本费用中提取工会经费和职工教育经费。

工会经费具体开支范围为:组织开展会员集体活动和会员特殊困难补助;开展职工教育、文体、宣传活动及其他活动;为职工举办政治、科技、业务、再就业等各种知识培训;职工集体福利事业补助;工会自身建设;培训工会干部和工会积极分子;召开工会会员代表大会;工会建家活动;工会为维护职工合法权益开展的法律服务和劳动争议调解工作;慰问困难职工;基层工会办公费和差旅费、设施维修费等;工会管理的为职工服务的文化、体育、生活服务等附属事业的相关费用以及对所属事业单位的必要补助。

职工教育经费面向全体职工,主要用于职工开展教育培训,学习先进技术,提高文化水平。包括上岗和转岗培训、各类岗位适应性培训、职业技术等级培训、专业技术人员继续教育培训、特种作业人员培训、职工送外培训的经费支出、职工参加职业技能鉴定、职业资格认证的经费支出、购置教学设施与设备、职工岗位自学成才的奖励费用、职工培训管理费用等各项开支。

6. 短期带薪缺勤

短期带薪缺勤,是指企业支付工资或提供补偿的职工缺勤,包括年休假、病假、短期伤残、婚假、产假、丧假、探亲假等。长期带薪缺勤属于其他长期职工福利。

7. 短期利润分享计划

短期利润分享计划,是指因职工提供服务而与职工达成的基于利润或其他经营成果提

---

❶ 根据国办发〔2019〕10号《国务院办公厅关于全面推进生育保险和职工基本医疗保险合并实施的意见》,生育保险基金并入职工基本医疗保险基金,统一征缴,统一基数。

供薪酬的协议。长期利润分享计划属于其他长期职工福利。

8. 其他短期薪酬

其他短期薪酬，是指除上述薪酬以外的其他为获得职工薪酬提供的服务而给予的短期薪酬。

(二) 离职后福利

离职后福利，是指企业为获得职工提供的服务而在职工退休或与企业解除劳动关系后，提供的各种形式的报酬和福利，短期薪酬和辞退福利除外。企业需制定职工离职后福利的规章或办法，或与职工就离职后福利达成协议。离职后福利包括设定提存计划和设定受益计划。

设定提存计划，是指企业向独立的基金缴存固定费用后不再承担进一步支付义务的离职后福利计划。养老保险和失业保险均属于设定提存计划，这两种社会保险由企业根据国家规定的基准和比例计提后，统一向社会保险经办机构缴纳。个人按比例负担的养老保险和失业保险由单位在发放工资时从职工工资中扣除。

设定受益计划，是指除设定提存计划外的其他离职后福利计划，如离职后人寿保险和离职后医疗保障等。

(三) 辞退福利

辞退福利，是指企业在职工劳动合同到期之前解除与职工的劳动关系，或者为鼓励职工自愿接受裁减而给予职工的补偿。

(四) 其他长期职工福利

其他长期职工福利，是指除短期薪酬、离职后福利、辞退福利之外所有的职工薪酬，包括长期带薪缺勤、长期残疾福利、长期利润分享计划等。

二、职工薪酬税前扣除标准

《中华人民共和国企业所得税法实施条例》第三十四条规定："企业发生的合理的工资、薪金支出，准予税前扣除"。合理的工资、薪金，是指企业按照股东大会、董事会、薪酬委员会或相关管理机构制定的工资、薪金制度，在每一纳税年度支付给职工的所有现金形式和非现金形式的劳务报酬，包括基本工资、奖金、津贴、补贴、年终加薪、加班工资，以及与员工任职受雇有关的其他支出，是除职工福利费、职工教育经费、工会经费、社会保险费和住房公积金等工资附加费以外的薪酬。在进行合理性确认时，必须掌握以下原则：

（1）企业制定了较为规范的员工工资、薪金制度。
（2）企业所制定的工资、薪金制度符合行业及地区水平。
（3）企业在一定时期所发放的工资、薪金是相对固定的，工资、薪金的调整是有序进行的。
（4）企业对实际发放的工资、薪金，已依法履行了代扣代缴个人所得税义务。
（5）有关工资、薪金的安排，不以减少或逃避税款为目的。

我国企业所得税法实施条例和相关文件对职工福利费、工会经费和职工教育经费的税前扣除标准做了规定：企业发生的职工福利费按不超过工资、薪金总额的 14% 的部分、职工教育经费按不超过工资、薪金总额8%的部分、企业拨缴的工会经费按不超过工资、薪金总额2%的部分,准予税前扣除。

三、职工薪酬的账务处理

企业应当设置"应付职工薪酬"科目,用于核算应付职工薪酬的提取、结算、使用等情况。该科目贷方登记已分配计入有关成本费用项目的职工薪酬的数额,借方登记实际发放、扣还的职工薪酬的数额,期末余额在贷方,反映企业应付未付的职工薪酬。本科目应当按照"工资""职工福利费""社会保险费""住房公积金""工会经费""职工教育经费""辞退福利""非货币性福利""带薪缺勤""利润分享计划""设定提存计划""设定受益计划"等项目进行明细核算。

本书将着重针对短期薪酬各项目的账务处理进行讲解,同时也对离职后福利、辞退福利进行简单介绍。

(一)短期薪酬的账务处理

企业应当在职工为其提供服务的会计期间,将实际发生的短期薪酬确认为负债,并计入当期损益,其他会计准则要求或允许计入资产成本的除外。

1. 工资、奖金、津贴和补贴的账务处理

工资、奖金、津贴和补贴(以下简称工资)的主要业务包括工资分配和工资支付。工资分配是指月末,企业财务人员按部门、类别对工资进行汇总,并按工资的开支对象将工资费用分配计入相关成本费用。工资支付即实际发放工资。

企业依据考勤记录、产量或工时记录、废品通知单等有关原始凭证,结合相关政策规定,计算出每位职工的应付工资,扣除职工个人负担的社会保险费、住房公积金、需缴纳的个人所得税及其他代扣代垫费用,得出每位职工的实发工资。工资分配是对应发工资进行分配,而工资支付是按实发工资进行支付。

(1)工资分配。

工资分配的具体账务处理如表7-4所示。

表7-4　　　　　　　　　　　工资分配的账务处理

用途	借方科目	贷方科目
产品生产工人的工资	生产成本——基本生产成本	应付职工薪酬——工资
车间管理人员及后勤人员的工资	制造费用	
辅助生产车间人员的工资	生产成本——辅助生产成本	
厂部行政管理部门人员的工资	管理费用	
专设销售机构人员的工资	销售费用	
工程建设人员的工资	在建工程	
研发部门人员的工资	研发支出	

【例 7-8】 浙江宏华股份有限公司(简称"宏华公司")2024 年 3 月的工资费用分配汇总表如凭证 7-6 所示。请编制宏华公司工资分配的会计分录。

相关凭证： 工资费用分配汇总表。

凭证 7-6　　　　　　　　　　　工资费用分配汇总表
编制单位：浙江宏华股份有限公司　　2024 年 3 月 31 日　　　　　　金额单位：元

项目		应分配工资			直接计入工资	合计
		生产工时	分配率	分配工资额		
生产成本	电磁炉	15 000	1.25	18 750		18 750
	电饭煲	8 000		10 000	4 300	14 300
	压力锅	5 000		6 250		6 250
	榨汁机	6 000		7 500		7 500
	电炒锅	6 000		7 500		7 500
	合计	40 000		50 000	4 300	54 300
制造费用					30 660	30 660
管理费用					38 450	38 450
销售费用					15 670	15 670
在建工程					10 930	10 930
研发支出					10 450	10 450
合计				50 000	110 460	160 460

2024 年 3 月 31 日，宏华公司进行工资分配：

借：生产成本——电磁炉　　　　　　　　　　　　　　　18 750
　　　　　　——电饭煲　　　　　　　　　　　　　　　14 300
　　　　　　——压力锅　　　　　　　　　　　　　　　 6 250
　　　　　　——榨汁机　　　　　　　　　　　　　　　 7 500
　　　　　　——电炒锅　　　　　　　　　　　　　　　 7 500
　　制造费用　　　　　　　　　　　　　　　　　　　　30 660
　　管理费用　　　　　　　　　　　　　　　　　　　　38 450
　　销售费用　　　　　　　　　　　　　　　　　　　　15 670
　　在建工程　　　　　　　　　　　　　　　　　　　　10 930
　　研发支出　　　　　　　　　　　　　　　　　　　　10 450
　　贷：应付职工薪酬——工资　　　　　　　　　　　　　　　160 460

(2) 工资支付。

发放工资时，根据工资结算汇总表，按应发工资数，借记"应付职工薪酬——工资"科目，按实际发放数，贷记"银行存款""库存现金"等科目，按各种扣款金额分别贷记"其他应收款"

（企业代垫款项）、"其他应付款"（企业代扣款项）、"应交税费——应交个人所得税"（企业代扣代缴的个人所得税）等科目。

【例 7-9】 2024 年 4 月 6 日，浙江宏华股份有限公司（简称"宏华公司"）根据工资结算汇总表发放 2024 年 3 月工资。请编制宏华公司工资支付的会计分录。

相关凭证： 工资结算汇总表（见凭证 7-7）；个人所得税电子缴款书；银行转账凭证。

凭证 7-7 浙江宏华股份有限公司工资结算汇总表（2024 年 3 月）

金额单位：元

部门名称	基本工资	奖金	工资性津贴	缺勤扣款 事假	缺勤扣款 病假	应付工资	代扣款项 养老保险（8%）	医疗保险（2%）	失业保险（0.5%）	住房公积（12%）	个税	其他	扣款合计	实发工资
车间生产工人	50 000.00	2 500.00	2 000.00	100.00	100.00	54 300.00	4 344.00	1 086.00	271.50	6 516.00	2 560.00	230.00	15 007.50	39 292.50
车间管理人员	30 000.00		800.00	80.00	60.00	30 660.00	2 452.80	613.20	153.30	3 679.20	960.00		7 858.50	22 801.50
行政管理人员	38 000.00		500.00	50.00		38 450.00	3 076.00	768.00	192.25	4 614.00	1 080.00	540.00	10 271.25	28 178.75
销售人员	15 000.00	500.00	300.00		30.00	15 670.00	1 253.60	313.40	78.35	1 880.40	480.00		4 005.75	11 664.25
在建工程人员	10 000.00	500.00	500.00	50.00	20.00	10 930.00	874.40	218.60	54.65	1 311.60	125.00		2 584.25	8 345.75
研发人员	10 000.00		500.00		50.00	10 450.00	836.00	209.00	52.25	1 254.00	120.00	105.00	2 576.25	7 873.75
合计	153 000.00	3 500.00	4 600.00	380.00	260.00	160 460.00	12 836.80	3 209.20	802.30	19 255.20	5 325.00	875.00	42 303.50	118 156.50

分析： 该企业 3 月应发工资 160 460 元，扣除四项代扣款项：❶职工个人缴纳的社会保险费部分 16 848.30 元（养老保险 12 836.80 元、医疗保险 3 209.20 元、失业保险 802.30 元）；❷职工个人缴纳的住房公积金部分 19 255.20 元；❸单位代扣代缴的个人所得税 5 325 元；❹其他扣款，如单位代扣水电、房租等 875 元，实发工资 118 156.50 元。

（1）2024 年 4 月 6 日，工资支付时：

借：应付职工薪酬——工资　　　　　　　　　　　　　　160 460.00
　　贷：银行存款　　　　　　　　　　　　　　　　　　118 156.50
　　　　其他应付款——社会保险费——养老保险　　　　 12 836.80
　　　　　　　　　——社会保险费——医疗保险　　　　 3 209.20
　　　　　　　　　——社会保险费——失业保险　　　　 802.30
　　　　　　　　　——住房公积金　　　　　　　　　　 19 255.20
　　　　　　　　　——其他　　　　　　　　　　　　　 875.00
　　　　应交税费——应交个人所得税　　　　　　　　　 5 325.00

（2）企业代缴个人所得税时：

借：应交税费——应交个人所得税　　　　　　　　　　　 5 325
　　贷：银行存款　　　　　　　　　　　　　　　　　　 5 325

2. 职工福利费的账务处理

企业实际发生职工福利费开支时，先按受益对象分别借记"生产成本——基本生产成本""制造费用""生产成本——辅助生产成本""销售费用""管理费用""在建工程""研发支出"等成本费用科目，贷记"应付职工薪酬——职工福利费"科目；同时，借记"应付职工薪酬——职工福利费"科目，贷记"银行存款"等科目。

【例7-10】 2024年4月5日,浙江宏华股份有限公司(简称"宏华公司")以库存现金向车间生产工人刘云发放生活困难补助2 000元。请编制宏华公司职工福利费实际开支的会计分录。

相关凭证:职工困难补助发放表(见凭证7-8);现金支出凭单(见凭证7-9)。

借:应付职工薪酬——职工福利费　　　　　　　　　　　　　　2 000
　　贷:库存现金　　　　　　　　　　　　　　　　　　　　　　　　2 000
借:生产成本——基本生产成本　　　　　　　　　　　　　　　　2 000
　　贷:应付职工薪酬——职工福利费　　　　　　　　　　　　　　2 000

凭证 7-8　　　　　浙江宏华股份有限公司职工困难补助发放表　　　　金额单位:元

姓名	补助金额/元	签名	备注
刘云	2 000.00	刘云	
合计	2 000.00		

复核:沈丹红　　　　　　　　　　　　　　　　　　　　　　　　记账:宋运辉

凭证 7-9

浙江宏华股份有限公司现金支出凭单

附件:1张　　　　　　2024年4月5日　　　　　　对方科目:

用款事项:支付职工困难补助

人民币大写:贰仟元整　　　　　　人民币(小写):¥2 000.00　　　现金付讫

收款人:刘向　　会计主管:沈丹红　　会计:宋运辉　　出纳:王静

3. 职工教育经费的账务处理

职工教育经费有两种核算方法:一是<u>直接列支</u>,即在实际发生职工教育经费各项支出时,直接计入当期成本费用科目;二是<u>先提后支</u>,即企业根据规定的计提基础和计提比例计算确定职工教育经费金额(按工资、薪金总额8%预提),计入相关成本费用科目,同时确认负债,实际发生职工教育经费支出时,减少负债。

(1)直接列支。

采用直接列支法核算职工教育经费,在实际发生职工教育经费开支时,按受益对象分别借记"生产成本——基本生产成本""制造费用""生产成本——辅助生产成本""销售费用""管理费用""在建工程""研发支出"等成本费用科目,贷记"应付职工薪酬——职工教育经费"科目;同时,借记"应付职工薪酬——职工教育经费"科目,贷记"银行存款"等科目。

【例7-11】 2024年4月20日,浙江宏华股份有限公司(简称"宏华公司")向浙江博科科技有限公司开出8 000元转账支票一张以支付职工技能培训费,培训对象是行政管理人员,培训内容为一款办公管理软件的使用。请编制宏华公司支付该项职工教育经费的会计分录。

相关凭证:支票存根;培训服务增值税专用发票发票联(见凭证7-10)。

```
借:管理费用——职工教育经费              7 547.17
    贷:应付职工薪酬——职工教育经费          7 547.17
借:应付职工薪酬——职工教育经费          7 547.17
  应交税费——应交增值税(进项税额)        452.83
    贷:银行存款                          8 000.00
```

凭证7-10

（2）先提后支。

采用先提后支法的,职工教育经费的业务包括职工教育经费月末预提和职工教育经费实际开支。

❶ 月末,编制职工教育经费计提分配表,按工资、薪金总额的一定比例预提职工教育经费,具体账务处理如表7-5所示。

表 7-5　　　　　　　　　　　预提职工教育经费的账务处理

受益对象	借方科目	贷方科目
按产品生产工人的工资预提	生产成本——基本生产成本	应付职工薪酬——职工教育经费
按车间管理人员、后勤人员的工资预提	制造费用	
按辅助生产车间人员的工资预提	生产成本——辅助生产成本	
按专设销售机构人员的工资预提	销售费用	
按厂部行政管理部门人员的工资预提	管理费用	
按工程建设人员的工资预提	在建工程	
按研发部门人员的工资预提	研发支出	

❷ 职工教育经费实际支出时，按支付金额借记"应付职工薪酬——职工教育经费"科目，贷记"银行存款"等科目。

【例 7-12】 2024 年 3 月 31 日，浙江宏华股份有限公司（简称"宏华公司"）根据 2024 年 3 月的工资费用分配汇总表，按 8% 的比例预提职工教育经费，编制职工教育经费计提分配表。4 月 20 日，宏华公司开出一张 8 000 元的转账支票以向浙江博科科技有限公司支付行政管理人员的培训费。请编制宏华公司预提和支付职工教育经费的会计分录。

相关凭证：职工教育经费预提分配表（见凭证 7-11）；培训服务增值税专用发票发票联（见凭证 7-10）；转账支票存根。

凭证 7-11　　　　　浙江宏华股份有限公司职工教育经费预提分配表

2024 年 3 月　　　　　　　　　　　　　　金额单位：元

项目	工资总额	计提比例	职工教育经费
生产成本	54 300.00	8%	4 344.00
制造费用	30 660.00		2 452.80
管理费用	38 450.00		3 076.00
销售费用	15 670.00		1 253.60
在建工程	10 930.00		874.40
研发支出	10 450.00		836.00
合计	160 460.00		12 836.80

（1）3 月 31 日，预提职工教育经费：

借：生产成本	4 344.00
制造费用	2 452.80
管理费用	3 076.00
销售费用	1 253.60
在建工程	874.40
研发支出	836.00
贷：应付职工薪酬——职工教育经费	12 836.80

(2) 4月20日，支付培训费：

借：应付职工薪酬——职工教育经费	7 547.17
应交税费——应交增值税(进项税额)	452.83
贷：银行存款	8 000.00

采用先预提后支付的方法核算职工教育经费，会出现预提额与实际支出额不一致的情况。会计期内，若职工教育经费实际发生额大于预提金额，"应付职工薪酬——职工教育经费"科目的余额出现在借方；若职工教育经费实际发生额小于预计金额，"应付职工薪酬——职工教育经费"科目的余额出现在贷方。现行企业所得税税法规定，职工教育经费的开支超过工资薪金总额8%的，超过部分可以在以后纳税年度结转扣除。

4. 工会经费的账务处理

工会经费的业务主要包括工会经费的计提和缴纳。

(1) 计提工会经费时，企业根据工资费用汇总表，按工资、薪金总额的2%计提工会经费，编制工会经费计算表，并据以进行会计处理。该业务的账务处理与工资分配的口径一致，即分别借记"生产成本——基本生产成本""制造费用""生产成本——辅助生产成本""销售费用""管理费用""在建工程""研发支出"等资产成本及费用科目，贷记"应付职工薪酬——工会经费"科目。

(2) 缴纳工会经费时，企业借记"应付职工薪酬——工会经费"科目，贷记"银行存款"等科目。

【例7-13】 2024年3月31日，浙江宏华股份有限公司(简称"宏华公司")根据2024年3月的工资费用分配汇总表，按2%的比例计提工会经费，编制工会经费计算表。2024年4月20日，公司向杭州市总工会转账缴纳2024年3月的工会经费，已收到工会经费专用缴款收据，请编制宏华公司计提、缴纳工会经费的会计分录。

相关凭证：工会经费计算表(见凭证7-12)；工会经费专用缴款收据(见凭证7-13)。

(1) 3月31日，计提工会经费：

借：生产成本	1 086.00
制造费用	613.20
管理费用	768.00
销售费用	313.40
在建工程	218.60
研发支出	209.00
贷：应付职工薪酬——工会经费	3 209.20

(2) 4月20日,实际缴纳工会经费:
借:应付职工薪酬——工会经费　　　　　　　　　　　　3 209.20
　　贷:银行存款　　　　　　　　　　　　　　　　　　　　3 209.20

凭证 7-12　　　　　浙江宏华股份有限公司工会经费计算表
2024 年 3 月　　　　　　　　　　　　　　金额单位:元

项目	工资总额	计提比例	工会经费
生产成本	54 300.00		1 086.00
制造费用	30 660.00		613.20
管理费用	38 450.00	2%	768.00
销售费用	15 670.00		313.40
在建工程	10 930.00		218.60
研发支出	10 450.00		209.00
合计	160 460.00		3 209.20

凭证 7-13

工会经费收入专用收据　　　　　电子票号:

国财 01602　　　　2024 年 4 月 20 日　　　　No

缴款单位(人):	浙江宏华股份有限公司		
工会经费收入项目	内　容	金　额	
工会经费	2024年3月工会经费	￥3 209.20	第二联 收据
金额合计(小写)		￥3 209.20	
金额合计(大写)	人民币 叁仟贰佰零玖元贰角整		
收款单位(盖章)	复　核:管理员	收款人:何雪书	

（杭州市总工会财务专用章）

根据规定,各企业的工会经费也可由税务机关代收后汇总至上级总工会。上级总工会按一定的留成比例(如60%),将工会经费留成返还至企业工会银行专户。企业收到返还的工会经费,需单独建账,按《工会会计制度》的规定,登记收入与各项开支,保证工会经费的安全完整。

5. 医疗保险、工伤保险与住房公积金的账务处理

过去"五险一金"中的"五险",现已合并为"四险",四项社会保险费包括养老保险、失业保险、医疗保险、工伤保险;"一金"是指住房公积金。其中,医疗保险、工伤保险、住房公积金属于短期薪酬的范畴(养老保险和失业保险属于职工薪酬中的设定提存计划)。

医疗保险、工伤保险、住房公积金的业务包括计提与缴纳。

(1) 计提时,根据审核后的"社会保险费、住房公积金计算表",按受益对象分别借记"生产成本——基本生产成本""制造费用""生产成本——辅助生产成本""销售费用""管理费用""在建工程""研发支出"等资产成本及费用科目,贷记"应付职工薪酬——社会保险费"及"应付职工薪酬——住房公积金"科目。

(2) 缴纳时,除工伤保险外,医疗保险、住房公积金需连同个人负担部分(按2%的比例计提)统一上缴。企业负担部分借记"应付职工薪酬——社会保险费""应付职工薪酬——住房公积金"科目,职工个人负担部分(即工资发放时代扣的部分)借记"其他应付款——社会保险费""其他应付款——住房公积金"科目,贷记"银行存款"等科目。

【例 7-14】 2024 年 3 月 31 日,浙江宏华股份有限公司(简称"宏华公司")根据 2024 年 3 月的工资费用分配汇总表计算填制了社会保险费、住房公积金计算表。请编制宏华公司社会保险费、住房公积金计提的会计分录。

相关凭证:社会保险费、住房公积金计算表(见凭证 7-14)。

```
借:生产成本                                         13 412.10
    制造费用                                          7 573.02
    管理费用                                          9 497.15
    销售费用                                          3 870.49
    在建工程                                          2 699.71
    研发支出                                          2 581.15
  贷:应付职工薪酬——社会保险费(基本医疗保险)        18 773.82
            ——社会保险费(工伤保险)                  1 604.60
      应付职工薪酬——住房公积金                     19 255.20
```

凭证 7-14　　　浙江宏华股份有限公司社会保险费、住房公积金计算表

2024 年 3 月 　　　　　　　　　　　　　金额单位:元

项目	工资总额	社会保险费			住房公积金(12%)	合计
		基本医疗保险(11.7%)	工伤保险(1%)	其他(略)		
生产成本	54 300.00	6 353.10	543.00		6 516.00	13 412.10
制造费用	30 660.00	3 587.22	306.60		3 679.20	7 573.02
管理费用	38 450.00	4 498.65	384.50		4 614.00	9 497.15
销售费用	15 670.00	1 833.39	156.70		1 880.40	3 870.49
在建工程	10 930.00	1 278.81	109.30		1 311.60	2 699.71
研发支出	10 450.00	1 222.65	104.50		1 254.00	2 581.15
合计	160 460.00	18 773.82	1 604.60		19 255.20	39 633.62

【例 7-15】 2024 年 4 月,浙江宏华股份有限公司(简称"宏华公司")缴纳社会保险费 23 587.62 元(其中,基本医疗保险个人负担 3 209.20 元)。请编制宏华公司缴纳社会保险费的会计分录。

相关凭证: 电子缴税付款凭证(见凭证 7-15)。

借:应付职工薪酬——社会保险费(基本医疗保险)　　　　18 773.82
　　　　　　　　　——社会保险费(工伤保险)　　　　　　1 604.60
　　其他应付款——社会保险费——基本医疗保险　　　　　3 209.20
　　贷:银行存款　　　　　　　　　　　　　　　　　　　23 587.62

凭证 7-15

电子缴税付款凭证

转账日期:2024 年 4 月 15 日　　　　凭证字号:300120240415059381l5
纳税人全称及纳税人识别号:浙江宏华股份有限公司 91330108344094012A
付款人全称:浙江宏华股份有限公司　　咨询电话:95533
付款人账号:1202020900756721249　　征收机关名称:国家税务总局杭州市西湖区税务局
付款人开户银行:工商银行杭州中山支行　收款国库(银行)名称:国家金库杭州市支库
小写(合计)金额:¥23 587.62　　　　缴款书交易流水号:20240415330700027000009582238532
大写(合计)金额:贰万叁仟伍佰捌拾柒元陆角贰分　　税票号码:2365960011455

税(费)种名称	所属时期	实缴金额
基本医疗保险费(单位)	20240301—20240331	18 773.82
基本医疗保险费(个人)	20240301—20240331	3 209.20
工伤保险费	20240301—20240331	1 604.60

同样,缴纳住房公积金的会计分录为:

借:应付职工薪酬——住房公积金　　　　　　　　　　　19 255.20
　　其他应付款——住房公积金　　　　　　　　　　　　19 255.20
　　贷:银行存款　　　　　　　　　　　　　　　　　　38 510.40

6. 短期带薪缺勤的账务处理

对于职工带薪缺勤,企业应当根据其性质及职工享有的权利,分为累积带薪缺勤和非累积带薪缺勤两类。

(1)累积带薪缺勤。

累积带薪缺勤是指本期尚未用完的带薪缺勤权利可以结转至未来期间使用。企业应当在职工提供了服务从而增加了其未来享有的带薪缺勤权利时,确认与累积带薪缺勤相关的义务,并以累积未行使权利而增加的预期应付薪酬金额计量。确认带薪缺勤时,借记"管理费用"等科目,贷记"应付职工薪酬——短期带薪缺勤(累积带薪缺勤)"科目。

【例 7-16】 浙江宏华股份有限公司(简称"宏华公司")共有 1 000 名职工,自 2024 年 1 月 1 日,实行累积带薪缺勤制度。该制度规定,每个职工每年可享受 5 个工作日带薪年休假,未使用的年休假只能向后结转一个公历年度,超过 1 年未使用的权利作废,在职工离开时无权获得现金支付;职工休年假时,首先使用当年可享受的权利,再从上年结转的带薪年休假中扣除。

2024年12月31日,每个职工当年平均未使用带薪年休假为2天。根据过去的经验并预期该经验将继续适用,公司预计2025年有900名职工将享受不超过5天的带薪年休假,剩余100名职工每人将平均享受6.3天年休假,假定该公司平均每名职工每个工作日工资为260元,不考虑其他相关因素,请编制宏华公司预计累积带薪缺勤的会计分录。

相关凭证:带薪缺勤计算表。

分析:宏华公司2024年12月31日应当预计由于职工累积未使用的带薪年休假权利而导致预期将支付的工资负债,相当于130天[100×(6.3-5)天]的年休假工资33 800元(130×260)。

借:管理费用　　　　　　　　　　　　　　　　　　　　　　　　33 800
　　贷:应付职工薪酬——短期带薪缺勤(累积带薪缺勤)　　　　　　　33 800

(2)非累积带薪缺勤。

非累积带薪缺勤是指本期尚未用完的带薪缺勤权利将予以取消,不能结转至下期使用,职工离开企业时也无权获得现金支付。我国企业职工休婚假、产假、丧假、探亲假、病假期间的工资通常属于非累积带薪缺勤。职工缺勤期间享有的带薪权利,视同职工出勤确认当期的资产或成本费用。通常情况下,与非累积带薪缺勤相关的职工薪酬已经包括在企业每期向职工发放的工资等薪酬中,因此,不必额外进行相应的会计处理。

7. 非货币性职工薪酬的账务处理

非货币性职工薪酬的业务主要包含:以自产产品发放给职工;以外购商品发放给职工;将自有资产无偿提供给职工使用;将短期或低价值租赁的资产无偿提供给职工使用。

(1)以自产产品发放给职工作为非货币性福利的,根据增值税暂行条例及其实施细则规定,视同销售货物,需确认收入及销项税额。根据职工提供服务的受益对象,按产品或商品的含税公允价值借记相关成本及费用科目,贷记"应付职工薪酬——非货币性福利"科目;确认销售收入时,借记"应付职工薪酬——非货币性福利"科目,贷记"主营业务收入""应交税费——应交增值税(销项税额)"科目;同时结转相关成本,借记"主营业务成本"科目,贷记"库存商品"科目。

(2)以外购商品发放给职工作为非货币性福利的,根据受益对象,按外购商品的含税金额借记相关成本及费用科目,贷记"应付职工薪酬——非货币性福利"科目;同时借记"应付职工薪酬——非货币性福利"科目,贷记"银行存款"等科目。

(3)将企业自有的房屋等资产无偿提供给职工使用的,根据受益对象,按该资产每期应计提的折旧分别借记相关成本及费用科目,贷记"应付职工薪酬——非货币性福利"科目;同时,借记"应付职工薪酬——非货币性福利"科目,贷记"累计折旧"科目。

(4)将租赁的资产无偿提供给职工使用的,根据受益对象,按每期应付的租金借记相关成本及费用科目,贷记"应付职工薪酬——非货币性福利"科目;同时,借记"应付职工薪酬——非货币性福利"科目,贷记"其他应付款"或"银行存款"等科目。

【例 7-17】 2024 年 3 月 29 日,浙江宏华股份有限公司(简称"宏华公司")以其生产的成本为 200 元的电饭煲作为福利发放给公司的 20 名职工。该型号电饭煲的计税价格为每台 240 元,增值税税率为 13%。假定 20 名职工中 17 名为直接参加生产的职工,3 名为总部管理人员。请编制宏华公司发放实物福利的会计分录。

相关凭证: 非货币性福利分配表(见凭证 7-16);产品签领单。

(1) 分配费用:

借:生产成本　　　　　　　　　　　　　　　　　　　　　　　　4 610.40
　　管理费用　　　　　　　　　　　　　　　　　　　　　　　　　 813.60
　　贷:应付职工薪酬——非货币性福利　　　　　　　　　　　　5 424.00

(2) 实际发放自产产品时:

借:应付职工薪酬——非货币性福利　　　　　　　　　　　　　　5 424
　　贷:主营业务收入　　　　　　　　　　　　　　　　　　　　4 800
　　　　应交税费——应交增值税(销项税额)　　　　　　　　　　 624

(3) 结转产品成本时:

借:主营业务成本　　　　　　　　　　　　　　　　　　　　　　4 000
　　贷:库存商品　　　　　　　　　　　　　　　　　　　　　　4 000

凭证 7-16　　　　　**浙江宏华股份有限公司非货币性福利费用分配表**
2024 年 3 月 29 日　　　　　　　　　　　　　　　　　　　金额单位:元

项目	产品售价	增值税税额	合计
生产成本	4 080.00	530.40	4 610.40
管理费用	720.00	93.60	813.60
合　计	4 800.00	624.00	5 424.00

审核:沈丹红　　　　　　　　　　　　　　　　　　　　　　制表:宋运辉

【例 7-18】 浙江宏华股份有限公司(简称"宏华公司")为经理级别以上职工每人配备工作用小汽车一辆。小汽车为企业自有资产。该公司总部共有部门经理以上职工 5 名,每辆小汽车每月折旧额 1 000 元;同时短期租入两套住房免费提供给 2 位高级管理人员居住,每套住房月租金为 18 000 元。请编制宏华公司非货币职工福利的会计分录。

相关凭证: 非货币性福利分配表;固定资产折旧计算表。

(1) 自有固定资产计提折旧时:

借:管理费用　　　　　　　　　　　　　　　　　　　　　　　　5 000
　　贷:应付职工薪酬——非货币性福利　　　　　　　　　　　　5 000
借:应付职工薪酬——非货币性福利　　　　　　　　　　　　　　5 000
　　贷:累计折旧　　　　　　　　　　　　　　　　　　　　　　5 000

(2) 租赁资产应付租金时:

借:管理费用　　　　　　　　　　　　　　　　　　　　　　　 36 000
　　贷:应付职工薪酬——非货币性福利　　　　　　　　　　　 36 000
借:应付职工薪酬——非货币性福利　　　　　　　　　　　　　36 000
　　贷:其他应付款——应付住房租金　　　　　　　　　　　　36 000

（二）离职后福利的账务处理

职工的离职后福利，如正常退休后获得的养老金，是职工在劳动合同到期、达到国家规定退休年龄后获得的生活补偿。离职后福利计划，是指企业与职工就离职后福利达成的协议，或者企业为向职工提供离职后福利制定的规章或办法等。企业应当将离职后福利计划分类为设定提存计划和设定受益计划。

1. 设定提存计划

设定提存计划，如养老保险、失业保险，是企业于资产负债表日为换取职工在会计期间提供的服务而向单独主体缴存的提存金。

设定提存计划的业务主要包括设定提存计划提取和缴纳。

（1）提取时，企业应当根据在资产负债表日为换取职工在会计期间提供的服务而应向单独主体缴存的提存金，分受益对象借记"生产成本""制造费用""管理费用""销售费用"等科目，贷记"应付职工薪酬——设定提存计划"科目。

（2）缴纳时，企业按自身应承担的部分借记"应付职工薪酬——设定提存计划"，按职工个人承担的部分借记"其他应付款——社会保险费"等，贷记"银行存款"科目。

【例7-19】 浙江宏华股份有限公司（简称"宏华公司"）根据所在地政府规定，按照职工工资总额的14%计提基本养老保险费，0.5%计提失业保险费，缴存当地社会保险经办机构。2024年3月31日，公司提存基本养老保险费、失业保险费；2024年4月15日，公司缴纳基本养老保险费、失业保险费（包括个人负担部分及公司负担部分，个人按8%缴纳基本养老保险费，按1%缴纳失业保险费）。请编制宏华公司提存、缴纳基本养老保险费与失业保险费的会计分录。

相关凭证： 基本养老保险费、失业保险费计算表（见凭证7-17）；电子缴税付款凭证（见凭证7-18）。

凭证7-17　　浙江宏华股份有限公司养老保险费、失业保险费计算表

2024年3月　　　　　　　　　　　　　　　　　金额单位：元

项目	工资总额	基本养老保险(14%)	失业保险(1%)	合计
生产成本	54 300.00	7 602.00	543.00	8 145.00
制造费用	30 660.00	4 292.40	306.60	4 599.00
管理费用	38 450.00	5 383.00	384.50	5 767.50
销售费用	15 670.00	2 193.80	156.70	2 350.50
在建工程	10 930.00	1 530.20	109.30	1 639.50
研发支出	10 450.00	1 463.00	104.50	1 567.50
合　计	160 460.00	22 464.40	1 604.60	24 069.00

（1）3月31日，计提基本养老保险与失业保险：

借：生产成本　　　　　　　　　　　　　　　　　　　　　　8 145.00
　　制造费用　　　　　　　　　　　　　　　　　　　　　　4 599.00
　　管理费用　　　　　　　　　　　　　　　　　　　　　　5 767.50
　　销售费用　　　　　　　　　　　　　　　　　　　　　　2 350.50
　　在建工程　　　　　　　　　　　　　　　　　　　　　　1 639.50
　　研发支出　　　　　　　　　　　　　　　　　　　　　　1 567.50
　　贷：应付职工薪酬——设定提存计划（基本养老保险）　 22 464.40
　　　　　　　　　　　——设定提存计划（失业保险）　　　1 604.60

（2）4月15日，缴纳基本养老保险与失业保险：
借：应付职工薪酬——设定提存计划（基本养老保险）　　 22 464.40
　　　　　　　　——设定提存计划（失业保险）　　　　　1 604.60
　　其他应付款——社会保险费（养老保险）　　　　　　 12 836.80
　　其他应付款——社会保险费（失业保险）　　　　　　　 802.30
　　贷：银行存款　　　　　　　　　　　　　　　　　　 37 708.10

凭证 7-18

电子缴税付款凭证

转账日期：2024 年 4 月 15 日　　　　凭证字号：30012024041505938116
纳税人全称及纳税人识别号：浙江宏华股份有限公司　91330108344094012A
付款人全称：浙江宏华股份有限公司　　　咨询电话：95533
付款人账号：120202090075 6721249　　征收机关名称：国家税务总局杭州市西湖区税务局
付款人开户银行：工商银行杭州中山支行　收款国库（银行）名称：国家金库杭州市支库
小写（合计）金额：¥37 708.10　　　　 缴款书交易流水号：20240415330700027000009582245687
大写（合计）金额：叁万柒仟柒佰零捌元壹角整　　税票号码：2365960011456

税（费）种名称	所属时期	实缴金额
企业职工基本养老保险费（单位）	20240301—20240331	22 464.40
企业职工基本养老保险费（个人）	20240301—20240331	12 836.80
失业保险费（单位）	20240301—20240331	1 604.60
失业保险费（个人）	20240301—20240331	802.30

> 💡 **注意：**
> ♣ 基本养老保险（生育保险已并入）、失业保险、基本医疗保险、工伤保险四项社会保险费，虽然在会计核算时分别属于应付职工薪酬中的设定提存计划和短期薪酬，但在实际操作时，无论是计提还是缴纳，都是统一操作的。

2. 设定受益计划*

设定受益计划是指除设定提存计划外的离职后福利计划，如企业承诺在职工退休时一次或分次支付一定金额的养老金。将设定受益计划与设定提存计划相对比，设定提存计划下职工离职后所取得的福利金额取决于现在每期支付的提存金金额以及提存金所产生的投资回报,其风险主要由职工来承担;而设定受益计划下,企业为职工提供约定金额的未来福利,如果精算或投资的实际结果与预期不一致,风险由企业来承担。

设定受益计划的核算涉及四个步骤:❶确定设定受益义务现值和当期服务成本;❷确定设定受益计划净负债或净资产;❸确定应当计入当期损益的金额;❹确定应当计入其他综合收益的金额。

(三) 辞退福利的账务处理*

辞退福利包括两方面的内容:一是在职工劳动合同尚未到期前,不论职工本人是否愿意,企业解除与职工的劳动关系而给予的补偿;二是在职工劳动合同尚未到期前,为鼓励职工自愿接受裁减而给予的补偿,职工有权利选择继续在职或接受补偿离职。

在确定企业提供的经济补偿是否为辞退时,应当注意两个问题:

(1) 辞退福利应该与正常退休养老金区分开来。

(2) 有时职工虽然没有与企业解除劳动合同,但不再继续为企业提供服务,企业承诺向其提供实质上具有辞退福利性质的经济补偿,在其正式退休日前比照辞退福利处理,在其正式退休之后,按照离职后福利处理。

企业应当按照辞退计划条款的规定,合理预计并确认辞退福利产生的应付职工薪酬负债。辞退福利预期在其确认的年度报告期结束后 12 个月内完全支付的,应当适用短期薪酬的相关规定;辞退福利预期在年度报告期结束后 12 个月内不能完全支付的,应当适用关于其他长期职工福利的有关规定。

企业向员工提供辞退福利的,应当在"企业不能单方面撤回因解除劳动关系或裁减所提供的辞退福利时"和"企业确认与涉及支付辞退福利的重组相关的成本或费用时"两者孰早日,确认辞退福利产生的职工薪酬,借记"管理费用"科目,贷记"应付职工薪酬——辞退福利"科目。

思考

- 应付职工薪酬的核算内容。
- 职工福利费的开支。
- 离职后福利与辞退福利的区别。
- 非货币性福利是否属于职工福利。
- 社会保险费核算时单位负担部分与职工个人负担部分的区别。

文本:应付职工薪酬账务处理总结

素养园地

不合常理的非货币性福利

内蒙古兰太实业股份有限公司(简称"兰太实业")在 2012 年半年度报告中"支付给职工以及为职工支付的现金"科目发生额为 12 909.68 万元。此会计科目通常用于核算以现金形式支付给员工的工资、福利、补贴以及公司为员工缴纳的社保、住房公积金等。然而,其在"财务报告附注——应付职工薪酬"却披露,该会计科目在 2012 年上半年的减少金额高达 19 110.67 万元,相比现金流量表中支付给员工的现金高出了 6 200.99 万元。

> 这两个数据的差异,意味着公司还以非现金形式发放了大量的员工福利、补贴等等。但不合理的是,兰太实业以非货币形式支付的薪酬,相当于以现金形式支付的薪酬的一半,扣除掉必须以货币支付的社保、住房公积金等,以非货币形式支付给员工的薪酬的占比还会更高,这在企业实际经营中是绝不可能发生的。所以,这高出的 6 200.99 万元非货币性福利确有虚增企业经营性现金净流量的嫌疑。

第四节 应 交 税 费

企业的各种应交税费(tax payable)包括增值税、消费税、城市维护建设税、教育费附加、资源税、土地增值税、房产税、土地使用税、车船税、印花税、耕地占用税、车辆购置税、契税、环境保护税,还包括企业所得税等。

企业应设置"应交税费"科目,用于核算各种税费的确认、计提和缴纳等情况。该科目贷方登记应缴纳的各种税费,借方登记实际缴纳的税费,期末余额一般在贷方,反映企业尚未缴纳的税费,期末余额如果在借方,反映企业多缴或尚未抵扣的税费。本科目可按不同税费项目设置明细科目。有些税费不需要预计应纳税额,不通过"应交税费"科目核算,如印花税、耕地占用税、车辆购置税、契税;也有些税费虽然不属于企业自身应纳税额,但由企业代扣代缴,如企业代扣代缴的个人所得税,也通过"应交税费"科目核算。

一、应交增值税

(一) 增值税概述

增值税是以商品(含应税劳务)在流转过程中产生的增值额作为计税依据而征收的一种流转税。我国现行增值税制度规定,在我国境内销售货物、加工修理修配劳务、服务、无形资产和不动产以及进口货物的单位和个人为增值税的纳税人。

按照纳税人的经营规模及会计核算的健全程度,增值税纳税人分为一般纳税人和小规模纳税人。

1. 一般纳税人

一般纳税人是指年应税销售额超过财政部、国家税务总局规定标准的增值税纳税人。一般纳税人应纳税额的计算公式为:

应纳税额 = 当期销项税额 — 当期进项税额

当期销项税额,是指纳税人当期销售货物、加工修理修配劳务、服务、无形资产和不动产按照销售额和增值税税率计算并收取的增值税税额。

当期进项税额,是指纳税人购进货物、加工修理修配劳务、应税服务、无形资产或不动产而负担的增值税税额。纳税人从销货方、海关、扣缴义务人等取得的准予从销项税额中抵扣的进项税额包括:❶取得的增值税专用发票(含税控机动车销售统一发票)上注明的增值税税额;❷取得的海关进口增值税专用缴款书上注明的增值税税额;❸取得或开具的农产品收购发票或销售发票上农产品买价按扣除率计算的进项税额;❹自境外单位或个人购进服务、无形资产或不动产,从税务机关或扣缴义务人取得的代扣代缴税款完税凭证上注明的增值税额等。

当期销项税额小于当期进项税额不足抵扣时，可以结转下期继续抵扣。

2. 小规模纳税人

小规模纳税人是指年应征增值税销售额500万元以下，并且会计核算不健全、不能够准确提供税务资料的增值税纳税人。小规模纳税人采用简易计税方法，应纳税额的计算公式为：

应纳税额＝销售额×征收率

上述公式中的销售额是指不含税销售额，若企业采用价款与税款合并定价的方式，则需将合并价税款还原为不含税销售额，其计算公式为：

销售额＝含税销售额÷(1＋征收率)

3. 增值税税率和征收率

一般纳税人采用的增值税税率有13%，9%，6%和零税率。

(1) 一般纳税人销售货物、劳务、有形动产租赁服务或进口货物，税率为13%。但销售或进口下列货物税率为9%：❶粮食等农产品、食用植物油、食用盐；❷自来水、暖气、冷气、热水、煤气、石油液化气、天然气、二甲醚、沼气、居民用煤炭制品；❸图书、报纸、杂志、音像制品、电子出版物；❹农机、饲料、农药、农膜、化肥等；❺国务院规定的其他货物。

(2) 一般纳税人提供交通运输、邮政、基础电信、建筑、不动产租赁服务，销售不动产，转让土地使用权，适用9%的税率。

(3) 一般纳税人销售服务、无形资产，适用6%的税率。

(4) 一般纳税人出口货物，税率为零(国务院另有规定除外)。

(5) 一般纳税人购进农产品，扣除率为9%；购进用于生产或委托加工13%税率的农产品，扣除率为10%。

采用简易计税方式的增值税征收率为3%，国家另有规定的除外。

(二) 增值税核算科目的设置

为了核算企业应交增值税的发生、抵扣、交纳、退税及转出等情况，增值税一般纳税人应当在"应交税费"科目下设置"应交增值税""未交增值税""预交增值税""待抵扣进项税额""待认证进项税额""待转销项税额""简易计税""转让金融商品应交增值税""代扣代交增值税"等明细科目。

1. "应交增值税"明细科目

"应交增值税"明细科目下设有10项专栏，发生额在借方的有"进项税额""销项税额抵减""已交税金""转出未交增值税""减免税款""出口抵减内销产品应纳税额"6项，发生额在贷方的有"销项税额""出口退税""进项税额转出""转出多交增值税"4项，如表7-6所示。

表7-6　　　　　　　　应交税费——应交增值税专栏

发生额在借方	发生额在贷方
进项税额：购进货物、加工修理修配劳务、服务、无形资产或不动产而支付或负担的、准予从当期销项税额中抵扣的增值税税额	销项税额：销售货物、加工修理修配劳务、服务、无形资产或不动产应收取的增值税税额
销项税额抵减：因扣减销售额而减少的销项税额	出口退税：出口货物、加工修理修配劳务、服务、无形资产按规定退回的增值税税额

（续表）

发生额在借方	发生额在贷方
已交税金：当月已缴纳的应交增值税税额	进项税额转出：购进货物、加工修理修配劳务、服务、无形资产或不动产等发生非正常损失以及其他原因而不应从销项税额中抵扣、按规定转出的进项税额
转出未交增值税：月度终了转出当月应交未交的增值税税额	转出多交增值税：月度终了转出当月多交的增值税税额
减免税款：准予减免的增值税税额	
出口抵减内销产品应纳税额：实行"免、抵、退"办法的一般纳税人按规定计算的出口货物的进项税抵减内销产品的应纳税额	

2."未交增值税"明细科目

核算一般纳税人月度终了从"应交增值税"或"预交增值税"明细科目转入当月应缴未缴、多缴或预缴的增值税税额，以及当月缴纳以前期间未缴的增值税税额。

3."预交增值税"明细科目

核算一般纳税人转让不动产、提供不动产经营租赁服务、提供建筑服务、采用预收款方式销售自行开发的房地产项目等，以及其他按现行增值税制度规定应预缴的增值税税额。

4."待抵扣进项税额"明细科目

核算一般纳税人已取得增值税扣税凭证并经税务机关认证，按照现行增值税制度规定准予以后期间从销项税额中抵扣的进项税额。

5."待认证进项税额"明细科目

核算一般纳税人由于未经税务机关认证而不得从当期销项税额中抵扣的进项税额。包括：已取得但尚未经税务机关认证的增值税扣税凭证的进项税额；已申请稽核但尚未取得稽核相符结果的海关缴款书的进项税额。

6."待转销项税额"明细科目

核算一般纳税人销售货物、加工修理修配劳务、服务、无形资产或不动产，已确认相关收入（或利得）但尚未发生增值税纳税义务而需于以后期间确认为销项税额的增值税税额。

7."简易计税"明细科目

核算一般纳税人采用简易计税方法发生的增值税计提、扣减、预缴、缴纳等业务。

8."转让金融商品应交增值税"明细科目

核算增值税纳税人转让金融商品发生的增值税税额。具体核算参考金融资产项目中交易性金融资产的内容。

9."代扣代缴增值税"明细科目

核算纳税人购进在境内未设经营机构的境外单位或个人在境内的应税行为代扣代缴的增值税。

（三）增值税一般纳税人的账务处理

1. 购进商品、接受劳务或服务

一般纳税人购进商品、接受劳务或服务，按应计入资产或相关成本费用的金额，借记"固定资产""无形资产""在途物资""原材料""库存商品"等资产或"生产成本""制造费用""管理费用"等成本费用科目;按当月已认证的可抵扣增值税税额,借记"应交税费——应交增值税(进项税额)"科目;按当月未认证的可抵扣增值税税额,借记"应交税费——待认证进项税额"科目;按价税合计金额,贷记"应付账款""应付票据""银行存款"等科目。

【例7-20】 浙江宏华股份有限公司(简称"宏华公司")为增值税一般纳税人,适用的增值税税率为13%,原材料采用实际成本法进行核算。3月宏华公司发生以下经济业务或事项:

(1) 16日,购入免税农产品一批,价款500 000元,规定的扣除率为9%,货物已验收入库,货款已用银行存款支付。

(2) 23日,生产车间委托外单位修理机器设备,取得的增值税专用发票上注明修理费用60 000元,增值税税额7 800元,款项尚未支付。

(3) 26日,购进原材料一批已验收入库,已收到增值税专用发票但尚未认证,款项也未支付。原材料价格为360 000元,估计未来可抵扣的增值税为46 800元。

请编制宏华公司上述业务的会计分录。

相关凭证: 农产品收购凭证;转账支票存根;增值税专用发票发票联;材料清单。

(1) 3月16日,购进免税农产品:

进项税额=收购价款×扣除率=500 000×9%=45 000(元)

借:库存商品		455 000
应交税费——应交增值税(进项税额)		45 000
贷:银行存款		500 000

(2) 3月23日,接受修理劳务:

借:管理费用		60 000
应交税费——应交增值税(进项税额)		7 800
贷:应付账款		67 800

(3) 3月26日,购入材料,发票尚未认证:

借:原材料		360 000
应交税费——待认证进项税额		46 800
贷:应付账款		406 800

注:尚未认证的发票相关的待认证进项税额待下期增值税发票经税务机关认证后,再转入进项税额。

在核算增值税进项税额时,需要注意以下几点:

注意点1: 若货物已验收入库,但尚未取得增值税扣税凭证,货物按合同价格暂估入账,下月初红字冲回,但增值税进项税额不能暂估入账(具体核算参考第二章存货采购业务)。

注意点2: 若购进货物发生<u>退货</u>,应根据税务机关开具的红字增值税发票编制购进相反的会计分录,即借记"应交税费——应交增值税(进项税额)",金额用红字记录。

注意点 3：进项税额转出。原已单独确认的进项税额存在下列情况之一时不得从销项税额中抵扣，必须予以转出：❶商品、劳务或服务事后改变用途，如用于简易计税方法计税项目、免征增值税项目、非增值税应税项目等。❷商品、劳务或服务发生非正常损失，如因管理不善造成商品被盗、丢失、霉烂变质，以及因违反法律法规货物被依法没收、销毁、拆除。

进项税额转出时，借记"待处理财产损溢""应付职工薪酬""固定资产""无形资产"等科目，贷记"应交税费——应交增值税（进项税额转出）"科目。

【例 7-21】 浙江宏华股份有限公司（简称"宏华公司"）3 月发生以下经济交易或事项：

（1）14 日，企业食堂维修领用原材料 8 000 元，该批原材料购入时的增值税税额为 1 040 元。

（2）29 日，暴雨导致库存原材料遭受毁损，该批原材料的购入成本为 200 000 元，增值税税额为 26 000 元。

（3）31 日，原材料毁损损失报批后转入营业外支出。

请编制宏华公司上述业务的会计分录。

相关凭证：领料单；存货毁损报告表。

(1) 3 月 14 日，集体福利领用原材料：

借：应付职工薪酬——职工福利费　　　　　　　　　　　　　9 040
　　贷：原材料　　　　　　　　　　　　　　　　　　　　　　　8 000
　　　　应交税费——应交增值税（进项税额转出）　　　　　　1 040

(2) 3 月 19 日，原材料毁损：

借：待处理财产损溢——待处理流动资产损溢　　　　　　　226 000
　　贷：原材料　　　　　　　　　　　　　　　　　　　　　　200 000
　　　　应交税费——应交增值税（进项税额转出）　　　　　26 000

(3) 3 月 31 日，原材料毁损损失转入营业外支出：

借：营业外支出　　　　　　　　　　　　　　　　　　　　226 000
　　贷：待处理财产损溢——待处理流动资产损溢　　　　　226 000

2. 销售商品、提供劳务或服务

企业销售货物、提供劳务或服务，按价税合计金额，借记"应收账款""应收票据""银行存款"等科目；按增值税税额，贷记"应交税费——应交增值税（销项税额）"科目，按照实现的营业收入，贷记"主营业务收入""其他业务收入"等科目。

【例 7-22】 浙江宏华股份有限公司（简称"宏华公司"）3 月发生以下经济交易或事项：

（1）19 日，销售一批产品，价款 100 000 元，按规定应收取增值税税额 13 000 元，提货单和增值税专用发票已经交给买方，款项尚未收到。

（2）26 日，为甲公司委托加工一批物资，收取加工费 80 000 元，并按 13% 开具增值税专用发票。已收到加工费并存入银行。

请编制宏华公司上述业务的会计分录。

相关凭证： 增值税专用发票记账联；银行收账通知单；领料单。

(1) 3月19日，销售产品：

借：应收账款	113 000
贷：主营业务收入	100 000
应交税费——应交增值税（销项税额）	13 000

(2) 3月26日，提供加工劳务：

借：银行存款	90 400
贷：主营业务收入	80 000
应交税费——应交增值税（销项税额）	10 400

在核算增值税销项税额时，需要注意以下几点：

注意点1： 若收入或利得确认时点<u>早于</u>增值税纳税义务发生时点，应交增值税税额记入"应交税费——待转销项税额"科目，实际纳税义务发生时再转入"应交税费——应交增值税（销项税额）"科目。

注意点2： 若销售货物发生<u>销售退回</u>，应根据税务机关开具的红字增值税专用发票编制销售相反的会计分录，即贷记"应交税费——应交增值税（销项税额）"科目，金额用红字记录。

注意点3： <u>视同销售</u>。企业发生下列业务，税法上视同销售，应缴纳增值税：❶将自产、委托加工的货物用于非增值税应税项目、集体福利或个人消费；❷将自产、委托加工或购进的货物用于对外投资、分配给股东、无偿赠送他人等。

发生视同销售业务时，借记"长期股权投资""应付职工薪酬""利润分配""营业外支出"等科目，贷记"应交税费——应交增值税（销项税额）"科目。

【例7-23】 3月30日，浙江宏华股份有限公司（简称"宏华公司"）将自己生产的产品用于建造企业职工俱乐部。领用产品的成本为20万元，计税价格为30万元，增值税税率为13%。请编制宏华公司该笔业务的会计分录。

分析： 宏华公司将自产产品用于职工集体福利，税法上视同销售，需按计税价格计算缴纳增值税。销项税额＝计税价格×税率＝300 000×13%＝39 000（元）

借：在建工程	239 000
贷：库存商品	200 000
应交税费——应交增值税（销项税额）	39 000

3. 缴纳增值税

企业<u>缴纳当月应交增值税</u>，借记"应交税费——应交增值税（已交税金）"科目，贷记"银行存款"科目。

企业<u>缴纳以前期间未交增值税</u>，借记"应交税费——未交增值税"科目，贷记"银行存款"科目。

企业<u>预缴增值税</u>，借记"应交税费——预交增值税"科目，贷记"银行存款"科目。

4. 月末转出多交、未交、预交增值税

月末企业转出未交增值税，按当月应交未交的增值税金额，借记"应交税费——应交增值税（转出未交增值税）"科目，贷记"应交税费——未交增值税"科目。

月末企业转出多交增值税，按当月多交的增值税金额，借记"应交税费——未交增值税"科目，贷记"应交税费——应交增值税（转出多交增值税）"科目。

月末企业转出预交增值税，按当月预交的增值税金额，借记"应交税费——未交增值税"科目，贷记"应交税费——预交增值税"科目。

【例 7-24】 沿用【例 7-19】至【例 7-22】中的数据，浙江宏华股份有限公司 3 月共发生进项税额 52 800 元，待认证进项税额 46 800 元，进项税额转出 27 040 元，销项税额合计 62 400 元。另外，公司于 3 月 5 日，缴纳上月未交增值税 29 000 元。请编制宏华公司缴纳上月增值税以及结转本月未交增值税的会计分录。

相关凭证：银行客户专用回单❶；应交增值税纳税申报表；银行转账凭证。

（1）3 月 5 日，缴纳上月未交增值税：

借：应交税费——未交增值税　　　　　　　　　　　　　29 000
　　贷：银行存款　　　　　　　　　　　　　　　　　　29 000

（2）月末结转本月未交增值税：

本月"应交增值税"余额＝62 400－52 800＋27 040＝36 640（元）

借：应交税费——应交增值税（转出未交增值税）　　　　36 640
　　贷：应交税费——未交增值税　　　　　　　　　　　36 640

5. 增值税减免

增值税减免通常有两种方式：直接减免和先征后返。

（1）属于直接减免的增值税，按减免金额借记"应交税费——应交增值税（减免税款）"科目，贷记"主营业务收入""管理费用"等科目。减免项目涉及的购进货物或劳务的进项税额应转出计入采购成本。

（2）属于先征后返的增值税，借记"银行存款"科目，贷记"其他收益"等科目。

企业初次购买增值税税控系统专用设备支付的费用以及缴纳的技术维护费允许在增值税应纳税额中全额抵减，参照直接减免的核算，借记"应交税费——应交增值税（减免税款）"科目，贷记"管理费用"等科目。

【例 7-25】 浙江宏华股份有限公司（简称"宏华公司"）为增值税一般纳税人，于 2023 年年末初次购买数台增值税税控系统专用设备作为固定资产核算，取得的增值税专用发票上注明买价为 50 000 元，增值税税额为 6 500 元，款项当即支付。该设备按 5 年折旧，净残值为零；2024 年，该专用设备进行技术维护，支付维护费 2 260 元，取得的增值税专用发票上注明价款为 2 000 元，增值税税额为 260 元。请编制宏华公司上述业务的会计分录。

---

❶ 税款缴纳原始凭证有三种：一是通过银行缴纳，收到银行给付的客户专用回单作为税款缴纳凭证；二是企业在网上申报纳税后到税务机关打印税收电子缴款书作为税款缴纳凭证；三是一些小额零星或现金直接交付的税款由税务机关直接开具完税证明。

(1) 2023年年末购入增值税税控系统专用设备：
借：固定资产　　　　　　　　　　　　　　　　　56 500
　　贷：银行存款　　　　　　　　　　　　　　　　　　56 500
(2) 2023年，全额抵减增值税：
借：应交税费——应交增值税（减免税额）　　　　56 500
　　贷：管理费用　　　　　　　　　　　　　　　　　　56 500
(3) 2024年，固定资产计提折旧：
年折旧额＝56 500÷5＝11 300(元)
借：管理费用　　　　　　　　　　　　　　　　　11 300
　　贷：累计折旧　　　　　　　　　　　　　　　　　　11 300
(4) 2024年，发生技术维护费：
借：管理费用　　　　　　　　　　　　　　　　　2 260
　　贷：银行存款　　　　　　　　　　　　　　　　　　2 260
(5) 2024年，技术维护费全额抵减增值税：
借：应交税费——应交增值税（减免税额）　　　　2 260
　　贷：管理费用　　　　　　　　　　　　　　　　　　2 260

（四）增值税小规模纳税人的账务处理

小规模纳税人增值税核算采用简化方法，除"应交增值税""转让金融商品应交增值税""代扣代交增值税"外不设其他明细科目；"应交税费——应交增值税"科目下不再设置专栏。

(1) 小规模纳税人购进货物或接受应税劳务，无论是否取得增值税专用发票，均按发票所列价税合计款借记"在途物资"等科目，贷记"银行存款"科目。

(2) 小规模纳税人销售货物或提供劳务，无论是否开具增值税专用发票，均按价税合计款借记"银行存款"等科目，按扣除了征收率的不含税销售额，贷记"主营业务收入"科目，按应征税额贷记"应交税费——应交增值税"科目。

(3) 小规模纳税人缴纳增值税，无论是否本月应纳税额，均按缴纳额借记"应交税费——应交增值税"科目，贷记"银行存款"科目。

【例7-26】 浙江新通光电制品企业为增值税小规模纳税人，适用的增值税征收率为3%，按实际成本法进行原材料的核算。5月，公司发生如下经济业务：

(1) 5月8日，向浙江宏华股份有限公司购买一批原材料，取得的增值税专用发票中注明货款为50 000元，增值税税额为6 500元，款项以银行存款支付，材料已经验收入库。

(2) 5月15日，销售一批产品，开具的增值税普通发票上注明的价税款合计6 000元，款项已经存入银行。

(3) 5月31日，用银行存款缴纳本月增值税1 800元。

请编制浙江新通光电制品企业购买原材料、销售产品、缴纳增值税的会计分录。

相关凭证： 转账支票存根；增值税专用发票发票联；收料单；产品出库单；银行收账通知；增值税普通发票记账联；电子缴税付款凭证。

(1) 5月8日,购买原材料:
借:原材料　　　　　　　　　　　　　　　　　　　56 500
　　贷:银行存款　　　　　　　　　　　　　　　　　　　　56 500
(2) 5月15日,销售产品:
不含税销售额=6 000÷(1+3%)=5 825.24(元)
应纳增值税税额=5 825.24×3%=174.76(元)
借:银行存款　　　　　　　　　　　　　　　　　6 000.00
　　贷:主营业务收入　　　　　　　　　　　　　　　　5 825.24
　　　　应交税费——应交增值税　　　　　　　　　　　174.76
(3) 31日,缴纳增值税:
借:应交税费——应交增值税　　　　　　　　　　　1 800
　　贷:银行存款　　　　　　　　　　　　　　　　　　　1 800

二、应交消费税

(一) 消费税概述

消费税是指在我国境内生产、委托加工和进口应税消费品的单位和个人,按其流转额缴纳的一种税。消费税有从价定率、从量定额、从价定率和从量定额复合计税三种征收方法。采取从价定率方法征收的消费税,以不含增值税的销售额为税基,乘以法定税率计算;采取从量定额方法征收的消费税,按税法认定的应税消费品的数量,乘以单位税额计算。

(二) 消费税核算科目的设置

企业应在"应交税费"科目下设置"应交消费税"明细科目,核算消费税的发生、缴纳情况。该科目贷方登记应缴纳的消费税,借方登记已缴纳的消费税,期末余额一般在贷方,反映企业尚未缴纳的消费税,如果期末余额在借方,反映企业多缴纳的消费税。

(三) 应交消费税的账务处理

1. 销售应税消费品

企业销售应税消费品应交的消费税,应借记"税金及附加"科目,贷记"应交税费——应交消费税"科目。

【例 7-27】 浙江宏华股份有限公司(简称"宏华公司")销售所生产的化妆品,价款500 000元(不含增值税),适用的消费税税率为15%,不考虑其他相关税费。请编制宏华公司计提消费税的会计分录。

相关凭证:消费税计算表。
应交消费税额=500 000×15%=75 000(元)
借:税金及附加　　　　　　　　　　　　　　　　　75 000
　　贷:应交税费——应交消费税　　　　　　　　　　　　75 000

2. 自产自用应税消费品

企业将生产的应税消费品用于在建工程等非生产部门时,按规定应缴纳的消费税,借记

"在建工程"等科目,贷记"应交税费——应交消费税"科目。

【例 7-28】 浙江宏华股份有限公司(简称"宏华公司")在建工程领用自产柴油成本为 100 000 元,应纳消费税为 12 000 元,不考虑其他相关税费。请编制宏华公司工程领用自产柴油的会计分录。

相关凭证:消费税计算表。

借:在建工程	112 000
贷:库存商品	100 000
应交税费——应交消费税	12 000

3. 委托加工应税消费品

需要缴纳消费税的委托加工物资,应由受托方代收代缴消费税。

受托方,按照应交消费税税额,借记"应收账款""银行存款"等科目,贷记"应交税费——应交消费税"科目。

委托方,若委托加工物资收回后直接用于销售的,应按受托方代收代缴的消费税税额借记"委托加工物资"科目,贷记"应付账款""银行存款"等科目;若委托加工物资收回后用于连续生产应税消费品的,应按受托方代收代缴的消费税税额借记"应交税费——应交消费税"科目,贷记"应付账款""银行存款"等科目。

【例 7-29】 浙江宏华股份有限公司(简称"宏华公司")委托甲公司代为加工一批应交消费税的材料。材料成本为 600 000 元,加工费为 80 000 元(适用增值税税率 13%),由甲公司代收代缴的消费税为 24 000 元,材料加工完成,宏华公司已经验收入库,加工费及税款尚未支付。假设委托加工材料收回后:❶连续生产应税消费品;❷直接对外出售。请分别编制两种假设下宏华公司委托加工物资的会计分录。

相关凭证:领料单;收料单(或产品入库单);增值税专用发票发票联;代收代缴税款凭证收据联。

(1) 领料发外加工:

借:委托加工物资	600 000
贷:原材料	600 000

(2) 支付加工费及相关增值税:

借:委托加工物资	80 000
应交税费——应交增值税(进项税额)	10 400
贷:应付账款——甲公司	90 400

(3) 受托方代收代缴消费税:

❶ 若收回后连续生产应税消费品:

借:应交税费——应交消费税	24 000
贷:应付账款——甲公司	24 000

❷ 若收回后直接对外销售:

借:委托加工物资	24 000
贷:应付账款——甲公司	24 000

(4) 收回加工后物资：

❶ 若收回后连续生产应税消费品：

委托加工物资成本＝600 000＋80 000＝680 000（元）

借：原材料　　　　　　　　　　　　　　　　　　　　　680 000
　　贷：委托加工物资　　　　　　　　　　　　　　　　　　　680 000

❷ 若收回后直接对外销售：

委托加工物资成本＝600 000＋80 000＋24 000＝704 000（元）

借：库存商品　　　　　　　　　　　　　　　　　　　　　704 000
　　贷：委托加工物资　　　　　　　　　　　　　　　　　　　704 000

4. 进口应税消费品

企业进口应税物资在进口环节应交的消费税，计入该项物资的成本，借记"库存商品""固定资产"等科目，贷记"银行存款"科目。

【例 7-30】 浙江宏华股份有限公司（简称"宏华公司"）从国外进口一批需要缴纳消费税的商品，该商品的关税完税价为 500 000 元，按规定应缴纳关税为 85 000 元，进口环节需要缴纳的消费税税额为 65 000 元，需缴纳增值税税额为 84 500 元。进口商品已验收入库，货款及税款均已支付。请编制宏华公司进口商品的会计分录。

相关凭证：入库单；关税完税证明；海关进口消费税专用缴款书；海关代征进口增值税专用缴款书；银行支付凭证。

进口商品成本＝500 000＋85 000＋65 000＝650 000（元）

借：库存商品　　　　　　　　　　　　　　　　　　　　　650 000
　　应交税费——应交增值税（进项税额）　　　　　　　　　　 84 500
　　贷：银行存款　　　　　　　　　　　　　　　　　　　　　734 500

三、其他应交税费

（一）应交资源税

资源税是对在我国境内从事应税矿产品开采或生产盐的单位和个人征收的一种税。对外销售应税产品计提资源税，借记"税金及附加"科目，贷记"应交税费——应交资源税"科目；自产自用应税产品应计提资源税，借记"生产成本""制造费用"等科目，贷记"应交税费——应交资源税"科目。

【例 7-31】 浙江宏华股份有限公司（简称"宏华公司"）对外销售应纳资源税的矿产品 5 000 吨，自用应纳资源税的矿产品 1 000 吨（用于生产产品），该应税矿产品采用从量计征的方法，税额为每吨 5 元。请编制宏华公司计提和缴纳资源税的会计分录。

相关凭证：资源税计算表；资源税电子缴税付款凭证。

分析：宏华公司对外销售应税矿产品应交资源税为 25 000 元（5 000×5），自用应税矿产品应交资源税为 5 000 元（1 000×5）。

(1) 计提资源税：
借：税金及附加 25 000
　　生产成本 5 000
　　　贷：应交税费——应交资源税 30 000
(2) 缴纳资源税：
借：应交税费——应交资源税 30 000
　　贷：银行存款 30 000

(二) 应交城市维护建设税、应交教育费附加

城市维护建设税、教育费附加是以增值税、消费税为计税依据征收的税费。这两种税费按纳税人实际应缴纳的增值税、消费税税额，乘以一定比例计算得出，并与增值税、消费税同时缴纳。其计算公式为：

应交城市维护建设税／教育费附加＝(应交增值税＋应交消费税)×适用税率

按纳税人所在地不同，城市维护建设税实行差别比例税率，市区、县镇、其他地区税率分别为 7%、5%、1%；教育费附加费率为 3%。

企业按规定计算出应缴纳的城市维护建设税、教育费附加，借记"税金及附加"科目，贷记"应交税费——应交城市维护建设税""应交税费——应交教育费附加"科目；实际缴纳时，借记"应交税费——应交城市维护建设税""应交税费——应交教育费附加"科目，贷记"银行存款"科目。

【例 7-32】 2024 年 5 月，浙江宏华股份有限公司(简称"宏华公司")应交增值税 300 000 元，应交消费税 150 000 元，适用的城市维护建设税税率为 7%，教育费附加费率为 3%。请编制宏华公司计提和缴纳城市维护建设税与教育费附加的会计分录。

相关凭证：城建税、教育费附加计算表；税收完税证明(见凭证 7-19)。

凭证 7-19

	中华人民共和国 税收完税证明		No. 33101520010067696	
	填发日期：2024 年 06 月 05 日		税务机关：国家税务总局杭州市西湖区税务局	
纳税人识别号	91330108344094012A	纳税人名称	浙江宏华股份有限公司	
原始凭证	税 种	品目名称	税款所属时期	入(退)库日期	实缴(退)金额
331016200100785697	教育费附加	流转税教育费附加	2024-05-01至2024-05-31	2024-06-05	13 500.00
331016200100785697	城市维护建设税	市区	2024-05-01至2024-05-31	2024-06-05	31 500.00
金额合计 (大写) 人民币肆万伍仟元整				￥45 000.00
		备注：正常申报一般申报正税自行申报拱墅区税务局(科、分局)：国家税务总局杭州市拱墅区税务局		
	填票人 徐家明			

妥善保管

应交城市维护建设税＝(300 000＋150 000)×7%＝31 500(元)
应交教育费附加＝(300 000＋150 000)×3%＝13 500(元)

(1) 计提城市维护建设税、教育费附加：

借：税金及附加　　　　　　　　　　　　　　　　　　　　45 000
　　贷：应交税费——应交城市维护建设税　　　　　　　　　　　　31 500
　　　　　　　　——应交教育费附加　　　　　　　　　　　　　　13 500

(2) 缴纳城市维护建设税、教育费附加：

借：应交税费——应交城市维护建设税　　　　　　　　　　31 500
　　　　　　——应交教育费附加　　　　　　　　　　　　13 500
　　贷：银行存款　　　　　　　　　　　　　　　　　　　　　　　45 000

（三）应交土地增值税

土地增值税是对转让国有土地使用权、地上的建筑物及其附着物（简称"转让房地产"）并取得增值性收入的单位和个人征收的一种税。土地增值税按照转让房地产所取得的增值额和规定的税率计算征收。土地增值税采用四级超率累进税率，其中最低税率为30%，最高税率为60%。

若企业转让的国有土地使用权属于固定资产，转让业务属于固定资产清理业务，应交的土地增值税借记"固定资产清理"科目，贷记"应交税费——应交土地增值税"科目。

若企业转让的国有土地使用权属于无形资产，转让业务属于无形资产处置业务，应交的土地增值税调减无形资产转让收入，即调减"资产处置损益"科目。

若企业转让的国有土地使用权属于存货（如房地产开发企业开发用于出售的房产），转让业务属于存货出售业务，应交的土地增值税借记"税金及附加"科目，贷记"应交税费——应交土地增值税"科目。

（四）应交房产税、城镇土地使用税、车船税、环境保护税

房产税是国家对在城市、县城、建制镇和工矿区拥有房屋产权的单位和个人，按照房产的计税价值或租金收入向产权人征收的一种税。

城镇土地使用税是国家在城市、县城、建制镇和工矿区范围内，对使用土地的单位和个人为纳税人，以其实际占用的土地面积和规定税额计算征收的一种税。

车船税是国家对我国境内车辆、船舶的所有人或管理人按照规定税目和税额计算征收的一种税。

环境保护税是国家对直接向环境排放应税污染物的单位和其他生产经营者征收的一种税。

企业计提房产税、城镇土地使用税、车船税、环境保护税，应借记"税金及附加"科目，贷记"应交税费——应交房产税（或应交城镇土地使用税、应交车船税、应交环境保护税）"科目；实际缴纳时，借记"应交税费——应交房产税（或应交城镇土地使用税、应交车船税、应交环境保护税）"科目，贷记"银行存款"科目。

> 💡 **注意：**
> ↳ 企业缴纳车辆购置税、耕地占用税、契税，直接借记"固定资产"等资产成本，贷记"银行存款"科目。
> ↳ 进口环节缴纳的关税，借记"库存商品"等资产成本，贷记"银行存款"科目。
> ↳ 企业缴纳印花税，借记"税金及附加"科目，贷记"银行存款""库存现金"等科目。

➤ 企业代扣代缴职工个人所得税,代扣时借记"应付职工薪酬"科目,贷记"应交税费——应交个人所得税"科目;代缴时借记"应交税费——应交个人所得税"科目,贷记"银行存款"等科目。

练 习 题

核算分析题(一)

【目的】 练习短期借款的核算。
【资料】 1月1日,浙江宏华股份有限公司(简称"宏华公司")向银行借入一笔120 000元生产经营用短期借款,期限9个月,年利率8%。根据与银行签订的合同,该项借款本金到期一次偿还,利息按季支付。企业按月预提利息费用。
【要求】 根据上述业务,编制宏华公司借款业务的会计分录。

核算分析题(二)*

【目的】 练习长期借款及借款费用的核算。
【资料】 浙江宏华股份有限公司(简称"宏华公司")为建造某项固定资产,于2024年12月31日向银行借入2 000万元专门借款,借款期限2年,年利率8%,到期一次还本付息。同日,固定资产购建业务发生,2025年12月31日固定资产达到预定可使用状态。
【要求】 根据上述业务,编制宏华公司长期借款及固定资产业务的会计分录。

核算分析题(三)

【目的】 练习短期薪酬、职工福利费、离职后福利的核算。
【资料】 浙江宏华股份有限公司(简称"宏华公司")职工教育经费采用直接列支法核算。现有如下职工薪酬相关业务:

(1) 2024年12月31日,进行工资分配(工资费用分配表见表7-7)。

表7-7　　　　　　　　浙江宏华股份有限公司工资费用分配表

2024年12月　　　　　　　　　　　　　　　　金额单位:元

应借科目	应贷科目:应付职工薪酬						
	生产工人	车间管理人员	行政管理人员	销售人员	建造厂房工人	无形资产开发人员	合计
生产成本	69 850						69 850
制造费用		15 620					15 620
管理费用			66 580				66 580
销售费用				27 670			27 670
在建工程					17 580		17 580
研发支出						13 450	13 450
合　计	69 850	15 620	66 580	27 670	17 580	13 450	210 750

(2) 2024年12月31日,计提本月企业负担的社会保险费、住房公积金,计提本月工会经费。
(3) 2025年1月5日,扣除各项扣款后发放上月工资(工资结算汇总表见表7-8)。

表 7-8

浙江宏华股份有限公司工资结算汇总表

2024 年 12 月

金额单位：元

项目	标准工资	奖金	津贴	应扣工资 事假	应扣工资 病假	应付工资	养老保险(8%)	医疗保险(2%)	失业保险(0.5%)	住房公积(12%)	个税	扣款合计	实发工资
生产工人	60 000.00	6 750.00	3 850.00	450.00	300.00	69 850.00	5 588.00	1 397.00	349.25	8 382.00	1 800.00	17 516.25	52 333.75
车间管理人员	12 000.00	3 000.00	800.00	120.00	60.00	15 620.00	1 249.60	312.40	78.10	1 874.40	560.00	4 074.50	11 545.50
行政管理人员	50 000.00	14 000.00	3 000.00	300.00	120.00	66 580.00	5 326.40	1 331.60	332.90	7 989.60	1 600.00	16 580.50	49 999.50
销售人员	20 000.00	5 700.00	2 100.00	100.00	30.00	27 670.00	2 213.60	553.40	138.35	3 320.40	1 050.00	7 275.75	20 394.25
在建工程人员	10 000.00	3 900.00	3 750.00	50.00	20.00	17 580.00	1 406.40	351.60	87.90	2 109.60	600.00	4 555.50	13 024.50
无形资产开发	10 000.00	3 000.00	500.00		50.00	13 450.00	1 076.00	269.00	57.25	1 614.00	500.00	3 526.25	9 923.75
合计	162 000.00	36 350.00	14 000.00	1 020.00	580.00	210 750.00	16 860.00	4 215.00	1 053.75	25 290.00	6 110.00	53 528.75	157 221.25

(4) 2025年1月10日,代缴职工上月应交个人所得税。

(5) 2025年1月10日,上交上月社会保险费、住房公积金、工会经费。

(6) 2025年1月18日,以现金支付生产工人张三医药费补贴1 800元。

(7) 2025年1月31日,开出转账支票一张用于支付销售部门职工培训费5 000元,增值税税额300元。

【要求】

(1) 填制社会保险费、住房公积金计算表(见表7-9)。

(2) 填制工会经费计算表(表7-10)。

(3) 根据业务(1)至业务(7),编制宏华公司相关会计分录。

表7-9　　　　　　　浙江宏华股份有限公司社会保险费、住房公积金计算表

2024年12月　　　　　　　　　　　　金额单位:元

项目	工资总额	社会保险费				住房公积金(12%)	合计
		基本医疗保险(12%)	工伤保险(1%)	基本养老保险(14%)	失业保险(1%)		
生产成本							
制造费用							
管理费用							
销售费用							
在建工程							
研发支出							
合　计							

表7-10　　　　　　　　　浙江宏华股份有限公司工会经费计算表

2024年12月　　　　　　　　　　　　金额单位:元

项目	工资总额	计提比例	工会经费
生产成本			
制造费用			
管理费用		2%	
销售费用			
在建工程			
研发支出			
合　计			

核算分析题(四)

【目的】　练习非货币职工薪酬及职工福利费的核算。

【资料】　浙江宏华股份有限公司(简称"宏华公司")属于增值税一般纳税人,适用的增

值税税率为 13%。公司共有职工 200 名,其中生产工人 170 人,管理人员 30 人,职工福利费采用直接列支法核算。当年发生下列职工薪酬业务:

(1) 2 月,公司以其生产的成本为 100 元的电炒锅和外购的每台不含税价格为 2 000 元的电暖器作为春节福利发给公司职工,每人每样各一台。电炒锅的公允价值为每台 140 元(计税价格与公允价值一致),电暖器的价税款已付,并取得了增值税专用发票。

(2) 公司短期租入一幢房屋作为公司单身职工宿舍,职工入住费用全免。据统计,共有工人 15 人、管理人员 5 人入住。2 月,公司支付房屋租金 14 000 元(不考虑增值税)。

(3) 7 月,公司向 80 位特殊工种工人发放防暑降温费,每人 300 元。

【要求】 根据上述业务,编制宏华公司相关会计分录。

核算分析题(五)

【目的】 练习应交增值税的核算。

【资料】 浙江宏华股份有限公司(简称"宏华公司")为生产自行车的增值税一般纳税人,适用的增值税税率为 13%。4 月,公司发生下列购销业务:

(1) 购进原材料一批,取得的采购增值税专用发票上注明货物价款为 100 000 元,增值税税额为 13 000 元;取得运输部门开具的增值税专用发票,注明运费 2 450 元,增值税税额 220.5 元。原材料已验收入库,款项已全部支付。

(2) 购进办公用品一批,取得的增值税普通发票上注明价税款合计 20 000 元;购进复印机一台,取得的增值税专用发票上注明价款为 50 000 元,增值税税额为 6 500 元。款项已全部支付。

(3) 向当地商场销售自行车 300 辆,原销售不含税单价为 300 元,商场当即付清全部款项,宏华公司给予了 5% 的商业折扣,开具增值税专用发票。

(4) 向个体户销售自行车零配件,取得价税款合计 2 260 元,开具增值税专用发票。

(5) 公司职工食堂建设工程领用上月购进的生产用钢材价值为 100 000 元。

【要求】

(1) 根据上述资料,编制宏华公司相关会计分录。

(2) 计算并结转企业当月应缴纳的增值税税额。

第八章 所有者权益

知识目标

1. 认识所有者权益特点。
2. 了解实收资本(股本)的来源及投资者出资方式。
3. 熟悉资本公积内容、来源及用途。
4. 熟悉利润分配的步骤。
5. 熟悉盈余公积的来源及使用。
6. 了解企业资本金制度的相关法律规定。

能力目标

1. 能进行接受货币出资及非货币出资的核算。
2. 能进行"资本公积——资本溢价"的核算。
3. 能进行利润分配的计算及核算。
4. 能进行盈余公积增减的核算。

素养目标

1. 解读在危机中坚守职业操守和企业社会责任的重要性,理解守底线,重诚信的意义,养成良好的职业道德。
2. 通过学习所有者权益,培养对组织的责任感和奉献精神,树立正确的价值观。
3. 通过分析企业数字化转型案例,培养创新精神与爱国情怀。
4. 通过分析资本结构所决定的利益相关者之间的关系,理解并践行社会主义核心价值观。

知识导图

```
                    ┌─ 实收资本(股本) ─┬─ ❶ 接受货币资产投资
                    │                 ├─ ❷ 接受非货币性资产投资
                    │                 └─ ❸ 实收资本增减变动
                    │
                    ├─ 资本公积 ──────┬─ ❶ 资本溢价/股本溢价
                    │                 ├─ ❷ 其他资本公积
        所有者      │                 └─ ❸ 资本公积转增资本
        权益 ───────┤
                    ├─ 其他综合收益 ──┬─ ❶ 其他综合收益概述
                    │                 └─ ❷ 其他综合收益的账务处理
                    │
                    │                 ┌ 盈余公积 ──┬─ ❶ 提取盈余公积
                    │                 │            ├─ ❷ 盈余公积补亏
                    └─ 留存收益 ──────┤            └─ ❸ 盈余公积转增资本
                                      │
                                      └ 未分配利润 ┬─ ❶ 提取盈余公积
                                                   ├─ ❷ 现金股利/股票股利
                                                   └─ ❸ 利润分配结转
```

所有者权益（owners equity）是指企业资产扣除负债后由所有者享有的剩余权益。

所有者权益和负债都是形成企业资产的资金来源，但是两者有显著区别：负债代表着企业与债权人之间的债权债务关系，必须在确定时间内偿还，并需按约定支付利息；所有者权益代表投资者与企业之间的产权归属关系，具有以下特征：❶除非发生减资、清算或分派现金股利，企业不需要偿还所有者权益；❷企业清算时，只有在清偿所有的负债后，所有者权益有剩余才返还给所有者；❸所有者凭借所有者权益能够参与企业利润的分配。

所有者权益通常由实收资本（股本）、资本公积、留存收益、其他综合收益、专项储备和其他权益工具构成，如图 8-1 所示。

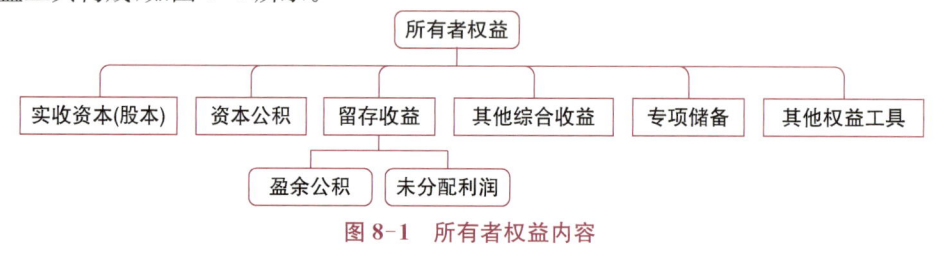

```
                        所有者权益
   ┌──────────┬──────────┬──────────┬──────────┬──────────┐
实收资本    资本公积   留存收益  其他综合收益  专项储备  其他权益工具
(股本)                    │
                    ┌─────┴─────┐
                 盈余公积   未分配利润
```

图 8-1 所有者权益内容

我国企业的组织形式包括个人独资企业、合伙制企业和公司制企业，其中公司制企业又包括有限责任公司和股份有限公司两种。习惯上，股份有限公司的所有者权益可称为股东权益。

第一节 实 收 资 本

一、实收资本（股本）概述

实收资本（paid-in capital）是指企业按照章程规定或合同、协议约定，接受投资者投入企业的资本。股份有限责任公司的实收资本又称股本（share capital）

（一）出资方式

《中华人民共和国公司法》（以下简称《公司法》）规定，股东可以用货币出资，也可以用实物、知识产权、土地使用权、股权、债权等可以用货币估价并依法转让的非货币财产作价出资（法律、行政法规规定不得作为出资的财产除外）。作为出资的非货币财产需评估、核实，不得高估或低估作价。法律、行政法规对评估作价有规定的，从其规定。

股东应当按期足额缴纳出资额。以货币认缴出资的，应当将货币足额存入公司在银行开设的账户；以非货币财产出资的，应当依法办理财产权转移手续。出资完成后，企业应该向股东出具出资证明书。

（二）出资比例

投资者的出资比例，是确定所有者在企业所有者权益中所占份额和参与企业财务经营决策的基础，是企业进行利润分配或股利分配的依据，还是企业清算时确定所有者对净资产要求权的依据。

有限责任公司的注册资本为在公司登记机关登记的全体股东认缴的出资额；股份有限公司的注册资本为在公司登记机关登记的已发行股份的股本总额。

企业收到所有者投入企业的资本后，应根据有关原始凭证（如投资清单、银行进账单等），区分不同的出资方式进行会计处理。

素养园地

增资应据实：昌平老板申请增资约 9 万亿元遭拒

北京昌平的陈老板向昌平区工商分局申请为其能源技术公司增资办理变更登记，由 148 万元增加到 987 654 321 万元（约 9 万亿元），依据是其两项专利：雾霾沙尘过滤清新空气气流发电机、高速地下铁路网。该申请随后被工商局驳回。陈老板将昌平工商分局诉至法院后败诉。工商分局的工作人员表示，"原告陈述的专利价值并没有第三方评估。虽然原告说这是原告的梦想，但这也要考虑是否能够实现。我局经过审慎审查后，决定对原告申请不予变更登记符合法律规定。"

（三）实收资本核算科目的设置

为了总括反映企业实收资本（股本）增加、减少的情况，企业应设置"实收资本"科目（股份有限公司为"股本"科目）及"资本公积""库存股"等所有者权益类科目进行核算，具体内容如表 8-1 所示。

表 8-1　　　　　　　　　　　实收资本核算科目的设置

科目名称	核算内容
实收资本（股本）	核算企业接受投资者投入的资本。借方登记按法定程序报批减少的实收资本额，贷方登记企业收到投资者符合注册资本的出资额；期末余额在贷方，反映企业实际收到的资本或股本总额。本科目应分投资者进行明细核算
资本公积——资本溢价（资本公积——股本溢价）	核算企业收到的投资者出资额超过其在注册资本或股本中所占份额的资本。借方反映按法定程序转增资本、回购股份从而减少的资本公积，贷方反映资本公积的增加；期末余额在贷方，反映企业实际尚存资本（股本）溢价额
库存股	核算企业收购的、尚未转让或注销的本公司股份，是所有者权益的备抵项目。借方登记企业回购本公司的股份，贷方登记转让或注销回购的股份；期末余额在借方，反映已回购、尚未注销的股份

二、实收资本的账务处理

(一) 接受货币资产投资的账务处理

企业收到投资者以货币资产投入资本时,应以实际收到的货币额,借记"库存现金""银行存款""其他货币资金"等科目;按照投资合同或协议约定的投资者在企业注册资本中所占的份额(股份有限公司为股票的面值总额),贷记"实收资本"(或"股本")科目;实际收到的货币资产超过投资者在企业注册资本中所占份额(或股票的面值)的部分,贷记"资本公积——资本溢价"(或"资本公积——股本溢价")科目。

【例 8-1】 甲、乙、丙共同投资设立新通光电制品有限责任公司(简称"新通公司"),注册资本为 200 000 元,甲、乙、丙出资比例分别为 60%、25% 和 15%。按照章程规定,2024 年 3 月 1 日,甲、乙、丙分别将 120 000 元、50 000 元和 30 000 元存入新通公司账户。请编制新通公司收到出资款的会计分录。

相关凭证: 股权出资证明复印件(见凭证 8-1);银行进账单。

借:银行存款　　　　　　　　　　　　　　　　　　　200 000
　贷:实收资本——甲　　　　　　　　　　　　　　　120 000
　　　　　　——乙　　　　　　　　　　　　　　　　50 000
　　　　　　——丙　　　　　　　　　　　　　　　　30 000

本例中,甲、乙、丙的出资额与在新通公司享有的权益份额相同,不产生资本溢价。

凭证 8-1

股权证明书

公司名称:新通光电制品责任有限公司
公司地址:浙江省杭州市临安河桥镇柳溪江大道 8 号
公司电话:0571-88834567
成立日期:2024 年 3 月 15 日
公司注册资本:人民币贰拾万元
股东名字:甲××
出资金额:人民币壹拾贰万元
出资方式:货币出资
出资日期:2024 年 3 月 1 日
说明:1. 本出资证明书仅证明该股东已缴纳出资,不得转让或其他用途;
　　　2. 本出资证明书经全体股东签字并由公司盖章后方为有效,本出资证明书分正本和副本,正本由股东持有,副本留公司存档。

公司印鉴　　　　　　　　　　　全体股东签字

核发日期:2024 年 3 月 15 日

【例 8-2】 1 月 1 日,浙江宏华股份有限公司(简称"宏华公司")增发新股 500 万股,每股面值 1 元,发行价每股 1.6 元,发行协议规定按发行价格的 1‰ 支付代理发行机构的手续费和佣金。同日,股票发行成功,所得款项存入银行。请编制宏华公司发行新股的会计分录。

相关凭证:股东大会决议公告;增发新股招股意向书;公司注册资本变更登记复印件;股权出资证明复印件;股票发行承销合同;发行机构计收手续费回单;股票发行收入收款凭证。

分析:宏华公司发行新股共收到资金 7 920 000 元(1.6×5 000 000－1.6×5 000 000×1‰),发行股票的面值总额为 5 000 000 元,所以股本溢价为 2 920 000 元(7 920 000－5 000 000)。

借:银行存款　　　　　　　　　　　　　　　　　7 920 000
　　贷:股本　　　　　　　　　　　　　　　　　　5 000 000
　　　　资本公积——股本溢价　　　　　　　　　　2 920 000

本例中,公司发行股票支付的手续费、佣金等,在股票的溢价收入中直接扣除,扣除手续费、佣金后收到的款项尚大于股票面值的,超过部分记入"资本公积——股本溢价"科目。

注意:

　　发行股票相关的手续费、佣金等交易费用,如果是溢价发行股票的,应从溢价中抵扣,冲减资本公积(股本溢价);无溢价发行股票或溢价金额不足以抵扣的,应将不足以抵扣的部分依次冲减盈余公积和未分配利润。

(二) 接受非货币性资产投资的账务处理

企业收到投资者以非货币性资产(如固定资产、存货、无形资产等)投入资本时,应按投资合同或协议约定的价值(不公允的除外,下同)作为非货币性资产的入账价值,借记"原材料""固定资产""无形资产""应交税费——应交增值税(进项税额)"等科目;按投资合同或协议约定的投资者在企业注册资本或股本中所占份额的部分作为实收资本或股本入账,贷记"实收资本"("股本")科目;投资合同或协议约定的价值超过投资者在企业注册资本或股本中所占份额的部分,贷记"资本公积——资本溢价"("资本公积——股本溢价")科目。

【例 8-3】 新通有限责任公司(简称"新通公司")为扩大生产规模,追加 1 000 000 元投资,变更后各投资方保持原投资比例不变。原投资者甲、乙、丙分别按 60%、25% 和 15% 的比例追加投资。甲公司投入一批原材料,价值 550 000 元(价格公允),增值税税额 71 500 元;乙公司投入一台设备,价值 280 000 元(价格公允),增值税税额 36 400 元;丙公司投入一项技术专利,价值 150 000 元(价格公允),增值税税额 9 000 元。甲、乙、丙这三家公司均开具增值税专用发票,不考虑其他因素,请编制新通公司接受投资者追加投资的会计分录。

相关凭证：股权投资合同复印件；增值税专用发票发票联；验资报告；材料入库单；固定资产验收单；专利转让证明；股权出资证明复印件；公司注册资本变更登记证书复印件。

(1) 接受甲公司存货投资时：

借：原材料		550 000
应交税费——应交增值税(进项税额)		71 500
贷：实收资本——甲公司		600 000
资本公积——资本溢价		21 500

(2) 接受乙公司固定资产投资时：

借：固定资产		280 000
应交税费——应交增值税(进项税额)		36 400
贷：实收资本——乙公司		250 000
资本公积——资本溢价		66 400

(3) 接受丙公司专利投资时：

借：无形资产		150 000
应交税费——应交增值税(进项税额)		9 000
贷：实收资本——丙公司		150 000
资本公积——资本溢价		9 000

(三) 资本公积(盈余公积)转增资本的账务处理

资本公积或盈余公积转增资本时，应按资本公积或盈余公积转出金额，借记"资本公积"或"盈余公积"科目；并按原投资者出资比例，分别贷记"实收资本(股本)"科目。

【例8-4】 新通有限责任公司(简称"新通公司")因扩大经营规模需要，按法定程序，分别将资本公积100 000元、盈余公积200 000元转为实收资本。投资者甲、乙、丙在新通有限责任公司的投资比例分别为60％、25％和15％。请编制新通公司资本公积转增资本、盈余公积转增资本的会计分录。

相关凭证：股东大会或类似机构的决议文件复印件；公司注册资本变更登记证书复印件。

(1) 按出资比例将资本公积转为资本时：

借：资本公积		100 000
贷：实收资本——甲		60 000
——乙		25 000
——丙		15 000

(2) 按出资比例将盈余公积转为资本时：

借：盈余公积		200 000
贷：实收资本——甲		120 000
——乙		50 000
——丙		30 000

(四) 实收资本(股本)减少的账务处理

实收资本(股本)的减少即企业减资,通常企业减资的原因有两种:一是资本过剩;二是经营不善导致重大亏损。

一般企业减资需通过法定程序报经批准后,按原投资者出资比例,分别借记"实收资本(股本)"科目,贷记"库存现金""银行存款"等科目。

股份有限公司一般采用回购本公司股票方式减资。回购股票时,按实际支付的金额,借记"库存股"科目,贷记"银行存款"等科目;注销库存股时,应按注销股份的面值总额,借记"股本"科目,按注销库存股的账面余额,贷记"库存股"科目,按库存股回购价与面值之间的差额,借记"资本公积——股本溢价"科目,资本公积不足冲减的,依次借记"盈余公积""利润分配——未分配利润"科目;若库存股回购价与面值之间的差额在贷方的,则作为股本溢价,贷记"资本公积——股本溢价"科目。

【例 8-5】 12 月 31 日,浙江宏华股份有限公司(简称"宏华公司")的股本为 20 000 000 元(面值为每股 1 元),资本公积(股本溢价)为 4 000 000 元,盈余公积为 2 000 000 元。经股东大会批准,宏华公司以现金回购本公司股票 4 000 000 股并注销。假定股票的回购价为每股 3 元,不考虑其他因素,请编制宏华公司回购股票、注销库存股的会计分录。

相关凭证: 股东大会决议复印件;上市公司公告;证监会等监管部门审批核准意见;股票回购凭证;交易印花税完税凭证;公司注册资本变更登记证书复印件。

(1) 回购本公司股份时:

借:库存股	12 000 000
贷:银行存款	12 000 000

(2) 注销本公司股份时:

分析: 宏华公司库存股 12 000 000 元(4 000 000×3),冲减股本 4 000 000 元(4 000 000×1),库存股账面余额与股本的差额 8 000 000 元,依次冲减资本公积——股本溢价 4 000 000 元、盈余公积 2 000 000 元、利润分配——未分配利润 2 000 000 元。

借:股本	4 000 000
资本公积——股本溢价	4 000 000
盈余公积	2 000 000
利润分配——未分配利润	2 000 000
贷:库存股	12 000 000

【例 8-6】 沿用【例 8-5】中的数据,假设股票的回购价为每股 0.8 元,不考虑其他因素,请编制宏华公司回购股票、注销库存股的会计分录。

(1) 回购本公司股份时:

借:库存股	3 200 000
贷:银行存款	3 200 000

(2) 注销库存股时:

```
借：股本                                    4 000 000
    贷：库存股                                      3 200 000
        资本公积——股本溢价                              800 000
```

第二节 资本公积

一、资本公积概述

资本公积(capital surplus)是企业收到投资者的超出其在企业注册资本(股本)中所占份额的部分,以及其他资本公积等。

(一) 资本公积来源

资本公积来源包括资本溢价(股本溢价)和其他资本公积。

资本溢价(股本溢价),指企业投资者超额缴入资本、上市公司溢价发行股票等形成的资本。

其他资本公积,是指除资本溢价(股本溢价)、净损益、其他综合收益和利润分配以外所有者权益的其他变动。具体包括:❶企业采用权益法核算的长期股权投资,当被投资单位产生除净损益、其他综合收益和利润分配以外所有者权益的其他变动,投资企业按应享有份额相应增加或减少的资本公积。❷企业根据国家有关规定实行股权激励的,如果在等待期内取消了授予的权益工具,企业应在进行权益工具加速行权处理时,将剩余等待期内应确认的金额立即计入当期损益,同时确认资本公积。❸企业集团内发生的股份支付交易,如结算企业是接受服务企业的投资者,应当按照授予日权益工具的公允价值或应承担负债的公允价值确认为对接受服务企业的长期股权投资,同时确认资本公积或负债。❹企业发行可转换公司债券,初始计量时将其中的负债部分和权益部分进行分拆,分拆的权益部分计入资本公积。

(二) 资本公积与实收资本(股本)的区别

(1) 从来源和性质看,实收资本(股本)是指投资者按照企业章程或合同、协议的约定,实际投入企业并依法进行注册的资本,它体现了企业所有者对企业的基本产权关系。资本公积是投资者的出资额超过其在注册资本中所占份额的部分(即资本溢价或股本溢价),以及其他资本公积,它不直接表明所有者对企业的基本产权关系。

(2) 从用途看,实收资本(股本)的构成比例是确定所有者参与企业财务经营决策的基础,也是企业进行利润分配或股利分配的依据,同时还是企业清算时确定所有者对净资产的要求权的依据。资本公积的用途主要是用来转增资本(股本)。资本公积不体现各所有者的占有比例,也不能作为所有者参与企业财务经营决策或进行利润分配(股利分配)的依据。

二、资本公积的账务处理

资本公积业务包括资本溢价(股本溢价)、其他资本公积和资本公积转增资本。

(一) 资本溢价(股本溢价)的账务处理

企业初创时,投资者认缴的出资额与注册资本一致,不会产生资本溢价。但在企业重组或加入新的投资者时,常常会要求新投资者认缴大于原投资者的出资额,才能取得与原投资者相同的出资比例。究其原因,一是企业目前的资本利润率通常要高于初创阶段;二是新投资者要分享企业历年的盈余积累。新投资者多缴的出资额就形成了资本溢价。

【例8-7】 新通光电制品有限责任公司(简称"新通公司")由甲、乙、丙共同投资设立,原注册资本为1 500 000元,甲、乙、丙持股比例分别为60%、25%和15%。为扩大经营规模,现接受新投资者丁公司,丁货币出资的800 000元已存入企业账户。公司变更登记后注册资本增加到2 000 000元,甲、乙、丙、丁四位投资者的出资比例分别为45%、18.75%、11.25%、25%。假定不考虑其他因素,请编制新通公司收到投资人丁出资款的会计分录。

相关凭证:股权证明复印件;银行进账单。

分析:丁出资800 000元,在新通公司占有的股份额为500 000元(2 000 000×25%),投资人丁多缴的出资额300 000元,构成资本溢价。

借:银行存款　　　　　　　　　　　　　　　　　800 000
　　贷:实收资本——丁　　　　　　　　　　　　　　500 000
　　　　资本公积——资本溢价　　　　　　　　　　　300 000

(二) 其他资本公积的账务处理

企业采用权益法核算长期股权投资时,当被投资单位因发生除净损益、其他综合收益和利润分配以外的所有权权益的其他变动,投资单位应按持股比例计算其应享有或应分担被投资单位所有者权益的增减数额。在处置长期股权投资时,应转销与该笔投资相关的其他资本公积(具体核算及举例见第二章"长期股权投资"部分)。

(三) 资本公积转增资本的账务处理

经股东大会或类似机构决议,用资本公积转增资本时,应冲减资本公积,同时按照转增资本前的实收资本(股本)的结构或比例,将转增的金额计入"实收资本(股本)"科目下各所有者的明细分类账。具体核算及举例见【例8-4】。

三、其他综合收益

(一) 其他综合收益概述

其他综合收益,是指企业根据企业会计准则规定未在当期损益中确认的各项利得和损失,具体包括以后会计期间不能重分类进损益的其他综合收益和以后会计期间在满足规定条件时将重分类进损益的其他综合收益两类。

第一类:以后会计期间不能重分类进损益的其他综合收益项目。此类项目主要包括重新计量设定受益计划净负债或净资产导致的变动、按照权益法核算的在被投资单位以后会计期间不能重分类进损益的其他综合收益中所享有的份额等。

第二类:以后会计期间在满足规定条件时将重分类进损益的其他综合收益项目。此类项目主要包括按照权益法核算的在被投资单位以后会计期间在满足规定条件时将重分类进损益的其他综合收益中所享有的份额、其他权益工具投资公允价值变动形成的利得或损失、债权投资重分类为其他债权投资形成的利得或损失、现金流量套期工具产生的利得或损失中属于有效套期的部分、外币财务报表折算差额等。

(二) 其他综合收益的内容及账务处理

1. 其他债权投资公允价值变动

其他债权投资是指以公允价值计量且其变动记入其他综合收益的债权投资。资产负债表日，其他债权投资公允价值与账面余额的差额记入"其他综合收益——其他债权投资公允价值变动"科目；处置该金融资产时，应将原记入"其他综合收益——其他债券投资公允价值变动"科目的公允价值变动累计额转出，差额记入"投资收益"科目。具体核算见第一章"金融资产"中的其他债权投资相关内容。

2. 其他权益工具投资公允价值变动

其他权益工具投资是指指定为以公允价值计量且其变动记入其他综合收益的非交易性权益工具投资。资产负债表日，其他权益工具投资公允价值与账面余额的差额记入"其他综合收益——其他权益工具投资公允价值变动"科目；处置该投资时，应将从"其他综合收益——其他权益工具投资公允价值变动"科目中转出的公允价值累计变动额，及与收到银行存款和其他权益工具投资账面余额的差额，依次记入"盈余公积""利润分配——未分配利润"科目。具体核算见第一章"金融资产"中的其他权益工具投资相关内容。

3. 权益法下被投资单位其他综合收益变动

采用权益法核算的长期股权投资，被投资单位其他综合收益发生变动的，按照持股比例调整长期股权投资的账面价值，借记（贷记）"长期股权投资——其他权益变动"科目，贷记（借记）"其他综合收益"科目；处置该长期股权投资时，应将与所出售股权比例相对应的"其他综合收益"科目中的金额转出，记入"投资收益"科目。具体核算见第二章"长期股权投资"。

4. 存货或自用房地产转换为采用公允价值模式计量的投资性房地产转换日的利得

企业将作为存货或自用的房地产转换为采用公允价值模式计量的投资性房地产时，转换日该项房地产公允价值大于账面价值的差额，贷记"其他综合收益——投资性房地产公允价值变动"科目；该项房地产处置时，应将原记入"其他综合收益——投资性房地产公允价值变动"的金额转出，贷记"其他业务收入"科目。具体核算见第六章"投资性房地产"。

5. 金融资产的重分类对其他综合收益的影响

以摊余成本计量的金融资产重分类为以公允价值计量且其变动计入其他综合收益的金融资产的，原账面价值与公允价值之间的差额记入"其他综合收益"科目。

以公允价值计量且其变动记入其他综合收益的金融资产重分类为以摊余成本计量的金融资产的，原记入"其他综合收益"科目的累计利得或损失应转出，调整重分类日该金融资产的公允价值。

以公允价值计量且其变动计入其他综合收益的金融资产重分类为以公允价值计量且其变动记入当期损益的金融资产的，原记入"其他综合收益"科目的累计利得或损失应转入当期损益。

此外，其他综合收益的内容还包括套期保值（现金流量套期和境外经营净投资套期）形成的利得或损失、与计入所有者权益项目相关的所得税影响所形成的利得和损失等内容。

(三) 资本公积与其他综合收益的区别

资本公积和其他综合收益都会引起企业所有者权益发生增减变动,资本公积不会影响企业的损益,而部分其他综合收益项目则在满足企业会计准则规定的条件时,可以重分类为损益,从而成为企业利润的一部分。

第三节 留存收益

一、留存收益概述

留存收益(retained earnings)是指企业从历年实现的利润中提取或形成的留存于企业的内部积累,包括盈余公积和未分配利润两类。

(一) 盈余公积

1. 盈余公积来源及种类

盈余公积(surplus reserve)是指企业按照有关规定从净利润中提取的积累资金,包括法定盈余公积和任意盈余公积。

法定盈余公积是指企业按照规定的比例从净利润中提取的盈余公积,公司制企业的提取比例为 10%(非公司制企业的提取比例可以超过 10%)。在确立法定盈余公积的计提基数时,不包括企业年初未分配利润,如果以前年度有亏损(即年初未分配利润余额为负数),应先弥补以前年度亏损再提取盈余公积。当企业法定盈余公积累计额达到注册资本的 50% 以上时,可以不再提取。

任意盈余公积是指企业提取法定盈余公积后,按照股东会或股东大会决议从净利润中提取的任意比例的盈余公积。非公司制企业经类似权力机构批准,也可提取任意盈余公积。

法定盈余公积和任意盈余公积的区别在于其各自计提的依据不同,前者以国家的法律法规为依据,后者由企业的权力机构自行决定。盈余公积的提取实际上是企业当期实现的净利润向投资者分配利润的一种限制。

2. 盈余公积的用途

企业提取的盈余公积可用于弥补亏损、转增资本、分配现金股利或利润等。

(1) 盈余公积弥补亏损。

用盈余公积弥补亏损,应当由公司董事会提议,并经股东大会批准。

(2) 盈余公积转增资本。

企业将盈余公积转增资本时,必须经股东大会决议批准。在实际将盈余公积转增资本时,企业要按股东原有持股比例结转。盈余公积转增资本时,转增后留存的盈余公积的数额不得少于转增前注册资本的 25%。

(3) 盈余公积分配现金股利。

企业当年若没有利润,原则上不得分配现金股利,一般情况下也不得动用盈余公积向投资者分派股利或利润。但有时企业出于维护信誉、稳定股价等原因,在亏损年度将盈余公积分配现金股利。盈余公积分配现金股利必须符合下列条件：❶企业盈余公积在弥补历年亏损后仍有结余；❷用盈余公积分配现金股利时，股利率不得超过股票面值的6%；❸分配股利后，法定盈余公积不得低于注册资本的25%。

综上所述，提取盈余公积并不是单独将这部分现金从企业资金周转过程中抽出，盈余公积使用也并不是指实际使用现金。盈余公积的增减，只不过是企业所有者权益内部结构的转换。

（二）未分配利润

未分配利润（undistributed profit）是指企业实现的净利润经过弥补亏损、提取盈余公积和向投资者分配利润后留存在企业的、历年结存的利润。相对于所有者权益其他项目，企业对于未分配利润的使用分配有较大的自主权。从数量上来讲，未分配利润是期初未分配利润，加上本期实现的净利润，减去提取的各种盈余公积和分派利润后的余额。

二、留存收益的账务处理

留存收益业务包括利润分配、盈余公积的账务处理。

（一）利润分配的账务处理

企业应设置"利润分配"科目，核算企业的盈余分配和亏损弥补，反映历年结余未分配利润或未弥补亏损的情况。本科目应分别设置"提取法定盈余公积""提取任意盈余公积""应付现金股利或利润""转作股本的股利""盈余公积补亏""未分配利润"等明细科目进行明细核算。

利润分配的账务处理按顺序依次为：

（1）结转本年利润。年度终了，企业应将全年实现的净利润或发生的净亏损转入"利润分配"科目。盈余时，借记"本年利润"科目，贷记"利润分配——未分配利润"科目；亏损时编制相反会计分录。

（2）弥补亏损。现行企业所得税税法规定，企业发生亏损后，可以用5年内实现的税前利润弥补，5年内不足弥补的，用税后利润补亏。无论是税前补亏还是税后补亏，均不需进行专门会计处理，因为无论亏损还是盈余均在"利润分配——未分配利润"科目中核算。当然，两者在计算缴纳所得税时的处理是不同的。税前利润弥补亏损可以抵减当期企业应纳税所得额，税后利润弥补亏损不能扣除应纳税所得额。

（3）提取法定盈余公积。企业提取法定盈余公积，借记"利润分配——提取法定盈余公积"科目，贷记"盈余公积——法定盈余公积"科目。

（4）提取任意盈余公积。企业提取任意盈余公积，借记"利润分配——提取任意盈余公积"科目，贷记"盈余公积——任意盈余公积"科目。

（5）分配股利或利润。企业分配给股东或投资者的现金股利或利润，借记"利润分配——应付现金股利（利润）"科目，贷记"应付股利（利润）"科目；分配给股东的股票股利，应在办理增资手续后，借记"利润分配——转作股本的股利"科目，贷记"股本"科目。

（6）期末利润分配明细结转。期末企业将"利润分配"科目下其他明细科目的余额转入"利润分配——未分配利润"科目，借记"利润分配——盈余公积补亏"科目，贷记"利润分配——提取法定盈余公积/提取任意盈余公积/应付股利/转作股本的股利"科目，差额借记或贷记"利润分配——未分配利润"科目。结转后，除"利润分配——未分配利润"科目外，

"利润分配"科目下其他明细科目余额为零。

(二) 盈余公积的账务处理

企业应设置"盈余公积"科目,反映盈余公积的形成和使用情况,借方反映盈余公积的减少,贷方反映盈余公积的增加;期末余额在贷方,反映实际留存的盈余公积金额。本科目分别设置"法定盈余公积"和"任意盈余公积"明细科目进行明细核算。

通过利润分配从净利润中提取的盈余公积用于弥补亏损、转增资本、发放现金股利或利润时的账务处理为:

(1) 补亏。企业用盈余公积弥补亏损,借记"盈余公积"科目,贷记"利润分配——盈余公积补亏"科目。

(2) 转增资本。企业用盈余公积转增资本,借记"盈余公积"科目,贷记"实收资本"或"股本"科目。

(3) 发放股利或利润。企业用盈余公积发放现金股利或利润,借记"盈余公积"科目,贷记"应付股利(利润)"科目;企业用盈余公积发放股票股利,按股票面值和派送股数计算的股票面值总额,借记"盈余公积"科目,贷记"股本"科目。

【例 8-8】 浙江宏华股份有限公司(简称"宏华公司")股份为 1 000 万股,每股面值 1 元。2024 年实现净利润 3 000 万元,年初未分配利润为 5 000 万元。经股东大会批准,宏华公司按当年净利润的 10% 提取法定盈余公积,按净利润的 5% 提取任意盈余公积。同时,宏华公司向股东宣告按每股 0.6 元发放现金股利,共需发放 600 万元现金股利(其中动用可供投资者分配的利润 400 万元、动用法定盈余公积 200 万元)。另外,宏华公司按每 10 股送 3 股的比例派发股票股利,新增股本已经办理完股权登记和相关增资手续。请编制宏华公司有关盈余公积和利润分配的会计分录。

相关凭证:股东大会决议复印件;公司注册资本变更登记证书复印件;证监会等监管部门审批核准意见。

(1) 结转本年利润:

借:本年利润	30 000 000
贷:利润分配——未分配利润	30 000 000

(2) 提取法定盈余公积和任意盈余公积:

提取法定盈余公积=30 000 000×10%=3 000 000(元)
提取任意盈余公积=30 000 000×5%=1 500 000(元)

借:利润分配——提取法定盈余公积	3 000 000
——提取任意盈余公积	1 500 000
贷:盈余公积——法定盈余公积	3 000 000
——任意盈余公积	3 000 000

(3) 宣告发放现金股利:

借:利润分配——应付现金股利	4 000 000
盈余公积——法定盈余公积	2 000 000
贷:应付股利	6 000 000

(4) 发放股票股利：

借：利润分配——转作股本的股利　　　　　　3 000 000
　　贷：股本　　　　　　　　　　　　　　　　　　3 000 000

(5) 结转利润分配：

借：利润分配——未分配利润　　　　　　　　11 500 000
　　贷：利润分配——提取法定盈余公积　　　　　3 000 000
　　　　　　　　——提取任意盈余公积　　　　　1 500 000
　　　　　　　　——应付现金股利　　　　　　　4 000 000
　　　　　　　　——转作股本的股利　　　　　　3 000 000

练 习 题

核算分析题(一)

【目的】 练习实收资本及资本公积的核算。

【资料】 东大公司实收资本情况如下。

(1) 2024 年 1 月 1 日，甲公司和乙公司投资兴办东大公司，公司注册资本 2 000 万元。其中：甲公司投入厂房一幢，其账面原价 1 700 万元，已提折旧 1 100 万元，投资双方确认的价值为 1 200 万元，甲公司另投入货币资金 300 万元；乙公司投入非专利技术一项，投资双方确认的价值 200 万元，另投入货币资金 300 万元。

(2) 2026 年 1 月 1 日，另有丙公司投资东大公司，丙公司投入原材料公允价值 300 万元，增值税税额 39 万元。接受丙公司投资后，公司变更注册资本为 2 250 万元(其中，丙公司 250 万元)。

【要求】 根据上述资料，编制东大公司相关会计分录。

核算分析题(二)

【目的】 练习股本及资本公积的核算。

【资料】 经股东大会决议，浙江宏华股份有限公司(简称"宏华公司")增发新股 50 万股，每股面值 1 元，发行价 3.8 元。本次股票发行由彩通证券公司承销，按发行收入的 2.5% 收取承销费用。股票发行完毕，股款收入已存入银行。

【要求】 根据上述资料，编制宏华公司相关会计分录。

核算分析题(三)

【目的】 练习留存收益及利润分配的核算。

【资料】 (1) 浙江宏华股份有限公司(简称"宏华公司")2024 年年初未分配利润为 1 000 万元，当年实现净利润 500 万元。经股东大会决议，按 10% 提取法定盈余公积，5% 提取任意盈余公积，宣告发放现金股利 100 万元。

(2) 宏华公司2025年亏损200万元。经股东大会决议,动用历年积累的任意盈余公积发放现金股利300万元;用法定盈余公积转增资本1 000万元。盈余公积的使用符合法定条件。

【要求】

(1) 根据资料(1),编制宏华公司利润分配的会计分录,计算年末未分配利润的金额。

(2) 根据资料(2),编制宏华公司盈余公积使用的会计分录。

核算分析题(四)

【目的】 练习库存股的核算。

【资料】 浙江宏华股份有限公司(简称"宏华公司")期初所有者权益为:股本5 000万元(面值为每股1元),资本公积1 000万元(其中股本溢价800万元),盈余公积500万元,未分配利润600万元。经董事会批准,宏华公司以每股7元的价格回购本公司股票200万股并按法定程序注销。

【要求】 根据上述资料,编制宏华公司相关会计分录。

知识结构:所有者权益

第九章 收入、费用和利润

文本:《企业会计准则第14号——收入》

知识目标

1. 掌握收入确认的原则、收入确认的前提条件、收入确认和计量的步骤。
2. 熟悉履行履约义务确认收入的账务处理。
3. 了解费用的概念、特征、内容。
4. 熟悉利润的组成、计算、分配与结转。

文本:《企业会计准则第18号——所得税》

能力目标

1. 能进行收入的核算。
2. 能进行期间费用的区分与核算。
3. 能进行税金及附加的核算。
4. 能进行应纳所得税的计算及所得税的核算。
5. 能进行利润核算与分配。

素养目标

1. 通过分析故宫文创产品收入等相关案例,弘扬中华文化,培养工匠精神。
2. 通过分析企业虚开发票编造收入、调节利润的反面案例,增强对法律的认识,树立并巩固法治意识,培养以诚信为本,做诚信之人,遵纪守法的品格。
3. 通过分析会计准则更新的内容,思考准则调整背后的动因,培养探究性思维。
4. 通过分析小米案例,领悟习近平新时代中国特色社会主义思想,关注中国经济发展形势,做经世济民之才。

知识导图

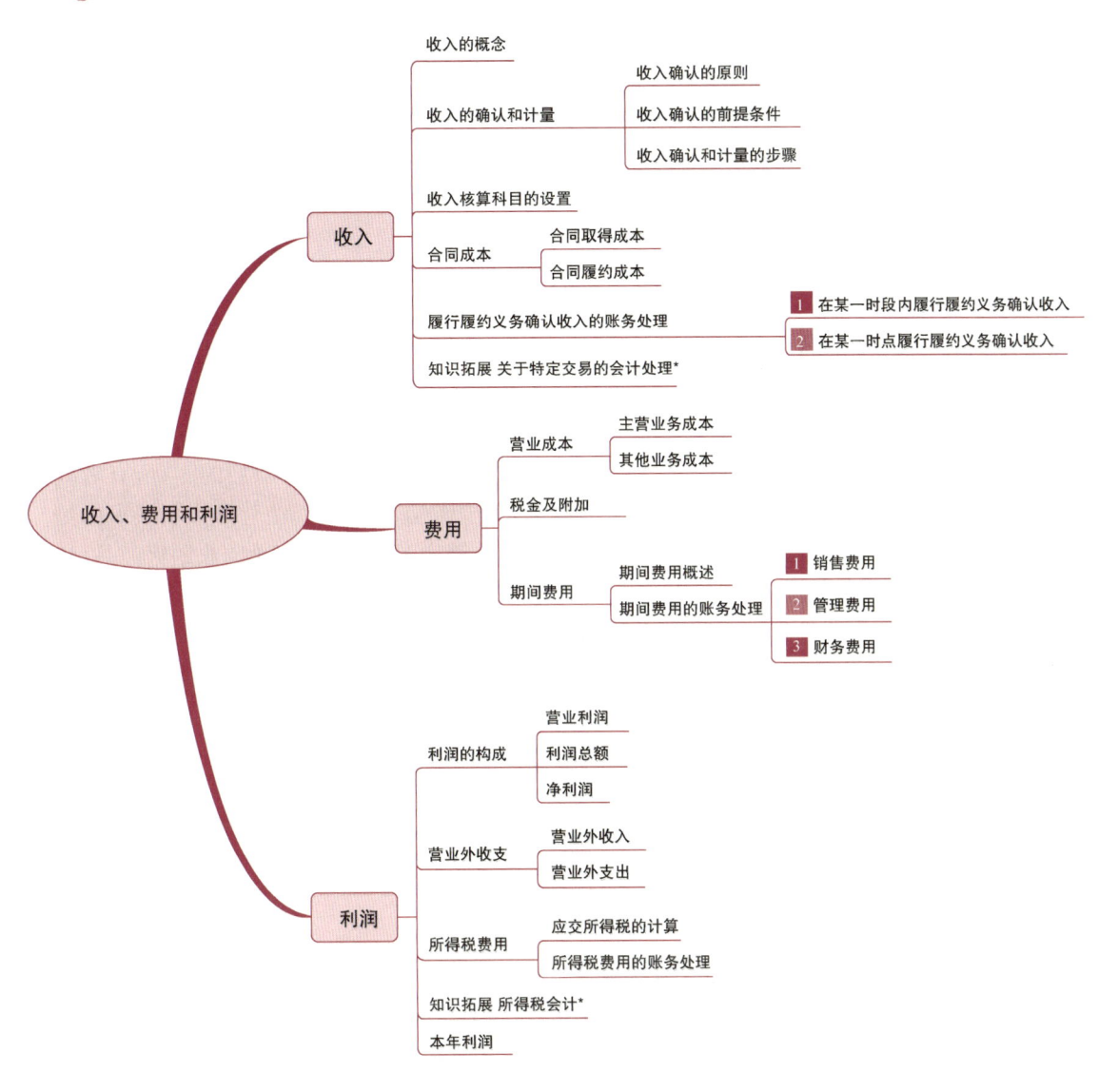

- 收入、费用和利润
  - 收入
    - 收入的概念
    - 收入的确认和计量
      - 收入确认的原则
      - 收入确认的前提条件
      - 收入确认和计量的步骤
    - 收入核算科目的设置
    - 合同成本
      - 合同取得成本
      - 合同履约成本
    - 履行履约义务确认收入的账务处理
      - 1 在某一时段内履行履约义务确认收入
      - 2 在某一时点履行履约义务确认收入
    - 知识拓展 关于特定交易的会计处理*
  - 费用
    - 营业成本
      - 主营业务成本
      - 其他业务成本
    - 税金及附加
    - 期间费用
      - 期间费用概述
      - 期间费用的账务处理
        - 1 销售费用
        - 2 管理费用
        - 3 财务费用
  - 利润
    - 利润的构成
      - 营业利润
      - 利润总额
      - 净利润
    - 营业外收支
      - 营业外收入
      - 营业外支出
    - 所得税费用
      - 应交所得税的计算
      - 所得税费用的账务处理
    - 知识拓展 所得税会计*
    - 本年利润

第一节 收 入

2017年7月5日,财政部发布了修订后的《企业会计准则第14号——收入》(新CAS 14)。新CAS 14在境内外同时上市的企业以及在境外上市并采用国际财务报告准则或企业会计准则编制财务报表的企业,自2018年1月1日起施行;其他境内上市企业,自2020年1月1日起施行;执行企业会计准则的非上市企业,自2021年1月1日起施行。同时,财政部允许企业提前执行。

企业在确认和计量收入时,应遵循的基本原则是:确认收入的方式应当反映其向客户转让商品或提供服务的模式,收入的金额应当反映企业因转让商品或提供服务而预期有权收取的对价金额。通过收入确认和计量能进一步如实地反映企业的生产经营成果,准确核算企业实现的损益。

一、收入的概念

收入(revenue)是指企业在日常活动中形成的、会导致所有者权益增加的、与所有者投入资本无关的经济利益的总流入。其中,日常活动是指企业为完成其经营目标所从事的经常性活动以及与之相关的其他活动。工业企业制造并销售产品、商品流通企业销售商品、咨询公司提供咨询服务、软件公司为客户开发软件、安装公司提供安装服务、建筑企业提供建造服务等,均属于企业的日常活动。日常活动所形成的经济利益的流入应当确认为收入。

> **思考**
> ➢ 如何区别收入与利得?两者包含的内容各有哪些?

二、收入的确认和计量

(一) 收入确认的原则

企业应当在履行了合同中的履约义务时,即在客户取得相关商品控制权时确认收入。取得相关商品控制权,是指能够主导该商品的使用并从中获得几乎全部的经济利益,也包括有能力阻止其他方主导该商品的使用并从中获得经济利益。取得商品控制权包括三个要素,具体内容如图9-1所示。

取得商品控制权包括三个要素:

1. 客户必须拥有现时权利,能够主导该商品的使用并从中获得几乎全部经济利益。如果客户只能在未来的某一期间主导该商品的使用并从中获益,则表明其尚未取得该商品的控制权

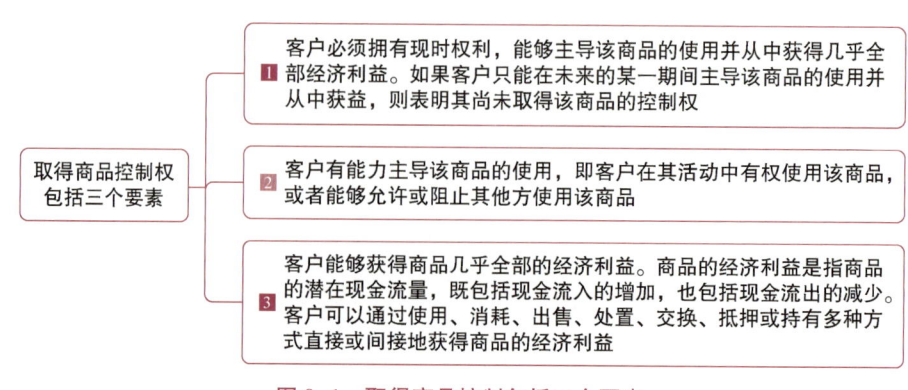

2. 客户有能力主导该商品的使用,即客户在其活动中有权使用该商品,或者能够允许或阻止其他方使用该商品

3. 客户能够获得商品几乎全部的经济利益。商品的经济利益是指商品的潜在现金流量,既包括现金流入的增加,也包括现金流出的减少。客户可以通过使用、消耗、出售、处置、交换、抵押或持有多种方式直接或间接地获得商品的经济利益

图9-1 取得商品控制包括三个要素

> **注意：**
> ✦ 本章所称的客户是指与企业订立合同以向该企业购买其日常活动产出的商品并支付对价的一方；所称商品，既包括商品，也包括服务。本章的收入不涉及企业对外出租资产收取的租金、进行债权投资收取的利息、进行股权投资取得的现金股利、保险合同取得的保费收入等。企业以存货换取客户的存货、固定资产、无形资产以及长期股权投资等，按照收入准则进行会计处理；其他非货币性资产交换，按照非货币性资产交换的规定进行会计处理。企业处置固定资产、无形资产等，在确定处置时点以及计量处置损益时，按照本章的有关规定进行处理。

（二）收入确认的前提条件

企业与客户之间的合同同时满足下列 5 项条件的，企业应当在客户取得相关商品控制权时确认收入。收入确认的前提条件如图 9-2 所示。

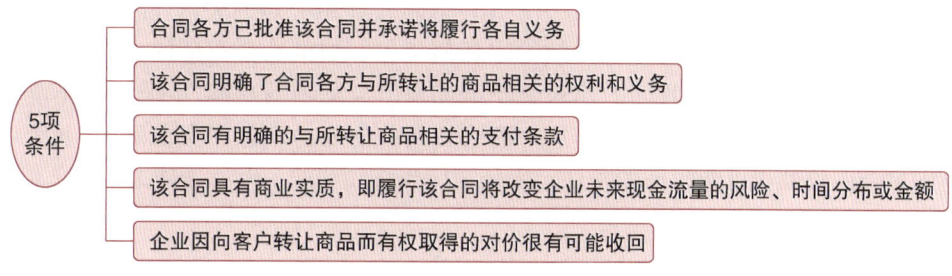

5 项条件：
- 合同各方已批准该合同并承诺将履行各自义务
- 该合同明确了合同各方与所转让的商品相关的权利和义务
- 该合同有明确的与所转让商品相关的支付条款
- 该合同具有商业实质，即履行该合同将改变企业未来现金流量的风险、时间分布或金额
- 企业因向客户转让商品而有权取得的对价很有可能收回

图 9-2　收入确认的前提条件

> **知识链接**
> ◇ 极小可能：0＜可能性≤5%
> ◇ 可能：5%＜可能性≤50%
> ◇ 很可能：50%＜可能性≤95%
> ◇ 基本确定：95%＜可能性＜100%

> **注意：**
> ✦ 合同具有商业实质，是指履行该合同将改变企业未来现金流量的风险、时间分布或金额。关于商业实质，应按照非货币性资产交换中有关商业实质说明进行判断。
> ✦ 企业在评估其因向客户转让商品而有权取得的对价是否很可能收回时，仅应考虑客户到期时支付对价的能力和意图（即客户的信用风险）。企业预期很可能无法收回全部合同对价时，应当判断其原因是客户的信用风险还是企业向客户提供了价格折让所致。提供价格折让的，应当在估计交易价格时进行考虑。
> ✦ 对于不能同时满足上述收入确认的 5 个条件的合同，企业只有在不再负有向客户转让商品的剩余义务（例如，合同已完成或取消），且已向客户收取的对价（包括全部或部

分对价)无需退回时,才能将已收取的对价确认为收入;否则,应当将已收取的对价作为负债进行会计处理。其中,企业向客户收取无需退回的对价的,应当在已经将该部分对价所对应的商品的控制权转移给客户,并且已不再向客户转让额外的商品且不再负有此类义务时,将该部分对价确认为收入;或者,在相关合同已经终止时,将该部分对价确认为收入。

【例 9-1】 甲房地产开发公司与乙公司签订合同,向其销售一栋建筑物,合同价款为 100 万元。该建筑物的成本为 60 万元,乙公司在合同开始日即取得了该建筑物的控制权。根据合同约定,乙公司在合同开始日支付了合同价款的 5% 作为保证金,并就剩余 95% 的价款与甲公司签订了不附追索权的长期融资协议,如果乙公司违约,甲公司可重新拥有该建筑物,即使收回的建筑物不能涵盖所欠款项的总额,甲公司也不能向乙公司索取进一步的赔偿。乙公司计划在该建筑物内开设一家餐馆。在该建筑物所在的地区,餐饮行业面临激烈的竞争,但乙公司缺乏餐饮行业的经营经验。

相关凭证:销售合同复印件。

分析:本例中,乙公司计划以该餐馆产生的收益偿还甲公司的欠款,除此之外并无其他经济来源,乙公司也未对该笔欠款设定任何担保。如果乙公司违约,甲公司虽然可重新拥有该建筑物,但即使收回的建筑物不能涵盖所欠款项的总额,甲公司也不能向乙公司索取进一步的赔偿。因此,甲公司对乙公司还款的能力和意图存在疑虑,认为该合同不满足合同价款很可能收回的条件。甲公司应当将收到的 5 万元确认为一项负债。

💡 **注意**:

➕ 没有商业实质的非货币性资产交换,无论何时,均不应确认收入。从事相同业务经营的企业之间,为便于向客户或潜在客户销售而进行的非货币性资产交换(例如,两家石油公司之间相互交换石油,以便及时满足各自不同地点客户的需求,不应确认收入)。

(三) 收入确认和计量的步骤

根据《企业会计准则第 14 号——收入》(2017 年修订),收入确认和计量大致分为五步:

第一步,识别与客户订立的合同。

第二步,识别合同中的单项履约义务。

第三步,确定交易价格。

第四步,将交易价格分摊至各单项履约义务。

第五步,履行各单项履约义务时确认收入。

其中,第一步、第二步和第五步主要与收入的确认有关,第三步和第四步主要与收入的计量有关。

【例 9-2】 浙江宏华股份有限公司(简称"宏华公司")是一家软件开发企业,2024 年 12 月 25 日与客户订立软件许可合同,合同总价款为 200 万元。合同内容包括:❶为期两年的软件许可权(合同未要求且宏华公司或客户也不能够合理预期宏华公司将从事对该项知识产权有重大影响的活动);❷标准安装服务;❸18 个月的售后技术支持服务。客户于 2024 年 12 月 31 日向宏华公司支付合同价款 200 万元。宏华公司于 2025 年 1 月 1 日为客户安装软件(工期 10 天),该服务为标准安装服务,不涉及对软件的重大修订。该安装服务亦经常由其他企业提供。宏华公司也向其他客户单独销售上述项目,该软件许可权的单独售价为 195 万元,标准安装服务的单独售价为 3 万元,18 个月的售后技术支持服务的单独售价为 8 万元。如何应用五步法确认收入?

相关凭证:软件许可合同复印件。

分析:第一步,识别与客户订立的合同:软件许可合同。

第二步,识别合同中的单项履约义务:

❶为期两年的软件许可权;❷标准安装服务;❸18 个月的售后技术支持服务。

第三步,确定交易价格:200 万元。

第四步,将交易价格分摊至合同中各单项履约义务,如表 9-1 所示。

表 9-1　　　　　　　　　　　　分摊交易价格

编制单位:浙江宏华股份有限公司　　　　　　　　　　　　　　　金额单位:万元

履约义务	单独售价	比例	分摊交易价格
为期两年的软件许可权	195	94.66%	189.32(200×94.66%)
标准安装服务	3	1.46%	2.92(200×1.46%)
18 个月的售后技术支持服务	8	3.88%	7.76(200×3.88%)
合计	206	100%	200

第五步,履行各单项履约义务时(某时点或某段期间)确认收入,如表 9-2 所示。

表 9-2　　　　　　　　　　　履行履约义务时确认收入

编制单位:浙江宏华股份有限公司　　　　　　　　　　　　　　　金额单位:万元

软件许可权/服务	2025 年	2026 年	合计
为期两年的软件许可权(授予)	189.32	—	189.32
标准安装服务(提供服务)	2.92	—	2.92
18 个月的售后技术支持服务(提供服务)	5.17(7.76×12÷18)	2.59(7.76×6÷18)	7.76
合计	197.41	2.59	200

1. 识别与客户订立的合同

合同,是指双方或多方之间订立有法律约束力的权利义务的协议,包括书面形式、口头形式以及其他可验证的形式(如隐含于商业惯例或企业以往的习惯做法中等)。合同的存在是企业确认客户合同收入的前提,企业与客户之间的合同一经签订,企业即享有从客户取得与转移商品和服务对价的权利,同时负有向客户转移商品和服务的履约义务。

(1) 合同合并。*

企业与同一客户(或该客户的关联方)同时订立或在相近时间内先后订立的两份或多份合同,在满足下列条件之一时,应当合并为一份合同进行会计处理:

❶ 该两份或多份合同基于同一商业目的而订立并构成一揽子交易,如一份合同在不考虑另一份合同的对价的情况下将会发生亏损。

❷ 该两份或多份合同中的一份合同的对价金额取决于其他合同的定价或履行情况，如一份合同如果发生违约，将会影响另一份合同的对价金额。

❸ 该两份或多份合同中所承诺的商品（或每份合同中所承诺的部分商品）构成单项履约义务。

两份或多份合同合并为一份合同进行会计处理的，仍然需要区分该一份合同中包含的各单项履约义务。

(2) 合同变更。*

合同变更，是指经合同各方同意，对原合同范围或价格（或两者）作出的变更。企业应当区分下列三种情形对合同变更分别进行会计处理，如图 9-3 所示。

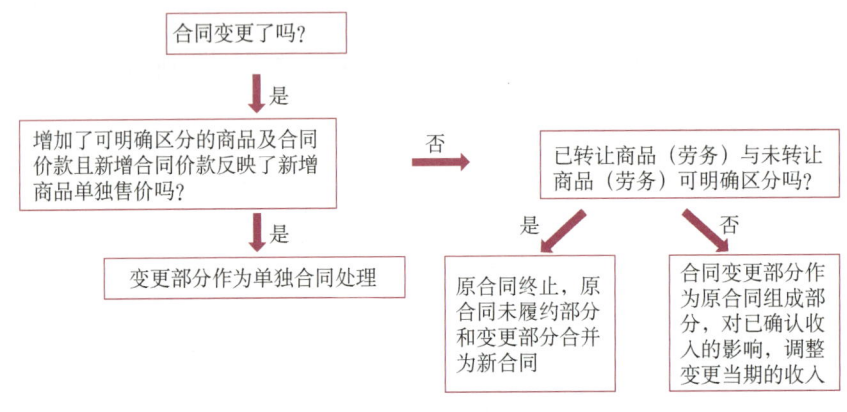

```
                    合同变更了吗？
                         ↓是
        增加了可明确区分的商品及合同
        价款且新增合同价款反映了新增    →否→   已转让商品（劳务）与未转让
        商品单独售价吗？                      商品（劳务）可明确区分吗？
                         ↓是                  ↓是              ↓否
        变更部分作为单独合同处理        原合同终止，原      合同变更部分作
                                        合同未履约部分      为原合同组成部
                                        和变更部分合并      分，对已确认收
                                        为新合同            入的影响，调整
                                                            变更当期的收入
```

图 9-3　合同变更

❶ 合同<u>变更部分作为单独合同</u>进行会计处理的情形。

合同变更增加了<u>可明确区分</u>的商品及合同价款，且新增合同价款<u>反映</u>了新增商品<u>单独售价</u>的，应当将该合同变更作为一份单独的合同进行会计处理。判断新增合同价款是否反映了新增商品的单独售价时，应当考虑为反映该特定合同的具体情况而对新增商品价格所作的适当调整。例如，在合同变更时，企业由于无需发生为发展新客户等所须发生的相关销售费用，可能会向客户提供一定的折扣，从而在新增商品单独售价的基础上予以适当调整。

【例 9-3】浙江宏华股份有限公司（简称"宏华公司"）承诺以每件 100 元的价格向乙公司销售 120 件 A 产品。该批产品彼此之间可明确区分，且将于未来 6 个月内陆续转让给乙公司。当宏华公司向乙公司转移了 60 件 A 产品的控制权后，双方对合同进行了变更，宏华公司承诺向乙公司额外销售 30 件相同的产品，这额外的 30 件产品与原合同中的产品可明确区分，其售价为每件 95 元（假定该价格反映了合同变更时该产品的单独售价）。上述价格均不包含增值税。

相关凭证：销售合同复印件。

分析：本例中，由于新增的 30 件产品是可明确区分的，且新增的合同价款反映了新增产品的单独售价，因此，该合同变更实际上构成了一份单独的、在未来销售 30 件产品的新合同，该新合同并不影响对原合同的会计处理。宏华公司应当对原合同中的 120 件产品按每件产品 100 元确认收入，对新合同中的 30 件产品按每件产品 95 元确认收入。

❷ 合同变更作为原合同终止及新合同订立进行会计处理的情形。

合同变更不属于上述第❶种情形,且在合同变更日已转让商品与未转让商品之间可明确区分的,应当视为原合同终止,同时,将原合同未履约部分与合同变更部分合并为新合同进行会计处理。新合同的交易价格应当为下列两项金额之和:一是原合同交易价格中尚未确认为收入的部分(包括已从客户收取的金额);二是合同变更中客户已承诺的对价金额。

【例 9-4】 沿用【例 9-3】中的数据,浙江宏华股份有限公司(简称"宏华公司")新增销售的 30 件产品售价为每件 80 元(假定该价格不能反映合同变更时该产品的单独售价)。同时,由于客户发现宏华公司已转让的 60 件产品存在瑕疵,要求宏华公司对已转让的产品提供每件 15 元销售折让以弥补损失。经协商,双方同意将价格折让在销售新增的 30 件产品的合同价款中进行抵减,金额为 900 元。上述价格均不包含增值税。

分析:本例中,由于 900 元的折让金额与已经转让的 60 件产品有关,因此应当将其作为已销售的 60 件产品的销售价格的抵减,在该折让发生时冲减当期销售收入。对于合同变更新增的 30 件产品,由于其售价不能反映该产品在合同变更时的单独售价,因此,该合同变更不能作为单独合同进行会计处理。尚未转让给客户的产品(包括原合同中尚未交付的 60 件产品以及新增的 30 件产品)与已转让的产品是可明确区分的,因此,宏华公司应当将该合同变更作为原合同终止,同时,将原合同的未履约部分与合同变更合并为新合同进行会计处理。该新合同中,剩余产品为 90 件,其对价为 8 400 元,即原合同下尚未确认收入的客户已承诺对价 6 000 元(100×60)与合同变更部分的对价 2 400 元(80×30)之和,新合同中的 90 件产品每件产品应确认的收入为 93.33 元(8 400÷90)。

【例 9-5】 浙江宏华股份有限公司(简称"宏华公司")与客户签订合同,每周为客户的办公楼提供保洁服务,合同期限 3 年,客户每年向宏华公司支付服务费 10 万元(假定该价格反映了合同开始日该项服务的单独售价)。在第二年年末,双方对合同进行了变更,将第三年的服务费调整为 8 万元(假定该价格反映了合同变更日该项服务的单独售价),同时以 20 万元的价格将合同期限延长 3 年(假定该价格不反映合同变更日该 3 年服务的单独售价),即每年的服务费为 6.67 万元,于每年年初支付。上述价格均不包含增值税。

相关凭证:合同复印件。

分析:本例中,在合同开始日,宏华公司认为其每周为客户提供的保洁服务是可明确区分的,但由于宏华公司向客户转让的是一系列实质相同且转让模式相同的、可明确区分的服务,因此将其作为单项履约义务。在合同开始的前两年,即合同变更之前,宏华公司每年确认收入 10 万元。在合同变更日,由于新增的三年保洁服务的价格不能反映该项服务在合同变更时的单独售价,因此,该合同变更不能作为单独的合同进行会计处理。由于在剩余合同期间需提供的服务与已提供的服务是可明确区分的,宏华公司应当将该合同变更作为原合同终止,同时,将原合同中未履约的部分与合同变更合并为一份新合同进行会计处理。该新合同的合同期限为 4 年,对价为 28 万元,即原合同下尚未确认收入的对价 8 万元与新增的 3 年服务相应的对价 20 万元之和。新合同中宏华公司每年确认的收入为 7 万元(28÷4)。

❸ 合同变更部分作为原合同的组成部分进行会计处理的情形。

合同变更不属于上述第❶种情形,且在合同变更日已转让商品与未转让商品之间不可明确区分的,应当将该合同变更部分作为原合同的组成部分,在合同变更日重新计算履约进度,并调整当期收入和相应成本等。

【例 9-6】 2024 年 1 月 15 日,乙建筑公司和客户签订了一项总金额为 1 000 万元的固定造价合同,在客户自有土地上建造一幢办公楼,预计合同总成本为 700 万元。假定该建造服务属于在某一时段内履行的履约义务,并根据累计发生的合同成本占合同预计总成本的比例确定履约进度。

截至 2024 年年末,乙公司累计已发生成本 420 万元,履约进度为 60%(420÷700)。因此,乙公司在 2024 年确认收入 600(1 000×60%)。

2025 年年初,合同双方同意更改该办公楼屋顶的设计,合同价格和预计总成本因此而分别增加 200 万元和 120 万元。

相关凭证:合同复印件。

分析:在本例中,由于合同变更后拟提供的剩余服务与在合同变更日或之前已提供的服务不可明确区分(即该合同仍为单项履约义务),因此,乙公司应当将合同变更作为原合同的组成部分进行会计处理。合同变更后的交易价格为 1 200 万元(1 000+200),乙公司重新估计的履约进度为 51.22%[420÷(700+120)],乙公司在合同变更日应额外确认收入 14.64 万元(51.22%×1 200-600)。

如果在合同变更日未转让商品为上述第❷和第❸种情形的组合,企业应当按照上述第❷或第❸种情形中更为恰当的一种方式对合同变更后尚未转让(或部分未转让)的商品进行会计处理。

2. 识别合同中的单项履约义务

合同开始日,企业应当对合同进行评估,识别该合同所包含的各单项履约义务,并确定各项履约义务是在某一时段内履行,还是在某一时点履行。然后,企业应在履行了各单项履约义务时分别确认收入。履约义务,是指合同中企业向客户转让可明确区分商品的承诺。企业应当将下列向客户转让商品的承诺作为单项履约义务:

(1) 企业向客户转让可明确区分商品(或者商品或服务的组合)的承诺。

企业向客户承诺的商品同时满足下列条件的,应当作为可明确区分商品:

❶ 客户能够从该商品本身或者从该商品与其他易于获得的资源一起使用中受益,即该商品能够明确区分。

❷ 企业向客户转让该商品的承诺与合同中其他承诺可单独区分,即转让该商品的承诺在合同中是可明确区分的。表明客户能够从某项商品本身或者将其与其他易于获得的资源一起使用获益的因素有很多,例如企业通常会单独销售该商品等。需要特别指出的是,在评估某项商品是否能够明确区分时,应当基于该商品自身的特征,而与客户可能使用该商品的方式无关。因此,企业无需考虑合同中可能存在的阻止客户从其他来源取得相关资源的限制性条款。

企业确定了商品本身能够明确区分后,还应当在合同层面继续评估转让该商品(或提供该服务,以下简称转让该商品)的承诺是否与合同中其他承诺彼此之间可明确区分。

下列情形通常表明企业向客户转让该商品的承诺与合同中的其他承诺不可明确区分:

❶ 企业需提供重大的服务以将该商品与合同中承诺的其他商品进行整合,形成合同约定的某个或某些组合产出转让给客户。例如,企业为客户建造写字楼的合同中,企业向客户提供的砖头、水泥、人工等都能够使客户获益,但是,在该合同下,企业对客户承诺的是为其建造一栋写字楼,而并非提供这些砖头、水泥和人工等,企业需提供重大的服务将这些商品或服务进行整合,以形成合同约定的一项组合产出(即写字楼)转让给客户。因此,在该合同中,砖头、水泥和人工等商品或服务彼此之间不能单独区分。

❷ 该商品将对合同中承诺的其他商品予以重大修改或定制。例如,企业承诺向客户提供其开发的一款现有软件,并提供安装服务。该软件虽然无需更新或技术支持也可直接使用,但是企业在安装过程中需要在该软件现有基础上对其进行定制化的重大修改,以使其能够与客户现有的信息系统相兼容。此时,转让软件的承诺与提供定制化重大修改的承诺在合同层面是不可明确区分的。

❸ 该商品与合同中承诺的其他商品具有高度关联性。也就是说,合同中承诺的每一单项商品均受到合同中其他商品的重大影响。例如,企业承诺为客户设计一种新产品并负责生产 10 个样品,企业在生产和测试样品的过程中需要对产品的设计不断地进行修正,导致已生产的样品均可能需要进行不同程度的返工。此时,企业提供的设计服务和生产样品的服务是不断交替反复进行的,二者高度关联,因此,在合同层面是不可明确区分的。

需要说明的是,企业向客户销售商品时,往往约定企业需要将商品运送至客户指定的地点。通常情况下,商品控制权转移给客户之前发生的运输活动不构成单项履约义务;相反,商品控制权转移给客户之后发生的运输活动可能表明企业向客户提供了一项运输服务,企业应当考虑该项服务是否构成单项履约义务。

(2) 企业向客户转让一系列实质相同且转让模式相同的、可明确区分商品的承诺。

企业应当将实质相同且转让模式相同的一系列商品作为单项履约义务,即使这些商品明确区分。其中,转让模式相同,是指每一项可明确区分商品均满足在某一时段内履行履约义务的条件,且采用相同方法确定其履约进度。例如,每天为客户提供保洁服务的长期劳务合同等。企业在判断所转让的一系列商品是否实质相同时,应当考虑合同中承诺的性质,如果企业承诺的是提供确定数量的商品,那么需要考虑这些商品本身是否实质相同;如果企业承诺的是在某一期间内随时向客户提供某项服务,则需要考虑企业在该期间内的各个时间段(如每天或每小时)的承诺是否相同,而并非具体的服务行为本身,例如,企业向客户提供 2 年的酒店管理服务,具体包括保洁、维修、安保等,但没有具体的服务次数或时间的要求,尽管企业每天提供的具体服务不一定相同,但是企业每天对于客户的承诺都是相同的,因此,该服务符合"实质相同"的条件。

企业为履行合同而应开展的初始活动,通常不构成履约义务,除非该活动向客户转让了承诺的商品。例如,某俱乐部为注册会员建立档案,该活动并未向会员转让承诺的商品,因此不构成单项履约义务。

3. 确定交易价格

交易价格,是指企业因向客户转让商品而预期有权收取的对价金额。

> **注意：**
> - 企业代第三方收取的款项（例如增值税）以及企业预期将退还给客户的款项，应当作为负债进行会计处理，不计入交易价格。
> - 合同标价并不一定代表交易价格，企业应当根据合同条款，并结合以往的习惯做法等确定交易价格。
> - 企业在确定交易价格时，应当假定将按照现有合同的约定向客户转让商品，且该合同不会被取消、续约或变更。

交易价格需考虑的因素如图 9-4 所示。

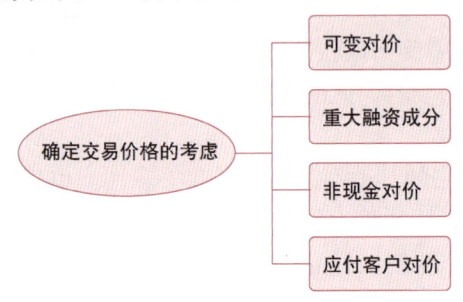

```
                        ┌── 可变对价
                        │
确定交易价格的考虑 ──┼── 重大融资成分
                        │
                        ├── 非现金对价
                        │
                        └── 应付客户对价
```

图 9-4　交易价格考虑的因素

确定交易价格需要考虑如下因素：

（1）可变对价。

企业与客户的合同中约定的对价金额可能是固定的，也可能会因折扣、价格折让、返利、退款、奖励积分、激励措施、业绩奖金、索赔、未来事项等因素而变化。此外，根据一项或多项或有事项的发生而收取不同对价金额的合同，也属于可变对价的情形。例如，企业售出商品但允许客户退货时，由于企业有权收取的对价金额将取决于客户是否退货，因此该合同的交易价格是可变的。企业在判断合同中是否存在可变对价时，不仅应当考虑合同条款的约定，还应当考虑下列情况：❶根据企业已公开宣布的政策、特定声明或者以往的习惯做法等，客户能够合理预期企业将会接受低于合同约定的对价金额，即企业会以折扣、返利等形式提供价格折让；❷其他相关事实和情况表明企业在与客户签订合同时即意图向客户提供价格折让。合同中存在可变对价的，企业应当对计入交易价格的可变对价进行估计。可变对价最佳估计数的确定如图 9-5 所示。

```
                            ┌── 如果企业拥有大量具有类似特征的 ── 期望值（按照各种可能发生
                            │     合同，并估计可能产生多个结果       的对价金额及相关概率计
可变对价最佳估计数的确定 ──┤                                        算确定的金额）
                            │
                            └── 合同仅有两个可能结果 ──────── 最可能发生金额（一系列可
                                                                    能发生的对价金额中最可
                                                                    能发生的单一金额）
```

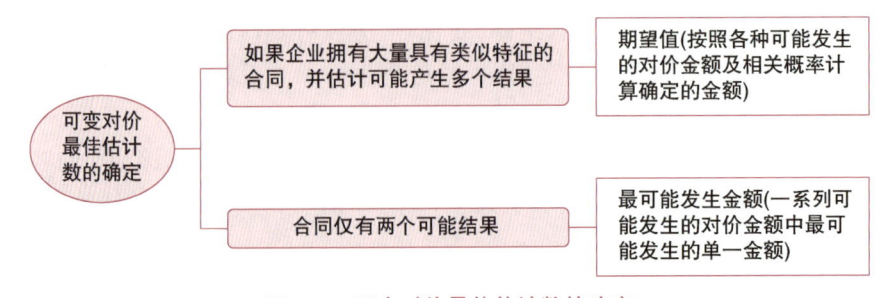

图 9-5　可变对价最佳估计数的确定

企业应当按照期望值或最可能发生金额确定可变对价的最佳估计数。企业所选择的方法应当能够更好地预测其有权收取的对价金额,并且对于类似的合同,应当采用相同的方法进行估计。对于某一事项的不确定性对可变对价金额的影响,企业应当在整个合同期间一致地采用同一种方法进行估计。但是,当存在多个不确定性事项均会影响可变对价金额时,企业可以采用不同的方法对其进行估计。期望值是按照各种可能发生的对价金额及相关概率计算确定的金额。如果企业拥有大量具有类似特征的合同,并估计可能产生多个结果时,通常按照期望值估计可变对价金额。最可能发生金额是一系列可能发生的对价金额中最可能发生的单一金额,即合同最可能产生的单一结果。当合同仅有两个可能结果时,通常按照最可能发生金额估计可变对价金额。存在可变对价时企业商品销售收入的计算公式如下。

企业应确认的商品销售收入 = ∑(可能发生的对价金额 × 相关概率)

增值税销项税额 = 销售商品收入 × 增值税税率

【例 9-7】 浙江宏华股份有限公司(简称"宏华公司")生产和销售洗衣机。某年12月,宏华公司向零售商乙公司销售1 000台洗衣机,每台价格为2 000元,合同价款合计200万元。宏华公司向乙公司提供价格保护,同意在未来6个月内,如果同款洗衣机售价下降,则按照合同价格与最低售价之间的差额向乙公司支付差价。宏华公司根据以往执行类似合同的经验,预计未来6个月内,不降价的概率为50%;每台降价200元的概率为40%;每台降价500元的概率为10%。假定上述价格均不包含增值税。

相关凭证:销售合同复印件。

分析:本例中,宏华公司认为期望值能够更好地预测其有权获取的对价金额。假定不考虑下述有关"计入交易价格的可变对价金额的限制"要求,宏华公司估计交易价格每台的金额 = 2 000 × 50% + 1 800 × 40% + 1 500 × 10% = 1 870(元)。

【例 9-8】 浙江宏华股份有限公司(简称"宏华公司")为其客户建造一栋厂房,合同约定的价款为100万元。如果浙江宏华股份有限公司不能在合同签订之日起的120天内竣工,则须支付10万元罚款,该罚款从合同价款中扣除。宏华公司对合同结果的估计如下:工程按时完工的概率为90%,工程延期的概率为10%。假定上述金额不含增值税。

相关凭证:建造合同复印件。

分析:本例中,由于该合同涉及两种可能结果,宏华公司认为按照最可能发生金额能够更好地预测其有权获取的对价金额。因此,宏华公司估计的交易价格为100万元,即为最可能发生的单一金额。

💡 **注意:**

  每一资产负债表日,企业应当重新估计应计入交易价格的可变对价金额,包括重新评估将估计的可变对价计入交易价格是否受到限制,以如实反映报告期期末存在的情况以及报告期内发生的情况变化。

(2) 合同中存在的重大融资成分*。

当合同各方以在合同中(或者以隐含的方式)约定的付款时间为客户或企业就该交易提供了重大融资利益时,合同中即包含了重大融资成分。例如企业以赊销的方式销售商品,或者要求客户支付预付款等。合同中存在重大融资成分的,企业应当按照假定客户在取得商品控制权时即以现金支付的应付金额(即现销价格)确定交易价格。

(3) 非现金对价。

非现金对价包括实物资产、无形资产、股权、客户提供的广告服务等。客户支付非现金对价的,通常情况下,企业应当按照非现金对价在合同开始日的公允价值确定交易价格。非现金对价公允价值不能合理估计的,企业应当参照其承诺向客户转让商品的单独售价间接确定交易价格。

(4) 应付客户对价。

企业存在应付客户对价的,应当将该应付对价冲减交易价格,但应付客户对价是为了自客户取得其他可明确区分商品的除外。企业应付客户对价是为了向客户取得其他可明确区分商品的,应当采用与企业其他采购相一致的方式确认所购买的商品。企业应付客户对价超过向客户取得可明确区分商品公允价值的,超过金额应当冲减交易价格。向客户取得的可明确分商品公允价值不能合理估计的,企业应当将应付客户对价全额冲减交易价格。在将应付客户对价冲减交易价格处理时,企业应当在确认相关收入与支付(或承诺支付)客户对价二者孰晚的时点冲减当期收入。

4. 将交易价格分摊至各单项履约义务

当合同中包含两项或多项履约义务时,为了使企业分摊至每一单项履约义务的交易价格能够反映其因向客户转让已承诺的相关商品(或提供已承诺的相关服务)而预期有权收取的对价金额,企业应当在合同开始日,按照各单项履约义务所承诺商品的单独售价的相对比例,将交易价格分摊至各单项履约义务。

【名词解释】
单独售价,是指企业向客户单独销售商品的价格。

💡 注意:
✦ 单独售价无法直接观察的,企业应当综合考虑其能够合理取得的全部相关信息,采用市场调整法、成本加成法、余值法等方法合理估计单独售价。单独售价估计方法如图9-6 所示。

单独售价估计方法	说明
市场调整法	是指企业根据某商品或类似商品的市场售价,考虑本企业的成本和毛利等进行适当调整后,确定其单独售价的方法
成本加成法	是指企业根据某商品的预计成本加上其合理毛利后的价格,确定其单独售价的方法
余值法	是指企业根据合同交易价格减去合同中其他商品可观察的单独售价后的余值,确定某商品单独售价的方法

图9-6 单独售价估计方法

> **注意：**
> ♦ 企业在商品近期售价波动幅度巨大，或者因未定价且未曾单独销售而使售价无法可靠确定时，可采用余值法估计其单独售价。

5. 履行每一单项履约义务时确认收入

企业应当在履行了合同中的履约义务，即客户取得相关商品控制权时确认收入。企业应当根据实际情况，首先判断履约义务是否满足在某一时段内履行的条件，如不满足，则该履约义务属于在某一时点履行的履约义务。对于在某一时段内履行的履约义务，企业应当选取恰当的方法来确定履约进度；对于在某一时点履行的履约义务，企业应当综合分析控制权转移的迹象，判断其转移时点。收入确认时点和方法的选择如图9-7所示。

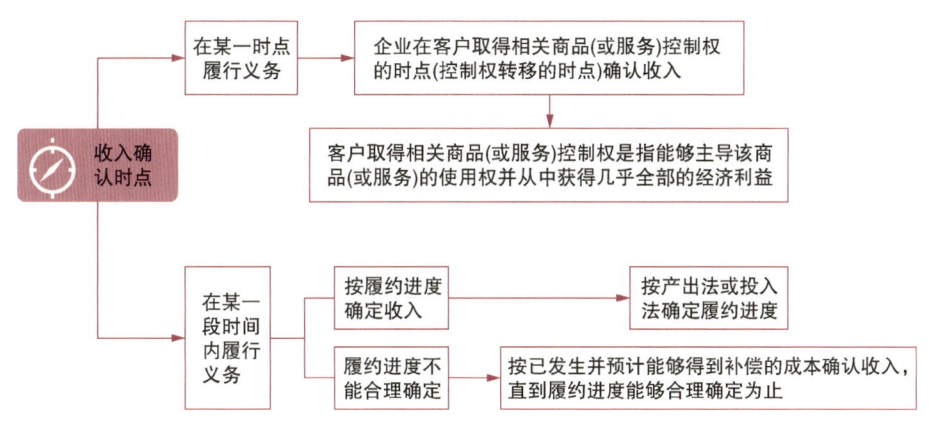

```
                  ┌─ 在某一时点 ─── 企业在客户取得相关商品(或服务)控制权
                  │   履行义务      的时点(控制权转移的时点)确认收入
                  │                         │
  收入确              │                         ▼
  认时点 ──┤              客户取得相关商品(或服务)控制权是指能够主导该商
                  │              品(或服务)的使用权并从中获得几乎全部的经济利益
                  │
                  │                ┌─ 按履约进度 ──── 按产出法或投入
                  └─ 在某一          │   确定收入        法确定履约进度
                     段时间 ──┤
                     内履行          │   履约进度不     按已发生并预计能够得到补偿的成本确认收入，
                     义务           └─ 能合理确定 ──── 直到履约进度能够合理确定为止
```

图 9-7　收入确认时点和方法的选择

> **注意：**
> ♦ 一般而言，确认和计量任何一项合同收入应考虑全部的五个步骤。但履行某些合同履约义务确认收入不一定都经过五个步骤，如企业按照第二步确定某项合同仅为单项履约义务时，可以从第三步直接进入第五步确认收入，不需要第四步（分摊交易价格）。

三、收入核算科目的设置

为了核算企业与客户之间的合同产生的收入及相关的成本费用，一般需要设置"主营业务收入""其他业务收入""主营业务成本""其他业务成本""合同取得成本""合同履约成本""合同资产""合同负债"等科目，具体内容如表9-3所示。

表 9-3　收入核算科目的设置

科目名称	核算内容
主营业务收入	核算企业确认的销售商品、提供服务等主营业务的收入，贷方登记企业主营业务活动实现的收入，借方登记期末转入"本年利润"科目的主营业务收入，结转后本科目应无余额。本科目可按主营业务的种类进行明细核算

(续表)

科目名称	核算内容
主营业务成本	核算企业确认销售商品、提供服务等主营业务收入时应结转的成本,借方登记企业应结转的主营业务成本,贷方登记期末转入"本年利润"科目的主营业务成本,结转后本科目应无余额。本科目可按主营业务的种类进行明细核算
其他业务收入	核算企业确认的除主营业务活动以外的其他经营活动实现的收入,包括出租固定资产、出租无形资产、出租包装物和商品、销售材料、用材料进行非货币性资产交换(非货币性资产交换具有商业实质且公允价值能够可靠计量)或债务重组等实现的收入。本科目贷方登记企业其他业务活动实现的收入,借方登记期末转入"本年利润"科目的其他业务收入,结转后本科目应无余额。本科目可按其他业务的种类进行明细核算
其他业务成本	核算企业确认的除主营业务活动以外的其他经营活动所形成的成本,包括出租固定资产的折旧额、出租无形资产的摊销额、出租包装物的成本或摊销额、销售材料的成本等。本科目借方登记企业应结转的其他业务成本,贷方登记期末转入"本年利润"科目的其他业务成本,结转后本科目应无余额。本科目可按其他业务的种类进行明细核算
合同取得成本	核算企业取得合同发生的、预计能够收回的增量成本;借方登记发生的合同取得成本,贷方登记摊销的合同取得成本;期末余额在借方,反映企业尚未结转的合同取得成本。本科目可按合同进行明细核算
合同履约成本	核算企业为履行当前或预期取得的合同所发生的、不属于其他企业会计准则规范范围且按照收入准则应当确认为一项资产的成本。本科目借方登记发生的合同履约成本,贷方登记摊销的合同履约成本,期末余额在借方,反映企业尚未结转的合同履约成本。本科目可按合同分别"服务成本""工程施工"等进行明细核算
合同资产	核算企业已向客户转让商品而有权收取对价的权利,且该权利取决于时间流逝之外的其他因素(如履行合同中的其他履约义务)。本科目借方登记因已转让商品而有权收取的对价金额,贷方登记取得无条件收款权的金额;期末余额在借方,反映企业已向客户转让商品而有权收取的对价金额。本科目按合同进行明细核算
合同负债	核算企业已收或应收客户对价而应向客户转让商品的义务;贷方登记企业在向客户转让商品之前,已经收到或已经取得无条件收取合同对价权利的金额,借方登记企业向客户转让商品时冲销的金额;期末余额在贷方,反映企业在向客户转让商品之前,已经收到的合同对价或已经取得的无条件收取合同对价权利的金额。本科目按合同进行明细核算
销售费用	核算企业销售商品(材料)、提供服务过程中发生的各项费用,包括保险费、包装费、展览费、广告费、商品维修费、预计产品质量保证损失、运输费、装卸费,专设的销售机构的职工薪酬、业务费、固定资产折旧费、固定资产后续支出等。本科目借方登记费用的发生,期末转入"本年利润"科目。结转后本科目应无余额。本科目按费用项目进行明细核算

此外,企业发生减值的,还应当设置"合同履约成本减值准备""合同取得成本减值准备""合同资产减值准备"等科目进行核算。

【例9-9】 12月1日,浙江宏华股份有限公司(简称"宏华公司")与客户签订合同,向其销售A,B两项商品,A商品的单独售价为6 000元,B商品的单独售价为24 000元,合同价款为25 000元。合同约定,A商品于合同开始日交付,B商品在一个月之后交付,只有当两项商品全部交付后,宏华公司才有权收取25 000元的合同对价。假定A商品和B商品分别构成单项履约义务,其控制权在交付时转移给客户。上述价格均不包含增值税,且假定不考虑相关税费影响。请编制宏华公司该项业务的会计分录。

相关凭证：销售合同复印件。

分析：本例中，分摊至 A 商品的合同价款为 5 000 元[6 000÷(6 000+24 000)× 25 000]，分摊至 B 商品的合同价款为 20 000 元[24 000÷(6 000+24 000)×25 000]。
宏华公司的会计处理如下：

（1）交付 A 商品时：

借：合同资产　　　　　　　　　　　　　　　　　　　　　　　　5 000
　　贷：主营业务收入　　　　　　　　　　　　　　　　　　　　　　5 000

（2）交付 B 商品时：

借：应收账款　　　　　　　　　　　　　　　　　　　　　　　　25 000
　　贷：合同资产　　　　　　　　　　　　　　　　　　　　　　　　5 000
　　　　主营业务收入　　　　　　　　　　　　　　　　　　　　　20 000

【名词解释】

合同资产，是指企业已向客户转让商品而有权收取对价的权利，且该权利取决于时间流逝之外的其他因素。

应收款项，是企业无条件收取合同对价的权利，该权利应当作为应收款项单独列示。

知识链接

◇ 应收款项与合同资产的区别在于，应收款项代表的是无条件收取合同对价的权利，即企业仅仅随着时间的流逝即可收款，而合同资产并不是一项无条件收款权，该权利除了时间流逝之外，还取决于其他条件（例如，履行合同中的其他履约义务）才能收取相应的合同对价。因此，与合同资产和应收款项相关的风险是不同的，应收款项仅承担信用风险，而合同资产除信用风险之外，还可能承担其他风险，如履约风险等。合同资产的减值的计量、列报和披露应当按照相关金融工具准则的要求进行会计处理。

四、合同成本

（一）合同取得成本

企业为取得合同发生的增量成本预期能够收回的，应当作为合同取得成本确认为一项资产。

注意

- 增量成本，是指企业不取得合同就不会发生的成本，例如销售佣金等。
- 为简化实务操作，该资产摊销期限不超过一年的，可以在发生时计入当期损益。
- 企业采用该简化处理方法的，应当对所有类似合同一致采用。
- 企业为取得合同发生的、除预期能够收回的增量成本之外的其他支出，例如，无论是否取得合同均会发生的差旅费、投标费、为准备投标资料发生的相关费用等，应当在发生时计入当期损益，除非这些支出明确由客户承担。

【例 9-10】 浙江宏华股份有限公司(简称"宏华公司")通过竞标赢得一个服务期为 5 年的新客户,该客户每年年末支付含税咨询费 190.8 万元。为取得和该客户的合同,宏华公司发生下列支出:❶聘请外部律师进行尽职调查的支出为 1.5 万元;❷因投标发生的差旅费为 1 万元;❸销售人员佣金为 5 万元。宏华公司预期这些支出未来能够收回。此外,宏华公司根据其年度销售目标、整体盈利情况及个人业绩等,向销售部门经理支付年度奖金 1 万元。请编制宏华公司该项业务的会计分录。

相关凭证: 合同复印件;增值税专用发票记账联。

分析: 本例中,宏华公司向销售人员支付的佣金属于为取得合同发生的增量成本,应当将其作为合同取得成本确认为一项资产。宏华公司聘请外部律师进行尽职调查发生的支出、为投标发生的差旅费,无论是否取得合同都会发生,不属于增量成本,因此,应当于发生时直接计入当期损益。宏华公司向销售部门经理支付的年度奖金也不是为取得合同发生的增量成本,并不能直接归属于可识别的合同,这是因为该奖金发放与否以及发放金额还取决于其他因素(包括公司的盈利情况和个人业绩)。

(1) 支付相关费用:

借:合同取得成本	50 000
管理费用	25 000
销售费用	10 000
贷:银行存款	85 000

(2) 每月确认服务收入,摊销销售佣金:

服务收入 = 1 908 000 ÷ (1 + 6%) ÷ 12 = 150 000(元)

销售佣金摊销额 = 50 000 ÷ 5 ÷ 12 = 833.33(元)

借:应收账款	159 000.00
销售费用	833.33
贷:合同取得成本	833.33
主营业务收入	150 000.00
应交税费——应交增值税(销项税额)	9 000.00

💡 **注意:**

实务中,涉及合同取得成本的安排可能会比较复杂,例如,合同续约或合同变更时需要支付额外的佣金、企业支付的佣金金额取决于客户未来的履约情况或者取决于累计取得的合同数量或金额等。企业需要运用判断,对发生的合同取得成本进行恰当的会计处理。企业因现有合同续约或发生合同变更需要支付的额外佣金,也属于为取得合同发生的增量成本。

【例 9-11】 浙江宏华股份有限公司(简称"宏华公司")相关政策规定,销售部门的员工每取得一份新的合同,可以获得提成 100 元,现有合同每续约一次,员工可以获得提成 60 元。宏华公司预期上述提成均能够收回。

相关凭证：公司员工提成方案。

分析：本例中，宏华公司为取得新合同支付给员工的 100 元提成，属于为取得合同发生的增量成本，且预期能够收回，因此，应当确认为一项资产。同样地，宏华公司为现有合同续约支付给员工的 60 元提成，也属于为取得合同发生的增量成本，这是因为如果不发生合同续约，就不会支付相应的提成，由于该提成预期能够收回，宏华公司应当在每次续约时将应支付的相关提成确认为一项资产。

除上述规定外，宏华公司相关政策规定，当合同变更时，如果客户在原合同的基础上，向宏华公司支付额外的对价以购买额外的商品，宏华公司需根据该新增的合同金额向销售人员支付一定的提成，此时，无论相关合同变更属于合同变更的哪一种情形，宏华公司均应当将应支付的提成视同为取得合同（变更后的合同）发生的增量成本进行会计处理。

（二）合同履约成本

企业为履行合同可能会发生各种成本，企业在确认收入的同时应当对这些成本进行分析，属于存货、固定资产、无形资产等规范范围的，应当按照相关准则进行会计处理；不属于其他准则规范范围且同时满足下列三个条件的，应当作为合同履约成本确认为一项资产。合同履约成本确认条件如图 9-8 所示。

合同履约成本确认条件：
- 该成本与一份当前或预期取得的合同直接相关
- 该成本增加了企业未来用于履行（或持续履行）履约义务的资源
- 该成本预期能够收回

图 9-8 合同履约成本确认条件

> **注意**：
> （1）预期取得的合同应当是企业能够明确识别的合同，例如，现有合同续约后的合同、尚未获得批准的特定合同等。与合同直接相关的成本包括<u>直接人工</u>（如支付给直接为客户提供所承诺服务的人员的工资、奖金等）、<u>直接材料</u>（如为履行合同耗用的原材料、辅助材料、构配件、零件、半成品的成本和周转材料的摊销及租赁费用等）、<u>制造费用或类似费用</u>（如与组织和管理生产、施工、服务等活动发生的费用，包括管理人员的职工薪酬、劳动保护费、固定资产折旧费及修理费、物料消耗、取暖费、水电费、办公费、差旅费、财产保险费、工程保修费、排污费、临时设施摊销费等）、明确由客户承担的成本以及仅因该合同而发生的<u>其他成本</u>（如支付给分包商的成本、机械使用费、设计和技术援助费用、施工现场二次搬运费、生产工具和用具使用费、检验试验费、工程定位复测费、工程点交费用、场地清理费等）。
> （2）企业应当在下列支出发生时，将其计入<u>当期损益</u>：
> - <u>管理费用</u>，除非这些费用明确由客户承担。

⬇ **非正常消耗**的直接材料、直接人工和制造费用(或类似费用),这些支出为履行合同发生,但未反映在合同价格中。
⬇ 与履约义务中已履行(包括已全部履行或部分履行)部分相关的支出,即该支出与企业**过去的履约活动**相关。
⬇ **无法**在尚未履行的与已履行(或已部分履行)的履约义务之间**区分**的相关支出。

【例9-12】 浙江宏华股份有限公司(简称"宏华公司")与乙公司签订合同,为其信息中心提供管理服务,合同期限为5年。在向乙公司提供服务之前,宏华公司设计并搭建了一个信息技术平台供其内部使用,该信息技术平台由相关的硬件和软件组成。宏华公司需要提供设计方案,将该信息技术平台与乙公司现有的信息系统对接,并进行相关测试。该平台并不会转让给乙公司,但是将用于向乙公司提供服务。宏华公司为该平台的设计、购买硬件和软件以及信息中心的测试发生了成本。除此之外,宏华公司专门指派两名员工,负责向乙公司提供服务。

相关凭证:合同复印件。

分析:本例中,宏华公司为履行合同发生的上述成本中,购买硬件和软件的成本应当分别按照固定资产和无形资产进行会计处理;设计服务成本和信息中心的测试成本不属于其他准则的规范范围,但是这些成本与履行该合同直接相关,并且增加了宏华公司未来用于履行履约义务(即提供管理服务)的资源,如果宏华公司预期该成本可通过未来提供服务收取的对价收回,则宏华公司应当将这些成本确认为一项资产。宏华公司向两名负责该项目的员工支付的工资费用,虽然与向乙公司提供服务有关,但是由于其并未增加企业未来用于履行履约义务的资源,因此,应当于发生时计入当期损益。

企业发生合同履约成本时,借记"合同履约成本"科目,贷记"银行存款""应付职工薪酬""原材料"等科目;对合同履约成本进行摊销时,借记"主营业务成本""其他业务成本"等科目,贷记"合同履约成本"科目。涉及增值税的,还应进行相应的处理。

【例9-13】 浙江宏华股份有限公司(简称"宏华公司")经营一家酒店,该酒店是宏华公司的自有资产。12月,宏华公司计提与酒店经营直接相关的酒店、客房以及客房内的设备家具等折旧120 000元、酒店土地使用权摊销费用6 500元。经计算,当月确认房费、餐饮等服务含税收入424 000元全部存入银行。请编制宏华公司该项业务的会计分录。

相关凭证:资产折旧、摊销计算表;增值税专用发票记账联。

分析:本例中,宏华公司经营酒店主要是通过提供客房服务赚取收入,而客房服务的提供直接依赖于酒店物业(包含土地)以及家具等相关资产,这些资产折旧和摊销属于宏华公司为履行与客户的合同而发生的合同履约成本。已确认的合同履约成本在收入确认时予以摊销,计入营业成本。

(1) 确认资产的折旧费、摊销费：

借：合同履约成本　　　　　　　　　　　　　　　　　185 000
　　贷：累计折旧　　　　　　　　　　　　　　　　　　120 000
　　　　累计摊销　　　　　　　　　　　　　　　　　　　6 500

(2) 12月确认酒店服务收入并摊销合同履约成本：

借：银行存款　　　　　　　　　　　　　　　　　　　424 000
　　贷：主营业务收入　　　　　　　　　　　　　　　　400 000
　　　　应交税费——应交增值税(销项税额)　　　　　　24 000
借：主营业务成本　　　　　　　　　　　　　　　　　185 000
　　贷：合同履约成本　　　　　　　　　　　　　　　　185 000

> **知识链接**
>
> 合同履约成本与合同取得成本在报表项目中的列示如表9-4所示。

表9-4　　　　　　　　　　相关报表项目列示

	合同履约成本	合同取得成本
摊销期在1年内	减"合同履约成本减值准备"列存货项	入当期损益，或列其他流动资产
摊销期超1年的	减"合同履约成本减值准备"列其他非流动资产	减"合同取得成本减值准备"列其他非流动资产

五、履行履约义务确认收入的账务处理

(一) 在某一时段内履行履约义务确认收入

1. 在某一时段内履行的履约义务的收入确认条件

满足下列条件之一的，属于在某一时段内履行的履约义务，相关收入应当在该履约义务履行的期间内确认：

(1) 客户在企业履约的同时即取得并消耗企业履约所带来的经济利益。

企业在履约过程中是持续地向客户转移该服务的控制权的，该履约义务属于在某一时段内履行的履约义务，企业应当在提供该服务的期间内确认收入。企业在进行判断时，可以假定在企业履约的过程中更换为其他企业继续履行剩余履约义务。如果该继续履行合同的企业实质上无需重新执行企业累计至今已经完成的工作，则表明客户在企业履约的同时即取得并消耗了企业履约所带来的经济利益。例如，企业承诺将客户的一批货物从A市运送到B市，假定该批货物在途经C市时，由另外一家运输公司接替企业继续提供该运输服务。由于A市到C市之间的运输服务是无需重新执行的，即客户在企业履约的同时并即取得并消耗了企业履约所带来的经济利益，因此，企业提供的运输服务属于在某一时段内履行的履约义务。企业在判断其他企业是否实质上无需重新执行企业累计至今已经完成的工作时，应当基于以下两个前提：❶不考虑可能会使企业无法将剩余履约义务转移给其他企业的潜在限制，包括合同限制或实际可行性限制；❷假设继续履行剩余履约义务的其他企业将不会享有企业目前已控

制的任何资产的利益,也不会享有剩余履约义务转移后企业仍然控制的任何资产的利益。

(2) 客户<u>能够控制</u>企业履约过程中在建的商品。

企业在履约过程中创建的商品包括在产品、在建工程、尚未完成的研发项目、正在进行的服务等,如果客户在企业创建该商品的过程中就能够控制这些商品,应当认为企业提供该商品的履约义务属于在某一时段内履行的履约义务。

(3) 企业履约过程中所产出的商品<u>具有不可替代用途</u>,且该企业在整个合同期间内<u>有权</u>就累计至今已完成的履约部分收取款项。

2. 在某一时段内履行的履约义务的收入确认方法

对于在某一时段内履行的履约义务,企业应当在该段时间内<u>按照履约进度</u>确认收入,履约进度不能合理确定的除外。企业应当采用恰当的方法确定履约进度,以使其如实反映企业向客户转让商品的履约情况。企业应当考虑商品的性质,采用产出法或投入法确定恰当的履约进度,并且在确定履约进度时,扣除那些控制权尚未转移给客户的商品和服务。

(1) <u>产出法</u>。产出法主要是根据已转移给客户的商品对于客户的价值确定履约进度,主要包括按照实际测量的完工进度、评估已实现的结果、已达到的里程碑、时间进度、已完工或交付的产品等确定履约进度的方法。企业在评估是否采用产出法确定履约进度时,应当考虑所选择的产出指标是否能够如实地反映向客户转移商品的进度。

> **【例9-14】** 浙江宏华股份有限公司(简称"宏华公司")与客户签订合同,为该客户拥有的一条铁路更换 100 根铁轨,合同价格为 10 万元(不含税价)。截至 2024 年 12 月 31 日,宏华公司共更换铁轨 60 根,剩余部分预计在 2025 年 3 月 31 日之前完成。该合同仅包含一项履约义务,且该履约义务满足在某一时段内履行的条件。假定不考虑其他情况。
>
> **相关凭证:** 合同复印件。
>
> **分析:** 本例中,宏华公司提供的更换铁轨的服务属于在某一时段内履行的履约义务,宏华公司按照已完成的工作量确定履约进度。因此,截至 2024 年 12 月 31 日,该合同的履约进度为 60%(60÷100),宏华公司应确认的收入为 6 万元(10×60%)。

产出法是直接计量已完成的产出,一般能够客观地反映履约进度。当产出法所需要的信息可能无法直接通过观察获得,或者为获得这些信息需要花费很高的成本时,可采用投入法。

(2) <u>投入法</u>。投入法主要是根据企业履行履约义务的投入确定履约进度,主要包括投入的材料数量、花费的人工工时或机器工时、发生的成本和时间进度等投入指标确定履约进度。当企业从事的工作或发生的投入是在整个履约期间内平均发生时,按照直线法确认收入是合适的。由于企业的投入与向客户转移商品的控制权之间未必存在直接的对应关系,因此,企业在采用投入法时,应当扣除那些虽然已经发生但是未导致向客户转移商品的投入。实务中,企业通常按照累计实际发生的成本占预计总成本的比例(即成本法)确定履约进度,累计实际发生的成本包括企业向客户转移商品过程中所发生的直接成本和间接成本,如直接人工、直接材料、分包成本以及其他与合同相关的成本。

> 💡 **注意:**
>
> ⬇ 对于每一项履约义务,企业只能采用一种方法来确定其履约进度,并加以一贯运用。对于类似情况下的类似履约义务,企业应当采用相同的方法确定履约进度。

资产负债表日,企业应当在按照合同的交易价格总额乘以履约进度扣除以前会计期间累计已确认的收入后的金额,确认为当期收入。每一资产负债表日,企业应当对履约进度进行重新估计。当客观环境发生变化时,企业也需要重新评估履约进度是否发生变化,以确保履约进度能够反映履约情况的变化,该变化应当作为会计估计变更进行会计处理。

【例9-15】 浙江宏华股份有限公司(简称"宏华公司")接收一项设备安装工程,工程自2024年6月1日起,6个月内完成。合同总收入120万元(不含税),分别于工程开始日、完工验收日两次各收取65.4万元。实际支出成本80万元,其中:人工费7万元,材料费30万元,其他耗费43万元均用银行存款直接支付。发票于工程完工日开具。请编制宏华公司与工程有关的会计分录。

相关凭证:增值税专用发票记账联;合同复印件;银行转账收款证明;工程成本计算表(见凭证9-1)等。

凭证9-1　　　　　　　　电气设备安装工程成本计算表

编制单位:浙江宏华股份有限公司　　　　　　　　　　　　　　　　金额单位:元

序号	费用名称	费用说明	金额
1	直接工程费	人工费+材料费+机械费	570 000
2	其中:人工费	安装+检修+测定	70 000
3	材料费	变压器+配电装置+控制设备+蓄电池+电机及防触线+电缆+防雷及接地装置	300 000
4	机械费	起重机械租赁费	200 000
5	管理费		80 400
6	工程排污费		100 000
7	工程消耗费		13 000
……	……		……
15	总成本		800 000

(1) 2024年6月1日,预收工程款:

借:银行存款　　　　　　　　　　　　　　　　　654 000
　　贷:合同负债　　　　　　　　　　　　　　　　654 000

(2) 2024年6月1日—2024年11月30日,发生工程开支:

借:合同履约成本　　　　　　　　　　　　　　　800 000
　　贷:应付职工薪酬　　　　　　　　　　　　　　70 000
　　　　原材料　　　　　　　　　　　　　　　　300 000
　　　　银行存款　　　　　　　　　　　　　　　430 000

(3) 2024 年 12 月 1 日,工程完工,同时收到另一半工程款:

借:合同负债 654 000
　　银行存款 654 000
　　贷:主营业务收入 1 200 000
　　　　应交税费——应交增值税(销项税额) 108 000
借:主营业务成本 800 000
　　贷:合同履约成本 800 000

【名词解释】
合同负债:指企业已收或应收客户对价而应向客户转让商品的义务。

【例 9-16】 浙江宏华股份有限公司(简称"宏华公司")为增值税一般纳税人,装修服务适用增值税税率为 9%。2024 年 12 月 1 日,宏华公司与乙公司签订一项为期 3 个月的装修合同,合同约定装修价款为 50 万元,增值税税额为 4.5 万元,装修费用每月月末按完工进度支付。2024 年 12 月 31 日,经专业测量师测量后,确定该项劳务的完工程度为 25%;乙公司按完工进度支付价款及相应的增值税税款。截至 2024 年 12 月 31 日,宏华公司为完成该合同累计发生劳务成本 10 万元(假定均为装修人员薪酬),估计还将发生劳务成本 30 万元。

假定该业务属于宏华公司的主营业务,全部由其自行完成;该装修服务构成单项履约义务,并属于在某一时段内履行的履约义务;宏华公司按照实际测量的完工进度确定履约进度。

请编制宏华公司该项业务的相关会计分录。

相关凭证:增值税专用发票记账联;合同复印件;银行转账收款证明;工程成本计算表等。

(1) 实际发生劳务成本:

借:合同履约成本 100 000
　　贷:应付职工薪酬 100 000

(2) 2024 年 12 月 31 日,确认劳务收入并结转劳务成本:

2024 年 12 月 31 日确认的劳务收入 = 500 000×25% − 0 = 125 000(元)

借:银行存款 136 250
　　贷:主营业务收入 125 000
　　　　应交税费——应交增值税(销项税额) 11 250
借:主营业务成本 100 000
　　贷:合同履约成本 100 000

【例 9-17】 沿用【例 9-16】中的数据,2025 年 1 月 31 日,经专业测量师测量后,确定该项劳务的完工程度为 70%;乙公司按完工进度支付价款同时支付对应的增值税税款。2025 年 1 月,为完成该合同发生劳务成本 180 000 元(假定均为装修人员薪酬),为完成该合同估计还将发生劳务成本 120 000 元。请编制宏华公司该项业务的会计分录。

(1) 实际发生劳务成本：
借：合同履约成本 180 000
　　贷：应付职工薪酬 180 000
(2) 2025 年 1 月 31 日，确认劳务收入并结转劳务成本：
2025 年 1 月 31 日确认的劳务收入＝500 000×70％－125 000＝225 000(元)
借：银行存款 245 250
　　贷：主营业务收入 225 000
　　　　应交税费——应交增值税(销项税额) 20 250
借：主营业务成本 180 000
　　贷：合同履约成本 180 000

【例 9-18】 沿用【例 9-16】【例 9-17】中的数据，2025 年 2 月 28 日，装修完工；乙公司验收合格，按完工进度支付价款同时支付对应的增值税税款。2025 年 2 月，宏华公司为完成该合同发生劳务成本 12 万元(假定均为装修人员薪酬)。请编制宏华公司该项业务的会计分录。

(1) 实际发生劳务成本：
借：合同履约成本 120 000
　　贷：应付职工薪酬 120 000
(2) 2025 年 2 月 28 日，确认劳务收入并结转劳务成本：
2025 年 2 月 28 日确认的劳务收入＝500 000－125 000－225 000＝150 000(元)
借：银行存款 163 500
　　贷：主营业务收入 150 000
　　　　应交税费——应交增值税(销项税额) 13 500
借：主营业务成本 120 000
　　贷：合同履约成本 120 000

【例 9-19】 浙江宏华股份有限公司(简称"宏华公司")经营一家健身俱乐部。2024 年 7 月 1 日，某客户与宏华公司签订合同，成为宏华公司的会员，并向宏华公司支付会员费 3 600 元(不含税价)，可在未来的 12 个月内在该俱乐部健身，且没有次数的限制。该业务适用的增值税税率为 6％。请编制宏华公司该项业务的会计分录。

相关凭证： 合同复印件；增值税专用发票记账联。
分析： 本例中，客户在会籍期间可随时来俱乐部健身，且没有次数限制，客户已使用俱乐部健身的次数不会影响其未来继续使用的次数，宏华公司在该合同下的履约义务是承诺随时准备在客户需要时为其提供健身服务。因此，该履约义务属于在某一时段内履行的履约义务，并且该履约义务在会员的会籍期间内随时间的流逝而被履行。因此，宏华公司按照直线法确认收入，每月应当确认的收入为 300 元(3 600÷12)。

(1) 2024 年 7 月 1 日,收到会员费时:
借:银行存款 3 600
　　贷:合同负债 3 600

本例中,客户签订合同时支付了合同对价,可在未来的 12 个月内在该俱乐部进行健身消费,且没有次数的限制。企业在向客户转让商品之前已经产生一项负债,即合同负债。

(2) 2024 年 7 月 31 日确认收入,开具增值税专用发票并收到税款时:
借:合同负债 300
　　银行存款 18
　　贷:主营业务收入 300
　　　　应交税费——应交增值税(销项税额) 18

2024 年 8 月至 2025 年 6 月,每月确认收入同上。

当履约进度不能合理确定时,企业已经发生的成本预计能够得到补偿的,应当按照已经发生的成本金额确认收入,直到履约进度能够合理确定为止。

(二) 在某一时点履行履约义务确认收入

当一项履约义务不属于在某一时段内履行的履约义务时,应当属于在某一时点履行的履约义务。对于在某一时点履行的履约义务,企业应当在客户取得相关商品控制权时点确认收入。在判断客户是否已取得商品控制权时,企业应当考虑下列迹象:

(1) 企业就该商品享有现时收款权利,即客户就该商品负有现时付款义务。如果企业就该商品享有现时的收款权利,则可能表明客户已经有能力主导该商品的使用并从中获得几乎全部的经济利益。

(2) 企业已将该商品的法定所有权转移给客户,即客户已拥有该商品的法定所有权。客户如果取得了商品的法定所有权,则可能表明其已经有能力主导该商品的使用并从中获得几乎全部的经济利益,或者能够阻止其他企业获得这些经济利益。如果企业仅仅是为了确保到期收回货款而保留商品的法定所有权,那么企业所保留的这项权利通常不会对客户取得对该商品的控制权构成障碍。

(3) 企业已将该商品实物转移给客户,即客户已实物占有该商品。客户如果已经实物占有商品,则可能表明其有能力主导该商品的使用并从中获得其几乎全部的经济利益,或者使其他企业无法获得这些利益。

💡 注意:
⬆ 客户占有了某项商品的实物并不意味着其就一定取得了该商品的控制权,反之亦然。

例如,采用支付手续费方式的委托代销商品业务下,虽然企业作为委托方已将商品发送给受托方,但是受托方并未取得该商品的控制权,因此,企业不应在向受托方发货时确认销售商品的收入,而仍然应当根据控制权是否转移来判断何时确认收入,通常应当在受托方售出商品时确认销售商品收入;受托方应当在商品销售后,按合同或协议约定的方法计算确定的手续费确认收入。

（4）企业已将该商品所有权上的主要风险和报酬转移给客户，即客户已取得该商品所有权上的主要风险和报酬。企业在判断时，不应当考虑保留了除转让商品之外产生其他履约义务的风险的情形。例如，企业将产品销售给客户，并承诺提供后续维护服务，销售产品和维护服务均构成单项履约义务，企业保留的因维护服务而产生的风险并不影响企业有关主要风险和报酬转移的判断。

（5）客户已接受该商品。企业在判断是否已经将商品的控制权转移给客户时，应当考虑客户是否已接受该商品，特别是客户的验收是否仅仅是一个形式。如果企业能够客观地确定其已经按照合同约定的标准和条件将商品的控制权转移给客户，那么客户验收可能只是一个形式，并不会影响企业判断客户取得该商品控制权的时点。

（6）其他表明客户已取得商品控制权的迹象。

需要强调的是，在上述迹象中，并没有哪一个或哪几个迹象是决定性的，企业应当根据合同条款和交易实质进行分析，综合判断其是否以及何时将商品的控制权转移给客户，从而确定收入确认的时点。此外，企业应当从客户的角度进行评估，而不应当仅考虑关于企业自身的看法。

1. 一般销售商品业务收入的账务处理

（1）科目设置。

为了总括地反映商品销售收入的实现情况，企业应设置"主营业务收入""主营业务成本""销售费用"等科目进行核算。商品销售时收取的增值税销项税额，在"应交税费——应交增值税"科目下设置销项税额专项核算。

（2）账务处理。

销售商品主要涉及的业务有：销售收入确认、销售成本结转、销售费用发生、销售税费计提。

【例9-20】 2024年12月20日，浙江宏华股份有限公司（简称"宏华公司"）向蓝山公司销售AJ102型号电饭煲一批，销售价款34 000元，增值税专用发票上注明增值税税额为4 420元，该批产品的实际成本为22 000元，产品已发出，货款尚未收到。请编制宏华公司该项销售业务的会计分录。

相关凭证：销售合同复印件；增值税专用发票记账联（见凭证9-2）；产品出库单（见凭证9-3）。

（1）确认销售收入：

借：应收账款——蓝山公司　　　　　　　　　　　　　　　　　38 420
　　贷：主营业务收入——AJ102电饭煲　　　　　　　　　　　　34 000
　　　　应交税费——应交增值税（销项税额）　　　　　　　　　 4 420

（2）结转销售成本：

借：主营业务成本——AJ102电饭煲　　　　　　　　　　　　　22 000
　　贷：库存商品——AJ102电饭煲　　　　　　　　　　　　　　22 000

凭证 9-2

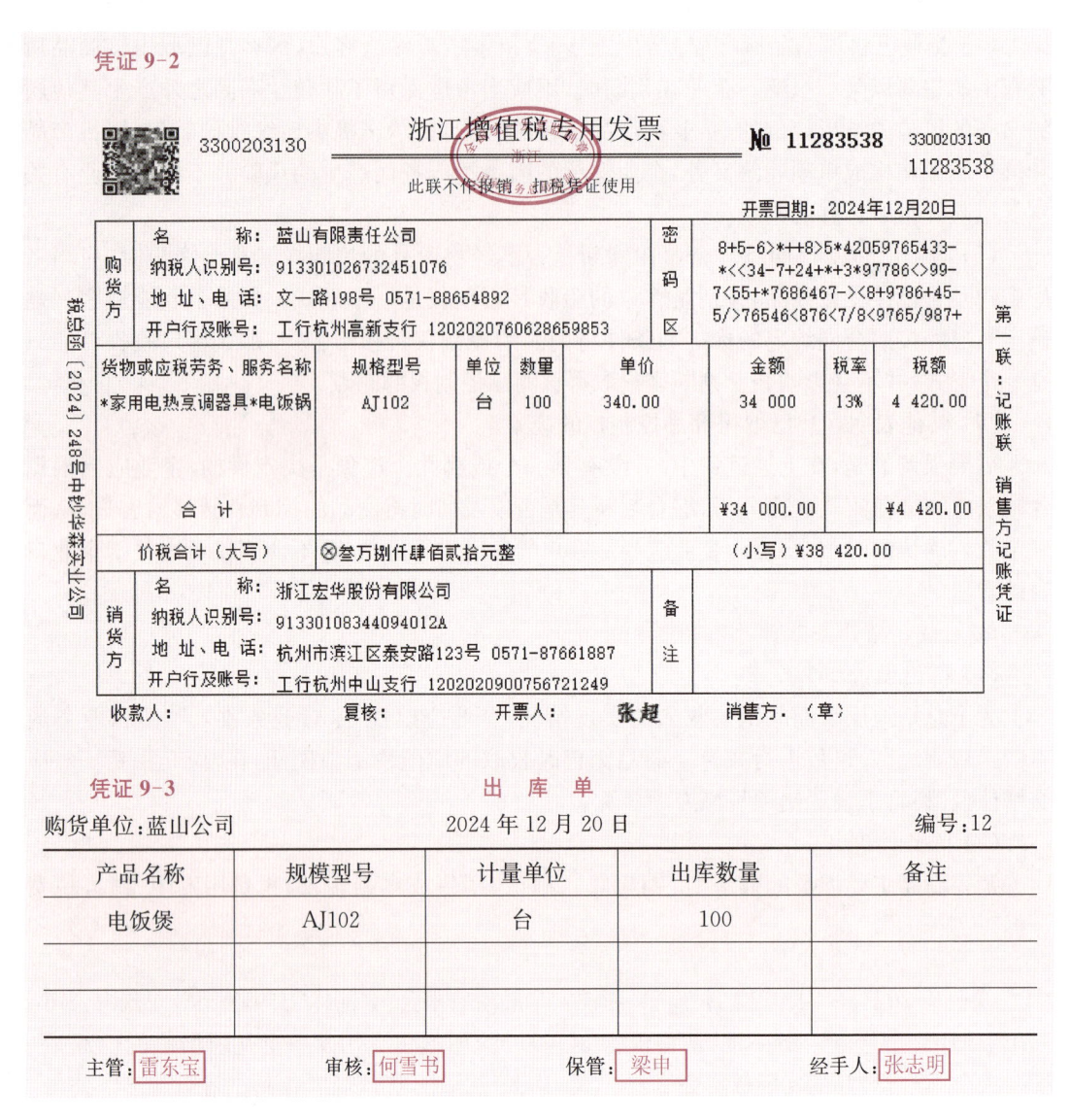

浙江增值税专用发票　　No 11283538

3300203130　　　　　　　　　　　　　　　　　　　　3300203130
　　　　　　　　　　此联不作报销抵扣税凭证使用　　　　　　11283538

开票日期：2024年12月20日

购货方	名　称：蓝山有限责任公司 纳税人识别号：913301026732451076 地址、电话：文一路198号 0571-88654892 开户行及账号：工行杭州高新支行 12020207606286598563	密码区：8+5-6>*++8>5*42059765433- *<<34-7+24+*+3*97786<>99- 7<55+*7686467->8+9786+45- 5/>76546<876<7/8<9765/987+

货物或应税劳务、服务名称	规格型号	单位	数量	单价	金额	税率	税额
*家用电热烹调器具*电饭锅	AJ102	台	100	340.00	34 000	13%	4 420.00
合　计					¥34 000.00		¥4 420.00

价税合计（大写）　㊣ 叁万捌仟肆佰贰拾元整　　　（小写）¥38 420.00

销货方	名　称：浙江宏华股份有限公司 纳税人识别号：91330108344094012A 地址、电话：杭州市滨江区秦安路123号 0571-87661887 开户行及账号：工行杭州中山支行 12020209007567211249

收款人：　　复核：　　开票人：张超　　销售方：（章）

第一联：记账联　销售方记账凭证

税总图[2024]248号中纳发稿实业公司

凭证 9-3

出 库 单

购货单位：蓝山公司　　2024年12月20日　　　　　　编号：12

产品名称	规模型号	计量单位	出库数量	备注
电饭煲	AJ102	台	100	

主管：雷东宝　　审核：何雪书　　保管：梁申　　经手人：张志明

2. 已发货但不符合销售商品收入确认条件的商品的账务处理

如果企业售出的商品不符合销售收入确认的5项条件，就不能确认收入。为了单独反映已经发出但尚未确认销售收入的商品成本，企业应设置"发出商品"科目，用于核算企业在一般销售方式下，已经发出但尚未确认收入的商品成本。

💡 **注意：**

✦ 尽管发出的商品不符合收入确认条件，但如果销售该商品的纳税义务已经发生，比如已经开具增值税专用发票，则应确认应交的增值税销项税额。借记"应收账款"等科目，贷记"应交税费——应交增值税（销项税额）"或"应交税费——简易计税"科目。如果纳税义务没有发生，则不需要进行上述会计处理。

【例 9-21】 10 月 25 日,浙江宏华股份有限公司(简称"宏华公司")以托收承付方式向甲公司销售一批商品,开出的增值税专用发票上注明价款 300 000 元,增值税税额为 39 000 元,该批商品成本为 230 000 元。宏华公司在销售该批商品时已得知甲公司资金流转发生暂时困难,但为了减少存货积压,同时为了维持与甲公司长期以来建立的商业关系,宏华公司仍将商品发出,并办妥了托收手续。请编制宏华公司该项销售业务的会计分录。

相关凭证: 销售合同复印件;增值税专用发票记账联;产品出库单。

分析: 目前相关经济利益流入企业的可能性不大,所以宏华公司暂不能确认收入。

(1) 将发出商品成本转入发出商品:

借:发出商品 230 000
　　贷:库存商品 230 000

(2) 开出发票,企业纳税义务已经产生,向甲公司收取销项税额:

借:应收账款——甲公司 39 000
　　贷:应交税费——应交增值税(销项税额) 39 000

【例 9-22】 沿用【例 9-21】中的数据,假定 12 月 31 日,甲公司的经营状况好转,承诺近期付款。

(1) 宏华公司确认收入:

借:应收账款——甲公司 300 000
　　贷:主营业务收入——AJ102 电饭煲 300 000

(2) 结转成本:

借:主营业务成本 230 000
　　贷:发出商品 230 000

采用支付手续费方式的委托代销商品业务下,虽然企业作为委托方已将商品发送给受托方,但是受托方并未取得该商品的控制权,因此,企业不应在向受托方发货时确认销售商品的收入,而仍然应当根据控制权是否转移来判断何时确认收入,通常应当在受托方售出商品时确认销售商品收入;受托方应当在商品销售后,按合同或协议约定的方法计算确定的手续费确认收入。

收取手续费方式下委托方的会计处理主要有:发出商品、收到代销清单、开出发票、收到代销款,具体账务处理如表 9-5 所示。

表 9-5　　　　　　　　　　　　　委托方的账务处理

业务流程	会计分录	金额
发出代销商品时	借:委托代销商品(或发出商品) 　　贷:库存商品	商品成本
收到代销清单、开出发票时	借:应收账款等 　　贷:主营业务收入 　　　　应交税费——应交增值税(销项税额) 借:主营业务成本 　　贷:委托代销商品(或发出商品)	按代销价确认商品销售收入

(续表)

业务流程	会计分录	金额
按一定比例计提代销手续费时	借：销售费用 　　应交税费——应交增值税（进项税额） 　贷：应收账款等	代销手续费
收到代销商品款时	借：银行存款等 　贷：应收账款	实际收到价款

收取手续费方式下受托方的会计处理主要有：收到代销商品、销售代销商品、开出代销清单、收到委托方发票、支付代销款，具体账务处理如表9-6所示。

表9-6　　　　　　　　　　　　　受托方的账务处理

业务流程	会计分录	金额
收到代销商品时	借：受托代销商品 　贷：受托代销商品款	代销价
销售代销商品时	借：银行存款等 　贷：受托代销商品 　　　应交税费——应交增值税（销项税额）	按实际销售价款
收到委托方开出的发票时	借：受托代销商品款 　　应交税费——应交增值税（进项税额） 　贷：应付账款	代销价
核算代销手续费时	借：应付账款 　贷：主营业务收入（或其他业务收入） 　　　应交税费——应交增值税（销项税额）	代销手续费
支付代销商品款时	借：应付账款 　贷：银行存款	实际支付价款

注意：

↳ 支付手续费方式下委托代销商品业务，委托方在发出商品时通常不应确认销售商品收入，而应在收到受托方开出的代销清单时确认销售商品收入；受托方应在销售商品后，按合同或协议约定的方法计算确定的手续费确认收入。

【例 9-23】　浙江宏华股份有限公司（简称"宏华公司"）委托江宁电器有限公司（简称"江宁公司"）代销榨汁机，要求按照每台 400 元的价格出售，每出售一台支付 10%的手续费。12 月 10 日，宏华公司发出榨汁机 200 台，实际成本为 170 元/台。请分别编制委托方与受托方该项业务的会计分录。

相关凭证： 委托代销合同复印件；产品出库单。

(1) 委托方宏华公司 12 月 10 日发货：

借：委托代销商品——榨汁机　　　　　　　　　　　　　　　　　34 000
　贷：库存商品——榨汁机　　　　　　　　　　　　　　　　　　　　　34 000

(2) 受托方江宁公司 12 月 10 日收货：

借：受托代销商品——榨汁机　　　　　　　　　　　　　　　　80 000
　　贷：受托代销商品款——榨汁机　　　　　　　　　　　　　　　　80 000

【例 9-24】 沿用【例 9-23】中的数据，12 月 18 日，江宁公司按 400 元/台的价格销售了 150 台榨汁机，开出增值税专用发票，销售款项已全部收到。请编制受托方该项业务的会计分录。

借：银行存款　　　　　　　　　　　　　　　　　　　　　　　　67 800
　　贷：受托代销商品——榨汁机　　　　　　　　　　　　　　　　60 000
　　　　应交税费——应交增值税（销项税额）　　　　　　　　　　　7 800

【例 9-25】 沿用【例 9-24】中的数据，12 月 30 日，宏华公司收到江宁公司已销售 150 台榨汁机的代销清单，审核后按 10% 确认手续费 6 000 元，同时开具增值税专用发票。请分别编制委托方与受托方该项业务的会计分录。

相关凭证：代销清单；增值税专用发票记账联；增值税专用发票发票联（见凭证 9-4）。

凭证 9-4

浙江增值税专用发票 No 21256869

3300203130　　　　　　　　　　　　　　　　　　　　　　　　3300203130
　　　　　　　　　　　　　　　　　　　　　　　　　　　　　　21256869
　　　　　　　　　　　　　　　　　　　　　　　　　　开票日期：2024年12月30日

	名　　称：浙江宏华股份有限公司	密	9-9>8087-5*-767548+59765433-*<<34->877+24+*+3*97786<>99-7<55+*7686467->*><8+9786+45-5/>76546<876<7/8<9765/987+8<
购买方	纳税人识别号：91330108344094012A		
	地址、电话：杭州市滨江区泰安路123号 0571-87661887	码	
	开户行及账号：工行杭州中山支行 1202020900756721249	区	

货物或应税劳务、服务名称	规格型号	单位	数量	单价	金额	税率	税额
*销售服务*代销手续费					6 000.00	6%	360.00
合　计					¥6 000.00		¥360.00

价税合计（大写）　　⊗陆仟叁佰陆拾元整　　　　　　　（小写）¥6 360.00

	名　　称：江宁电器有限公司	备	
销售方	纳税人识别号：911101065677334449		
	地址、电话：北京海淀区西苑一里56号 01082065644	注	
	开户行及账号：中国银行北京海淀支行6723789876562354512		

收款人：王芳　　　复核：赵佳　　　开票人：周晶　　　销售方：（章）

(1) 委托方宏华公司收到代销清单：

借：应收账款——江宁公司　　　　　　　　　　　　　　　　　　67 800
　　贷：主营业务收入　　　　　　　　　　　　　　　　　　　　　60 000
　　　　应交税费——应交增值税（销项税额）　　　　　　　　　　　7 800

(2) 委托方宏华公司同时结转成本：
借：主营业务成本　　　　　　　　　　　　　　　　　　　25 500
　　贷：委托代销商品——榨汁机　　　　　　　　　　　　　　　25 500
(3) 委托方宏华公司计算应付代销手续费：
借：销售费用　　　　　　　　　　　　　　　　　　　　　6 000
　　应交税费——应交增值税(进项税额)　　　　　　　　　　360
　　贷：应收账款——江宁公司　　　　　　　　　　　　　　　　6 360
(4) 受托方江宁公司收到宏华公司的增值税发票：
借：受托代销商品款——榨汁机　　　　　　　　　　　　　60 000
　　应交税费——应交增值税(进项税额)　　　　　　　　　7 800
　　贷：应付账款——宏华公司　　　　　　　　　　　　　　　　67 800
(5) 受托方江宁公司确认代销手续费：
借：应付账款——宏华公司　　　　　　　　　　　　　　　6 360
　　贷：主营业务收入　　　　　　　　　　　　　　　　　　　6 000
　　　　应交税费——应交增值税(销项税额)　　　　　　　　　　360

【例 9-26】 沿用【例 9-25】中的数据，12 月 31 日，宏华公司收到江宁公司的转账支票一张，为江宁公司榨汁机代销款 61 440 元。请分别编制委托方与受托方该项业务的会计分录。

相关凭证： 银行进账单、银行回单。

(1) 受托方江宁电器有限公司支付款项：
借：应付账款——宏华公司　　　　　　　　　　　　　　　61 440
　　贷：银行存款　　　　　　　　　　　　　　　　　　　　　61 440
(2) 委托方宏华公司收到款项：
借：银行存款　　　　　　　　　　　　　　　　　　　　　61 440
　　贷：应收账款——江宁公司　　　　　　　　　　　　　　　　61 440

思考

➢ 视同买断代销方式的委托代销商品的账务处理。

3. 商业折扣、现金折扣和销售退回的账务处理

企业销售商品收入的金额通常按照从购货方已收或应收的合同或协议价款确定。在确定销售商品收入的金额时，应注意区分商业折扣、现金折扣和销售退回及其不同的账务处理方法。商业折扣、现金折扣、销售退回是属于导致合同价格存在可变对价的常见情形，三者的区别以及相关会计处理方法如下。

(1) 商业折扣。

商业折扣是指企业为促进商品销售而给予的价格扣除。例如，企业为鼓励客户多买商

品,可能规定,购买 10 件以上商品给予客户 10% 的折扣,或客户每买 10 件送 1 件。此外,企业为了尽快出售一些残次、陈旧、冷背的商品,也可能降价(即打折)销售。

商业折扣在销售时即已发生,并不构成最终成交价格的一部分。对于商业折扣,企业应按扣除商业折扣后的金额确认销售收入和增值税销项税额。

(2)现金折扣。

现金折扣是指债权人为鼓励债务人在规定的期限内付款而向债务人提供的债务扣除。

现金折扣一般用符号"折扣率/付款期限"表示,例如,"2/10,1/20,n/30"表示:销货方允许客户最长的付款期限为 30 天,如果客户在 10 天内付款,销货方可按商品售价给予客户 2% 的折扣;如果客户在 20 天内付款,销货方可按商品售价给予客户 1% 的折扣;如果客户在 21 天至 30 天内付款,将不能享受现金折扣。

根据可变对价的确认原则,现金折扣一般根据最可能发生的现金折扣率预测其有权获取的对价金额。

企业应确认的销售商品收入=商品单价×销售数量-商业折扣-现金折扣

【例 9-27】 浙江宏华股份有限公司(简称"宏华公司")为增值税一般纳税人,9 月 1 日销售 A 商品 5 000 件并开具增值税专用发票,每件商品的标价为 200 元(不含增值税),商品适用的增值税税率为 13%;每件商品的实际成本为 120 元。由于是成批销售,宏华公司给予客户 10% 的商业折扣,并在销售合同中规定现金折扣条件为 2/20 和 n/30,且计算现金折扣时不考虑增值税。当日 A 商品发出,客户收到商品并验收入库。宏华公司基于对客户的了解,预计客户 20 天内付款的概率为 90%,20 天后付款的概率为 10%。9 月 18 日,宏华公司收到客户支付的货款。请编制宏华公司该项销售业务的会计分录。

相关凭证:销售合同复印件;增值税专用发票记账联;产品出库单。

分析:本例中,该项销售业务属于在某一时点履行的履约义务。对于商业折扣,宏华公司从应确认的销售商品收入中予以扣除;对于现金折扣,宏华公司认为按照最可能发生金额能够更好地预测其有权获取的对价金额。

宏华公司应确认的销售商品收入的金额=200×(1-10%)×5 000×(1-2%)=882 000(元)

增值税销项税额=200×(1-10%)×5 000×13%=117 000(元)

(1)9 月 1 日,确认收入、结转成本:

借:应收账款	999 000
贷:主营业务收入	882 000
应交税费——应交增值税(销项税额)	1 17 000
借:主营业务成本	600 000
贷:库存商品	600 000

(2)9 月 18 日,收到货款:

借:银行存款	999 000
贷:应收账款	999 000

若9月月末收到货款,收款金额1 017 000元与原预测金额999 000元的差额为18 000元,调整主营业务收入:

借:银行存款　　　　　　　　　　　　　　　　　　　　　　1 017 000
　　贷:应收账款　　　　　　　　　　　　　　　　　　　　　　　999 000
　　　　主营业务收入　　　　　　　　　　　　　　　　　　　　　 18 000

【例9-28】 6月1日,浙江宏华股份有限公司(简称"宏华公司")向乙公司销售一批商品,增值税专用发票上注明售价为600 000元,增值税税额为78 000元,款项尚未收到;该批商品成本为540 000元。该项业务属于在某一时点履行的履约义务。6月20日,乙公司在验收过程中发现商品外观上存在瑕疵,但基本上不影响使用,要求宏华公司在价格上(不含增值税税额)给予5%的折让。假定宏华公司已确认收入。宏华公司同意价格折让,并按规定向乙公司开具了增值税专用发票(红字)。6月30日,宏华公司收到乙公司支付的货款存入银行。请编制宏华公司该项销售业务的会计分录。

相关凭证:销售合同复印件;增值税专用发票记账联;产品出库单;红字增值税发票记账联。

(1) 6月1日,确认收入时:

借:应收账款　　　　　　　　　　　　　　　　　　　　　　　678 000
　　贷:主营业务收入　　　　　　　　　　　　　　　　　　　　　600 000
　　　　应交税费——应交增值税(销项税额)　　　　　　　　　　 78 000

同时,结转销售商品成本:

借:主营业务成本　　　　　　　　　　　　　　　　　　　　　 540 000
　　贷:库存商品　　　　　　　　　　　　　　　　　　　　　　　540 000

(2) 6月20日,发生销售折让30 000元(600 000×5%)时:

借:主营业务收入　　　　　　　　　　　　　　　　　　　　　　30 000
　　应交税费—应交增值税(销项税额)　　　　　　　　　　　　 3 900
　　贷:应收账款　　　　　　　　　　　　　　　　　　　　　　　33 900

(3) 6月30日,收到货款时:

借:银行存款　　　　　　　　　　　　　　　　　　　　　　　 644 100
　　贷:应收账款　　　　　　　　　　　　　　　　　　　　　　　644 100

(3) 销售退回。

销售退回,是指企业售出的商品由于质量、品种不符合要求等原因而发生的退货。企业售出商品发生的销售退回,应当分别不同情况进行会计处理:❶对于未确认收入的售出商品发生销售退回的,企业应按已记入"发出商品"科目的商品成本金额,借记"库存商品"科目,贷记"发出商品"科目。❷对于已确认收入的售出商品发生销售退回的,企业一般应在发生时冲减当期销售商品收入,同时冲减当期销售商品成本,如按规定允许扣减增值税税额的,应同时冲减已确认的应交增值税销项税额。❸已确认收入的售出商品发生的销售退回属于资产负债表日后事项的,应当按照《企业会计准则第29号——资产负债表日后事项》的相关规定进行会计处理,通过"以前年度损益调整"科目核算。

【例 9-29】 2024 年 12 月 8 日,浙江宏华股份有限公司(简称"宏华公司")向蓝山公司销售新产品一批,售价为 34 000 元,增值税税额为 4 420 元,该批产品的成本为 22 000 元,价税款尚未收到。该批新商品有一个月的退货期。12 月 27 日,该批商品因质量原因被退回,宏华公司开出红字增值税专用发票。请编制宏华公司该项商品销售及退货的会计分录。

相关凭证:销售合同复印件;增值税专用发票记账联;产品出库单;红字增值税发票记账联(见凭证 9-5);产品入库单。

(1) 12 月 8 日,商品发出、开出增值税发票时:

借:发出商品　　　　　　　　　　　　　　　　　　　22 000
　　贷:库存商品　　　　　　　　　　　　　　　　　　22 000
借:应收账款——蓝山公司　　　　　　　　　　　　　 4 420
　　贷:应交税费——应交增值税(销项税额)　　　　　 4 420

(2) 12 月 27 日,退货时:

借:库存商品　　　　　　　　　　　　　　　　　　　22 000
　　贷:发出商品　　　　　　　　　　　　　　　　　　22 000
借:应收账款——蓝山公司　　　　　　　　　　　　　-4 420
　　贷:应交税费——应交增值税(销项税额)　　　　　-4 420

凭证 9-5

【例 9-30】 12 月 8 日,浙江宏华股份有限公司(简称"宏华公司")向 B 企业销售一批商品,售价为 100 万元,增值税税额为 13 万元,该批商品的成本为 65 万元,价税款尚未收到。12月27日,该批商品因质量原因被退回,宏华公司开出红字增值税专用发票。请编制宏华公司该项商品销售及退货的会计分录。

相关凭证: 销售合同复印件;增值税专用发票记账联;产品出库单;红字增值税发票记账联;产品入库单。

(1) 12月8日,确认销售收入、结转销售成本:

借:应收账款	1 130 000
贷:主营业务收入	1 000 000
应交税费——应交增值税(销项税额)	130 000
借:主营业务成本	650 000
贷:库存商品	650 000

(2) 12月27日,冲减收入、冲减成本:

借:应收账款	-1 130 000
贷:主营业务收入	-1 000 000
应交税费——应交增值税(销项税额)	-130 000
借:库存商品	650 000
贷:主营业务成本	650 000

若该企业商品销售成本采用月末一次结转,12月8日尚未结转销售成本,则12月27日销货退回时只冲减收入。

【例9-31】* 2024年12月8日,浙江宏华股份有限公司(简称"宏华公司")向C工厂销售一批商品,售价为100万元,增值税税额为13万元,该批商品的成本为65万元,价税款尚未收到。2025年3月1日(上年度报表尚未批准报出),该商品因质量原因被退回,宏华公司开出红字增值税专用发票。请编制宏华公司该项商品销售及退货的会计分录。

相关凭证: 销售合同复印件;增值税专用发票记账联;产品出库单;红字增值税发票记账联;产品入库单。

(1) 2024年12月8日记收入、结转成本的分录同【例9-30】。

借:应收账款	1 130 000
贷:主营业务收入	1 000 000
应交税费——应交增值税(销项税额)	130 000
借:主营业务成本	650 000
贷:库存商品	650 000

(2) 2025年3月1日退货时:

借:应收账款	-1 130 000
贷:以前年度损益调整	-1 000 000
应交税费——应交增值税(销项税额)	-130 000
借:库存商品	650 000
贷:以前年度损益调整	650 000

4. 销售材料等存货的账务处理

企业在日常活动中还可能发生对外销售不需用的原材料、随同商品对外销售单独计价的包装物等业务。企业销售原材料、包装物等存货也视同商品销售，其收入确认和计量原则比照商品销售处理。企业销售原材料、包装物等存货实现的收入作为其他业务收入处理，结转的相关成本作为其他业务成本处理。

企业销售原材料、包装物等存货实现的收入以及结转的相关成本，通过"其他业务收入""其他业务成本"科目核算。

【例9-32】 浙江宏华股份有限公司（简称"宏华公司"）销售一批多余的原材料，开出的增值税专用发票上注明的售价为 10 000 元，增值税税额为 1 300 元，款项已由银行收妥。该批原材料的实际成本为 9 000 元。请编制宏华公司该项销售业务的会计分录。

相关凭证：销售合同复印件；增值税专用发票记账联；原材料出库单；转账收款证明。

（1）取得原材料销售收入：

借：银行存款　　　　　　　　　　　　　　　　　　　　　11 300
　　贷：其他业务收入　　　　　　　　　　　　　　　　　　10 000
　　　　应交税费——应交增值税（销项税额）　　　　　　　 1 300

（2）结转已销原材料的实际成本：

借：其他业务成本　　　　　　　　　　　　　　　　　　　 9 000
　　贷：原材料　　　　　　　　　　　　　　　　　　　　　 9 000

5. 小规模纳税人销售业务的账务处理*

小规模纳税人的增值税的计算及会计处理都采用简化的方法。销售商品时，小规模纳税人一般开具的是普通发票，符合条件的小企业，可以自愿使用增值税发票管理系统自行开具增值税专用发票。小规模纳税人同样具有纳税义务，其应纳增值税的计算根据普通发票金额（或根据税务机关代开的增值税专用发票的价税合计金额），按照一定比例的征收率计算。其增值税计算公式为：

销售额＝价税合计金额÷（1＋征收率）

应纳增值税额＝销售额×征收率

小规模纳税人的增值税核算同样通过"应交税费——应交增值税"科目核算，但是由于采用了简化核算方法，该科目下不设专项。

【例9-33】 浙江新通光电制品企业（简称"新通公司"）（小规模纳税人）本期销售五金件一批，经批准，自行开具增值税专用发票一张，价税款合计 21 000 元，商品已发出，货款尚未收到。请编制新通公司该项销售业务的会计分录。

相关凭证：增值税专用发票记账联；产品出库单。

销售额＝21 000÷（1＋3%）＝20 388.35(元)

应纳增值税税额＝20 388.35×3%＝611.65(元)

借：应收账款	21 000	
贷：主营业务收入		20 388.35
应交税费——应交增值税		611.65

六、知识拓展　关于特定交易的会计处理*

(一) 合同中包含重大融资成分的销售

合同中存在重大融资成分的，企业应当按照假定客户在取得商品控制权时即以现金支付的应付金额（即现销价格）确定交易价格。企业确定的交易价格与合同承诺的对价金额之间的差额，应当在合同期间内采用实际利率法摊销。具有重大融资充分的销售可以分为预收款销售、延期收款销售两种情形，具体账务处理如表9-7、表9-8所示。

表9-7　　　　　　　　　　具有重大融资成分的延期收款销售

业务内容	账务处理	要点
发出商品	❶ 确认收入 借：长期应收款（合同对价金额） 　　贷：主营业务收入（控制权转移时的现销价） 　　　　未实现融资收益（差额，倒挤） ❷ 发出商品或月末结转成本 借：主营业务成本 　　贷：库存商品	❶ 应当在客户取得商品控制权时确认收入 ❷ 按照假定客户在取得商品控制权时即以现金支付而需支付的金额（控制权转移时的现销价格）确定交易价格 ❸ 交易价格与合同承诺的对价金额的差额计入未实现融资收益
收款开票	借：银行存款 　　贷：长期应收款 　　　　应交税费——应交增值税（销项税额）	发货时就收到税款的，应在发货确认收入时开票并确认销项税额
资产负债表日确认融资收益	借：未实现融资收益 　　贷：财务费用	未实现融资收益应当按照实际利率法分摊到合同期内的各个期间 每期确认的融资收益＝期初摊余成本×实际利率

表9-8　　　　　　　　　　具有重大融资成分的预收款销售

业务内容	账务处理	要点
按合同预收款	借：银行存款（实际收款额） 　　未确认融资费用 　　贷：合同负债	❶ 客户取得商品控制权时确认收入 ❷ 按照假定客户在取得商品控制权时即以现金支付而需支付的金额（控制权转移时的现销价格）确定交易价格 ❸ 合同负债金额：是企业未来应向客户转让商品的义务，即商品控制权转移时的合同对价 ❹ 实际收款额与合同承诺的对价金额之间的差额确认为未确认融资费用应当在合同期间内采用实际利率法摊销 每期确认的融资费用＝期初摊余成本×实际利率
确认融资费用	借：财务费用 　　贷：未确认融资费用	
按合同交货	❶ 确认收入 借：合同负债 　　贷：主营业务收入 ❷ 结转成本 借：主营业务成本 　　贷：库存商品	

💡 **注意:**

➢ 为简化实务操作,如果在合同开始日,企业预计客户取得商品控制权与客户支付价款间隔不超过1年的,可以不考虑合同中存在的重大融资成分。企业应当对类似情形下的类似合同一致地应用这一简化处理方法。

➢ 合同中存在重大融资成分的,企业在确定该重大融资成分的金额时,应使用将合同对价的名义金额折现为商品的现销价格的折现率。该折现率一经确定,不得因后续市场利率或客户信用风险等情况的变化而变更。

【例9-34】 2024年1月1日,浙江宏华股份有限公司(简称"宏华公司")与乙公司签订合同,向其销售一批产品。合同约定,该批产品将于2年之后交货。合同中包含两种可供选择的付款方式,即乙公司可以在2年后交付产品时支付449.44万元,或者在合同签订时支付400万元。乙公司选择在合同签订时支付货款。该批产品的控制权在交货时转移。宏华公司于2024年1月1日收到乙公司支付的货款。上述价格均不包含增值税,且假定不考虑相关税费影响。请编制宏华公司该项业务的会计分录。

相关凭证: 销售合同复印件;未实现融资收益分摊计算表。

分析: 本例中,按照上述两种付款方式计算的内含利率为6%。考虑到乙公司付款时间和产品交付时间之间的间隔以及现行市场利率水平,宏华公司认为该合同包含重大融资成分,在确定交易价格时,应当对合同承诺的对价金额进行调整,以反映该重大融资成分的影响,假定该融资费用不符合借款费用资本化的要求。

(1) 2024年1月1日,收到货款:

借:银行存款 4 000 000
    未确认融资费用 494 400
    贷:合同负债 4 494 400

【名词解释】
合同负债:指企业已收或应收客户对价而应向客户转让商品的义务。

分析: 企业在向客户转让商品之前,如果客户已经支付了合同对价或企业已经取得了无条件收取合同对价的权利,则企业应当在客户实际支付款项与到期应支付款项孰早时点,将该已收或应收的款项确认并列示为合同负债。

(2) 2024年12月31日,确认融资成分的影响:

借:财务费用——利息支出 (4 000 000×6%)240 000
    贷:未确认融资费用 240 000

(3) 2025年12月31日,交付产品:

借:财务费用 (4 240 000×6%)254 400
    贷:未确认融资费用 254 400
借:合同负债 4 494 400
    贷:主营业务收入 4 494 400

(二) 附有销售退回条款的销售

对于附有销售退回条款的销售,企业应当在客户取得相关商品控制权时,按照因向客户转让商品而预期有权收取的对价金额(不包含预期因销售退回将退还的金额)确认收入,按照预期因销售退回将退还的金额确认负债;同时,按照预期将退回商品转让时的账面价值,扣除收回该商品预计发生的成本(包括退回商品的价值减损)后的余额,确认为一项资产,按照所转让商品转让时的账面价值,扣除上述资产成本的净额结转成本。

每一资产负债表日,企业应当重新估计未来销售退回情况,如有变化,应当作为会计估计变更进行会计处理。

【例9-35】 浙江宏华股份有限公司(简称"宏华公司")是一家健身器材销售公司。2024年11月1日,宏华公司向乙公司销售5 000件健身器材,单位销售价格为500元,单位成本为400元,开具的增值税专用发票上注明的销售价格为250万元,增值税税额为32.5万元。健身器材已经发出,但款项尚未收到。根据协议约定,乙公司应于2024年12月31日之前支付货款,在2025年3月31日之前有权退还健身器材。宏华公司根据过去的经验,估计该批健身器材的退货率约为20%。在2024年12月31日,宏华公司对退货率进行了重新评估,认为只有10%的健身器材会被退回。宏华公司为增值税一般纳税人,健身器材发出时纳税义务已经发生,实际发生退回时取得税务机关开具的红字增值税专用发票。假定健身器材发出时控制权转移给乙公司。请编制宏华公司该项业务的会计分录。

相关凭证:销售合同复印件;出库单;增值税专用发票记账联;红字增值税专用发票记账联;入库单。

(1) 2024年11月1日,发出健身器材时:

借:应收账款 2 825 000
 贷:主营业务收入 2 000 000
  预计负债——应付退货款 500 000
  应交税费——应交增值税(销项税额) 325 000
借:主营业务成本 1 600 000
 应收退货成本 400 000
 贷:库存商品 2 000 000

(2) 2024年12月31日前收到货款时:

借:银行存款 2 825 000
 贷:应收账款 2 825 000

(3) 2024年12月31日,宏华公司对退货率进行重新评估:

借:预计负债——应付退货款 250 000
 贷:主营业务收入 250 000
借:主营业务成本 20 000
 贷:应收退货成本 200 000

(4) 2025年3月31日发生销售退回,实际退货量为400件,退货款项已经支付:

借：库存商品	160 000	
应交税费——应交增值税（销项税税额）	26 000	
预计负债——应付退货款	250 000	
贷：应收退货成本		160 000
主营业务收入		50 000
银行存款		226 000
借：主营业务成本	40 000	
贷：应收退货成本		40 000

（三）附有质量保证条款的销售

企业在向客户销售商品时，可能会为其所销售的商品提供质量保证，其中，有一些质量保证是为了向客户保证所销售的商品符合既定标准，即保证类质量保证（三包服务）；而另一些质量保证则是在向客户保证所销售的商品符合既定标准之外提供了一项单独的服务，即服务类质量保证。对于附有质量保证条款的销售，企业应当评估该质量保证是否在向客户保证所销售商品符合既定标准之外提供了一项单独的服务。附有质量保证条款的具体销售的处理如图9-9所示。

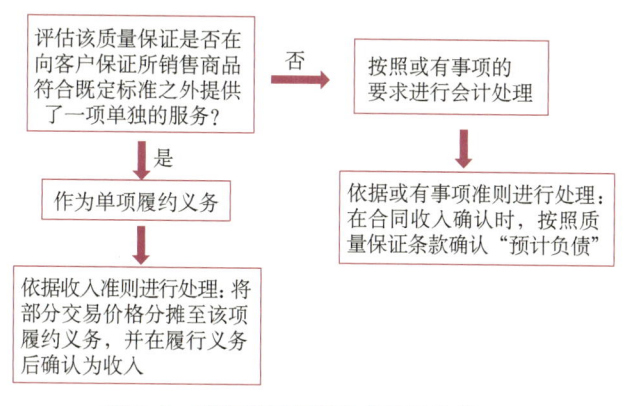

图 9-9　附有质量保证条款的销售的处理

企业应当对其所提供的质量保证的性质进行分析，对于客户能够选择单独购买质量保证的，表明该质量保证构成单项履约义务；对于客户虽然不能选择单独购买质量保证，但是，如果该质量保证在向客户保证所销售的商品符合既定标准之外提供了一项单独服务的，也应当作为单项履约义务。

企业在评估一项质量保证是否在向客户保证所销售的商品符合既定标准之外提供了一项单独的服务时，应当考虑的因素包括：

（1）该质量保证是否为法定要求。当法律要求企业提供质量保证时，该法律规定通常表明企业承诺提供的质量保证不是单项履约义务，这是因为，这些法律规定通常是为了保护客户，以免其购买瑕疵或缺陷商品，而并非为客户提供一项单独的服务。

（2）质量保证期限。企业提供质量保证的期限越长，越有可能表明企业向客户提供了保证商品符合既定标准之外的服务。因此，企业承诺提供的质量保证越有可能构成单项履约义务。

（3）企业承诺履行任务的性质。如果企业必须履行某些特定的任务以保证所销售的商品符合既定标准（例如，企业负责运输被客户退回的瑕疵商品），则这些特定的任务可能不构成单项履约义务。

企业提供的质量保证同时包含作为单项履约义务的质量保证和不能作为单项履约义务的质量保证的，应当分别对其进行会计处理，无法合理区分的，应当将这两类质量保证一起作为单项履约义务进行会计处理。

【例9-36】浙江宏华股份有限公司（简称"宏华公司"）与客户签订合同，销售一部手机。该手机自售出起一年内如果发生质量问题，宏华公司负责提供质量保证服务。此外，在此期间内，由于客户使用不当（例如手机进水）等原因造成的产品故障，宏华公司也免费提供维修服务（该维修服务不能单独购买）。

相关凭证：销售合同复印件；质量保证凭证；增值税专用发票记账联；出库单。

分析：本例中，宏华公司的承诺包括销售手机、提供质量保证服务以及维修服务。宏华公司针对产品的质量问题提供的质量保证服务是为了向客户保证所销售商品符合既定标准，因此不构成单项履约义务；宏华公司对由于客户使用不当而导致的产品故障提供的免费维修服务，属于在向客户保证所销售商品符合既定标准之外提供的单独服务，尽管其没有单独销售，该服务与手机可明确区分，应该作为单项履约义务。综上，在该合同下，宏华公司的履约义务有两项：销售手机和提供维修服务。宏华公司应当按照其各自单独售价的相对比例，将交易价格分摊至这两项履约义务，并在各项履约义务履行时分别确认收入。

（四）主要责任人和代理人

企业应当根据其在向客户转让商品前是否拥有对该商品的控制权，来判断其从事交易时的身份是主要责任人还是代理人，具体处理原则如图9-10所示。

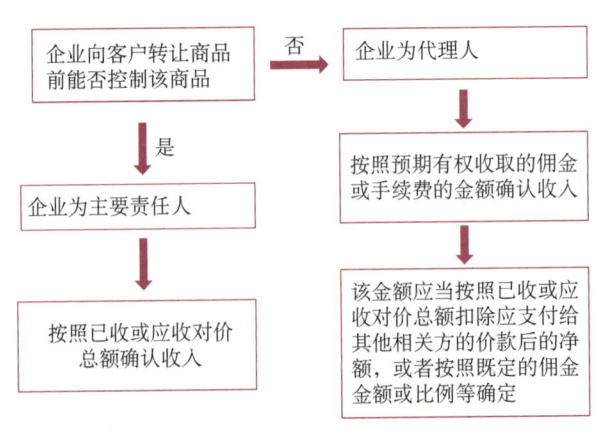

```
       企业向客户转让商品      否      企业为代理人
       前能否控制该商品  ──────→
              │                        │
              │ 是                     ↓
              ↓                  按照预期有权收取的佣金
       企业为主要责任人          或手续费的金额确认收入
              │                        │
              ↓                        ↓
       按照已收或应收对价         该金额应当按照已收或应
       总额确认收入              收对价总额扣除应支付给
                                 其他相关方的价款后的净
                                 额，或者按照既定的佣金
                                 金额或比例等确定
```

图9-10 主要责任人和代理人处理原则

企业作为**主要责任人**的情况：

（1）企业自该第三方**取得**商品或其他资产**控制权**后，再转让给客户，此时，企业应当考虑该权利是仅在转让给客户时才产生还是在转让给客户之前就已经存在，且企业一直能够主导其使用，如果该权利在转让给客户之前并不存在，表明企业实质上并不能在该权利转让给客户之前控制该权利。

（2）企业能够**主导**该第三方代表本企业向客户提供服务，说明企业在相关服务提供给客户之前能够控制该相关服务。

（3）企业自该第三方取得商品控制权后，通过**提供重大的服务**将该商品与其他商品整合成合同约定的某组合产出转让给客户，此时，企业承诺提供的特定商品就是合同约定的组合产出，企业应首先获得为生产该组合产出所需要的投入的控制权，然后才能够将这些投入加工整合为合同约定的组合产出。

实务中，企业在判断其在向客户转让特定商品之前是否已经拥有对该商品的控制权时，不应仅局限于合同的法律形式，而应当综合考虑所有相关事实和情况进行判断，这些事实和情况包括：

（1）企业承担向客户转让商品的**主要责任**。企业在判断其是否承担向客户转让商品的主要责任时，应当从客户的角度进行评估，即客户认为哪一方承担了主要责任，例如客户认为谁对商品的质量或性能负责、谁负责提供售后服务、谁负责解决客户投诉等。

（2）企业在转让商品之前或之后承担了该商品的**存货风险**。其中，存货风险主要是指存货可能发生减值、毁损或灭失等形成的损失。例如，如果企业在与客户订立合同之前已经购买或者承诺将自行购买特定商品，这可能表明企业在将该特定商品转让给客户之前，承担了该特定商品的存货风险，企业有能力主导特定商品的使用并从中取得几乎全部的经济利益；又如，在附有销售退回条款的销售中，企业将商品销售给客户之后，客户有权要求向该企业退货，这可能表明企业在转让商品之后仍然承担了该商品的存货风险。

（3）企业有权**自主决定**所交易商品的**价格**。企业有权决定客户为取得特定商品所需支付的价格，可能表明企业有能力主导有关商品的使用并从中获得几乎全部的经济利益。然而，在某些情况下，代理人可能在一定程度上也拥有定价权（例如，在主要责任人规定的某一价格范围内决定价格），以便其在代表主要责任人向客户提供商品时，能够吸引更多的客户，从而赚取更多的收入。此时，即使代理人有一定的定价能力，也并不表明在与最终客户的交易中其身份是主要责任人，代理人只是放弃了一部分自己应当赚取的佣金或手续费而已。

> 💡 *注意：*
>
> ✦ 企业在判断其是主要责任人还是代理人时，应当以该企业在特定商品转让给客户之前是否能够控制这些商品为原则。上述相关事实和情况不能凌驾于控制权的判断之上，也不构成一项单独或额外的评估，而只是帮助企业在难以评估特定商品转让给客户之前是否能够控制这些商品的情况下进行相关判断。此外，这些事实和情况并无权重之分，也不能被孤立地用于支持某一结论。企业应当根据相关商品的性质、合同条款的约定以及其他具体情况，综合进行判断。

【例9-37】 12月,甲旅行社从A航空公司购买了一定数量的折扣机票,并对外销售。甲旅行社向旅客销售机票时,可自行决定机票的价格等,未售出的机票不能退还给A航空公司。

相关凭证:合同复印件。

分析:本例中,甲旅行社向客户提供的特定商品为机票,并在确定特定客户之前已经预先从航空公司购买了机票。因此,甲旅行社对机票的控制权在转让给客户之前已经存在。甲旅行社从A航空公司购入机票后,可以自行决定该机票的价格、向哪些客户销售等,甲旅行社有能力主导该机票的使用并且能够获得其几乎全部的经济利益。综上,甲旅行社在将机票销售给客户之前,能够控制该机票,甲旅行社的身份是主要责任人。

【例9-38】 浙江宏华股份有限公司(简称"宏华公司")经营购物网站,在该网站购物的消费者可以明确获知在该网站上销售的商品均为其他零售商直接销售的商品,这些零售商负责发货以及售后服务等。宏华公司与零售商签订的合同约定,该网站所售商品的采购、定价、发货以及售后服务等均由零售商自行负责,宏华公司仅负责协助零售商和消费者结算货款,并按照每笔交易的实际销售额收取5%的佣金。

相关凭证:合同复印件。

分析:本例中,宏华公司经营的购物网站是一个购物平台,零售商在该平台发布所销售商品信息,消费者可以从该平台购买零售商销售的商品。消费者在该网站购物时,向其提供的特定商品为零售商在网站上销售的商品,除此之外,宏华公司并未提供任何其他的商品或服务。这些特定商品在转移给消费者之前,宏华公司从未有能力主导这些商品的使用,例如,宏华公司不能将这些商品提供给购买该商品的消费者之外的其他方,也不能阻止零售商向该消费者转移这些商品,宏华公司不能控制零售商用于完成该网站订单的相关存货。因此,消费者在该网站购物时,在相关商品转移给消费者之前,宏华公司并未控制这些商品,宏华公司的履约义务是安排零售商向消费者提供相关商品,而并未自行提供这些商品,宏华公司在该交易中的身份是代理人。

(五)附有客户额外购买选择权的销售

对于附有客户额外购买选择权的销售,企业应当评估该选择权是否向客户提供了一项重大权利,具体判断原则及账务处理如表9-9所示。

表9-9 附有客户额外购买选择权的销售

分类	判断原则	账务处理
重大权利	如果客户只有在订立了一项合同的前提下才取得了额外购买选择权,并且客户行使该选择权购买额外商品时,能够享受到超过该地区或该市场中其他同类客户所能够享有的折扣	该选择权应当作为单项履约义务,按照收入准则中有关交易价格分摊的要求将交易价格分摊至该履约义务,在客户未来行使购买选择权取得相关商品控制权时,或者该选择权失效时,确认相应的收入

(续表)

分类	判断原则	账务处理
非重大权利	客户虽然有额外购买商品选择权,但客户行使该选择权购买商品时的价格反映了这商品单独售价的,不应被视为企业向该客户提供了一项重大权利	企业无需分摊交易价格,只有在客户行使选择权购买额外商品时才需要进行相应的会计处理

注意:

♦ 客户额外购买选择权的单独售价无法直接观察的,企业应当综合考虑客户行使和不行使该选择权所能获得的折扣的差异、客户行使该选择权的可能性等全部相关信息后,予以合理估计。

♦ 额外购买选择权的情况包括销售激励、客户奖励积分、未来购买商品的折扣券以及合同续约选择权等。

【例9-39】 2024年1月1日,浙江宏华股份有限公司(简称"宏华公司")开始推行一项奖励积分计划。根据该计划,客户在宏华公司每消费10元可获得1个积分,每个积分从次月开始在购物时可以抵减1元。

截至2024年1月31日,客户共消费10万元,可获得1万个积分,根据历史经验,宏华公司估计该积分的兑换率为95%。假定上述金额均不包含增值税等的影响。

相关凭证: 合同复印件;奖励积分计划相关文件;出库单。

分析: 本例中,宏华公司认为其授予客户的积分为客户提供了一项重大权利,应当作为一项单独的履约义务。客户购买商品的单独售价合计为100 000元,考虑积分的兑换率,宏华公司估计积分的单独售价为9 500元(1×10 000×95%)。宏华公司按照商品和积分单独售价的相对比例对交易价格进行分摊,具体如下:

分摊至商品的交易价格=[100 000÷(100 000+9 500)]×100 000=91 324(元)

分摊至积分的交易价格=[9 500÷(100 000+9 500)]×100 000=8 676(元)

因此,宏华公司应当在商品的控制权转移时确认收入91 324元,同时确认合同负债8 676元。相关会计处理如下:

借:银行存款　　　　　　　　　　　　　　　　　　　　　100 000
　　贷:主营业务收入　　　　　　　　　　　　　　　　　　　91 324
　　　　合同负债　　　　　　　　　　　　　　　　　　　　　8 676

截至2024年12月31日,客户共兑换了4 500个积分,宏华公司对该积分的兑换率进行了重新估计,仍然预计客户总共将会兑换9 500个积分。因此,宏华公司以客户兑换的积分数占预期将兑换的积分总数的比例为基础确认收入,计算过程和相关会计处理如下。

积分应当确认的收入=4 500÷9 500×8 676=4 110(元)

剩余未兑换的积分应确认的合同关系=8 676-4 110=4 566(元)

借:合同负债　　　　　　　　　　　　　　　　　　　　　　4 110
　　贷:主营业务收入　　　　　　　　　　　　　　　　　　　4 110

截至 2025 年 12 月 31 日，客户累计兑换了 8 500 个积分。宏华公司对该积分的兑换率进行了重新估计，预计客户总共将会兑换 9 700 个积分。

积分应当确认的收入＝8 500÷9 700×8 676－4 110＝3 493(元)

剩余未兑换的积分应确认的合同负债＝8 676－4 110－3 493＝1 073(元)

企业在向客户转让商品之前，如果客户已经支付了合同对价或企业已经取得了无条件收取合同对价的权利，则企业应当在客户实际支付款项与到期应支付款项孰早时点，将该已收或应收的款项列示为合同负债。合同资产和合同负债应当在资产负债表中单独列示，并按流动性分别列示为"合同资产"或"其他非流动资产"以及"合同负债"或"其他非流动负债"。同一合同下的合同资产和合同负债应当以净额列示，不同合同下的合同资产和合同负债不能互相抵销。

(六) 授予知识产权许可

企业向客户授予的知识产权，常见的包括软件和技术、影视和音乐等的版权、特许经营权以及专利权、商标权和其他版权等。企业向客户授予知识产权许可的，应当按照本节要求评估该知识产权许可是否构成单项履约义务。

对于不构成单项履约义务的，企业应当将该知识产权许可和其他商品一起作为一项履约义务进行会计处理。授予知识产权许可不构成单项履约义务的情形包括：

❶ 该知识产权许可构成有形商品的组成部分并且对于该商品的正常使用不可或缺，例如，企业向客户销售设备和相关软件，该软件内嵌于设备之中，该设备必须安装了该软件之后才能正常使用。

❷ 客户只有将该知识产权许可和相关服务一起使用才能够从中获益，例如，客户取得授权许可，但是只有通过企业提供的在线服务才能访问相关内容。

对于构成单项履约义务的，应当进一步确定其是在某一时段内履行还是在某一时点履行，同时满足下列条件时，应当作为在某一时段内履行的履约义务确认相关收入；否则，应当作为在某一时点履行的履约义务确认相关收入：

(1) 合同要求或客户能够合理预期企业将从事对该项知识产权有重大影响的活动。企业从事的下列活动均会对该项知识产权有重大影响：

❶ 这些活动预期将显著改变该项知识产权的形式或者功能(例如知识产权的设计、内容、功能性等)。

❷ 客户从该项知识产权中获益的能力在很大程度上来源于或者取决于这些活动，即这些活动会改变该项知识产权的价值，例如，企业向客户授权使用其品牌，客户从该品牌获益的能力取决于该品牌价值，而企业所从事的活动为维护或提升其品牌价值提供了支持。如果该项知识产权具有重大的独立功能，且该项知识产权绝大部分的经济利益来源于该项功能，客户从该项知识产权中获益的能力则可能不会受到企业从事的相关活动的重大影响，除非这些活动显著改变了该项知识产权的形式或者功能。具有重大独立功能的知识产权主要包括软件、生物合成物或药物配方以及已完成的媒体内容(例如电影、电视节目以及音乐录音)版权等。

(2) 该活动对客户将产生有利或不利影响。当企业从事的后续活动并不影响授予客户的知识产权许可时，企业的后续活动只是在改变其自己拥有的资产。

（3）该活动**不会**导致向客户转让商品。当企业从事的后续活动本身构成单项履约义务时，企业在评估授予知识产权许可是否属于在某一时段履行的履约义务时应当不予考虑。

企业向客户授予知识产权许可不能同时满足上述条件的，则属于在某一时点履行的履约义务，并在该时点确认收入。在客户能够使用某项知识产权许可并开始从中获益之前，企业不能对此类知识产权许可确认收入。例如，企业授权客户在一定期间内使用软件，但是在企业向客户提供该软件的密钥之前，客户都无法使用该软件，不应确认收入。

> **注意：**
> ✦ 在判断某项知识产权许可是属于在某一时段内履行的履约义务还是在某一时点履行的履约义务时，企业不应考虑下列因素：❶该许可在时间、地域或使用方面的限制；❷企业就其拥有的知识产权的有效性以及防止未经授权使用该知识产权许可所提供的保证。

【例9-40】 浙江宏华股份有限公司（简称"宏华公司"）是一家设计制作连环漫画的公司。宏华公司授权乙公司可在4年内使用其3部连环漫画中的角色形象和名称。宏华公司的每部连环漫画都有相应的主要角色。但是，宏华公司会定期创造新的角色，且角色的形象也会随时演变。乙公司是一家大型游轮的运营商，乙公司可以以不同的方式（例如展览或演出）使用这些漫画中的角色。合同要求乙公司必须使用最新的角色形象。在授权期内，宏华公司每年向乙公司收取1 000万元。

相关凭证： 合同复印件。

分析： 本例中，宏华公司除了授予知识产权许可外不存在其他履约义务。也就是说，与知识产权许可相关的额外活动并未向客户提供其他商品或服务，因为这些活动是企业授予知识产权许可承诺的一部分，且实际上改变了客户享有知识产权许可的内容。

宏华公司需要评估该知识产权许可相关的收入应当在某一时段内确认还是在某一时点确认。宏华公司考虑了下列因素：❶乙公司合理预期（根据宏华公司以往的习惯做法），宏华公司将实施对该知识产权许可产生重大影响的活动，包括创作角色及出版包含这些角色的连环漫画等；❷这些活动直接对乙公司产生的有利或不利影响，这是因为合同要求乙公司必须使用宏华公司创作的最新角色，这些角色塑造得成功与否，会直接对乙公司产生影响；❸尽管乙公司可以通过该知识产权许可从这些活动中获益，但在这些活动发生时并没有导致向乙公司转让任何商品或服务。因此，宏华公司授予该知识产权许可的相关收入应当在某一时段内确认。

由于合同规定乙公司在一段固定期间内可无限制地使用其取得授权许可的角色，因此，宏华公司按照时间进度确定履约进度可能是最恰当的方法。

企业向客户授予知识产权许可，并约定按客户实际销售或使用情况收取特许权使用费的，应当在下列两项孰晚的时点确认收入：❶客户后续销售或使用行为实际发生；❷企业履行相关履约义务。这是估计可变对价的例外规定，该例外规定只有在下列两种情形下才能使用：❶特许权使用费仅与知识产权许可相关；❷特许权使用费可能与合同中的知识产权许可和其他商品都相关，但是与知识产权许可相关的部分占有主导地位。企业使用该例外规定时,应当对特许权使用费整体采用该规定,而不应当将特许权使用费进行分拆。如果与授予知识产权许可相关的对价同时包含固定金额和按客户实际销售或使用情况收取的变动金额两部分,则只有后者能采用该例外规定,而前者应当在相关履约义务履行的时点或期间内确认收入。对于不适用该例外规定的特许权使用费,应当按照估计可变对价的一般原则进行处理。

【例 9-41】 浙江宏华股份有限公司(简称"宏华公司")是一家著名的足球俱乐部。宏华公司授权乙公司在其设计生产的服装、帽子、水杯以及毛巾等产品上使用宏华公司球队的名称和图标,授权期间为 2 年。合同约定,宏华公司收取的合同对价由两部分组成:❶200 万元固定金额的使用费;❷按照乙公司销售上述商品所取得销售额的 5% 计算的提成。乙公司预期宏华公司会继续参加当地顶级联赛,并取得优异的成绩。

相关凭证:合同复印件。

分析:本例中,该合同仅包括一项履约义务,即授予使用权许可。宏华公司继续参加比赛并取得优异成绩等活动是该许可的组成部分,而并未向客户转让任何可明确区分的商品或服务。由于乙公司能够合理预期宏华公司将继续参加比赛,宏华公司的成绩将会对其品牌(包括名称和图表等)的价值产生重大影响,而该品牌价值可能会进一步影响乙公司产品的销量,宏华公司从事的上述活动并未向乙公司转让任何可明确区分的商品,因此,宏华公司授予的该使用权许可,属于在某一时段内履行的履约义务。宏华公司收取的 200 万元固定金额的使用费应当在 2 年内平均确认收入,按照乙公司销售相关商品所取得销售额的 5% 计算的提成应当在乙公司的销售实际完成时确认收入。

(七) 售后回购

售后回购,是指企业在销售商品的同时承诺或有权选择日后再将该商品(包括相同或几乎相同的商品,或以该商品作为组成部分的商品)购回的销售方式。对于不同类型的售后回购交易,企业应当区分下列两种情形分别进行会计处理:

(1) 企业因存在与客户的远期安排而负有回购义务或企业享有回购权利的,表明客户在销售时点并未取得相关商品控制权,企业应当作为租赁交易或融资交易进行相应的会计处理。其中,回购价格低于原售价的,应当视为租赁交易;回购价格不低于原售价的,应当视为融资交易,在收到客户款项时确认金融负债,并将该款项和回购价格的差额在回购期间内确认为利息费用等。企业到期未行使回购权利的,应当在该回购权利到期时终止确认金融负债,同时确认收入。

【例 9-42】 浙江宏华股份有限公司(简称"宏华公司")向乙公司销售一台设备,销售价格为 200 万元,同时双方约定两年之后,宏华公司将以 120 万元的价格回购该设备。假定不考虑货币时间价值等其他因素影响。

相关凭证:销售合同复印件。

分析：本例中，根据合同中有关宏华公司在两年后回购该设备的约定，乙公司并未取得该设备的控制权。不考虑货币时间价值等影响，该交易的实质是乙公司支付了80万元(200－120)的对价取得了该设备2年的使用权。因此，宏华公司应当将该交易作为租赁交易进行会计处理。

(2) 企业负有应客户要求回购商品义务的，应当在合同开始日评估客户是否具有行使该要求权的重大经济动因。客户具有行使该要求权重大经济动因的，企业应当将售后回购作为租赁交易或融资交易；否则，企业应当将其作为附有销售退回条款的销售交易。在判断客户是否具有行权的重大经济动因时，企业应当综合考虑各种相关因素，包括回购价格与预计回购时市场价格之间的比较以及权利的到期日等。例如，如果回购价格明显高于该资产回购时的市场价值，则表明客户有行权的重大经济动因。

【例9-43】 浙江宏华股份有限公司(简称"宏华公司")向乙公司销售其生产的一台设备，销售价格为2 000万元，双方约定，乙公司在5年后有权要求宏华公司以1 500万元的价格回购该设备。宏华公司预计该设备在回购时的市场价值将远低于1 500万元。

相关凭证：销售合同复印件。

分析：本例中，假定不考虑时间价值的影响，宏华公司的回购价格低于原售价，但远高于该设备在回购时的市场价值，宏华公司判断乙公司有重大的经济动因行使其权利要求宏华公司回购该设备。因此，宏华公司应当将该交易作为租赁交易进行会计处理。

(八) 客户未行使的权利

企业向客户预收销售商品款项的，应当首先将该款项确认为负债，待履行了相关履约义务时再转为收入。当企业预收款项无需退回，且客户可能会放弃其全部或部分合同权利时，例如，放弃储值卡的使用等，企业预期将有权获得与客户所放弃的合同权利相关的金额的，应当按照客户行使合同权利的模式按比例将上述金额确认为收入；否则，企业只有在客户要求其履行剩余履约义务的可能性极低时，才能将上述负债的相关余额转为收入。企业在确定其是否预期将有权获得与客户所放弃的合同权利相关的金额时，应当考虑将估计的可变对价计入交易价格的限制要求。

如果有相关法律规定，企业所收取的与客户未行使权利相关的款项须转交给其他方的(例如，法律规定无人认领的财产需上交政府)，企业不应将其确认为收入。

【例9-44】 浙江宏华股份有限公司(简称"宏华公司")经营连锁面包店。2024年，浙江宏华股份有限公司向客户销售5 000张储值卡，每张卡的面值为200元，总额为100万元。客户可在宏华公司经营的任何一家门店使用该储值卡进行消费。根据历史经验，宏华公司预期客户购买的储值卡中将有大约相当于储值卡面值金额5%的部分不会被消费。截至2024年12月31日，客户使用该储值卡消费的金额为400 000元。假定宏华公司为增值税一般纳税人，在客户使用该储值卡消费时发生增值税纳税义务。请编制宏华公司该项业务的会计分录。

相关凭证：合同复印件；出库单；增值税专用发票记账联。

分析：本例中，宏华公司预期将有权获得与客户未行使的合同权利相关的金额为50 000元，该金额应当按照客户行使合同权利的模式按比例确认为收入。

浙江宏华股份有限公司在2024年销售的储值卡应当确认的收入金额＝(400 000＋50 000×400 000÷950 000)÷(1＋13％)＝372 612.95(元)

(1) 销售储值卡：

借：库存现金	1 000 000.00
贷：合同负债	884 955.75
应交税费——待转销项税额	115 044.25

(2) 根据储值卡的消费金额确认收入，同时将对应的待转销项税额确认为销项税额：

借：合同负债	372 612.95
应交税费——待转销项税额	46 017.70
贷：主营业务收入	372 612.95
应交税费——应交增值税(销项税额)	46 017.70

(九) 无需退回的初始费

企业在合同开始(或接近合同开始)日向客户收取的无需退回的初始费(如俱乐部的入会费等)应当计入**交易价格**。企业应当评估该初始费是否与向客户转让已承诺的商品相关。该初始费与向客户转让已承诺的商品相关，并且该商品构成单项履约义务的企业应当在转让该商品时，按照分摊至该商品的交易价格确认收入；该初始费与向客户转让已承诺的商品相关，但该商品不构成单项履约义务的，企业应当在包含该商品的单项履约义务履行时，按照分摊至该单项履约义务的交易价格确认收入；该初始费与向客户转让已承诺的商品不相关的，该初始费应当作为未来将转让商品的预收款，在未来转让该商品时确认为收入。

企业收取了无需退回的初始费且为履行合同应开展初始活动，但这些活动本身并没有向客户转让已承诺的商品的(例如，企业为履行会员健身合同开展了一些行政管理性质的准备工作，该初始费与未来将转让的已承诺商品相关)，应当在未来转让该商品时确认为收入。企业在确定履约进度时不应考虑这些初始活动；企业为该初始活动发生的支出应当按照合同成本相关的要求确认为一项资产或计入当期损益。

【例9-45】 浙江宏华股份有限公司(简称"宏华公司")经营一家会员制健身俱乐部。宏华公司与客户签订了为期2年的合同，客户入会之后可以随时在该俱乐部健身。除俱乐部的年费2 000元之外，宏华公司还向客户收取了50元的入会费，用于补偿俱乐部为客户进行注册登记、准备会籍资料以及制作会员卡等初始活动所花费的成本。宏华公司收取的入会费和年费均无需返还。

相关凭证：合同复印件。

分析：本例中，宏华公司承诺的服务是向客户提供健身服务，而宏华公司为会员入会所进行的初始活动并未向客户提供其所承诺的服务，而只是一些内部行政管理性质的工作。因此，宏华公司虽然为补偿这些初始活动向客户收取了50元入会费，但是该入会费实质上是客户为健身服务所支付的对价的一部分,故应当作为健身服务的预收款,与收取的年费一起在 2 年内分摊确认为收入。

思考

> 新收入准则有哪些重大变化?

素养园地

瑞幸咖啡事件启示:诚信合规才能不趟"浑水"

瑞幸咖啡是中国的一家连锁咖啡品牌,2019 年 5 月 17 日,瑞幸咖啡在纳斯达克上市,融资 6.95 亿美元。2020 年 4 月 2 日,因曝出虚假交易额 22 亿元,瑞幸咖啡股价于盘前暴跌 85%。

美国著名做空机构浑水公司,通过 6 个月的调查,一共雇佣了 92 个全职和 1 418 个兼职调查员,在线下跟踪掌握了 981 个瑞幸咖啡门店的数据,收集了 25 843 份客户收据,获得了 11 260 小时的门店流量监控,揭开了瑞幸咖啡收入造假的面纱。

◇ 财务和运营数据造假

瑞幸咖啡的财务和运营数据均出现造假,具体如下。

(1) 瑞幸咖啡将自己的 App 在线订单数量平均提高了 72%。

(2) 单个门店的每日销售商品数量在 2019 年第三季度和第四季度,分别至少被夸大了 69% 和 88%。

(3) 瑞幸咖啡的"单笔订单商品数"已从 2019 年第二季度的 1.38 降至 2019 年第四季度的 1.14。

(4) 瑞幸咖啡每件商品的净售价至少被夸大了 1.23 元人民币或 12.3%。实际上,门店的亏损高达 24.7%~28%。排除免费产品,实际的销售价格是上市价格的 46%,而不是管理层声称的 55%。

(5) 第三方媒体追踪显示,瑞幸咖啡夸大的其在 2019 年第三季度的广告费用之 150% 以上,特别是在分众传媒上的支出。瑞幸咖啡有可能利用了其夸大的广告费用回收回去,以增加收入和门店层级的利润。

◇ 管理层套现

(1) 瑞幸咖啡的管理者通过股票质押兑现了其持有的公司 49% 的股票,令投资者面临追缴保证金导致股价暴跌的风险。

(2) 瑞幸咖啡通过增发和可转换债券发行筹集了 8.65 亿美元,以发展其"无人零售"策略,这可能是管理层从公司吸纳大量现金的一种便捷方式。

(3) 购置的自助咖啡机花了 12 万元,远高于市场价。

◇ 商业模式不成立

瑞幸咖啡自成立以来,就以"烧钱模式"来换取市场高速发展,所以一旦减少低价补贴,能否留住用户就是瑞幸面临的难题。此处,中国人对咖啡的消费比例相对较低,95% 的咖啡因摄入量都由茶叶解决,咖啡很难取代茶饮的地位。

◇ 造假的后果

(1) 直接后果——瑞幸咖啡退市。

2020年5月19日,瑞幸咖啡被强制要求从纳斯达克退市,公司申请举行听证会;6月27日,瑞幸咖啡发布声明称,将于6月29日停牌并进行退市备案;6月29日正式停牌,并进行退市备案。

(2) 间接影响——中概股的信任危机。

瑞幸咖啡的造假不仅是个人行为,更是整个中概股的一次信任危机。在2011年左右,中概股就曾爆发过一次信任危机,导致赴美上市的公司大量减少,瑞幸咖啡这次的造假,可能会再次对中概股估值产生巨大打击。

第二节 费 用

费用(expense)是指企业在日常活动中发生的、会导致所有者权益减少的、与向所有者分配利润无关的经济利益的总流出。

注意:

➤ 企业向所有者分配利润也会导致经济利益的流出,而该经济利益的流出属于投资者的回报分配,是所有者权益的直接抵减项目,不应确认为费用。

费用包括企业日常活动所产生的经济利益的总流出,主要指企业为取得营业收入进行产品销售等营业活动所发生的企业货币资金的流出,具体包括营业成本、税金及附加和期间费用。企业为生产产品、提供服务等发生的可归属于产品成本、服务成本等的费用,应当在确认销售商品收入、提供服务收入等时,将已销售商品、已提供服务的成本等计入当期损益。营业成本包括主营业务成本、其他业务成本。期间费用是指企业日常活动发生的不能计入特定核算对象的成本,而应计入发生当期损益的费用。期间费用发生时直接计入当期损益。期间费用包括销售费用、管理费用和财务费用。

思考

➤ 如何区别费用与损失?两者包含的内容各有哪些?

一、营业成本

营业成本是指企业为生产产品、提供服务等发生的可归属于产品成本、服务成本等的费用,应当在确认销售商品收入、提供服务收入等时,将已销售商品、已提供服务的成本等计入当期损益。营业成本包括主营业务成本和其他业务成本。

(一) 主营业务成本

主营业务成本是指企业销售商品、提供服务等经常性活动所发生的成本。企业一般在确认销售商品、提供服务等主营业务收入时,或在月末,将已销售商品、已提供服务的成本转入主营业务成本。企业应当设置"主营业务成本"科目,按主营业务的种类进行明细核算,用于核算企业因销售商品、提供服务等日常活动而发生的实际成本,借记"主营业务成本"科目,贷记"库存商品""合同履约成本"等科目。期末,企业应将主营业务成本的余额转入"本年利润"科目,借记"本年利润"科目,贷记"主营业务成本"科目,结转后,"主营业务成本"科目无余额。

【例 9-46】 12 月 20 日,浙江宏华股份有限公司向乙公司销售一批产品,开具的增值税专用发票上注明售价为 200 000 元,增值税税额为 26 000 元;宏华公司已收到乙公司支付的 226 000 元货款,并将提货单送交乙公司;该批产品成本为 190 000 元。请编制宏华公司该项业务的会计分录。

相关凭证:销售合同复印件;增值税专用发票记账联;产品出库单;转账收款证明。

(1) 销售实现时:

借:银行存款　　　　　　　　　　　　　　　　　　　　226 000
　　贷:主营业务收入　　　　　　　　　　　　　　　　　　　200 000
　　　　应交税费——应交增值税(销项税额)　　　　　　　　 26 000
借:主营业务成本　　　　　　　　　　　　　　　　　　　190 000
　　贷:库存商品　　　　　　　　　　　　　　　　　　　　190 000

(2) 期末,将主营业务成本结转至本年利润时:

借:本年利润　　　　　　　　　　　　　　　　　　　　190 000
　　贷:主营业务成本　　　　　　　　　　　　　　　　　　190 000

(二) 其他业务成本

其他业务成本是指企业确认的除主营业务活动以外的其他日常经营活动所发生的支出。其他业务成本包括销售材料的成本、出租固定资产的折旧额、出租无形资产的摊销额、出租包装物的成本或摊销额等。采用成本模式计量投资性房地产的,其投资性房地产计提的折旧额或摊销额,也构成其他业务成本。

企业应当设置"其他业务成本"科目,按其他业务成本的种类进行明细核算,用于核算企业确认的除主营业务活动以外的其他日常经营活动所发生的支出。企业发生的其他业务成本,借记"其他业务成本"科目,贷记"原材料""周转材料""累计折旧""累计摊销""银行存款"等科目。期末,应将"其他业务成本"科目余额转入"本年利润"科目,借记"本年利润"科目,贷记"其他业务成本"科目,结转后该科目无余额。

【例 9-47】 12 月 25 日,浙江宏华股份有限公司(简称"宏华公司")销售一批原材料,开具的增值税专用发票上注明的售价为 5 000 元,增值税税额为 650 元,款项已由银行收妥。该批原材料的实际成本为 4 000 元。请编制宏华公司该项业务的会计分录。

相关凭证:销售合同复印件;增值税专用发票记账联;材料出库单;转账收款证明。

(1) 销售实现时:

借:银行存款　　　　　　　　　　　　　　　　　　　　　5 650
　　贷:其他业务收入　　　　　　　　　　　　　　　　　　　5 000
　　　　应交税费——应交增值税(销项税额)　　　　　　　　　 650

　　　　借：其他业务成本　　　　　　　　　　　　　　　　　　　　　4 000
　　　　　　贷：原材料　　　　　　　　　　　　　　　　　　　　　　　　　4 000
　（2）期末，将其他业务成本结转至本年利润时：
　　　　借：本年利润　　　　　　　　　　　　　　　　　　　　　　　　　4 000
　　　　　　贷：其他业务成本　　　　　　　　　　　　　　　　　　　　　4 000

二、税金及附加

税金及附加是指企业经营活动应负担的相关税费，包括消费税、城市维护建设税、教育费附加、资源税、房产税、城镇土地使用税、车船税、印花税等。

企业应通过"税金及附加"科目，核算企业经营活动发生的消费税、城市维护建设税、资源税、教育费附加、房产税、城镇土地使用税、车船税、印花税等相关税费。企业按照规定计算确定的与经营活动相关的税费，借记"税金及附加"科目，贷记"应交税费"科目。期末，应将"税金及附加"科目余额转入"本年利润"科目，结转后"税金及附加"科目无余额。

> 💡 注意：
> ♣ 房地产开发企业销售商品房缴纳的土地增值税记入"税金及附加"科目，其他企业销售作为固定资产核算的不动产缴纳的土地增值税记入"固定资产清理"科目，最终影响资产处置损益。
> ♣ 企业缴纳的印花税，不会发生应付未付税款的情况，不需要预计应纳税金额，同时也不存在与税务机关结算或者清算的问题。因此，企业缴纳的印花税不通过"应交税费"科目核算，于购买印花税票时，直接借记"税金及附加"科目，贷记"银行存款"科目。

【例9-48】 浙江宏华股份有限公司（简称"宏华公司"）销售应纳消费税商品收入500 000元，按10%计缴消费税；本期应纳增值税43 000元；城市维护建设税税率7%；教育费附加计征比率为3%；地方教育附加计征比率为2%。请编制宏华公司计提、缴纳相关税费的会计分录。

相关凭证： 城市维护建设税及教育费附加计算表（见凭证9-6）；税收通用缴款书（见凭证9-7）；电子缴税付款凭证。

凭证9-6　　　　　　　城市维护建设税及教育费附加计算表

金额单位：元

项目	金额
应纳增值税税额	43 000.00
应纳消费税税额	50 000.00
流转税额合计	93 000.00
应纳城市维护建设税税额（7%）	6 510.00
应纳教育费附加（3%）	2 790.00
应纳地方教育附加（2%）	1 860.00
城市维护建设税及教育费附加合计	11 160.00

应交消费税＝500 000×10％＝50 000(元)

应交城市维护建设税＝(50 000＋43 000)×7％＝6 510(元)

应交教育费附加＝(50 000＋43 000)×3％＝2 790(元)

应交地方教育附加＝(50 000＋43 000)×2％＝1 860(元)

凭证 9-7

中华人民共和国
税收通用缴款书

隶属关系	一般纳税人					
注册类型	有限责任公司		填发日期：2024 年 1 月 10 日		征收机关：杭州市税务局	

缴款单位	代码：	91330108344094012A	预算科目	编码	101010102
	全称	浙江宏华股份有限公司		名称	增值税
	开户银行	工行杭州中山支行		级次	地市收
	账号	1202020900756721249	收缴国库		××杭州支库

税款所属时期 2023年12月1日至2023年12月31日

品目名称	课税数量	计税金额或销售收入	税率或单位税额	已缴或扣除额	亿	千	百	十	万	千	百	十	元	角	分
		1 500 000.00	13%	152 000.00				¥	4	3	0	0	0	0	0

金额合计 （大写）零拾肆万叁仟零佰零拾零元零角零分

缴款单位（盖章）经办人（盖章）	税务机关（盖章）经办人（盖章）	上列款项已核收计入收款单位账户 国库银行（盖章） 年 月 日	备注：

第一联　　交纳税人收执

(1) 计提各项税费时：

借：税金及附加　　　　　　　　　　　　　　　　　　　　　　　61 160

　　贷：应交税费——应交消费税　　　　　　　　　　　　　　　　50 000

　　　　　　　　——应交城市维护建设税　　　　　　　　　　　　 6 510

　　　　　　　　——应交教育费附加　　　　　　　　　　　　　　 2 790

　　　　　　　　——应交地方教育附加　　　　　　　　　　　　　 1 860

(2) 各项税费缴纳时：

借：应交税费——未交增值税　　　　　　　　　　　　　　　　　43 000

　　　　　　——应交消费税　　　　　　　　　　　　　　　　　50 000

　　　　　　——应交城市维护建设税　　　　　　　　　　　　　 6 510

　　　　　　——应交教育费附加　　　　　　　　　　　　　　　 2 790

　　　　　　——应交地方教育附加　　　　　　　　　　　　　　 1 860

　　贷：银行存款　　　　　　　　　　　　　　　　　　　　　　104 160

(3) 期末，将税金及附加结转至本年利润时：

借：本年利润　　　　　　　　　　　　　　　　　　　　　　　　61 160

　　贷：税金及附加　　　　　　　　　　　　　　　　　　　　　　61 160

> **注意：**
> 企业计缴的各项税费并不都需通过"税金及附加"科目核算，如企业缴纳的 增值税 属于价外税，增值税缴纳不影响企业的利润，不通过"税金及附加"科目；再如 企业所得税，是国家参与对企业的利润分配，不是企业经营活动过程中形成的税费，通过 所得税费用 科目核算。

三、期间费用

（一）期间费用概述

期间费用是指企业日常活动发生的不能计入 特定核算对象 的成本，而应计入发生当期损益的费用。

期间费用是企业日常活动中所发生的经济利益的流出。之所以不计入特定的成本核算对象，主要是因为期间费用是为组织和管理企业整个经营活动所发生的费用，与可以确定特定成本核算对象的材料采购、产成品生产等没有直接关系，因而期间费用不计入有关核算对象的成本，而是直接计入当期损益。

期间费用包含以下两种情况：一是企业发生的支出 不产生经济利益，或者即使产生经济利益但不符合或者不再符合资产确认条件的，应当在发生时确认为费用，计入当期损益；二是企业发生的交易或事项导致其 承担了一项负债，而又 不确认为一项资产的，应当在发生时确认为费用计入当期损益。

（二）期间费用的账务处理

期间费用由销售费用、管理费用和财务费用构成。

1. 销售费用

销售费用是指企业在销售商品和材料、提供服务过程中发生的各项费用，包括企业在销售商品过程中发生的包装费、保险费、展览费和广告费、商品维修费、预计产品质量保证损失、运输费、装卸费等以及为销售本企业商品而专设的销售机构（含销售网点、售后服务网点等）的职工薪酬、业务费、折旧费、固定资产修理费等经营费用。

销售费用是与企业销售商品活动有关的费用，但不包括销售商品本身的成本。

企业应设置"销售费用"科目，用于核算销售费用的发生和结转情况。借方登记企业所发生的各项销售费用，贷方登记期末转入"本年利润"科目的销售费用，结转后该科目应无余额。"销售费用"科目应按销售费用的费用项目进行明细核算。

【例9-49】 12月12日，浙江宏华股份有限公司（简称"宏华公司"）为宣传新产品发生广告费，取得的增值税专用发票上注明价款为80 000元，增值税税额为4 800元，用银行存款支付。请编制宏华公司该项业务的会计分录。

相关凭证：增值税专用发票发票联；转账付款通知。

（1）费用发生时：

借：销售费用——广告费　　　　　　　　　　　　　　　　　80 000
　　应交税费——应交增值税（进项税额）　　　　　　　　　　4 800
　　贷：银行存款　　　　　　　　　　　　　　　　　　　　　　84 800

(2)期末,将销售费用结转至本年利润时:

借:本年利润　　　　　　　　　　　　　　　　　　　　80 000
　　贷:销售费用　　　　　　　　　　　　　　　　　　　　　　80 000

2. 管理费用

管理费用是指企业为组织和管理生产经营活动而发生的各种费用,包括企业在筹建期间内发生的开办费、董事会和行政管理部门在企业的经营管理中发生的或者应由企业统一负担的公司经费(包括行政管理部门职工薪酬、物料消耗、低值易耗品摊销、办公费和差旅费等)、行政管理部门负担的工会经费、董事会费(包括董事会成员津贴、会议费和差旅费等)、聘请中介机构费、咨询费(含顾问费)、诉讼费、业务招待费、技术转让费、研究费用等。企业行政管理部门发生的固定资产修理费等后续支出,也作为管理费用核算。

企业应设置"管理费用"科目,用于核算管理费用的发生和结转情况。"管理费用"科目借方登记企业发生的各项管理费用,贷方登记期末转入"本年利润"科目的管理费用,结转后该科目应无余额。"管理费用"科目应按管理费用的费用项目进行明细核算。商品流通企业管理费用不多的,可不设本科目,相关核算内容可并入"销售费用"科目核算。

【例9-50】 浙江宏华股份有限公司(简称"宏华公司")在会计期末摊销商标权10 000元。请编制宏华公司该项业务的会计分录。

相关凭证: 无形资产摊销计算表。

(1)摊销时:

借:管理费用——无形资产摊销　　　　　　　　　　　10 000
　　贷:累计摊销　　　　　　　　　　　　　　　　　　　　　10 000

(2)期末,将管理费用结转至本年利润时:

借:本年利润　　　　　　　　　　　　　　　　　　　　10 000
　　贷:管理费用　　　　　　　　　　　　　　　　　　　　　10 000

3. 财务费用

财务费用是指企业为筹集生产经营所需资金等而发生的筹资费用,包括利息支出(减利息收入)、汇兑损益以及相关的手续费等。

企业应设置"财务费用"科目,用于核算财务费用的发生和结转情况。该科目借方登记已发生的各项财务费用,贷方登记期末转入"本年利润"科目的财务费用,结转后应无余额。"财务费用"科目按财务费用的费用项目进行明细核算。

💡 **注意:**

- 若借款利息支出符合资本化条件,应计入相关资产的成本,而不计入财务费用。

【例9-51】 12月31日,浙江宏华股份有限公司(简称"宏华公司")用银行存款支付本月应负担的短期借款利息24 000元。请编制宏华公司该项业务的会计分录。

相关凭证：银行利息回单。

(1) 支付利息时：

借：财务费用——利息支出　　　　　　　　　　　　24 000

　　贷：银行存款　　　　　　　　　　　　　　　　　　24 000

(2) 期末,将财务费用结转至本年利润时：

借：本年利润　　　　　　　　　　　　　　　　　　24 000

　　贷：财务费用　　　　　　　　　　　　　　　　　　24 000

素养园地

精心设计不如诚信划算："奇招"难逃法律之眼

税务人员对杭州某公司进行纳税检查时,查看了招待费的纳税调整。按照审核程序,当输入当年营业收入和账面招待费金额时,纳税调整增加额将自动生成。而当公司看到税务人员调整的数字,却立刻变了脸。

公司会计是一位有几十年工作经历的老会计,他十分"了解"税法的规定："企业发生与生产经营活动有关的业务招待费支出,按照发生额的60%扣除,但最高不得超过当年销售(营业)收入的千分之五。"故该会计人员在处理企业领导和员工报销招待费时,直接将40%扣掉,凭证仅反映的是业务招待费的60%。税务人员找出凭证,进一步核实,果然如此。简单地来说这样的处理方法就是若招待费1 000元,记账凭证中只记录管理费用增加600元,库存现金减少600元,而另外的400元就直接在账面上不体现。税务人员问其这样处理的原因,她的解释是税法规定,业务招待费税务只承认60%,那么意味着可以仅列支60%,而40%的差额则让老板补充。

实际上,这位老会计如此处理是错误的。错误之一是它导致了账实不符。企业实际支付了1 000元现金,发生了1 000元业务招待费,而账面上却只记载600元,另外400元不在账上记载,直接结果是出现实际库存现金余额与库存现金日记账的余额不一致的情况。错误之二是对于60%扣除的理解有误,导致账目不符合会计制度和税法的要求。

第三节　利　　润

一、利润的构成

利润(profit)是指企业在一定会计期间的经营成果。利润包括收入减去费用后的净额、直接计入当期利润的利得和损失等。未计入当期利润的利得和损失扣除所得税影响后的净额计入其他综合收益项目。净利润与其他综合收益的合计金额为综合收益总额。利得是指由企业非日常活动所形成的、会导致所有者权益增加的、与所有者投入资本无关的经济利益的流入。损失是指由企业非日常活动所发生的、会导致所有者权益减少的、与向所有者分配利润无关的经济利益的流出。

> 思考
> ➤ 利得与收入、损失与费用的区别。

(一) 营业利润

与营业利润相关的计算公式主要如下：

营业利润＝营业收入－营业成本－税金及附加－销售费用－管理费用－研发费用－财务费用＋其他收益＋投资收益(－投资损失)＋公允价值变动收益(－公允价值变动损失)－信用减值损失－资产减值损失＋资产处置收益(－资产处置损失)

其中：

营业收入是指企业经营业务所确认的收入总额，包括主营业务收入和其他业务收入。

营业成本是指企业经营业务所发生的实际成本总额，包括主营业务成本和其他业务成本。

其他收益主要是指与企业日常活动相关，除冲减相关成本费用以外的政府补助。

投资收益(损失)指企业以各种方式对外投资所取得的收益(发生的损失)。

公允价值变动收益(损失)指企业交易性金融资产、以公允价值模式计量的投资性房地产等公允价值变动形成的应计入当期损益的利得减去损失。

资产减值损失是指企业计提各项资产减值准备所形成的损失。

资产处置收益(损失)反映企业出售划分为持有待售的非流动资产(金融工具、长期股权投资和投资性房地产除外)或处置组(子公司和业务除外)时确认的处置利得或损失，以及处置未划分为持有待售的固定资产、在建工程、生产性生物资产及无形资产而产生的处置利得或损失，还包括债务重组中因处置非流动资产产生的利得或损失和非货币性资产交换中换出非流动资产产生的利得或损失。

(二) 利润总额

利润总额的计算公式如下。

利润总额＝营业利润＋营业外收入－营业外支出

其中：

营业外收入是指企业发生的与其日常活动无直接关系的各项利得。

营业外支出是指企业发生的与其日常活动无直接关系的各项损失。

(三) 净利润

净利润的计算公式如下。

净利润＝利润总额－所得税费用

其中，所得税费用是指企业确认的应从当期利润总额中扣除的所得税费用。

二、营业外收支

(一) 营业外收入

1. 营业外收入的核算内容

营业外收入是指企业确认的与其日常活动无直接关系的各项利得。营业外收入并不是企业经营资金耗费所产生的，实际上是经济利益的净流入，不需要与有关的费用进行配比。营业外收入主要包括非流动资产毁损报废收益、与企业日常活动无关的政府补助、盘盈利得、捐赠利得等。

其中：非流动资产毁损报废收益，指因自然灾害等发生毁损、已丧失使用功能而报废非流动资产所产生的清理收益。

盘盈利得，主要指企业对现金等资产清查盘点时发生盘盈，报经批准后计入营业外收入的金额。

捐赠利得，指企业接受捐赠产生的利得。

> **知识链接**
> ◇ 确实无法支付的应付账款，按规定程序报经批准后转作营业外收入。
> ◇ 在总额法下，与日常活动无关的政府补助计入营业外收入。

2. 营业外收入的账务处理

企业应设置"营业外收入"科目，用于核算营业外收入的取得及结转情况。该科目贷方登记企业确认的各项营业外收入，借方登记期末将由"营业外收入"科目转入"本年利润"科目的金额，结转后该科目期末无余额。"营业外收入"科目可按营业外收入项目进行明细核算。

【例 9-52】 2024 年 12 月 31 日，浙江宏华股份有限公司（简称"宏华公司"）在现金清点时发现现金长款 2 500 元，无法查明长款原因，经单位负责人审核同意作为营业外收入入账。请编制宏华公司该项现金长款的会计分录。

相关凭证：现金清查盘点报告单（见凭证 9-8）。

凭证 9-8　　　　　　　　　　**现金清查盘点报告单**

单位：浙江宏华股份有限公司　　　2024 年 12 月 31 日　　　　　　　　　BV 03012

账面余额	实存金额	清查结果		说明
		盘盈	盘亏	
25 660.33	23 160.38	2 500.00		当日营业收入长款

单位负责人处理意见：无法查明长款原因，同意财务部门差异调整。

备注：

财务负责人 沈丹红　　出纳 李浩　　监盘人 张捷　　盘点人 李浩

(1) 发现现金长款时：
借：库存现金　　　　　　　　　　　　　　　　　　　　　　　2 500
　　贷：待处理财产损溢——待处理流动资产损溢　　　　　　　　　2 500

(2) 现金长款批准处理时：
借：待处理财产损溢——待处理流动资产损溢　　　　　　　　　2 500
　　贷：营业外收入——盘盈利得　　　　　　　　　　　　　　　2 500

（二）营业外支出

1. 营业外支出的核算内容

营业外支出是指企业发生的与其日常活动无直接关系的各项损失，主要包括非流动资产毁损报废损失、捐赠支出、盘亏损失、非常损失、罚款支出等。

其中:非流动资产毁损报废损失,指因自然灾害等发生毁损、已丧失使用功能而报废非流动资产所产生的清理损失。

捐赠支出,指企业对外进行捐赠产生的支出。

盘亏损失,主要指对于财产清查盘点中盘亏的资产,查明原因并报经批准计入营业外支出的损失。

非常损失,指企业对于因客观因素(如自然灾害等)造成的损失,在扣除保险公司赔款后计入营业外支出的净损失。

罚款支出,指企业支付的行政罚款、税务罚款,以及其他违反法律法规、合同协议等而支付的罚款、违约金、赔偿金等支出。

2. 营业外支出的账务处理

企业应设置"营业外支出"科目,用于核算营业外支出的发生及结转情况。该科目借方登记企业发生的各项营业外支出,贷方登记期末转入"本年利润"科目的金额,结转后该科目期末无余额。"营业外支出"科目可按营业外支出项目进行明细核算。

【例 9-53】 2024 年 12 月 1 日,浙江宏华股份有限公司(简称"宏华公司")电汇给中国儿童少年基金会 200 000 元,作为公益性捐赠。请编制宏华公司该项对外捐赠的会计分录。

相关凭证:电汇凭证回单(见凭证 9-9);公益性单位接受捐赠统一收据(见凭证 9-10)。

凭证 9-9

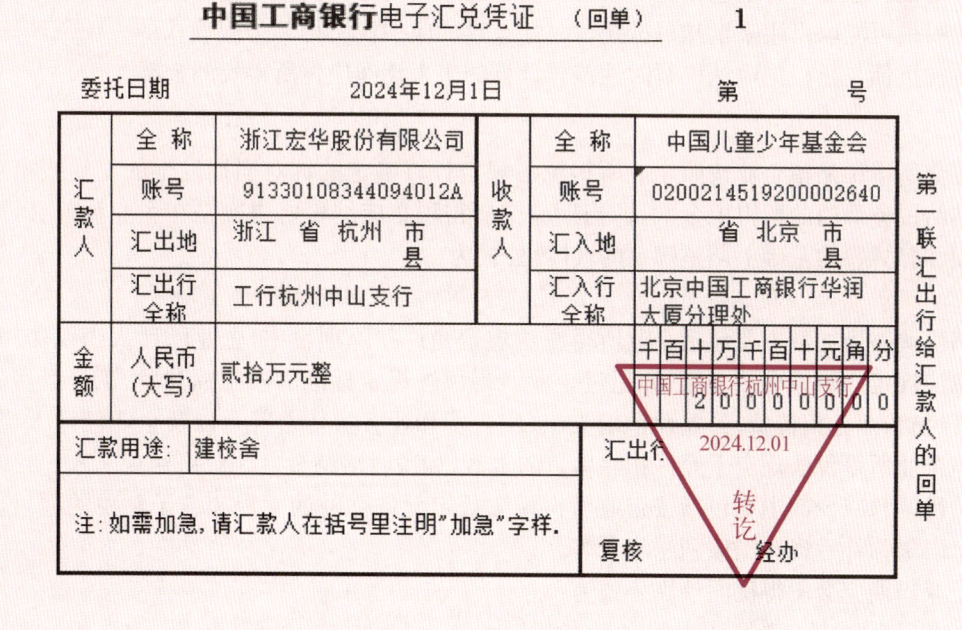

	中国工商银行电子汇兑凭证		(回单)	1	
委托日期		2024年12月1日		第 号	
汇款人	全称	浙江宏华股份有限公司	收款人	全称	中国儿童少年基金会
	账号	91330108344094012A		账号	0200214519200002640
	汇出地	浙江 省 杭州 市 县		汇入地	省 北京 市 县
	汇出行全称	工行杭州中山支行		汇入行全称	北京中国工商银行华润大厦分理处
金额	人民币(大写)	贰拾万元整		千百十万千百十元角分 2 0 0 0 0 0 0 0	
汇款用途: 建校舍			汇出行 2024.12.01		
注:如需加急,请汇款人在括号里注明"加急"字样.			复核 经办		

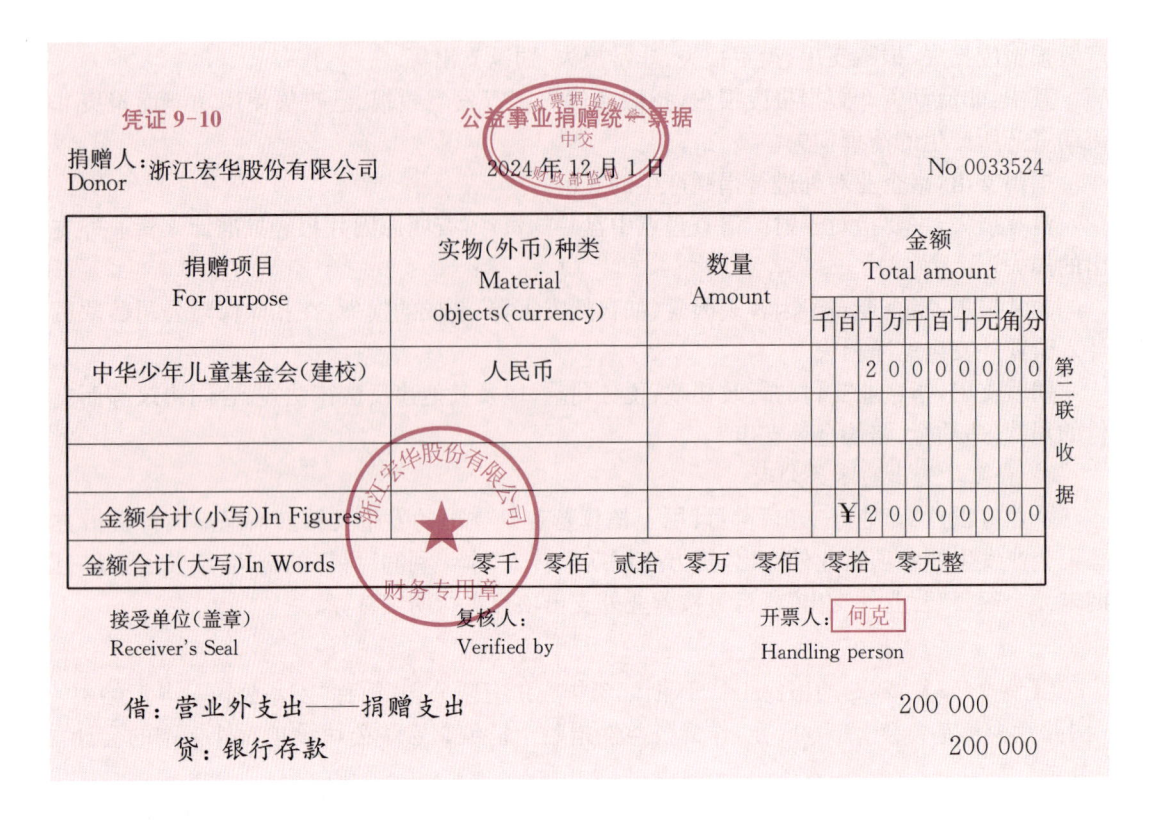

凭证9-10

公益事业捐赠统一票据

2024年12月1日　　No 0033524

捐赠人 Donor：浙江宏华股份有限公司

捐赠项目 For purpose	实物(外币)种类 Material objects(currency)	数量 Amount	金额 Total amount 千 百 十 万 千 百 十 元 角 分
中华少年儿童基金会(建校)	人民币		2 0 0 0 0 0 0 0
金额合计(小写)In Figures			¥ 2 0 0 0 0 0 0 0
金额合计(大写)In Words	零千　零佰　贰拾　零万　零佰　零拾　零元整

接受单位(盖章) Receiver's Seal　　复核人 Verified by　　开票人 Handling person：何克

借：营业外支出——捐赠支出　　　　　　　　　　200 000
　贷：银行存款　　　　　　　　　　　　　　　　　　200 000

三、所得税费用

企业的所得税费用包括当期所得税和递延所得税两个部分，其中，当期所得税是指当期应交所得税。递延所得税包括递延所得税资产和递延所得税负债。递延所得税资产是指以未来期间很可能取得用来抵扣可抵扣暂时性差异的应纳税所得额为限确认的一项资产。递延所得税负债是指根据应纳税暂时性差异计算的未来期间应付所得税的金额。

(一) 应交所得税的计算

应交所得税是指企业按照企业所得税法规定计算确定的针对当期发生的交易或事项，应缴纳给税务部门的所得税金额，即当期应交所得税。应纳税所得额是在企业税前会计利润(即利润总额)的基础上调整确定的，计算公式为：

应纳税所得额＝税前会计利润＋纳税调整增加额－纳税调整减少额

纳税调整增加额主要包括企业所得税法规定允许扣除项目中，企业已计入当期费用但超过税法规定扣除标准的金额(如超过企业所得税法规定标准的职工福利费、工会经费、职工教育经费、业务招待费、公益性捐赠支出、广告费和业务宣传费等)，以及企业已计入当期损失但企业所得税法规定不允许扣除项目的金额(如税收滞纳金、罚金、罚款)。

纳税调整减少额主要包括按企业所得税法规定允许弥补的亏损和准予免税的项目，如前5年内未弥补亏损和国债利息收入等。

企业当期应交所得税的计算公式为：

应交所得税＝应纳税所得额×所得税税率

知识链接

◇ 免税收入包括国债利息收入，符合条件的居民企业之间的股息、红利等权益性投资收益，在中国境内设立机构场所的非居民企业从居民企业取得与该机构场所有实际联系的股息、红利等权益性投资收益，符合条件的非营利性组织的收入。

◇ 企业发生的合理的工资、薪金支出准予据实扣除；企业发生的职工福利费支出，不超过工资、薪金总额14%的部分准予扣除；企业拨缴的工会经费，不超过工资、薪金总额2%的部分准予扣除；除国务院财政、税务主管部门另有规定外，企业发生的职工教育经费支出，不超过工资、薪金总额8%的部分准予扣除，超过部分准予结转以后纳税年度扣除。

◇ 企业发生的与生产经营活动有关的业务招待费支出，按照发生额的60%扣除，但最高不得超过当年销售（营业）收入的5‰；企业发生的符合条件的广告费和业务宣传费支出，除国务院财政、税务主管部门另有规定外，不超过当年销售（营业）收入15%的部分，准予扣除；超过部分，准予结转以后纳税年度扣除；企业发生的公益性捐赠支出，不超过年度利润总额12%的部分，准予扣除。

◇ 企业纳税年度发生的亏损，准予向以后年度结转，用以后年度的所得弥补，但结转年限最长不得超过5年。

【例9-54】 浙江宏华股份有限公司（简称"宏华公司"）2024年度利润总额（税前会计利润）为1 980万元，所得税税率为25%。宏华公司全年实发工资、薪金为200万元，职工福利费30万元，工会经费5万元，职工教育经费21万元；经查，宏华公司当年营业外支出中有12万元为税收滞纳罚金。假定宏华公司全年无其他纳税调整因素。请计算宏华公司当期应交所得税税额。

企业所得税法规定，企业发生的合理的工资、薪金支出准予据实扣除；企业发生的职工福利费支出，不超过工资、薪金总额14%的部分准予扣除；企业拨缴的工会经费，不超过工资、薪金总额2%的部分准予扣除；除国务院财政、税务主管部门另有规定外，企业发生的职工教育经费支出，不超过工资、薪金总额8%的部分准予扣除，超过部分准予结转以后纳税年度扣除。

分析： 本例中，按企业所得税法规定，企业在计算当期应纳税所得额时，可以扣除工资、薪金支出2 000 000元，扣除职工福利费支出280 000元（2 000 000×14%），工会经费支出40 000元（2 000 000×2%），职工教育经费支出160 000元（2 000 000×8%）。宏华公司有两种纳税调整因素：一是已计入当期费用但超过企业所得税法规定标准的费用支出；二是已计入当期营业外支出但按企业所得税法规定不允许扣除的税收滞纳金，这两种因素均应调整增加应纳税所得额。

宏华公司当期所得税的计算如下：

纳税调整增加额 =（300 000－280 000）+（50 000－40 000）+（210 000－160 000）+ 120 000 = 200 000（元）

应纳税所得额 = 税前会计利润 + 纳税调整增加额
= 19 800 000 + 200 000 = 20 000 000（元）

当期应交所得税税额 = 20 000 000×25% = 5 000 000（元）

【例 9-55】 浙江宏华股份有限公司(简称"宏华公司")2024 年度利润总额(即税前会计利润)为 1 020 万元,其中包括本年实现的国债利息收入 20 万元,所得税税率为 25%。假定宏华公司全年无其他纳税调整因素。请计算宏华公司当期应交所得税税额。

按照企业所得税法的有关规定,企业购买国债的利息收入免征所得税,即在计算应纳税所得额时可将其扣除。

宏华公司当期所得税的计算如下:

应纳税所得额＝税前会计利润－纳税调整减少额＝10 200 000－200 000＝10 000 000(元)

当期应交所得税税额＝10 000 000×25%＝2 500 000(元)

(二) 所得税费用的账务处理

企业根据会计准则的规定,计算确定的当期所得税和递延所得税之和,即为应从当期利润总额中扣除的所得税费用。即:

所得税费用＝当期所得税＋递延所得税

其中,递延所得税＝(递延所得税负债的期末余额－递延所得税负债的期初余额)－(递延所得税资产的期末余额－递延所得税资产的期初余额)

企业应设置"所得税费用"科目,用于核算企业所得税费用的确认及其结转情况。期末,应将"所得税费用"科目的余额转入"本年利润"科目,借记"本年利润"科目,贷记"所得税费用"科目,结转后,"所得税费用"科目应无余额。

【例 9-56】 沿用【例 9-54】中的数据,2024 年,宏华公司递延所得税负债年初数为 40 万元,年末数为 50 万元,递延所得税资产年初数为 25 万元,年末数为 20 万元。请计算宏华公司当期所得税费用并编制确认所得税费用的会计分录。

宏华公司所得税费用的计算如下:

递延所得税＝(递延所得税负债的期末余额－递延所得税负债的期初余额)－(递延所得税资产的期末余额－递延所得税资产的期初余额)
　　　　　＝(500 000－400 000)－(200 000－250 000)＝150 000(元)

所得税费用＝当期所得税＋递延所得税＝5 000 000＋150 000＝5 150 000(元)

借:所得税费用	5 150 000
贷:应交税费——应交所得税	5 000 000
递延所得税负债	100 000
递延所得税资产	50 000

四、知识拓展　所得税会计*

所得税会计,是研究如何处理依据企业会计准则计算的税前会计利润与按照税法规定计算的应纳税所得之间差异的会计理论和方法。我国企业会计准则规定,企业应该采用**资产负债表债务法**核算企业所得税。资产负债表债务法要求企业从资产负债表出发,通过比较资产负债表上列示的资产、负债按照企业会计准则规定确定的账面价值与按照税法规定确定的计税基础,对于两者之间的差异分别应纳税暂时性差异与可抵扣暂时性差异,确认相关的递延所得税负债与递延所得税资产,并在此基础上确定每一会计期间利润表中的所得税费用。资产负债表债务法下,企业应于每一资产负债表日进行所得税核算,企业进行所得税核算一般应遵循以下程序,具体内容如图 9-11 所示。

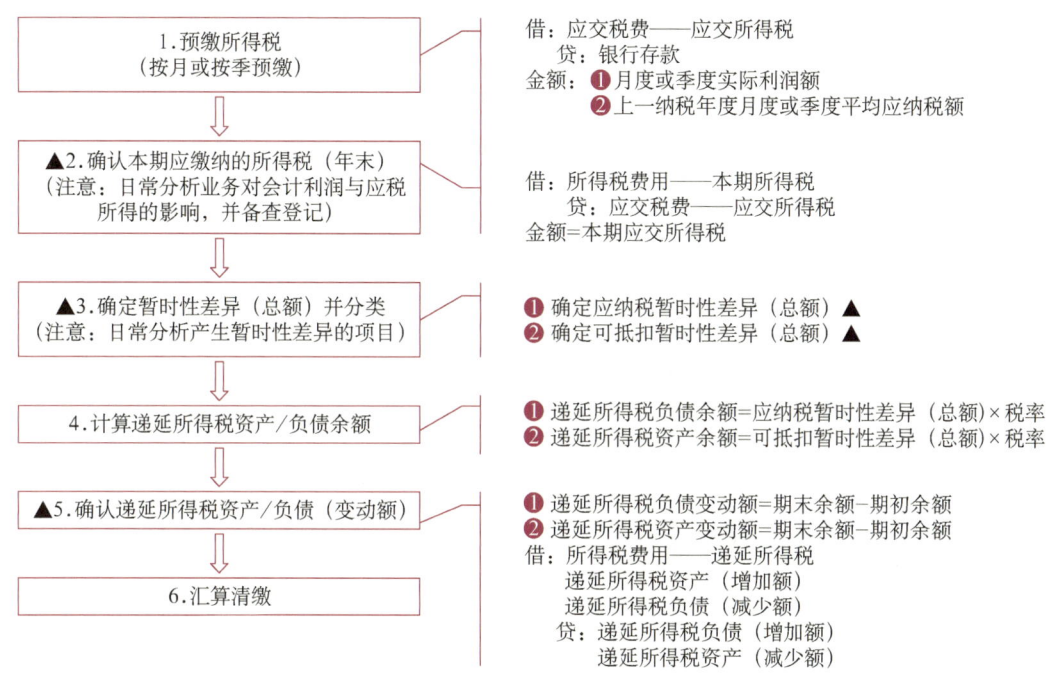

```
1.预缴所得税                    借：应交税费——应交所得税
  （按月或按季预缴）                 贷：银行存款
                              金额：❶月度或季度实际利润额
                                    ❷上一纳税年度月度或季度平均应纳税额
         ↓
▲2.确认本期应缴纳的所得税（年末）
  （注意：日常分析业务对会计利润与应税    借：所得税费用——本期所得税
   所得的影响,并备查登记）              贷：应交税费——应交所得税
                              金额=本期应交所得税
         ↓
▲3.确定暂时性差异（总额）并分类     ❶确定应纳税暂时性差异（总额）▲
  （注意：日常分析产生暂时性差异的项目）  ❷确定可抵扣暂时性差异（总额）▲
         ↓
4.计算递延所得税资产/负债余额      ❶递延所得税负债余额=应纳税暂时性差异（总额）×税率
                              ❷递延所得税资产余额=可抵扣暂时性差异（总额）×税率
         ↓
▲5.确认递延所得税资产/负债（变动额）❶递延所得税负债变动额=期末余额-期初余额
                              ❷递延所得税资产变动额=期末余额-期初余额
                              借：所得税费用——递延所得税
                                  递延所得税资产（增加额）
         ↓                        递延所得税负债（减少额）
6.汇算清缴                        贷：递延所得税负债（增加额）
                                  递延所得税资产（减少额）
```

图 9-11　企业所得税核算的一般程序

（一）计算应交所得税

企业按照税法规定对会计利润进行调整,计算应纳税所得额,按适用税率计算企业应交所得税。

应交所得税＝应纳税所得额×所得税税率
应纳税所得额＝利润总额＋纳税调整增加额－纳税调整减少额

纳税调整增加项目主要指企业已计入当期成本费用但税法不允许计入,或税法虽允许计入但超过税法规定的扣除标准的金额。此类项目主要包括：超支的业务招待费；超过当年扣除标准的公益性捐赠支出及所有非公益性捐赠支出；高于同类、同期金融机构贷款利率的利息支出；税收滞纳金、罚款、罚金；违法经营的罚款及被没收的财物损失；计提的各项资产减值准备；超过税法规定的长期资产折旧(摊销)额；超过纳税扣除标准的广告费和业务宣传费；超过标准的销售佣金；未经批准的债务重组损失等。

纳税调整减少项目指税法规定允许税前扣除而会计并未计入成本费用的金额。此类项目主要包括：税前 5 年内的未弥补亏损；国债利息收入；收到的政府补助；减提的各项资产减值准备；低于税法规定的长期资产折旧(摊销)金额等。

【例 9-57】 浙江宏华股份有限公司(简称"宏华公司")2024 年度利润总额为 120 万元,该公司适用的所得税税率为 25%。根据当年发生的以下交易或事项,计算宏华公司 2024 年度应纳税所得额及应纳所得税税额。

(1) 2024 年 12 月 31 日,取得的一项固定资产成本为 60 万元。会计按年限平均法计提折旧,使用年限 10 年,预计净残值为零;税法按双倍余额递减法计提折旧(税法规定该类技术进步、产品更新迭代较快的固定资产可按加速折旧法计提折旧),使用年限 10 年,预计净残值为零。

(2) 向关联企业捐赠现金 20 万元。

(3) 当年发生费用化研发支出 20 万元,税法规定,费用化研发支出按实际支出的 200%税前扣除。

(4) 违反环保法规定,支付罚款 10 万元,会计上计入营业外支出。

(5) 期末对持有的存货计提了 3 万元的存货跌价准备。

(6) 本期对已销售产品预提了 1 万元的售后保修费用。

(7) 本期收到政府补助 50 万元(免税)。

分析:

业务(1),会计折旧 60 000 元(600 000÷10),税收折旧 120 000 元(600 000×2÷10),应调整减少利润 60 000 元(120 000-60 000)。

业务(2),会计计入营业外支出 200 000 元,税法规定,非公益救济性的捐赠支出不能在税前列支,应调整增加利润 200 000 元。

业务(3),会计计入研发支出费用化金额 200 000 元,税法允许扣除费用金额 400 000 元(200 000×200%),应调整减少利润 200 000 元。

业务(4),会计计入营业外支出 100 000 元,税法规定,罚没支出不能税前列支,应调整增加利润 100 000 元。

业务(5),会计计入资产减值损失 30 000 元,税法规定,未发生实质性损失的减值不允许税前列支,应调整增加利润 30 000 元。

业务(6),会计计入销售费用 10 000 元,税法规定,未实际发生的预计费用不允许税前列支,应调整增加利润 10 000 元。

业务(7),会计计入营业外收入 500 000 元,税法规定,企业收到的政府补助无需缴纳所得税,应调整减少利润 500 000 元。

根据上述分析,计算如下:

应纳税所得额=会计利润±纳税调整项目
=1 200 000-60 000+200 000-200 000+100 000+30 000+10 000-500 000
=780 000(元)

应纳所得税税额=应纳税所得额×税率=780 000×25%=195 000(元)

(二) 确定资产、负债项目的账面价值

确定资产负债表中除递延所得税负债和递延所得税资产以外的其他资产和负债项目的账面

价值,即各资产、负债项目按照企业会计准则的规定进行核算后在资产负债表中列示的金额。

资产账面价值的经济意义为未来流入主体的经济利益总金额。资产的账面价值用公式表示为:

资产的账面价值＝资产科目余额－其备抵科目余额

❶ 固定资产账面价值＝成本(原值)－会计累计折旧－固定资产减值准备
❷ 无形资产的账面价值＝无形资产成本－会计累计摊销－无形资产减值准备
❸ 应收账款账面价值＝应收账款账面余额－坏账准备
❹ 交易性金融资产账面价值＝余额

负债账面价值的经济意义为未来流出主体的经济利益总金额。负债的账面价值为负债科目的余额。

(三) 确定资产、负债项目的计税基础

计税基础是以企业所得税税法及实施细则为基础,结合其他相关法律法规规定,认定资产负债表中有关资产、负债项目在税法规定下的应计金额。

资产的计税基础是资产在未来使用至最终处置过程中可税前扣除的总金额,公式如下。

❶ 固定资产的计税基础＝成本－税法累计折旧
❷ 无形资产的计税基础＝成本－税法累计摊销
❸ 应收账款的计税基础＝应收账款余额
❹ 交易性金融资产的计税基础＝取得成本

负债的计税基础是指在未来偿还债务(经济流出)过程中不可税前扣除的金额,是负债的账面价值减去未来期间计算应纳税所得额时按照税法的规定可予抵扣的金额,用公式表示为:

负债的计税基础＝负债账面价值－未来偿付时可以税前扣除的金额(税法决定)

❶ 应付职工薪酬的计税基础＝账面价值－0＝账面价值
❷ 预计负债(预计诉讼费)的计税基础＝账面价值－0＝账面价值
❸ 预计负债(预计质量保修费)的计税基础＝账面价值－账面价值＝0

(四) 分析暂时性差异

比较资产、负债项目的账面价值与其计税基础是否存在差异时,若两者之间确实存在差异,并且差异是由于会计准则与税收法规对收益和费用的确认时间不同造成的,这类由于确认时间不同造成的差异称为暂时性差异。暂时性差异又分为应纳税暂时性差异和可抵扣暂时性差异。应纳税暂时性差异和可抵扣暂时性差异,在符合确认条件的情况下,应当分别确认递延所得税负债和递延所得税资产。

1. 应纳税暂时性差异及递延所得税负债

应纳税暂时性差异指在确定未来收回资产或清偿负债期间的应纳税所得额时,将导致产生应税金额的暂时性差异。资产的账面价值大于计税基础、负债的账面价值小于计税基础的,均产生应纳税暂时性差异。应纳税暂时性差异在转回期间将增加未来期间的应纳税所得额和应交所得税,构成企业应支付税金的义务,应确认相关的递延所得税负债。计算公式为:

递延所得税负债＝应纳税暂时性差异×所得税税率

2. 可抵扣暂时性差异及递延所得税资产

可抵扣暂时性差异指在确定未来收回资产或清偿负债期间的应纳税所得额时,将导致

产生可抵扣金额的暂时性差异。资产的账面价值小于计税基础、负债的账面价值大于计税基础的,均产生可抵扣暂时性差异。在估计未来期间能够取得足够的应纳税所得额用以利用该可抵扣暂时性差异时,应当以很可能取得用来抵扣可抵扣暂时性差异的应纳税所得额为限,确认相关的递延所得税资产。计算公式为:

递延所得税资产 ＝ 可抵扣暂时性差异 × 所得税税率

3. 特殊交易或事项(非资产负债项目)的暂时性差异

特殊交易或事项的暂时性差异的具体规定,如表 9-10 所示。

表 9-10　　　　　　　　　　特殊交易或事项的暂时性差异

项目	税法规定	对未来所得税影响	差异类别
可抵扣亏损	企业纳税年度发生的亏损(税法亏损),准予向以后年度结转,用以后年度的所得弥补(一般弥补年限不得超过 5 年)	将抵减未来应税所得,进而导致未来所得税减少	可抵扣暂时性差异
超标广告费和业务宣传费	企业发生的广告费和业务宣传费,不超过当年销售收入 15% 的部分准予税前扣除;超过部分准予在以后纳税年度结转扣除	将抵减未来应税所得,进而导致未来所得税减少	可抵扣暂时性差异
超标职工教育经费	企业发生的职工教育经费支出,不超过工资薪金总额 8% 的部分,准予在计算企业所得税税额时扣除;超过部分,准予在以后纳税年度结转扣除	将抵减未来应税所得,进而导致未来所得税减少	可抵扣暂时性差异

(五)确定所得税费用

利润表中的所得税费用包括当期所得税和递延所得税两个组成部分,企业在计算了当期所得税和递延所得税后,两者之和(或之差),是利润表中的所得税费用。

资产负债表债务法下,当期应纳所得税税额不等于所得税费用,两者存在如下关系:

所得税费用 ＝ 当期应纳所得税 ± 递延所得税

具体地说:

所得税费用 ＝ 当期应纳所得税 － 递延所得税资产的增加 ＋ 递延所得税资产的减少 ＋
　　　　　　递延所得税负债的增加 － 递延所得税负债的减少
　　　　　＝ 当期应纳所得税 －(期末递延所得税资产 － 期初递延所得税资产)＋
　　　　　　(期末递延所得税负债 － 期初递延所得税负债)

确定所得税费用的流程如图 9-12 所示。

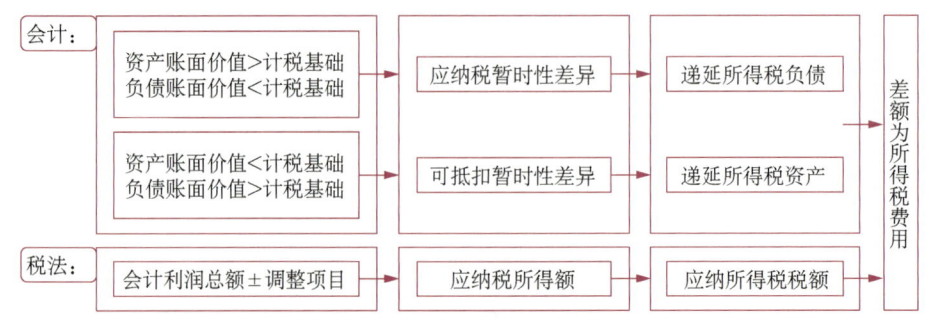

图 9-12　所得税费用确定

资产负债表债务法下,所得税核算应该在每一会计期末,对应纳所得税、递延所得税的产生及转回及所得税费用进行计算分析,借记"所得税费用"科目,同时借记"递延所得税资产"科目的增加、"递延所得税负债"科目的转回,贷记"应交税费——应交所得税"科目,同时贷记"递延所得税负债"科目的增加,贷记"递延所得税资产"科目的转回。

> **注意:**
>
> ↳ 确认递延所得税一般应当记入当期损益"所得税费用"科目。但是在交易或事项发生时直接计入所有者权益("资本公积"或"其他综合收益")的,其产生的暂时性差异的所得税影响也应当调整所有者权益("资本公积"或"其他综合收益")。如公允价值计量且其变动记入"其他综合收益"科目的,确认递延所得税时调整"其他综合收益"科目。

【例 9-58】 丁公司 2024 年年初的递延所得税资产借方余额为 190 万元,递延所得税负债贷方余额为 10 万元,具体构成项目如表 9-11 所示。

表 9-11　　　　　　　丁公司递延所得税具体构成项目表

编制单位:丁公司　　　　　　　　　　　　　　　　　　　　金额单位:万元

项目	可抵扣暂时性差异	递延所得税资产	应纳税暂时性差异	递延所得税负债
应收账款	60	15		
交易性金融资产			40	10
其他债权投资	200	50		
预计负债	80	20		
可税前抵扣的经营亏损	420	105		

该公司 2024 年度利润表中利润总额为 1 610 万元,适用的所得税税率为 25%,预计未来期间适用的所得税税率不会发生变化,未来期间能够产生足够的应纳税所得额用以抵扣可抵扣暂时性差异。

该公司 2024 年发生的有关交易或事项中,会计处理与税收处理存在差别的有:

(1) 年末转回应收账款坏账准备 20 万元。根据税法规定,转回的坏账损失不计入应纳税所得额。

(2) 年末根据交易性金融资产公允价值变动确认公允价值变动收益 20 万元。根据税法规定,交易性金融资产公允价值变动收益不计入应纳税所得额。

(3) 年末根据其他债权投资公允价值变动增加其他综合收益 40 万元。根据税法规定,其他债权投资公允价值变动金额不计入应纳税所得额。

(4) 当年实际支付产品保修费用 50 万元,冲减前期确认的相关预计负债;当年又确认产品保修费用 10 万元,增加相关预计负债。根据税法规定,实际支付的产品保修费用允许税前扣除。但预计的产品保修费用不允许税前扣除。

(5) 当年发生业务宣传费 800 万元,至年末尚未支付。该公司当年实现销售收入 5 000 万元。税法规定,企业发生的业务宣传费支出,不超过当年销售收入 15% 的部分,准予税前扣除;超过部分,准予结转以后年度税前扣除。

请计算丁公司 2024 年度所得税费用并编制确认所得税费用的会计分录。

分析：

(1) 计算 2024 年度当期应交所得税：

应纳税所得额＝16 100 000－4 200 000－200 000－200 000－500 000＋100 000＋(8 000 000－50 000 000×15％)＝11 600 000(元)

应交所得税＝11 600 000×25％＝2 900 000(元)

(2) 计算 2024 年度递延所得税：

该公司 2024 年 12 月 31 日有关资产、负债的账面价值、计税基础及相应的暂时性差异如表 9-12 所示。

表 9-12　　　　　丁公司 2024 年 12 月 31 日暂时性差异项目构成表

编制单位：丁公司　　　　　　　　　　　　　　　　　　　　金额单位：万元

项目	账面价值	计税基础	应纳税暂时性差异	可抵扣暂时性差异
应收账款	360	400		40
交易性金融资产	420	360	60	
其他债权投资	400	560		160
预计负债	40	0		40
其他应付款	800	750		50

递延所得税费用＝(600 000×25％－100 000)－[(400 000＋400 000＋500 000)×25％－(150 000＋200 000＋1 050 000)]＝1 125 000(元)

(3) 利润表中应确认的所得税费用：

所得税费用＝2 900 000＋1 125 000＝4 025 000(元)

借：所得税费用　　　　　　　　　　　　　　　　　　　4 025 000
　　贷：应交税费——应交所得税　　　　　　　　　　　2 900 000
　　　　递延所得税资产　　　　　　　　　　　　　　　1 075 000
　　　　递延所得税负债　　　　　　　　　　　　　　　　　50 000
借：其他综合收益　　　　　　　　　　　　　　　　　　　100 000
　　贷：递延所得税资产　　　　　　　　　　　　　　　　100 000

素养园地

应付职工薪酬"包装"下的递延所得税资产

A 公司是一家以酒业为核心产业的特大型国有企业集团。

◇ A 公司逐年递增的递延所得税资产——应付职工薪酬

从 2012 年起，A 公司的递延所得税资产——应付职工薪酬呈现逐年递增的趋势。2011 年年末，A 公司"递延所得税资产——应付职工薪酬"项为 0，2012 年年中开始出现该资产项为 1.25 亿元,至 2012 年年末该资产项上升至 4.73 亿元,至 2013 年 6 月月末增加至 5.85 亿元。

◇ 递延所得税资产——应付职工薪酬增加的动机

当公司提前计提或提前支付职工薪酬时,在公司会计处理上已经确认为成本,减少了当期利润,理应少交所得税,但税法不承认该部分预先计提的成本,认为企业所得税仍应按计提该部分职工薪酬前的税前利润征收。因此,该部分按会计准则应缴纳的所得税与税法规定实际缴纳的所得税之间形成的临时性差异,成为公司"递延所得税资产——应付职工薪酬"。只要公司未来实际支付该部分薪酬时不再提前计提或减少计提新的费用,即可减少企业当期成本,达到释放利润的目的,由于对应所得税已经提前支付,所释放的将是净利润。

按照 25% 企业所得税税率计算,A 公司至 2013 年 6 月月末,累计共多计提约 23.4 亿元职工薪酬,该部分职工薪酬实际支付时若不再滚动计提,将可释放 23.4 亿元净利润。企业通过税项调节利润非常常见。A 公司通过该项资产储备利润,或许是因为企业看到行业未来的不确定性,未雨绸缪,提高公司利润储备,以增加未来公司利润的稳定性和将来更好地释放利润。

五、本年利润

(一) 结转本年利润的方法

会计期末,结转本年利润的方法有表结法和账结法两种,具体内容如表 9-13 所示。

表 9-13　　　　　　　　　结转本年利润的方法

结转本年利润的方法	原理
表结法	各损益类科目每月月末只需结计出本月发生额和月末累计余额,不结转到"本年利润"科目,只有在年末时才将全年累计余额结转入"本年利润"科目。但每月月末企业要将损益类科目的本月发生额合计数填入利润表的本月数栏,同时将本月月末累计余额填入利润表的本年累计数栏,通过利润表计算反映各期的利润(或亏损)。表结法下,年中损益类科目无须结转入"本年利润"科目,从而减少了转账环节和工作量,同时并不影响利润表的编制及有关损益指标的利用
账结法	每月月末均需编制转账凭证,将在账上结计出的各损益类科目的余额结转入"本年利润"科目。结转后"本年利润"科目的本月余额反映当月实现的利润或发生的亏损,"本年利润"科目的本年余额反映本年累计实现的利润或发生的亏损。账结法在各月均可通过"本年利润"科目提供当月及本年累计的利润(或亏损)金额,但增加了转账环节和工作量

(二) 结转本年利润的账务处理

企业应设置"本年利润"科目,用于核算企业本年度实现的净利润(或发生的净亏损)。

会计期末,企业应将"主营业务收入""其他业务收入""其他收益""营业外收入"等科目的余额分别转入"本年利润"科目的贷方,将"主营业务成本""其他业务成本""税金及附加""销售费用""管理费用""财务费用""资产减值损失""信用减值损失""营业外支出""所得税费用"等科目的余额分别转入"本年利润"科目的借方。企业还应将"公允价值变动损益""投资收益""资产处置损益"科目的净收益转入"本年利润"科目的贷方,将"公允价值变动损益""投资收益""资产处置损益"科目的净损失转入"本年利润"科目的借方。结转后"本年利润"科目如为贷方余额,表示当年实现的净利润;如为借方余额,表示当年发生的净亏损。

年度终了,企业还应将"本年利润"科目的本年累计余额转入"利润分配——未分配利润"科目。如"本年利润"科目为贷方余额,借记"本年利润"科目,贷记"利润分配——未分配利润"科目;如为借方余额,编制相反的会计分录,借记"利润分配——未分配利润"科目,贷记"本年利润"科目。结转后,"本年利润"科目应无余额。

【例9-59】 浙江宏华股份有限公司(简称"宏华公司")本年有关损益类科目的年末余额如表9-14所示(该企业采用表结法年末一次结转损益类科目,所得税税率为25%)。请编制宏华公司结转损益类科目的会计分录。

表9-14　　　　　　　　　损益类科目余额表　　　　　　　　金额单位:元

科目名称	借或贷	结账前余额
主营业务收入	贷	6 000 000
其他业务收入	贷	700 000
公允价值变动损益	贷	150 000
投资收益	贷	1 000 000
营业外收入	贷	50 000
主营业务成本	借	4 000 000
其他业务成本	借	400 000
税金及附加	借	80 000
销售费用	借	500 000
管理费用	借	770 000
财务费用	借	200 000
资产减值损失	借	100 000
营业外支出	借	250 000

(1) 将各损益类科目年末余额结转至"本年利润"科目:

❶ 结转各项收入、利得类科目:

借:主营业务收入　　　　　　　　　　　　　　　　　6 000 000
　　其他业务收入　　　　　　　　　　　　　　　　　　700 000
　　公允价值变动损益　　　　　　　　　　　　　　　　150 000
　　投资收益　　　　　　　　　　　　　　　　　　　1 000 000
　　营业外收入　　　　　　　　　　　　　　　　　　　 50 000
　　贷:本年利润　　　　　　　　　　　　　　　　　　7 900 000

❷ 结转各项费用、损失类科目:

借:本年利润	6 300 000	
贷:主营业务成本		4 000 000
其他业务成本		400 000
税金及附加		80 000
销售费用		500 000
管理费用		770 000
财务费用		200 000
资产减值损失		100 000
营业外支出		250 000

(2) 经过上述结转后,"本年利润"科目的贷方发生额合计 7 900 000 元,减去借方发生额合计 6 300 000 元,即为税前会计利润 1 600 000 元。

(3) 假设宏华公司 2024 年度不存在所得税纳税调整因素。

(4) 应交所得税＝1 600 000×25%＝400 000(元)

❶ 确认所得税费用:

借:所得税费用	400 000	
贷:应交税费——应交所得税		400 000

❷ 将所得税费用结转入"本年利润"科目:

借:本年利润	400 000	
贷:所得税费用		400 000

(5) 将"本年利润"科目年末余额 1 200 000 元(7 900 000－6 300 000－400 000)转入"利润分配——未分配利润"科目:

借:本年利润	1 200 000	
贷:利润分配——未分配利润		1 200 000

练 习 题

核算分析题(一)

【目的】 练习某一时点履行的履约义务确认收入(综合)的核算。

【资料】 浙江宏华股份有限公司(简称"宏华公司")为增值税一般纳税人,适用的增值税税率为 13%。公司 2024 年 12 月发生如下业务,销售价款中均不含向购货方收取的增值税税额。

(1) 2 日,宏华公司向乙公司销售一批 A 商品 10 件,单价为 2 000 元,单位销售成本为 1 000 元,规定的现金折扣条件为:2/10,n/20。假设计算现金折扣时不考虑增值税,宏华公司基于对客户的了解,预计客户 10 天内付款的概率为 80%,10 天后付款的概率为 20%。

(2) 8 日,乙公司支付货款。

(3) 9 日,采用托收承付结算方式向甲公司销售 A 产品 1 000 件,标价为每件 2 000 元,该产品每件成本为1 000元。为了促销,公司给予甲公司10%的商业折扣并开具了增值税专用发票。商品已发出,并办妥了托收手续。

(4) 11日,采用收取手续费方式委托丙公司销售A产品,并将该批产品交付丙公司。代销合同规定按不含税售价的10%收取手续费(不含税)。该批产品的价款为120 000元,产品销售成本为66 000元。

(5) 15日,宏华公司收到了丙公司的代销清单。丙公司已将代销的产品全部售出,款项尚未支付。宏华公司在收到代销清单时向丙公司开具了增值税专用发票,并按合同规定确认应向丙公司支付的代销手续费,且收到手续费的专用发票。

(6) 15日,向戊公司销售材料一批,价款为20 000元,该材料成本为16 000元。当日收取面值为22 600元的银行承兑汇票一张。

(7) 16日,乙公司要求退回本年度11月购买的10件A产品。该产品的售价为2 000元,单位销售成本为1 000元,其销售收入已确认入账,价款尚未收取。经查明退回原因系发货错误,同意乙公司退货,并办理退货手续和开具红字增值税发票。宏华公司收到退回的货物。

(8) 20日,以托收承付方式向丙公司销售商品1 000件,单价为100元,单位销售成本为60元,该批商品已经发出,发票已开出,并已向银行办妥托收手续。此时得知丙公司遭受火灾,损失惨重,虽经交涉,但公司认为该批销售货款收回的可能性不大。

(9) 30日,丙公司财务得到缓解,偿还了宏华公司的货款。

(10) 31日,宏华公司收到乙公司来函。来函提出,11月3日从宏华公司所购A商品不符合合同规定的质量标准,要求宏华公司在价格上给予10%折让。该商品售价为120 000元,货款已经结清。宏华公司经认定后同意给予折让并以银行存款退还折让款,同时开具了红字折让发票。

【要求】 根据上述资料,编制宏华公司的会计分录。

核算分析题(二)

【目的】 练习费用的核算。

【资料】 浙江宏华股份有限公司为增值税一般纳税人,某年12月发生如下交易或事项:

(1) 以银行存款支付产品展销费4 000元,增值税税额240元。

(2) 以银行存款对外捐赠50 000元。

(3) 银行转账支付退休人员工资12 000元,退休人员医药费500元。

(4) 以现金购买零星办公用品800元,增值税税额104元。

(5) 以银行存款支付银行承兑汇票手续费30元,增值税税额1.8元。

(6) 以银行存款支付专设销售机构人员的工资20 000元。

(7) 以银行存款支付车间劳动保护费2 000元,增值税税额260元。

(8) 以银行存款支付车间固定资产修理费1 800元,增值税税额234元。

(9) 以银行存款支付租入厂部用房的改良工程支出30 000元,该用房租期3年(不考虑相关税费)。

(10) 结转随产品销售不单独计价的包装物成本800元。

【要求】 根据上述资料，编制宏华公司的会计分录（以上业务均取得增值税专用发票）。

核算分析题（三）

【目的】 练习利润形成、结转的核算。

【资料】 浙江宏华股份有限公司（简称"宏华公司"）为增值税一般纳税人，商品售价中不含增值税，随时结转成本。某年12月发生如下经济业务：

（1）销售多余原材料一批，开具增值税专用发票上注明的售价为100万元，增值税税额为13万元，款项尚未收到。该批原材料的实际成本为60万元。

（2）固定资产盘亏损失50万元。

（3）20日，出售某项交易性金融资产，款项50万元存入证券资金账户，该交易性金融资产账面价值为42万元（其中：成本为30万元，公允价值变动为12万元）。

（4）31日，计提坏账准备5万元，计提存货跌价准备10万元。

除上述业务外，宏华公司该年12月损益类科目的其余金额如表9-15所示。

表9-15　　　　　　　　　损益类科目余额表　　　　　　　　单位：万元

科目名称	借方余额	贷方余额
主营业务收入		1 150
主营业务成本	500	
税金及附加	20	
投资收益		40
销售费用	40	
管理费用	150	
财务费用	20	
公允价值变动损益		10
资产减值损失	80	
营业外收入		30
营业外支出	10	

【要求】

（1）编制宏华公司上述业务（1）至业务（4）的会计分录。

（2）计算宏华公司本年12月的营业利润、利润总额。

（3）结转本年度宏华公司损益科目。

知识结构：收入、费用和利润

第十章　非货币性资产交换*

文本:《企业会计准则第7号——非货币性资产交换》

知识目标

1. 认识货币性资产与非货币性资产的特征。
2. 了解非货币性资产交换商业实质的判断。
3. 了解非货币性资产交换的认定与计量原则。
4. 理解非货币性资产交换中换入资产入账价值的确定原则。
5. 熟悉非货币性资产交换中换出资产相关损益的确认。

能力目标

1. 能进行以公允价值计量的非货币性资产交换的核算(涉及补价与不涉及补价)。
2. 能进行以账面价值计量的非货币性资产交换的核算(涉及补价与不涉及补价)。

素养目标

1. 通过分析会计准则的调整,思考准则调整背后的动因,培养探究性思维。
2. 通过比较分析案例,培养责任意识,强化社会责任,养成良好的职业道德规范。

知识导图

拓展知识 非货币性资产交换
- 非货币性资产交换的特征、认定
- 非货币性资产交换的确认和计量
- 非货币性资产交换的账务处理
  - 以公允价值计量的非货币性资产交换的账务处理
  - 以账面价值计量的非货币性资产交换的账务处理

第一节　非货币性资产交换的特征和认定

非货币性资产交换(exchange of non-monetary assets)，是指企业主要以固定资产、无形资产、投资性房地产和长期股权投资等非货币性资产进行的交换。该交换不涉及或只涉及少量的货币性资产(即补价)。

货币性资产，是指企业持有的货币资金和收取固定或可确定金额的货币资金的权利，包括现金、银行存款、应收账款、应收票据以及准备持有至到期的债券投资等。非货币性资产，是指货币性资产以外的资产(如存货、固定资产、无形资产、投资性房地产和长期股权投资等)。非货币性资产有别于货币性资产的最基本特征是其在将来为企业带来的经济利益(即货币金额)是不固定的或不可确定的。如果资产在将来为企业带来的经济利益(即货币金额)是固定的或可确定的，则该资产是货币性资产；反之，如果资产在将来为企业带来的经济利益(即货币金额)是不固定的或不确定的，则该资产是非货币性资产。例如，企业持有固定资产的主要目的是用于生产经营，通过折旧方式将其磨损价值转移到产品成本中，然后通过产品销售获利，固定资产在将来为企业带来的经济利益(即货币金额)是不固定的或不可确定的，因此，固定资产属于非货币性资产。

> **思考**
>
> ➢ 预付账款属于货币性资产还是非货币性资产？

一、非货币性资产交换的特征

从非货币性资产交换的定义可以看出，非货币性资产交换具有如下特征：

(1) 非货币性资产交换的交易对象主要是非货币性资产。

(2) 非货币性资产交换是以非货币性资产进行交换的行为。交换，通常是指一个企业和另一个企业之间的互惠转让，通过转让，企业以让渡其他资产或劳务或者承担其他义务而取得资产或劳务(或偿还负债)。非互惠的非货币性资产转让不属于本部分所述的非货币性资产交换，如企业捐赠非货币性资产等。

(3) 非货币性资产交换一般不涉及货币性资产，但有时也可能涉及少量的货币性资产。

二、非货币性资产交换的认定

非货币性资产交换准则规定，认定涉及少量货币性资产的交换为非货币性资产交换，通常以补价占整个资产交换金额的比例是否低于25%作为参考比例。具体从收到补价的企业来看，收到的货币性资产占换出资产公允价值(或占换入资产公允价值和收到的货币性资产之和)的比例低于25%的，视为非货币性资产交换；从支付补价的企业来看，支付的货币性资产占换入资产公允价值(或占换出资产公允价值与支付的货币性资产之和)的比例低于25%的，视为非货币性资产交换；如果上述比例高于25%(含25%)的，则视为货币性资产交换，适用《企业会计准则第14号——收入》或其他准则的规定。

【例 10-1】 判断以下各项业务,是否属于非货币性资产交换。

(1) 以 600 万元应收账款换取生产用设备。
(2) 以原准备持有至到期的债券投资 600 万元换取一项长期股权投资。
(3) 以公允价值为 600 万元的厂房换取投资性房地产,另收取补价 30 万元。
(4) 以公允价值为 500 万元的专利技术换取生产用设备一台,另支付补价 100 万元。

分析:

(1) 应收账款属于货币性资产,不属于非货币性资产交换。
(2) 持有至到期的债券投资属于货币性资产,不属于非货币性资产交换。
(3) 补价占资产交换金额的比例=收到的补价÷换出资产公允价值×100%=30÷600×100%=5%<25%,属于非货币性资产交换。
(4) 补价占资产交换金额的比例=支付的补价÷(换出资产公允价值+支付的补价)×100%=100÷(100+500)×100%=16.67%<25%,属于非货币性资产交换。

三、非货币性资产交换不涉及的交易和事项

非货币性资产交换准则适用于所有非货币性资产交换,但下列各项除外:

(1) 企业以存货换取客户的非货币性资产的,适用《企业会计准则第 14 号——收入》。
(2) 非货币性资产交换中涉及企业合并的,适用《企业会计准则第 20 号——企业合并》《企业会计准则第 2 号——长期股权投资》和《企业会计准则第 33 号——合并财务报表》。
(3) 非货币性资产交换中涉及由《企业会计准则第 22 号——金融工具确认和计量》规范的金融资产的,金融资产的确认、终止确认和计量适用《企业会计准则第 22 号——金融工具确认和计量》和《企业会计准则第 23 号——金融资产转移》。
(4) 非货币性资产交换中涉及由《企业会计准则第 21 号——租赁》规范的使用权资产或应收融资租赁款等的,相关资产的确认、终止确认和计量适用《企业会计准则第 21 号——租赁》。
(5) 非货币性资产交换的一方直接或间接对另一方持股且以股东身份进行交易的,或者非货币性资产交换的双方均受同一方或相同的多方最终控制,且该非货币性资产交换的交易实质是交换的一方向另一方进行了权益性分配或交换的一方接受了另一方权益性投入的,适用权益性交易的有关会计处理规定。

第二节 非货币性资产交换的确认和计量

一、非货币性资产交换的确认原则

企业应当分别按照下列原则对非货币性资产交换中的换入资产进行确认,对换出资产终止确认:

(1) 对于换入资产,企业应当在换入资产符合资产定义并满足资产确认条件时予以确认。
(2) 对于换出资产,企业应当在换出资产满足资产终止确认条件时终止确认。

换入资产的确认时点与换出资产的终止确认时点存在不一致的,企业在资产负债表日

应当按照下列原则进行处理：

(1) 换入资产满足资产确认条件，换出资产尚未满足终止确认条件的，在确认换入资产的同时将交付换出资产的义务确认为一项负债。

(2) 换入资产尚未满足资产确认条件，换出资产满足终止确认条件的，在终止确认换出资产的同时将取得换入资产的权利确认为一项资产。

二、非货币性资产交换的计量原则

非货币性资产交换同时满足下列条件的，应当以公允价值为基础计量：
(1) 该项交换具有商业实质。
(2) 换入资产或换出资产的公允价值能够可靠地计量。

换入资产和换出资产的公允价值均能够可靠计量的，应当以换出资产的公允价值为基础计量，但有确凿证据表明换入资产的公允价值更加可靠的除外。

不具有商业实质或交换涉及资产的公允价值均不能可靠计量的非货币性资产交换，应当以账面价值为基础计量。对于换入资产，企业应当以换出资产的账面价值和应支付的相关税费作为换入资产的初始计量金额；对于换出资产，终止确认时不确认损益。

> 💡 注意：
> 满足下列条件之一的非货币性资产交换具有商业实质：
> ♦ 换入资产的未来现金流量在风险、时间分布或金额方面与换出资产显著不同。
> ♦ 使用换入资产所产生的预计未来现金流量现值与继续使用换出资产不同，且其差额与换入资产和换出资产的公允价值相比是重大的。

三、公允价值能否可靠计量的判断

属于以下三种情况之一的，换入资产或换出资产的公允价值视为能够可靠计量：
(1) 换入资产或换出资产存在活跃市场，以市场价格为基础确认公允价值。
(2) 换入资产或换出资产不存在活跃市场，但同类或类似资产存在活跃市场，以同类或类似资产市场价格为基础确定公允价值。
(3) 换入资产或换出资产不存在同类或类似资产可比市场交易，采用估值技术确定公允价值。采用估值技术确定公允价值时，要求采用该估值技术确定的公允价值估计数的变动区间很小，或者在公允价值估计数变动区间内，各种用于确定公允价值估计数的概率能够合理确定。

第三节　非货币性资产交换的账务处理

一、以公允价值计量的非货币性资产交换的账务处理

以公允价值为基础计量的非货币性资产交换，对于换入资产，应当以换出资产的公允价

值和应支付的相关税费作为换入资产的成本进行初始计量;对于换出资产,应当在终止确认时,将换出资产的公允价值与其账面价值之间的差额计入当期损益。

有确凿证据表明换入资产的公允价值更加可靠的,对于换入资产,应当以换入资产的公允价值和应支付的相关税费作为换入资产的初始计量金额;对于换出资产,应当在终止确认时,将换入资产的公允价值与换出资产账面价值之间的差额计入当期损益。

(一) 不涉及补价情况下的账务处理

不涉及补价情况下的账务处理的详细过程见例 10-2。

【例 10-2】 9 月 10 日,浙江宏华股份有限公司(简称"宏华公司")以生产经营过程中使用的一台设备交换乙公司的一批办公设备,宏华公司换入的办公设备用于日常经营,乙公司换入的设备继续用于生产。宏华公司设备的账面原价为 150 万元,在交换日的累计折旧为 60 万元,不含税公允价值为 100 万元,计税价格等于公允价值。宏华公司此前没有为该设备计提资产减值准备。此外,宏华公司以银行存款支付清理费 1 500 元。乙公司办公设备的账面原价为 120 万元,在交换日的累计折旧为 12 万元,在交换日的不含税市场价格为 100 万元,计税价格等于市场价格,乙公司此前也没有为该批办公设备计提资产减值准备。

宏华公司、乙公司均为增值税一般纳税人,适用的增值税税率为 13%。假设宏华公司和乙公司在整个交易过程中没有发生除增值税以外的其他税费,宏华公司和乙公司均开具了增值税专用发票,增值税进项税额在取得资产时进行一次性抵扣。

分析:本例中,整个资产交换过程没有涉及收付货币性资产,因此,该项交换属于非货币性资产交换。宏华公司以生产经营设备换入办公设备,乙公司换入的设备是生产用设备,两项资产交换后对换入企业的特定价值显著不同,两项资产的交换具有商业实质;同时,两项资产的公允价值都能够可靠地计量,符合公允价值计量的两个条件。因此,宏华公司和乙公司均应当以换出资产的公允价值为基础确定换入资产的成本,并确认产生的相关损益。

宏华公司的账务处理如下:

换出生产经营用设备的增值税销项税额＝1 000 000×13%＝130 000(元)
换入办公设备的增值税进项税额＝1 000 000×13%＝130 000(元)

借:固定资产清理	900 000
累计折旧	600 000
贷:固定资产——××设备	1 500 000
借:固定资产清理	1 500
贷:银行存款	1 500
借:固定资产——办公设备	1 000 000
应交税费——应交增值税(进项税额)	130 000
贷:固定资产清理	1 000 000
应交税费——应交增值税(销项税额)	130 000
借:固定资产清理	98 500
贷:资产处置损益	98 500

乙公司的账务处理如下：
换出办公设备的增值税销项税额＝1 000 000×13%＝130 000(元)
换入生产经营用设备的增值税进项税额＝1 000 000×13%＝130 000(元)

借：固定资产清理	1 080 000
累计折旧	120 000
贷：固定资产——办公设备	1 200 000
借：固定资产——××设备	1 000 000
应交税费——应交增值税(进项税额)	130 000
资产处置损益	80 000
贷：固定资产清理	1 080 000
应交税费——应交增值税(销项税额)	130 000

(二) 涉及补价情况下的账务处理

以公允价值为基础计量的非货币性资产交换，涉及补价的，应当按照下列规定进行处理：

(1) **支付补价**的，以换出资产的公允价值，加上支付补价的公允价值和应支付的相关税费，作为换入资产的成本，换出资产的公允价值与其账面价值之间的差额计入当期损益。

> **注意：**
> ↳ 有确凿证据表明换入资产的公允价值更加可靠的，以换入资产的公允价值和应支付的相关税费作为换入资产的初始计量金额，换入资产的公允价值减去支付补价的公允价值，与换出资产账面价值之间的差额计入当期损益。

(2) **收到补价**的，以换出资产的公允价值，减去收到补价的公允价值，加上应支付的相关税费，作为换入资产的成本，换出资产的公允价值与其账面价值之间的差额计入当期损益。

> **注意：**
> ↳ 有确凿证据表明换入资产的公允价值更加可靠的，以换入资产的公允价值和应支付的相关税费作为换入资产的初始计量金额，换入资产的公允价值加上收到补价的公允价值，与换出资产账面价值之间的差额计入当期损益。

【例10-3】 7月1日，浙江宏华股份有限公司(简称"宏华公司")经协商以其拥有的一幢自用写字楼与乙公司持有的对联营企业丙公司的长期股权投资交换。在交换日，该幢写字楼的账面原价为6 000 000元，已提折旧1 200 000元，未计提减值准备，在交换日的不含税公允价值为6 200 000元；乙公司持有的对丙公司的长期股权投资账面价值为4 500 000元，未计提减值准备，在交换日的公允价值为6 000 000元。乙公司另外向宏华公司支付银行存款758 000元，其中包括由于换出和换入资产公允价值不同而支付的补价 200 000 元,以及换入资产进项税额(558 000 元)与换出资产销项税额(0 元)的差额 558 000 元。乙公司换入写字楼后将其用于生产经营。宏华公司换入对丙公司的投资后仍然将其作为长期股权投资,并采用权益法核算。宏华公司因转让写字楼向乙公司开具的增值税专用发票上注明的销售额为 6 200 000 元,销项税额为 558 000 元。假定增值税进项税额在取得资产时进行一次性抵扣;除增值税外,该项交易过程中不涉及其他相关税费。

分析:本例中,该项资产交换涉及收付货币性资产,即宏华公司收到的 758 000 元,其中包括由于换出和换入资产公允价值不同而收到的补价 200 000 元,以及换出资产销项税额与换入资产进项税额(本例中为 0 元)的差额 558 000 元。对宏华公司而言,收到的补价 200 000 元÷换出资产的公允价值 6 200 000 元(或换入长期股权投资公允价值 6 000 000 元+收到的补价 200 000 元)=3.23%<25%,属于非货币性资产交换。

对乙公司而言,支付的补价 200 000 元除以换入资产的公允价值 6 200 000 元(或换出长期股权投资公允价值 6 000 000 元与支付的补价 200 000 元之和)等于 3.23%,即小于 25%,属于非货币性资产交换。本例属于以固定资产交换长期股权投资。由于两项资产的交换具有商业实质,且长期股权投资和固定资产的公允价值均能够可靠地计量,因此,宏华公司、乙公司均应当以公允价值为基础确定换入资产的成本,并确认产生的损益。

宏华公司的账务处理如下:

借:固定资产清理		4 800 000
累计折旧		1 200 000
贷:固定资产——办公楼		6 000 000
借:长期股权投资——丙公司		6 000 000
银行存款		758 000
贷:固定资产清理		6 200 000
应交税费——应交增值税(销项税额)		558 000
借:固定资产清理		1 400 000
贷:资产处置损益		1 400 000

乙公司账务处理如下:

借:固定资产		6 200 000
应交税费——应交增值税(进项税额)		558 000
贷:长期股权投资——丙公司		4 500 000
银行存款		758 000
投资收益		1 500 000

(三) 涉及多项资产交换的账务处理

以公允价值为基础计量的非货币性资产交换,同时换入或换出多项资产的,应当按照下列规定进行处理:

(1) 对于同时换入的多项资产,按照换入的金融资产以外的**各项换入资产公允价值相对比例**,将换出资产公允价值总额(涉及补价的,加上支付补价的公允价值或减去收到补价的公允价值)扣除换入金融资产公允价值后的净额**进行分摊**,以分摊至各项换入资产的金额,加上应支付的相关税费,作为各项换入资产的成本进行初始计量。

> **注意:**
> ➕ 有确凿证据表明换入资产的公允价值更加可靠的,以各项换入资产的公允价值和应支付的相关税费作为各项换入资产的初始计量金额。

(2) 对于同时换出的多项资产,将各项换出资产的公允价值与其账面价值之间的差额,在各项换出资产终止确认时计入当期损益。

> **注意:**
> ➕ 有确凿证据表明换入资产的公允价值更加可靠的,按照各项换出资产的公允价值的相对比例,将换入资产的公允价值总额(涉及补价的,减去支付补价的公允价值或加上收到补价的公允价值)分摊至各项换出资产,分摊至各项换出资产的金额与各项换出资产账面价值之间的差额,在各项换出资产终止确认时计入当期损益。

【例 10-4】 10 月 1 日,为适应业务发展的需要,经与乙公司协商,浙江宏华股份有限公司(简称"宏华公司")决定以生产经营过程中使用的机器设备和当月购入的生产模具换入乙公司生产经营过程中使用的 10 辆货运汽车、5 台专用设备和 15 辆客运汽车。

宏华公司机器设备账面原价为 4 050 000 元,在交换日的累计折旧为 1 350 000 元,不含税公允价值为 2 800 000 元;生产模具的账面价值为 4 500 000 元,不含税公允价值为 5 250 000 元。

乙公司货运汽车的账面原价为 2 250 000 元,在交换日的累计折旧为 750 000 元,不含税公允价值为 2 250 000 元;专用设备的账面原价为 3 000 000 元,在交换日的累计折旧为 1 350 000 元,不含税公允价值为 2 500 000 元;客运汽车的账面原价为 4 500 000 元,在交换日的累计折旧为 1 200 000 元,不含税公允价值为 3 600 000 元。

乙公司另外收取宏华公司以银行存款支付的 339 000 元,其中包括由于换出资产和换入资产公允价值不同而支付的补价 300 000 元,以及换出资产销项税额 1 085 500 元 (2 250 000×13%+2 500 000×13%+3 600 000×13%)与换入资产进项税额 1 046 500 元 (2 800 000×13%+5 250 000×13%)的差额 39 000 元。

假定宏华公司和乙公司都没有为换出资产计提减值准备;宏华公司换入乙公司的货运汽车、专用设备、客运汽车均作为固定资产使用和管理;乙公司换入宏华公司的机器设备、生产模具作为固定资产使用和管理。宏华公司和乙公司均为增值税一般纳税人,适用的增值税税率均为 13%,计税价格等于公允价值,宏华公司、乙公司均开具了增值税专用发票,增值税进项税额在取得资产时进行一次性抵扣。

分析: 本例中,交换涉及收付货币性资产,应当计算宏华公司支付的货币性资产占宏华公司换出资产公允价值与支付的货币性资产之和的比例,即 300 000÷(2 800 000+5 250 000+300 000)=3.59%<25%。可以认定这一涉及多项资产的交换行为属于非货币性资产交换。对于宏华公司而言,为了拓展运输业务,需要客运汽车、专用设备、货运汽

车等,乙公司为了满足生产,需要机器设备、生产模具等,换入资产对换入企业均能发挥更大的作用,因此,该项涉及多项资产的非货币性资产交换具有商业实质;同时,各单项换入资产和换出资产的公允价值均能可靠计量。综上,宏华公司、乙公司均应当以公允价值为基础确定换入资产的总成本,确认产生的相关损益,并按照各单项换入资产的公允价值占换入资产公允价值总额的比例,确定各单项换入资产的成本。

宏华公司的账务处理如下:

(1) 换出设备的增值税销项税额＝2 800 000×13％＝364 000(元)

换出生产模具的增值税销项税额＝5 250 000×13％＝682 500(元)

换入货运车、专用设备和客运汽车的增值税进项税额＝(2 250 000＋2 500 000＋3 600 000×13％＝1 085 500(元)

(2) 计算换入资产、换出资产公允价值总额。

换出资产公允价值总额＝2 800 000＋5 250 000＝8 050 000(元)

换入资产公允价值总额＝2 250 000＋2 500 000＋3 600 000＝8 350 000(元)

(3) 计算换入资产总成本。

换入资产总成本＝换出资产公允价值＋支付的补价＋应支付的相关税费
＝8 050 000＋300 000＋0＝8 350 000(元)

(4) 计算确定换入各项资产的成本。

货运汽车的成本＝8 350 000×(2 250 000÷8 350 000×100％)＝2 250 000(元)

专用设备的成本＝8 350 000×(2 500 000÷8 350 000×100％)＝2 500 000(元)

客运汽车的成本＝8 350 000×(3 600 000÷8 350 000×100％)＝3 600 000(元)

(5) 编制会计分录。

借:固定资产清理　　　　　　　　　　　　　　　　7 200 000
　　累计折旧　　　　　　　　　　　　　　　　　　1 350 000
　　贷:固定资产——机器设备　　　　　　　　　　4 050 000
　　　　　　　　——生产模具　　　　　　　　　　4 500 000
借:固定资产清理　　　　　　　　　　　　　　　　1 046 500
　　贷:应交税费——应交增值税(销项税额)　　　　1 046 500
借:固定资产——货运汽车　　　　　　　　　　　　2 250 000
　　　　　　——专用设备　　　　　　　　　　　　2 500 000
　　　　　　——客运汽车　　　　　　　　　　　　3 600 000
　　应交税费——应交增值税(进项税额)　　　　　　1 085 500
　　贷:固定资产清理　　　　　　　　　　　　　　9 096 500
　　　　银行存款　　　　　　　　　　　　　　　　　339 000
借:固定资产清理　　　　　　　　　　　　　　　　　850 000
　　贷:资产处置损益　　　　　　　　　　　　　　　850 000

乙公司的账务处理如下:

(1) 换入设备的增值税进项税额＝2 800 000×13％＝364 000(元)

换入生产模具的增值税进项税额＝5 250 000×13％＝682 500(元)

换出货运汽车、专用设备和
客运汽车的增值税销项税额 ＝(2 250 000＋2 500 000＋3 600 000×13％＝1 085 500(元)

(2) 计算换入资产、换出资产公允价值总额。
换出资产公允价值总额＝2 250 000＋2 500 000＋3 600 000＝8 350 000(元)
换入资产公允价值总额＝2 800 000＋5 250 000＝8 050 000(元)
(3) 确定换入资产总成本。
换入资产总成本＝换出资产公允价值－收取的补价＋应支付的相关税费
　　　　　　＝8 350 000－300 000＋0＝8 050 000(元)
(4) 计算确定换入各项资产的成本。
机器设备的成本＝8 050 000×(2 800 000÷8 050 000×100％)＝2 800 000(元)
生产模具的成本＝8 050 000×(5 250 000÷8 050 000×100％)＝5 250 000(元)
(5) 编制会计分录。

借：固定资产清理　　　　　　　　　　　　　　　　　6 450 000
　　累计折旧　　　　　　　　　　　　　　　　　　　3 300 000
　　　贷：固定资产——货运汽车　　　　　　　　　　2 250 000
　　　　　　　　　——专用设备　　　　　　　　　　3 000 000
　　　　　　　　　——客运汽车　　　　　　　　　　4 500 000
借：固定资产清理　　　　　　　　　　　　　　　　　1 085 500
　　　贷：应交税费——应交增值税(销项税额)　　　　1 085 500
借：固定资产——机器设备　　　　　　　　　　　　　2 800 000
　　　　　　——生产模具　　　　　　　　　　　　　5 250 000
　　应交税费——应交增值税(进项税额)　　　　　　　1 046 500
　　银行存款　　　　　　　　　　　　　　　　　　　　33 900
　　　贷：固定资产清理　　　　　　　　　　　　　　9 435 500
借：固定资产清理　　　　　　　　　　　　　　　　　1 900 000
　　　贷：资产处置损益　　　　　　　　　　　　　　1 900 000

二、以账面价值计量的非货币性资产交换的账务处理

不具有商业实质或交换涉及资产的公允价值均不能可靠计量的非货币性资产交换，应当以账面价值为基础计量。对于换入资产，企业应当以换出资产的账面价值和应支付的相关税费作为换入资产的初始计量金额；对于换出资产，终止确认时不确认损益。

(一) 不涉及补价情况下的账务处理

【例10-5】 浙江宏华股份有限公司(简称"宏华公司")以其持有的对联营企业丙公司的长期股权投资交换乙公司拥有的商标权。在交换日，宏华公司持有的长期股权投资账面余额为5 000 000元，已计提长期股权投资减值准备余额为1 400 000元，该长期股权投资在市场上没有公开报价，公允价值也不能可靠计量；乙公司商标权的账面原价为4 200 000元，

累计已摊销金额为 600 000 元,其公允价值也不能可靠计量,乙公司没有为该项商标权计提减值准备。乙公司将换入的对丙公司的投资仍作为长期股权投资,并采用权益法核算。乙公司因转让商标权向宏华公司开具的增值税专用发票上注明的销售额为 3 600 000 元,销项税额为 216 000 元。假设除增值税以外,整个交易过程中没有发生其他相关费用。

分析:本例中,该项资产交换没有涉及收付货币性资产,因此属于非货币性资产交换。本例属于以长期股权投资交换无形资产。由于换出资产和换入资产的公允价值都无法可靠计量,因此,宏华公司、乙公司换入资产的成本均应当按照换出资产的账面价值确定,不确认损益。

宏华公司的账务处理如下:

借:无形资产——商标权	3 384 000
应交税费——应交增值税(进项税额)	216 000
长期股权投资减值准备——丙公司股权投资	1 400 000
贷:长期股权投资——丙公司	5 000 000

乙公司的账务处理如下:

借:长期股权投资——丙公司	3 816 000
累计摊销	600 000
贷:无形资产——商标权	4 200 000
应交税费——应交增值税(销项税额)	216 000

(二) 涉及补价情况下的账务处理

以账面价值为基础计量的非货币性资产交换,涉及补价的,应当按照下列规定进行处理:

(1) **支付补价的**,以换出资产的账面价值,加上支付补价的账面价值和应支付的相关税费,作为换入资产的初始计量金额,不确认损益。

(2) **收到补价的**,以换出资产的账面价值,减去收到补价的公允价值,加上应支付的相关税费,作为换入资产的初始计量金额,不确认损益。

【例 10-6】 12 月 1 日,浙江宏华股份有限公司(简称"宏华公司")拥有一个距离生产基地较远的仓库,该仓库账面原价 350 万元,已计提折旧 235 万元;乙公司拥有一项联营企业长期股权投资,账面价值 105 万元,两项资产均未计提减值准备。由于仓库离市区较远,缺乏当地同类资产交易数据,公允价值不能可靠计量;乙公司拥有的长期股权投资在活跃市场中没有报价,其公允价值也不能可靠计量。双方商定,乙公司以两项资产账面价值的差额为基础,支付宏华公司 10 万元补价,以长期股权投资换取宏华公司拥有的仓库。宏华公司因转让仓库向乙公司开具的增值税专用发票上注明的销售额为 115 万元,销项税额为 10.35 万元。增值税进项税额在取得资产时一次性抵扣;除增值税外,交易中没有涉及其他相关税费。

分析:本例中,该项资产交换涉及收付货币性资产,即补价 10 万元。对宏华公司而言,收到的补价 10 万元除以换出资产账面价值 115 万元等于 8.7%,即小于 25%,因此,该项交换属于非货币性资产交换,乙公司的情况也类似。由于两项资产的公允价值不能可靠计量,因此,宏华公司、乙公司换入资产的成本均应当以换出资产的账面价值为基础确定,不确认损益。

宏华公司的账务处理如下:

借:固定资产清理	1 150 000
累计折旧	2 350 000
贷:固定资产——仓库	3 500 000
借:长期股权投资——××公司	1 153 500
银行存款	100 000
贷:固定资产清理	1 150 000
应交税费——应交增值税(销项税额)	103 500

乙公司的账务处理如下:

借:固定资产——仓库	1 046 500
应交税费——应交增值税(进项税额)	103 500
贷:长期股权投资——××公司	1 050 000
银行存款	100 000

(三) 涉及多项资产交换的账务处理

以账面价值为基础计量的非货币性资产交换,同时换入或换出多项资产的,应当按照下列规定进行处理:

(1) 对于同时换入的多项资产,按照各项换入资产的公允价值的相对比例,将换出资产的账面价值总额(涉及补价的,加上支付补价的账面价值或减去收到补价的公允价值)分摊至各项换入资产,加上应支付的相关税费,作为各项换入资产的初始计量金额。换入资产的公允价值不能够可靠计量的,可以按照各项换入资产的原账面价值的相对比例或其他合理的比例对换出资产的账面价值进行分摊。

(2) 对于同时换出的多项资产,各项换出资产终止确认时均不确认损益。

【例 10-7】 9 月 1 日,浙江宏华股份有限公司(简称"宏华公司")因经营战略发生较大转变,产品结构发生较大调整,原生产厂房、专利技术等已不符合生产新产品的需要。经与乙公司协商,宏华公司将其生产厂房连同专利技术与乙公司正在建造过程中的一幢建筑物、乙公司对联营企业丙公司的长期股权投资(采用权益法核算)进行交换。

宏华公司换出生产厂房的账面原价为 200 万元,已提折旧 125 万元;专利技术账面原价为 75 万元,已摊销金额为 37.5 万元。

乙公司在建工程截至交换日的成本为 87.5 万元,对丙公司的长期股权投资成本为 25 万元。

宏华公司的厂房公允价值难以取得,专利技术市场上并不多见,公允价值也不能可靠计量。乙公司的在建工程因完工程度难以合理确定,其公允价值不能可靠计量,由于丙公司不是上市公司,乙公司对丙公司长期股权投资的公允价值也不能可靠计量。假定宏华公司、乙公司均未对上述资产计提减值准备。根据《关于全面推开营业税改征增值税试点的通知》(财税〔2016〕36号),转让专利技术免征增值税。宏华公司因转让厂房向乙公司开具的增值税专用发票上注明的销售额为75万元,销项税额为6.75万元;乙公司因转让在建工程向宏华公司开具的增值税专用发票上注明的销售额为87.5万元,销项税额为7.875万元,假定增值税进项税额在取得资产时进行一次性抵扣。

分析:本例中,交换不涉及收付货币性资产,属于非货币性资产交换。由于换入资产、换出资产的公允价值均不能可靠计量,宏华公司、乙公司均应当以换出资产账面价值总额作为换入资产的总成本。各项换入资产的成本,应当按各项换入资产的账面价值占换入资产账面价值总额的比例分配后确定。

宏华公司的账务处理如下:
(1) 计算换入资产、换出资产账面价值总额。
换入资产账面价值总额=875 000+250 000=1 125 000(元)
换出资产账面价值总额=2 000 000-1 250 000+750 000-375 000=1 125 000(元)
(2) 确定换入资产总成本。
换入资产总成本=1 125 000+67 500-78 750=1 113 750(元)
(3) 确定各项换入资产成本。
在建工程成本=1 113 750×(875 000÷1 125 000×100%)=866 250(元)
长期股权投资成本=1 113 750×(250 000÷1 125 000×100%)=247 500(元)
(4) 编制会计分录。

借:固定资产清理		750 000
累计折旧		1 250 000
贷:固定资产——厂房		2 000 000
借:固定资产清理		67 500
贷:应交税费——应交增值税(销项税额)		67 500
借:在建工程——××工程		866 250
应交税费——应交增值税(进项税额)		78 750
长期股权投资		247 500
累计摊销		375 000
贷:固定资产清理		817 500
无形资产——专利技术		750 000

乙公司的账务处理如下:
(1) 计算换入资产、换出资产账面价值总额。
换入资产账面价值总额=2 000 000-1 250 000+750 000-375 000=1 125 000(元)
换出资产账面价值总额=875 000+250 000=1 125 000(元)
(2) 确定换入资产总成本。
换入资产总成本=1 125 000+78 750-67 500=1 136 250(元)
(3) 确定各项换入资产成本。
厂房成本=1 136 250×(750 000÷1 125 000×100%)=757 500(元)
专利技术成本=1 136 250×(375 000÷1 125 000×100%)=378 750(元)

(4) 编制会计分录。

借：固定资产清理	875 000
贷：在建工程——××工程	875 000
借：固定资产清理	78 750
贷：应交税费——应交增值税(销项税额)	78 750
借：固定资产——厂房	757 500
应交税费——应交增值税(进项税额)	67 500
无形资产——专利技术	378 750
贷：固定资产清理	953 750
长期股权投资	250 000

练 习 题

核算分析题(一)

【目的】 练习以账面价值为基础计量的非货币性资产交换。

【资料】 3月6日，浙江宏华股份有限公司（简称"宏华公司"）用一台已使用2年的甲设备从C公司换入一台乙设备，支付补价3万元。甲设备的账面原值为50万元，累计折旧为20万元，未提减值准备；乙设备的原值为30万元，已提折旧3万元。两公司资产置换不具有商业实质（甲设备和乙设备的计税价格分别为：30万元、27万元）。

【要求】 根据上述资料，编制宏华公司相关会计分录。

核算分析题(二)

【目的】 练习以公允价值为基础计量的非货币性资产交换。

【资料】 6月8日，浙江宏华股份有限公司（简称"宏华公司"）用持有的甲公司的股票（作为交易性金融资产核算）交换B公司的一台车床（原值为35万元，累计折旧为3万元）。资产交易日，宏华公司交易性金融资产的账面价值为25万元（其中成本为28万元，公允价值变动为-3万元），股票和车床的市价为30万元。交易过程具有商业实质，车床的计税价格为30万元，并开具增值税专用发票（税率13%），双方均支付股权转让交易费用5 000元，不涉及补价。

【要求】 根据上述资料，分别编制宏华公司和B公司相关会计分录。

核算分析题(三)

【目的】 练习以公允价值为基础计量的非货币性资产交换。

【资料】 8月8日，浙江宏华股份有限公司（简称"宏华公司"）决定用一批商品交换乙公司的一台设备。商品的账面价值为10万元，公允价值为13万元，计税价格等于公允价值，宏华公司换入设备是为了自用。乙公司换出设备的账面原价为40万元，已提折旧15万元，公允价值为13万元。乙公司将换入的宏华公司商品作为原材料。（设备计税价格为公允价

值,双方适用的增值税税率均为13%)

【要求】 根据上述资料,分别编制宏华公司和乙公司相关会计分录。

知识结构:非货币性资产交换

第十一章 财务报表

知识目标

1. 熟悉资产负债表的内容及格式。
2. 熟悉利润表的内容及格式。
3. 认识现金流量表的内容及格式。
4. 熟悉所有者权益变动表的内容及格式。
5. 认识附注的内容、作用。

能力目标

1. 能编制资产负债表。
2. 能编制利润表。
3. 能编制现金流量表。
4. 能编制所有者权益变动表。
5. 能进行附注的阅读。

素养目标

1. 通过分析案例企业的财务报告,特别是企业的社会责任报告,了解企业的社会责任和社会担当,树立"价格不等于价值"的正面社会责任感。

2. 通过分析案例企业的财务报告,了解该企业近几年的发展情况及资产负债变化额、纳税义务的变化、股东权益的变化,分析该企业的所得税费用是否合理,强调所得税的重要性及积极意义,再次树立依法纳税的观念。

3. 通过部分企业案例,认识中国制造的新价值,培养创新意识,科技强国观念。

文本:《企业会计准则第30号——财务报表列报》

文本:一般企业财务报表格式(未执行新金融准则、新收入准则和新租赁准则的企业)

文本:一般企业财务报表格式(已执行新金融准则、新收入准则和新租赁准则的企业)

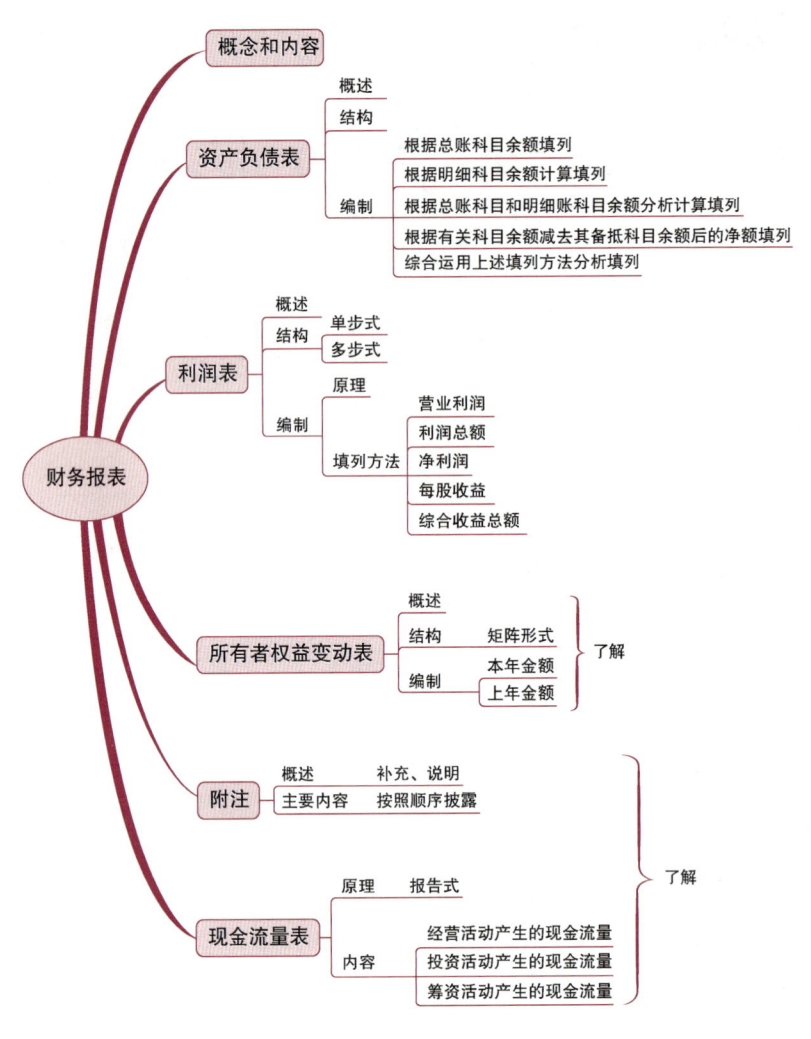

知识导图

- 财务报表
  - 概念和内容
  - 资产负债表
    - 概述
    - 结构
    - 编制
      - 根据总账科目余额填列
      - 根据明细科目余额计算填列
      - 根据总账科目和明细账科目余额分析计算填列
      - 根据有关科目余额减去其备抵科目余额后的净额填列
      - 综合运用上述填列方法分析填列
  - 利润表
    - 概述
    - 结构
      - 单步式
      - 多步式
    - 编制
      - 原理
      - 填列方法
        - 营业利润
        - 利润总额
        - 净利润
        - 每股收益
        - 综合收益总额
  - 所有者权益变动表（了解）
    - 概述
    - 结构：矩阵形式
    - 编制
      - 本年金额
      - 上年金额
  - 附注
    - 概述：补充、说明
    - 主要内容：按照顺序披露
  - 现金流量表（了解）
    - 原理：报告式
    - 内容
      - 经营活动产生的现金流量
      - 投资活动产生的现金流量
      - 筹资活动产生的现金流量

财务报表(finanicial statements)是对企业财务状况、经营成果和现金流量的结构性表述。一套完整的财务报表至少应当包括资产负债表、利润表、现金流量表、所有者权益(或股东权益)变动表以及附注。

第一节 资产负债表

一、资产负债表概述

资产负债表(balance sheet)是反映企业在某一特定日期财务状况的报表,是企业经营活动的静态体现。资产负债表是根据"资产＝负债＋所有者权益"这一平衡公式,依照一定的分类标准和一定的次序,将某一特定日期的资产、负债、所有者权益的具体项目予以适当的排列编制而成。资产负债表可以反映企业在某一特定日期所拥有或控制的经济资源、所承担的现时义务和所有者对净资产的要求权,帮助财务报表使用者全面了解企业的财务状况、分析企业的偿债能力等情况,从而为其作出经济决策提供依据。

资产负债表主要反映资产、负债和所有者权益三方面内容,并满足"资产＝负债＋所有者权益"平衡式。

(一) 资产

资产应当按照流动资产和非流动资产两大类别在资产负债表中列示,在流动资产和非流动资产类别下进一步按性质分项列示,具体内容如表11-1所示。

表11-1　　　　　　　　　　　　　　资产类别

资产类别	含义	资产负债表中列示项目
流动资产	预计在一个正常营业周期中变现、出售或耗用,或者主要为交易目的而持有,或者预计在资产负债表日起1年内(含1年)变现的资产,或者自资产负债表日起1年内交换其他资产或清偿负债的能力不受限制的现金或现金等价物	货币资金、交易性金融资产、应收票据、应收账款、预付款项、其他应收款、存货、合同资产、持有待售资产和一年内到期的非流动资产等
非流动资产	流动资产以外的资产	债权投资、其他债权投资、长期应收款、长期股权投资、其他权益工具投资、其他非流动金融资产、投资性房地产、固定资产、在建工程、无形资产、开发支出、长期待摊费用、递延所得税资产以及其他非流动资产等

(二) 负债

负债应当按照流动负债和非流动负债在资产负债表中进行列示,在流动负债和非流动负债类别下再进一步按性质分项列示,具体内容如表11-2所示。

表 11-2　　　　　　　　　　　　　负债类别

负债类别	含义	资产负债表中列示项目
流动负债	预计在一个正常营业周期中清偿，或者主要为交易目的而持有，或者自资产负债表日起 1 年内（含 1 年）到期应予以清偿，或者企业无权自主地将清偿推迟至资产负债表日后 1 年以上的负债	短期借款、交易性金融负债、应付票据、应付账款、预收款项、合同负债、应付职工薪酬、应交税费、其他应付款、持有待售负债、一年内到期的非流动负债等
非流动负债	流动负债以外的负债	长期借款、应付债券、长期应付款、预计负债、递延收益、递延所得税负债和其他非流动负债等

（三）所有者权益

所有者权益一般按照实收资本、其他权益工具、资本公积、其他综合收益、盈余公积和未分配利润分项列示。

二、资产负债表的结构

资产负债表一般由表头、表体两部分组成。表头部分应列明报表名称、编制单位名称、资产负债表日、报表编号和计量单位；表体部分是资产负债表的主体，列示了用以说明企业财务状况的各个项目。

资产负债表的表体格式一般有两种：报告式资产负债表和账户式资产负债表，具体内容如图 11-1 所示。

资产负债表的表体格式
- 报告式资产负债表：上下结构，上半部分列示资产各项目，下半部分列示负债和所有者权益各项目
- 账户式资产负债表：左右结构，左边列示资产各项目，反映全部资产的分布及存在形态；右边列示负债和所有者权益各项目，反映全部负债和所有者权益的内容及构成情况

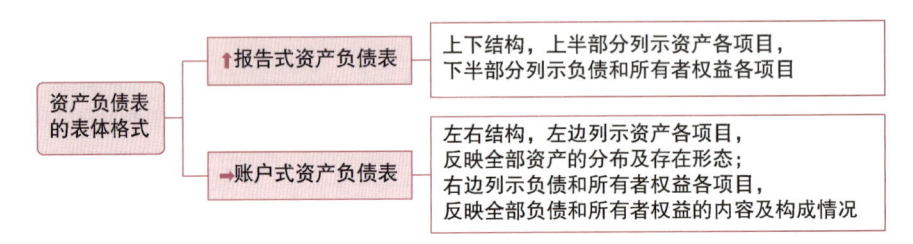

图 11-1　资产负债表的表体格式

我国企业的资产负债表采用账户式结构，分为左右两方，左方为资产项目，大体按资产的流动性大小排列，流动性大的资产如"货币资金""交易性金融资产"等排在前面，流动性小的资产如"长期股权投资""固定资产"等排在后面。右方为负债及所有者权益项目，一般按要求清偿时间的先后顺序排列，"短期借款""应付票据""应付账款"等需要在一年以内或者长于一年的一个正常营业周期内偿还的流动负债排在前面，"长期借款"等在一年以上才需偿还的非流动负债排在中间，在企业清算之前不需要偿还的所有者权益项目排在后面。

账户式资产负债表中的资产各项目的合计等于负债和所有者权益各项目的合计，即资产负债表左方和右方平衡。因此，通过账户式资产负债表，可以反映资产、负债、所有者权益之间的内在关系，即"资产＝负债＋所有者权益"。我国企业资产负债表格式如表 11-3 所示。

表 11-3　　　　　　　　　　　　　　　　　　资产负债表　　　　　　　　　　　　　　　会企 01 表

编制单位:浙江宏华股份有限公司　　　　　　　　年　月　日　　　　　　　　　　　　　单位:元

资产	期末余额	上年年末余额	负债和所有者权益（或股东权益）	期末余额	上年年末余额
流动资产:			流动负债:		
货币资金		1 809 100.00	短期借款		500 000.00
交易性金融资产		26 800.00	交易性金融负债		
衍生金融资产			衍生金融负债		
应收票据			应付票据		
应收账款		472 000.00	应付账款		1 010 000.00
应收款项融资			预收款项		
预付款项		65 000.00	合同负债		
其他应收款		4 500.00	应付职工薪酬		51 000.00
存货		468 200.00	应交税费		52 800.00
合同资产			其他应付款		65 000.00
持有待售资产			持有待售负债		
一年内到期的非流动资产			一年内到期的非流动负债		850 000.00
其他流动资产			其他流动负债		
流动资产合计		2 845 600.00	流动负债合计		2 528 800.00
非流动资产:			非流动负债:		
债权投资			长期借款		950 000.00
其他债权投资			应付债券		
长期应收款			其中:优先股		
长期股权投资		295 500.00	永续债		
其他权益工具投资			租赁负债		
其他非流动金融资产			长期应付款		
投资性房地产			预计负债		
固定资产		2 309 000.00	递延收益		
在建工程		1 600 000.00	递延所得税负债		8 000.00
生产性生物资产			其他非流动负债		
油气资产			非流动负债合计		958 000.00
使用权资产			负债合计		3 486 800.00
无形资产		960 000.00	所有者权益:		
开发支出			实收资本(或股本)		4 200 000.00

(续表)

资产	期末余额	上年年末余额	负债和所有者权益（或股东权益）	期末余额	上年年末余额
商誉			其他权益工具		
长期待摊费用		150 000.00	其中：优先股		
递延所得税资产			永续债		
其他非流动资产			资本公积		233 300.00
非流动资产合计		5 314 500.00	减：库存股		
			其他综合收益		
			专项储备		
			盈余公积		150 000.00
			未分配利润		90 000.00
			所有者权益（或股东权益）合计		4 673 300.00
资产总计		8 160 100.00	负债和所有者权益（或股东权益）总计		8 160 100.00

三、资产负债表的编制

（一）资产负债表项目的填列方法

资产负债表各项目均需填列"上年年末余额"和"期末余额"两栏。

"上年年末余额"栏内各项数字，应根据上年年末资产负债表的"期末余额"栏内所列数字填列。如果上年度资产负债表规定的各个项目的名称和内容与本年度不相一致，应按照本年度的规定对上年年末资产负债表各项目的名称和数字进行调整，填入本表"上年年末余额"栏内。

"期末余额"栏一般应根据资产、负债和所有者权益类科目的期末余额填列，主要填列方法如表 11-4 所示。

表 11-4　　　　　　　　　　资产负债表的填列方法

填列方法		项目举例
根据总账科目余额填列	根据有关总账科目的期末余额直接填列	如："短期借款""实收资本（股本）""资本公积""盈余公积""其他综合收益"等项目
	根据几个总账科目的期末余额计算填列	如："货币资金""其他应付款"等项目
根据明细账科目余额计算填列		如："开发支出""应付账款""预收款项""交易性金融资产""一年内到期的非流动资产""一年内到期的非流动负债""未分配利润"等项目
根据总账科目和明细账科目余额分析计算填列		如："长期借款""应付债券""其他非流动资产""其他非流动负债"等项目

填列方法	项目举例
根据有关科目余额减去其备抵科目余额后的净额填列	如:"固定资产""在建工程""无形资产""投资性房地产""长期股权投资"等项目
综合运用上述填列方法分析填列	如:"存货"等项目

(二) 资产负债表项目的填列说明

资产负债表中资产、负债和所有者权益主要项目的填列说明如下:

1. 资产项目的填列说明

(1) "货币资金"项目,反映企业库存现金、银行结算户存款、外埠存款、银行汇票存款、银行本票存款、信用卡存款、信用证保证金存款等的合计数。本项目应根据"库存现金""银行存款""其他货币资金"科目期末余额的合计数填列。

【例 11-1】 某年 12 月 31 日,浙江宏华股份有限公司"库存现金"科目余额为 0.2 万元,"银行存款"科目余额为 100.8 万元,"其他货币资金"科目余额为 99 万元,则某年 12 月 31 日,宏华公司资产负债表中"货币资金"项目"期末余额"的列报金额＝0.2＋100.8＋99＝200(万元)。

(2) "交易性金融资产"项目,反映企业资产负债表日企业分类为以公允价值计量且其变动计入当期损益的金融资产,以及企业持有的直接指定为以公允价值计量且其变动计入当期损益的金融资产的期末账面价值。该项目应根据"交易性金融资产"科目的相关明细科目期末余额分析填列。自资产负债表日起超过一年到期且预期持有超过一年的以公允价值计量且其变动计入当期损益的非流动金融资产的期末账面价值,在"其他非流动金融资产"项目反映。

(3) "应收票据"项目,反映资产负债表日以摊余成本计量的、企业因销售商品、提供服务等收到的商业汇票,包括银行承兑汇票和商业承兑汇票。该项目应根据"应收票据"科目的期末余额,减去"坏账准备"科目中相关坏账准备期末余额后的金额分析填列。

(4) "应收账款"项目,反映资产负债表日以摊余成本计量的、企业因销售商品、提供服务等经营活动应收取的款项。该项目应根据"应收账款"科目和"预收账款"科目所属明细科目的期末借方余额合计数,减去"坏账准备"科目中相关坏账准备期末余额后的金额分析填列。

【例 11-2】 12 月 31 日,浙江宏华股份有限公司(简称"宏华公司")"应收账款"总账科目借方余额为 12.55 万元,其中"应收账款——甲公司"明细科目借方余额为 17.55 万元,"应收账款——乙公司"明细科目贷方余额为 5 万元;"预收账款"总账科目贷方余额为 5 万元,其中"预收账款——丙公司"明细科目贷方余额为 20 万元,"预收账款——丁公司"明细科目贷借方余额为 15 万元;"坏账准备"科目中有关应收账款计提的坏账准备余额为 5 万元,不考虑其他因素,则 12 月 31 日,宏华公司资产负债表中"应收账款"项目"期末余额"的列报金额＝17.55＋15－5＝27.55(万元)。

(5)"应收款项融资"项目,反映资产负债表日以公允价值计量且其变动计入其他综合收益的应收票据和应收账款等。

(6)"预付款项"项目,反映企业按照购货合同规定预付给供应单位的款项等。本项目应根据"预付账款"和"应付账款"科目所属各明细科目的期末借方余额合计数,减去"坏账准备"科目中有关预付账款计提的坏账准备期末余额后的净额填列。如"预付账款"科目所属明细科目期末有贷方余额的,应在资产负债表"应付账款"项目内填列。

【例11-3】 12月31日,浙江宏华股份有限公司"应付账款"总账科目贷方余额为125万元,其中"应付账款——甲公司"明细科目贷方余额为150万元,"应付账款——乙公司"明细科目借方余额为25万元;"预付账款"总账科目借方余额为15万元,其中"预付账款——丙公司"明细科目借方余额为20万元,"预付账款——丁公司"明细科目贷方余额为5万元。不考虑其他因素,则宏华公司当年12月31日资产负债表中"预付款项"项目的列报金额=25+20=45(万元)。

(7)"其他应收款"项目,反映企业除应收票据、应收账款、预付账款等经营活动以外的其他各种应收、暂付的款项。本项目应根据"应收利息""应收股利""其他应收款"科目的期末余额合计数,减去"坏账准备"科目中相关坏账准备期末余额后的金额填列。其中的"应收利息"仅反映相关金融工具已到期可收取但于资产负债表日尚未收到的利息。基于实际利率法计提的金融工具的利息应包含在相应金融工具的账面余额中。

(8)"存货"项目,反映企业期末在库、在途和在加工中的各种存货的可变现净值或成本(成本与可变现净值孰低)。存货包括各种材料、商品、在产品、半成品、包装物、低值易耗品、委托代销商品等。本项目应根据"材料采购""原材料""低值易耗品""库存商品""周转材料""委托加工物资""委托代销商品""生产成本""受托代销商品"等科目的期末余额合计数,减去"受托代销商品款""存货跌价准备"科目期末余额后的净额填列。材料采用计划成本核算,以及库存商品采用计划成本核算或售价核算的企业,还应按加或减材料成本差异、商品进销差价后的金额填列。

【例11-4】 12月31日,浙江宏华股份有限公司有关科目余额如下:"发出商品"科目借方余额为800万元,"生产成本"科目借方余额为300万元,"原材料"科目借方余额为100万元,"委托加工物资"科目借方余额为200万元,"材料成本差异"科目的贷方余额为25万元,"存货跌价准备"科目贷方余额为100万元,"受托代销商品"科目借方余额为400万元,"受托代销商品款"科目货方余额为400万元。则当年12月31日,宏华公司资产负债表中"存货"项目"期末余额"的列报金额=800+300+100+200-25-100+400-400=1275(万元)。

(9)"合同资产"项目,反映企业按照《企业会计准则第14号——收入》(2017年修订)的相关规定,根据本企业履行履约义务与客户付款之间的关系在资产负债表中列示的合同资产。"合同资产"项目应根据"合同资产"科目的相关明细科目期末余额分析填列。

(10)"持有待售资产"项目,反映资产负债表日划分为持有待售类别的非流动资产及划分为持有待售类别的处置组中的流动资产和非流动资产的期末账面价值。该项目应根据"持有待售资产"科目的期末余额,减去"持有待售资产减值准备"科目的期末余额后的金额填列。

【例 11-5】 浙江宏华股份有限公司计划出售一项固定资产,该固定资产于当年 6 月 30 日被划分为持有待售固定资产,其账面价值为 315 万元,从划归为持有待售的下个月起停止计提折旧,不考虑其他因素,则当年 6 月 30 日,宏华公司资产负债表中"持有待售资产"项目"期末余额"的列报金额为 315 万元。

(11)"一年内到期的非流动资产"项目,反映企业将于一年内到期的非流动资产项目金额。本项目应根据有关科目的期末余额分析填列。

(12)"债权投资"项目,反映资产负债表日企业以摊余成本计量的长期债权投资的期末账面价值。该项目应根据"债权投资"科目的相关明细科目期末余额,减去"债权投资减值准备"科目中相关减值准备的期末余额后的金额分析填列。自资产负债表日起一年内到期的长期债权投资的期末账面价值,在"一年内到期的非流动资产"项目反映。企业购入的以摊余成本计量的一年内到期的债权投资的期末账面价值,在"其他流动资产"项目反映。

(13)"其他债权投资"项目,反映资产负债表日企业分类为以公允价值计量且其变动计入其他综合收益的长期债权投资的期末账面价值。该项目应根据"其他债权投资"科目的相关明细科目期末余额分析填列。自资产负债表日起一年内到期的长期债权投资的期末账面价值,在"一年内到期的非流动资产"项目反映。企业购入的以公允价值计量且其变动计入其他综合收益的一年内到期的债权投资的期末账面价值,在"其他流动资产"项目反映。

(14)"长期应收款"项目,反映企业租赁产生的应收款项和采用递延方式分期收款、实质上具有融资性质的销售商品和提供劳务等经营活动产生的应收款项。本项目应根据"长期应收款"科目的期末余额,减去相应的"未实现融资收益"科目❶和"坏账准备"科目所属相关明细科目期末余额后的金额填列。

(15)"长期股权投资"项目,反映投资方对被投资单位实施控制、重大影响的权益性投资,以及对其合营企业的权益性投资。本项目应根据"长期股权投资"科目的期末余额,减去"长期股权投资减值准备"科目的期末余额后的净额填列。

(16)"其他权益工具投资"项目,反映资产负债表日企业指定为以公允价值计量且其变动计入其他综合收益的非交易性权益工具投资的期末账面价值。该项目应根据"其他权益工具投资"科目的期末余额填列。

(17)"固定资产"项目,反映资产负债表日企业固定资产的期末账面价值和企业尚未清理完毕的固定资产理净损益。该项目应根据"固定资产"科目的期末余额,减去"累计折旧"和"固定资产减值准备"科目的期末余额后的金额,以及"固定资产清理"科目的期末余额填列。

【例 11-6】 12 月 31 日,浙江宏华股份有限公司"固定资产"科目借方余额为 5 000 万元,"累计折旧"科目贷方余额为 2 000 万元,"固定资产减值准备"科目贷方余额为 600 万元,"固定资产清理"科目借方余额为 600 万元,则 12 月 31 日,宏华公司资产负债表中"固定资产"项目"期末余额"的列报金额 = 5 000 - 2 000 - 600 + 600 = 3 000(万元)。

---

❶ "未实现融资收益"科目属于资产类科目,由于初级会计实务中对《企业会计准则第 21 号——租赁》的考察较少,本书在此不再展开。

(18)"在建工程"项目,反映资产负债表日企业尚未达到预定可使用状态的在建工程的期末账面价值和企业为在建工程准备的各种物资的期末账面价值。该项目应根据"在建工程"科目的期末余额,减去"在建工程减值准备"科目的期末余额后的金额,以及"工程物资"科目的期末余额,减去"工程物资减值准备"科目的期末余额后的金额填列。

(19)"使用权资产"项目,反映资产负债表日承租人企业持有的使用权资产的期末账面价值。该项目应根据"使用权资产"科目的期末余额,减去"使用权资产累计折旧"和"使用权资产减值准备"科目的期末余额后的金额填列。

(20)"无形资产"项目,反映企业持有的专利权、非专利技术、商标权、著作权、土地使用权等无形资产的成本减去累计摊销和减值准备后的净值。本项目应根据"无形资产"科目的期末余额,减去"累计摊销"和"无形资产减值准备"科目期末余额后的净额填列。

【例11-7】 12月31日,浙江宏华股份有限公司"无形资产"科目借方余额为800万元,"累计摊销"科目贷方余额为300万元,"无形资产减值准备"科目贷方余额为100万元,则该年12月31日,宏华公司资产负债表中"无形资产"项目"期末余额"的列报金额=800-300-100=400(万元)。

(21)"开发支出"项目,反映企业开发无形资产过程中能够资本化形成无形资产成本的支出部分。本项目应当根据"研发支出"科目中所属的"资本化支出"明细科目期末余额填列。

(22)"长期待摊费用"项目,反映企业已经发生但应由本期和以后各期负担的分摊期限在一年以上的各项费用。本项目应根据"长期待摊费用"科目的期末余额填列。长期待摊费用摊销年限(或期限)只剩1年或不足1年的,或者预计在1年内(含1年)进行摊销的部分,仍在"长期待摊费用"项目中列示,不转入"一年内到期的非流动资产"项目。

(23)"递延所得税资产"项目,反映企业根据所得税准则确认的可抵扣暂时性差异产生的所得税资产。本项目应根据"递延所得税资产"科目的期末余额填列。

(24)"其他非流动资产"项目,反映企业除上述非流动资产以外的其他非流动资产。本项目应根据有关科目的期末余额填列。

2. 负债项目的填列说明

(1)"短期借款"项目,反映企业向银行或其他金融机构等借入的期限在1年以下(含1年)的各种借款。本项目应根据"短期借款"科目的期末余额填列。

(2)"交易性金融负债"项目,反映企业资产负债表日承担的交易性金融负债,以及企业持有的直接指定为以公允价值计量且其变动计入当期损益的金融负债的期末账面价值。该项目应根据"交易性金融负债"科目的相关明细科目期末余额填列。

(3)"应付票据"项目,反映资产负债表日以摊余成本计量的、企业因购买材料、商品和接受服务等开出、承兑的商业汇票,包括银行承兑汇票和商业承兑汇票。该项目应根据"应付票据"科目的期末余额填列。

(4)"应付账款"项目,反映资产负债表日以摊余成本计量的、企业因购买材料、商品和接受服务等经营活动应支付的款项。该项目应根据"应付账款"和"预付账款"科目所属的相关明细科目的期末贷方余额合计数填列。

【例 11-8】 12 月 31 日，浙江宏华股份有限公司"应付账款"总账科目贷方余额为 150 万元，其中"应付账款——甲公司"明细科目贷方余额为 170 万元，"应付账款——乙公司"明细科目借方余额为 20 万元；"预付账款"总账科目借方余额为 25 万元，其中"预付账款——丙公司"明细科目借方余额为 30 万元，"预付账款——丁公司"明细科目贷方余额为 5 万元。不考虑其他因素，则当年 12 月 31 日，宏华公司资产负债表中"应付账款"项目"期末余额"的列报金额=170+5=175(万元)。

(5)"**预收款项**"项目，反映企业按照购货合同规定预收供应单位的款项。本项目应根据"预收账款"和"应收账款"科目所属各明细科目的期末贷方余额合计数填列。如"预收账款"科目所属明细科目期末有借方余额的，应在资产负债表"应收账款"项目内填列。

【例 11-9】 12 月 31 日，浙江宏华股份有限公司"应收账款"总账科目借方余额为 12.55 万元，其中"应收账款——甲公司"明细科目借方余额为 17.55 万元，"应收账款——乙公司"明细科目贷方余额为 5 万元；"预收账款"总账科目贷方余额为 5 万元，其中"预收账款——丙公司"明细科目贷方余额为 20 万元，"预收账款——丁公司"明细科目贷借方余额为 15 万元。不考虑其他因素，则当年 12 月 31 日，宏华公司资产负债表中"预收款项"项目"期末余额"的列报金额=5+20=25(万元)。

(6)"**合同负债**"项目，反映企业按照《企业会计准则第 14 号——收入》(2017 年修订)的相关规定，根据本企业履行履约义务与客户付款之间的关系在资产负债表中列示的合同负债。"合同负债"项目应根据"合同负债"的相关明细科目期末余额分析填列。

> **注意：**
> ↳ 同一合同下的合同资产和合同负债应当以净额列示，其中净额为借方余额的，应当根据其流动性在"合同资产"或"其他非流动资产"项目中填列，已计提减值准备的，还应减去"合同资产减值准备"科目中相关的期末余额后的金额填列；其中净额为贷方余额的，应当根据其流动性在"合同负债"或"其他非流动负债"项目中填列。

(7)"**应付职工薪酬**"项目，反映企业为获得职工提供的服务或解除劳动关系而给予的各种形式的报酬或补偿。企业提供给职工配偶、子女、受赡养人、已故员工遗属及其他受益人等的福利，也属于职工薪酬。职工薪酬主要包括短期薪酬、离职后福利、辞退福利和其他长期职工福利。本项目应根据"应付职工薪酬"科目所属各明细科目的期末贷方余额分析填列。外商投资企业按规定从净利润中提取的职工奖励及福利基金，也在本项目列示。

【例 11-10】 12 月 31 日，浙江宏华股份有限公司"应付职工薪酬"科目明细为：工资、奖金、津贴和补贴 70 万元，社会保险费(含医疗保险、工伤保险)5 万元，设定提存计划(含基本养老保险费)2.5 万元，住房公积金 2 万元，工会经费和职工教育经费 0.5 万元，则当年 12 月 31 日，宏华公司资产负债表中"应付职工薪酬"项目"期末余额"的列报金额=70+5+2.5+2+0.5=80(万元)。

(8)"应交税费"项目,反映企业按照税法规定计算应缴纳的各种税费,包括增值税、消费税、城市维护建设税、教育费附加、地方教育附加、企业所得税、资源税、土地增值税、房产税、城镇土地使用税、车船税、矿产资源补偿费等。企业代扣代缴的个人所得税,也通过本项目列示。企业所缴纳的税金不需要预计应缴数的,如印花税、耕地占用税,不在本项目列示。本项目应根据"应交税费"科目的期末贷方余额填列,如"应交税费"科目期末为借方余额,应以"一"号填列。需要说明的是,"应交税费"科目下的"应交增值税""未交增值税""待抵扣进项税额""待认证进项税额""增值税留抵税额"等明细科目期末借方余额应根据情况,在资产负债表中的"其他流动资产"或"其他非流动资产"项目列示;"应交税费——待转销项税额"等科目期末贷方余额应根据情况在资产负债表中的"其他流动负债"或"其他非流动负债"项目列示;"应交税费"科目下的"未交增值税""简易计税""转让金融商品应交增值税""代扣代交增值税"等科目期末贷方余额应在资产负债表中的"应交税费"项目列示。

(9)"其他应付款"项目,反映企业除应付票据、应付账款、预收账款、应付职工薪酬、应交税费等经营活动以外的其他各项应付、暂收的款项。本项目应根据"应付利息""应付股利""其他应付款"科目的期末余额合计数填列。

> 注意:
> - 企业发放的股票股利不通过"应付股利"科目核算。

(10)"持有待售负债"项目,反映资产负债表日处置组中与划分为持有待售类别的资产直接相关的负债的期末账面价值。本项目应根据"持有待售负债"科目的期末余额填列。

(11)"一年内到期的非流动负债"项目,反映企业非流动负债中将于资产负债表日后1年内到期部分的金额,如将于1年内偿还的长期借款。本项目应根据有关科目的期末余额分析填列。

(12)"长期借款"项目,反映企业向银行或其他金融机构借入的期限在1年以上(不含1年)的各项借款。本项目应根据"长期借款"科目的期末余额,扣除"长期借款"科目所属的明细科目中将在资产负债表日起1年内到期且企业不能自主地将清偿义务展期的长期借款后的金额计算填列。

【例11-11】 12月31日,浙江宏华股份有限公司"长期借款"科目余额为155万元,其中自乙银行借入的5万元借款将于1年内到期,宏华公司不具有自主展期清偿的权利,则宏华公司当年12月31日资产负债表中"长期借款"项目"期末余额"的列报金额=155-5=150(万元),"一年内到期的非流动负债"项目"期末余额"的列报金额为5万元。

(13)"应付债券"项目,反映企业为筹集长期资金而发行的债券本金和利息。本项目应根据"应付债券"科目的期末余额,扣除"应付债券"科目所属的明细科目中将在资产负债表日起1年内到期且企业不能自主地将清偿义务展期的部分后的金额计算填列。

(14)"租赁负债"项目,反映资产负债表日承租人企业尚未支付的租赁付款额的期末账面价值。该项目应根据"租赁负债"科目的期末余额填列。自资产负债表日起1年内到期应予以清偿的租赁负债的期末账面价值,在"一年内到期的非流动负债"项目反映。

(15)"长期应付款"项目,反映资产负债表日企业除长期借款和应付债券以外的其他各种长期应付款项的期末账面价值,主要包括应付补偿贸易引进设备款、采用分期付款方式购入固定资产和无形资产发生的应付账款等。本项目应根据"长期应付款"科目的期末余额,减去相关的"未确认融资费用"科目的期末余额后的金额,以及"专项应付款"科目的期末余额填列。

(16)"预计负债"项目,反映企业根据或有事项等相关准则确认的各项预计负债,包括对外提供担保、未决诉讼、产品质量保证、重组义务以及固定资产和矿区权益弃置义务等产生的预计负债。本项目应根据"预计负债"科目的期末余额填列。

(17)"递延收益"项目,反映尚待确认的收入或收益。本项目核算包括企业根据政府补助准则确认的应在以后期间计入当期损益的政府补助金额、售后租回形成融资租赁的售价与资产账面价值差额等其他递延性收入。本项目应根据"递延收益"科目的期末余额填列。其中摊销期限只剩 1 年或不足 1 年的,或预计在 1 年内(含 1 年)进行摊销的部分,不得归类为流动负债,仍在该项目中填列,不转入"一年内到期的非流动负债"项目。

(18)"递延所得税负债"项目,反映企业根据所得税准则确认的应纳税暂时性差异产生的所得税负债。本项目应根据"递延所得税负债"科目的期末余额填列。

(19)"其他非流动负债"项目,反映企业除以上非流动负债以外的其他非流动负债。本项目应根据有关科目期末余额,减去将于 1 年内(含 1 年)到期偿还数后的余额分析填列。非流动负债各项目中将于 1 年内(含 1 年)到期的非流动负债,应在"一年内到期的非流动负债"项目内反映。

> **知识链接**
>
> ↓ 企业应按照《企业会计准则第 14 号——收入》(财会〔2017〕22 号)的相关规定,根据本企业履行履约义务与客户付款之间的关系在资产负债表中列示合同资产或合同负债。"合同资产"项目、"合同负债"项目,应分别根据"合同资产"科目、"合同负债"科目的相关明细科目的期末余额分析填列,同一合同下的合同资产和合同负债应当以净额列示,其中净额为借方余额的,应当根据其流动性在"合同资产"或"其他非流动资产"项目中填列,已计提减值准备的,还应减去"合同资产减值准备"科目中相关的期末余额后的金额填列;其中净额为贷方余额的,应当根据其流动性在"合同负债"或"其他非流动负债"项目中填列。
>
> ↓ 由于同一合同下的合同资产和合同负债应当以净额列示,企业也可以设置"合同结算"科目(或其他类似科目),以核算同一合同下属于在某一时段内履行履约义务涉及与客户结算对价的合同资产或合同负债,并在此科目下设置"合同结算——价款结算"科目反映定期与客户进行结算的金额,设置"合同结算——收入结转"科目反映按履约进度结转的收入金额。资产负债表日,"合同结算"科目的期末余额在借方的,根据其流动性在"合同资产"或"其他非流动资产"项目中填列;期末余额在贷方的,根据其流动性在"合同负债"或"其他非流动负债"项目中填列。
>
> ↓ 按照《企业会计准则第 14 号——收入》(财会〔2017〕22 号)的相关规定确认为资产的合同取得成本,应当根据"合同取得成本"科目的明细科目初始确认时摊销期限是否超过一年或一个正常营业周期,在"其他流动资产"或"其他非流动资产"项目中填列,已计

提减值准备的,还应以减去"合同取得成本减值准备"科目中相关的期末余额后的金额填列。

⬩ 按照《企业会计准则第 14 号——收入》(财会〔2017〕22 号)的相关规定确认为资产的合同履约成本,应当根据"合同履约成本"科目的明细科目初始确认时摊销期限是否超过 1 年或一个正常营业周期,在"存货"或"其他非流动资产"项目中填列;已计提减值准备的,还应减去"合同履约成本减值准备"科目中相关的期末余额后的金额填列。

⬩ 按照《企业会计准则第 14 号——收入》(财会〔2017〕22 号)的相关规定确认为资产的应收退货成本,应当根据"应收退货成本"科目是否在 1 年或一个正常营业周期内出售,在"其他流动资产"或"其他非流动资产"项目中填列。

⬩ 按照《企业会计准则第 14 号——收入》(财会〔2017〕22 号)的相关规定确认为预计负债的应付退货款,应当根据"预计负债"科目下的"应付退货款"明细科目是否在 1 年或一个正常营业周期内清偿,在"其他流动负债"或"预计负债"项目中填列。

⬩ 企业按照《企业会计准则第 22 号——金融工具确认和计量》(财会〔2017〕7 号)的相关规定对贷款承诺、财务担保合同等项目计提的损失准备,应当在"预计负债"项目中填列。

3. 所有者权益项目的填列说明

(1)"实收资本(或股本)"项目,反映企业各投资者实际投入的资本(或股本)总额。本项目应根据"实收资本(或股本)"科目的期末余额填列。

【例 11-12】 浙江宏华股份有限公司是由 A 公司于 2000 年 3 月 1 日注册成立的有限责任公司,注册资本为人民币 5 000 万元,A 公司以货币资金人民币 5 000 万元出资,占注册资本的 100%,持有宏华公司 100% 的权益。上述实收资本已于 2000 年 3 月 1 日经相关会计师事务所出具的验资报告验证。该资本投入自 2000 年至 2024 年末从未发生过变动,则 2024 年 12 月 31 日,宏华公司资产负债表中"实收资本"项目"期末余额"的列报金额为 5 000 万元。

(2)"其他权益工具"项目,反映资产负债表日企业发行在外的除普通股以外分类为权益工具的金融工具的期末账面价值。对于资产负债表日企业发行的金融工具,分类为金融负债的,应在"应付债券"项目填列,对于优先股和永续债,还应在"应付债券"项目下的"优先股"项目和"永续债"项目分别填列;分类为权益工具的,应在"其他权益工具"项目填列,对于优先股和永续债,还应在"其他权益工具"项目下的"优先股"项目和"永续债"项目分别填列。

(3)"资本公积"项目,反映企业收到投资者出资超出其在注册资本或股本中所占的份额以及直接计入所有者权益的利得和损失等。本项目应根据"资本公积"科目的期末余额填列。

(4)"其他综合收益"项目,反映企业其他综合收益的期末余额。本项目应根据"其他综合收益"科目的期末余额填列。

(5)"专项储备"项目,反映高危行业企业按国家规定提取的安全生产费的期末账面价值。该项目应根据"专项储备"科目的期末余额填列。

(6)"盈余公积"项目,反映企业盈余公积的期末余额。本项目应根据"盈余公积"科目的期末余额填列。

(7)"未分配利润"项目,反映企业尚未分配的利润。未分配利润是指企业实现的净利润经过弥补亏损、提取盈余公积和向投资者分配利润后留存在企业的、历年结存的利润。本项目应根据"本年利润"科目和"利润分配"科目的余额计算填列。未弥补的亏损在本项目内以"一"号填列。

【例 11-13】 浙江宏华股份有限公司(简称"宏华公司")为增值税一般纳税人,适用增值税税率为 13%,所得税税率 25%,其 2024 年资产负债表年初余额如表 11-1 所示,2024 年年末账户余额汇总表如表 11-5 所示。

表 11-5　　　　　　　　　　　期末账户余额表

编制单位:浙江宏华股份有限公司　　　2024 年 12 月 31 日　　　　　　金额单位:元

账户名称	借方余额	账户名称	贷方余额
库存现金	3 100	坏账准备	10 060
银行存款	1 217 067	存货跌价准备	17 690
其他货币资金	22 000	长期股权投资减值准备	4 500
交易性金融资产	28 800	累计折旧	235 000
应收票据	300 000	固定资产减值准备	85 000
应收账款	203 000	累计摊销	320 000
其他应收款	4 500	短期借款	300 000
预付账款	50 000	应付票据	100 000
发出商品	200 000	应付账款	675 000
生产成本	60 000	预收账款	75 000
原材料	138 000	其他应付款	65 000
周转材料	20 000	应付职工薪酬	51 000
库存商品	223 600	应付股利	81 145
材料成本差异	1 000	应交税费	132 917
长期股权投资	300 000	长期借款	1 632 500
固定资产	3 600 000	递延所得税负债	17 900
固定资产清理	25 400	股本	4 200 000
工程物资	152 100	资本公积	233 300
在建工程	670 000	盈余公积	171 555
无形资产	1 200 000	利润分配——未分配利润	131 000
研发支出	20 000		
长期待摊费用	100 000		
合　计	8 538 567	合　计	8 538 567

相关账户的明细资料如下：

(1)"应收账款"账户下属明细借方余额合计 230 000 元,"应收 C 单位"明细余额为贷方 27 000 元;"应付账款"账户下属明细贷方余额合计 708 000 元,"应付宏基公司"明细余额为借方 33 000 元;"预付账款"账户下属明细账户余额全部在借方;"预收账款"账户下属明细贷方余额合计 80 000 元,预收鼎盛公司明细余额为借方 5 000 元。

(2) 长期借款下有一年内到期的长期借款 412 000 元。

(3) 坏账准备全部为应收账款计提。

根据上述资料,编制宏华公司 2024 年 12 月 31 日的资产负债表。

资产负债表具体项目填列分析如下：

货币资金＝库存现金期末余额＋银行存款期末余额＋其他货币资金期末余额＝
　　　　　3 100＋1 217 067＋22 000＝1 242 167(元)

应收账款＝应收账款明细借方余额合计＋预收账款明细借方余额合计－坏账准备
　　　　　期末余额＝230 000＋5 000－10 060＝224 940(元)

预付款项＝预付账款明细借方余额合计＋应付账款明细借方余额合计
　　　　　＝50 000＋33 000＝83 000(元)

其他应收款＝应收利息期末余额＋应收股利期末余额＋其他应收款期末余额
　　　　　　＝4 500(元)

存货＝发出商品期末余额＋原材料期末余额＋周转材料期末余额＋库存商品期末余额＋
　　　生产成本期末余额＋材料成本差异期末借方余额－存货跌价准备期末余额
　　　＝200 000＋138 000＋20 000＋223 600＋60 000＋1 000－17 690
　　　＝624 910(元)

长期股权投资＝长期股权投资期末余额－长期股权投资减值准备期末余额
　　　　　　　＝300 000－4 500＝295 500(元)

固定资产＝固定资产期末余额－累计折旧期末余额－固定资产减值准备期末余
　　　　　额＋固定资产清理期末借方余额＝3 600 000－235 000－85 000＋
　　　　　25 400＝3 305 400(元)

在建工程＝在建工程期末余额＋工程物资期末余额－在建工程减值准备期末余
　　　　　额－工程物资减值准备期末余额＝152 100＋670 000＝822 100(元)

无形资产＝无形资产期末余额－累计摊销期末余额－无形资产减值准备期末余额
　　　　　＝1 200 000－320 000＝880 000(元)

应付账款＝应付账款明细贷方余额合计＋预付账款明细贷方余额合计
　　　　　＝708 000(元)

预收款项＝应收账款明细贷方余额合计＋预收账款明细贷方余额合计
　　　　　＝27 000＋80 000＝107 000(元)

其他应付款＝应付利息期末余额＋应付股利期末余额＋其他应付款期末余额
　　　　　　＝81 145＋65 000＝146 145(元)

长期借款＝长期借款期末余额－1 年内到期的金额
　　　　　＝1 632 500－412 000＝1 220 500(元)

一年内到期的非流动负债＝412 000(元)

除上述项目外,其余项目根据账户余额直接填列,编制完成的宏华公司 2024 年 12 月 31 日的资产负债表如表 11-6 所示。

表 11-6　　　　　　　　　　　　资产负债表　　　　　　　　　　会企 01 表
编制单位:浙江宏华股份有限公司　　　2024 年 12 月 31 日　　　　　单位:元

资　产	期末余额	上年年末余额	负债和所有者权益（或股东权益）	期末余额	上年年末余额
流动资产:			流动负债:		
货币资金	1 242 167.00	1 809 100.00	短期借款	300 000.00	500 000.00
交易性金融资产	28 800.00	26 800.00	交易性金融负债		
衍生金融资产			衍生金融负债		
应收票据	300 000.00		应付票据	100 000.00	
应收账款	224 940.00	472 000.00	应付账款	708 000.00	1 010 000.00
应收款项融资			预收款项	107 000.00	
预付款项	83 000.00	65 000.00	合同负债		
其他应收款	4 500.00	4 500.00	应付职工薪酬	51 000.00	51 000.00
存货	624 910.00	468 200.00	应交税费	132 917.00	52 800.00
合同资产			其他应付款	146 145.00	65 000.00
持有待售资产			持有待售负债		
一年内到期的非流动资产			一年内到期的非流动负债	412 000.00	850 000.00
其他流动资产			其他流动负债		
流动资产合计	2 508 317.00	2 845 600.00	流动负债合计	1 957 062.00	2 528 800.00
非流动资产:			非流动负债:		
债权投资			长期借款	1 220 500.00	950 000.00
其他债权投资			应付债券		
长期应收款			其中:优先股		
长期股权投资	295 500.00	295 500.00	永续债		
其他权益工具投资			租赁负债		
其他非流动金融资产			长期应付款		
投资性房地产			预计负债		
固定资产	3 305 400.00	2 309 000.00	递延收益		
在建工程	822 100.00	1 600 000.00	递延所得税负债	17 900.00	8 000.00
生产性生物资产			其他非流动负债		
油气资产			非流动负债合计	1 238 400.00	958 000.00

(续表)

资　产	期末余额	上年年末余额	负债和所有者权益（或股东权益）	期末余额	上年年末余额
使用权资产			负债合计	3 195 462.00	3 486 800.00
无形资产	880 000.00	960 000.00	所有者权益：		
开发支出	20 000.00		实收资本（或股本）	4 200 000.00	4 200 000.00
商誉			其他权益工具		
长期待摊费用	100 000.00	150 000.00	其中：优先股		
递延所得税资产			永续债		
其他非流动资产			资本公积	233 300.00	233 300.00
非流动资产合计	5 423 000.00	5 314 500.00	减：库存股		
			其他综合收益		
			盈余公积	171 555.00	150 000.00
			未分配利润	131 000.00	90 000.00
			所有者权益（或股东权益）合计	4 735 855.00	4 673 300.00
资产总计	7 931 317.00	8 160 100.00	负债和所有者权益（或股东权益）总计	7 931 317.00	8 160 100.00

第二节　利　润　表

一、利润表概述

利润表（income statement），又称损益表，是反映企业在某一会计期间的经营成果的报表。

通过利润表，可以反映企业在一定会计期间收入、费用、利润（或亏损）的金额和构成情况，帮助财务报表使用者全面了解企业的经营成果，分析企业的获利能力及盈利增长趋势，从而为其作出经济决策提供依据。

利润表包括的项目主要有营业收入、营业成本、税金及附加、销售费用、管理费用、研发费用、财务费用、其他收益、投资收益、公允价值变动收益、资产减值损失、资产处置收益、营业利润、营业外收入、营业外支出、利润总额、所得税费用、净利润、其他综合收益的税后净额、综合收益总额、每股收益等。

二、利润表的结构

利润表的格式有单步式、多步式两种。单步式利润表是将当期所有的收入列在一起，所有的费用列在一起，然后将两者相减得出当期净损益。我国企业的利润表采用**多步式**格式，即通过对当期的收入、费用、支出项目按性质加以归类，按利润形成的主要环节列示一些中间性利润指标，分步计算当期净损益，以便财务报表使用者理解企业经营成果的不同来源。

利润表一般由表头、表体两部分组成。表头部分应列明报表名称、编制单位名称、编制日期、报表编号和计量单位。表体部分是利润表的主体，列示了形成经营成果的各个项目和计算过程。

为了使财务报表使用者通过比较不同期间利润的实现情况，判断企业经营成果的未来发展趋势，企业需要提供比较利润表。为此，利润表还需就各项目再分为"本期金额"和"上期金额"两栏分布填列。我国企业利润表的格式一般如表 11-7 所示。

表 11-7　　　　　　　　　　　　　　利润表　　　　　　　　　　　　　　会企 02 表
编制单位：　　　　　　　　　　　　　　年　月　　　　　　　　　　　　　　单位：元

项　目	本期金额	上期金额
一、营业收入		
减：营业成本		
税金及附加		
销售费用		
管理费用		
研发费用		
财务费用		
其中：利息费用		
利息收入		
加：其他收益		
投资收益（损失以"－"号填列）		
其中：对联营企业和合营企业的投资收益		
以摊余成本计量的金融资产终止确认收益（损失以"－"号填列）		
净敞口套期收益（损失以"－"号填列）		
公允价值变动收益（损失以"－"号填列）		
信用减值损失（损失以"－"号填列）		
资产减值损失（损失以"－"号填列）		
资产处置收益（损失以"－"号填列）		
二、营业利润（亏损以"－"号填列）		
加：营业外收入		
减：营业外支出		
三、利润总额（亏损总额以"－"号填列）		

(续表)

项　目	本期金额	上期金额
减：所得税费用		
四、净利润（净亏损以"－"号填列）		
五、其他综合收益的税后净额		
（一）不能重分类进损益的其他综合收益		
1. 重新计量设定受益计划变动额		
2. 权益法下不能转损益的其他综合收益		
3. 其他权益工具投资公允价值变动		
4. 企业自身信用风险公允价值变动		
……		
（二）将重分类进损益的其他综合收益		
1. 权益法下可转损益的其他综合收益		
2. 其他债权投资公允价值变动		
3. 金融资产重分类计入其他综合收益的金额		
4. 其他债权投资信用减值准备		
5. 现金流量套期储备		
6. 外币财务报表折算差额		
……		
六、综合收益总额		
七、每股收益		
（一）基本每股收益		
（二）稀释每股收益		

三、利润表的编制

利润表编制的原理是"收入－费用＝利润"的会计恒等式和收入与费用的配比原则。企业在生产经营中不断地取得各项收入，同时发生各种费用，收入减去费用，剩余的部分就是企业的盈利。将取得的收入和发生的相关费用进行对比，对比结果就是企业的经营成果。如果企业经营不当，发生的生产经营费用超过取得的收入，企业就发生了亏损；反之企业就能取得一定的利润。企业将经营成果的核算过程和结果编制成报表，就形成了利润表。

（一）利润表项目的填列方法

我国企业利润表的主要编制步骤和内容如下：

第一步，以营业收入为基础，减去营业成本、税金及附加、销售费用、管理费用、研发费用、财务费用，加上其他收益、投资收益（或减去投资损失）、公允价值变动收益（或减去公允价值变动损失）、资产减值损失、信用减值损失、资产处置收益（或减去资产处置损失），计算出营业利润。

第二步,以营业利润为基础,加上营业外收入,减去营业外支出,计算出利润总额。

第三步,以利润总额为基础,减去所得税费用,即计算出净利润(或净亏损)。

第四步,以净利润(或净亏损)为基础,计算出每股收益。

第五步,以净利润(或净亏损)和其他综合收益为基础,计算出综合收益总额。

利润表各项目均需填列"本期金额"和"上期金额"两栏。其中"上期金额"栏内各项数字,应根据上年该期利润表的"本期金额"栏内所列数字填列。"本期金额"栏内各期数字,除"基本每股收益"和"稀释每股收益"项目外,应当按照相关科目的发生额分析填列。如"营业收入"项目,根据"主营业务收入""其他业务收入"科目的发生额分析计算填列;"营业成本"项目,根据"主营业务成本""其他业务成本"科目的发生额分析计算填列。

(二) 利润表项目的填列说明

(1)"营业收入"项目,反映企业经营主要业务和其他业务所确认的收入总额。本项目应根据"主营业务收入"和"其他业务收入"科目的发生额分析填列。

【例 11-14】 浙江宏华股份有限公司为热电企业,其经营范围包括电、热的生产和销售;发电、输变电工程的技术咨询;电力设备及相关产品的采购、开发、生产和销售等。宏华公司本年度"主营业务收入"科目发生额明细如下所示:电力销售收入合计8 000万元,热力销售收入合计1 400万元;"其他业务收入"科目发生额合计600万元,则宏华公司本年度利润表中"营业收入"项目"本期金额"的列报金额=8 000+1 400+600=10 000(万元)。

(2)"营业成本"项目,反映企业经营主要业务和其他业务所发生的成本总额。本项目应根据"主营业务成本"和"其他业务成本"科目的发生额分析填列。

【例 11-15】 浙江宏华股份有限公司本年度"主营业务成本"科目发生额合计7 500万元,"其他业务成本"科目发生额合计500万元,则宏华公司本年度利润表中"营业成本"项目本期金额"的列报金额=7 500+500=8 000(万元)。

(3)"税金及附加"项目,反映企业经营业务应负担的消费税、城市维护建设税、教育费附加、资源税、土地增值税及房产税、车船税、城镇土地使用税、印花税等相关税费。本项目应根据"税金及附加"科目的发生额分析填列。

【例 11-16】 浙江宏华股份有限公司(简称"宏华公司")本年度"应交税费——应交增值税"明细科目的发生额如下所示:增值税销项税额合计1 700万元,进项税额合计700万元;"税金及附加"科目的发生额如下所示:城市维护建设税合计50万元,教育费附加合计30万元,地方教育附加合计20万元,房产税合计400万元,城镇土地使用税合计20万元,则宏华公司本年度利润表中"税金及附加"项目"本期金额"的列报金额=50+30+20+400+20=520(万元)。

(4)"销售费用"项目,反映企业在销售商品过程中发生的包装费、广告费等费用和为销售本企业商品而专设的销售机构的职工薪酬、业务费等经营费用。本项目应根据"销售费用"科目的发生额分析填列。

(5)"管理费用"项目,反映企业为组织和管理生产经营发生的管理费用。本项目应根据"管理费用"科目的发生额分析填列。

(6)"研发费用"项目,反映企业进行研究与开发过程中发生的费用化支出,以及计入管理费用的自行开发无形资产的摊销。该项目应根据"管理费用"科目下的"研发费用"明细科目的发生额,以及"管理费用"科目下的"无形资产摊销"明细科目的发生额分析填列。

(7)"财务费用"项目,反映企业为筹集生产经营所需资金等而发生的应予费用化的利息支出。本项目应根据"财务费用"科目的相关明细科目的发生额分析填列。其中:"利息费用"项目,反映企业筹集生产经营所需资金等而发生的应予费用化的利息支出,该项目应根据"财务费用"科目的相关明细科目的发生额分析填列。"利息收入"项目,反映企业应冲减财务费用的利息收入,该项目应根据"财务费用"科目的相关明细科目的发生额分析填列。

【例11-17】浙江宏华股份有限公司(简称"宏华公司")本年度"财务费用"科目的发生额如下所示:银行长期借款利息支出合计1 000万元,银行短期借款利息支出90万元,银行存款利息收入合计8万,银行手续费支出合计18万元,则宏华公司本年度利润表中"财务费用"项目"本期金额"的列报金额=1 000+90-8+18=1 100(万元)。

(8)"其他收益"项目,反映计入其他收益的政府补助以及其他与日常活动相关且计入其他收益的项目。本项目应根据"其他收益"科目的发生额分析填列。

(9)"投资收益"项目,反映企业以各种方式对外投资所取得的收益。本项目应根据"投资收益"科目的发生额分析填列。如为投资损失,本项目以"一"号填列。

【例11-18】浙江宏华股份有限公司(简称"宏华公司")本年度"投资收益"科目的发生额如下所示:按权益法核算的长期股权投资收益合计290万元,按成本法核算的长期股权投资收益合计200万元,处置长期股权投资发生的投资损失合计500万元,则宏华公司本年度利润表中"投资收益"项目"本期金额"的列报金额=290+200-500=-10(万元)。

(10)"公允价值变动收益"项目,反映企业应当计入当期损益的资产或负债公允价值变动收益。本项目应根据"公允价值变动损益"科目的发生额分析填列,如为净损失,本项目以"一"号填列。

(11)"信用减值损失"项目,反映企业计提的各项金融工具信用减值准备所确认的信用损失。该项目应根据"信用减值损失"科目的发生额分析填列。

(12)"资产减值损失"项目,反映企业各项资产发生的减值损失。本项目应根据"资产减值损失"科目的发生额分析填列。

【例11-19】浙江宏华股份有限公司(简称"宏华公司")本年度"资产减值损失"科目的发生额如下所示:存货减值损失合计85万元,坏账损失合计15万元,固定资产减值损失合计174万元,无形资产减值损失合计26万元,则宏华公司本年度利润表中"资产减值损失"项目"本期金额"的列报金额=85+15+174+26=300(万元)。

(13)"资产处置收益"项目,反映企业出售划分为持有待售的非流动资产(金融工具、长期股权投资和投资性房地产除外)或处置组(子公司和业务除外)时确认的处置利得或损失,以及处置未划分为持有待售的固定资产、在建工程、生产性生物资产及无形资产而产生的处置利得或损失。债务重组中因处置非流动资产产生的利得或损失、非货币性资产交换中换出非流动资产产生的利得或损失也包括在本项目内。本项目应根据"资产处置损益"科目的发生额分析填列;如为处置损失,以"－"号填列。

(14)"营业利润"项目,反映企业实现的营业利润。如为亏损,以"－"号填列。

(15)"营业外收入"项目,反映企业发生的除营业利润以外的收益,主要包括与企业日常活动无关的政府补助、盘盈利得、捐赠利得(企业接受股东或股东的子公司直接或间接的捐赠,经济实质属于股东对企业的资本性投入的除外)等。本项目应根据"营业外收入"科目的发生额分析填列。

【例11-20】 浙江宏华股份有限公司(简称"宏华公司")本年度"营业外收入"科目的发生额如下所示:与企业日常活动无关的政府补助50万元,固定资产盘盈利得合计20万元,则宏华公司本年度利润表中"营业外收入"项目"本期金额"的列报金额＝50＋20＝70(万元)。

(16)"营业外支出"项目,反映企业发生的除营业利润以外的支出,主要包括捐赠支出、非常损失、盘亏损失、非流动资产毁损报废损失等。本项目应根据"营业外支出"科目的发生额分析填列。

【例11-21】 浙江宏华股份有限公司(简称"宏华公司")本年度"营业外支出"科目的发生额如下所示:固定资产盘亏损失14万元,罚没支出合计10万元,捐赠支出合计4万元,其他营业外支出2万元,则其本年度利润表中"营业外支出"项目"本期金额"的列报金额＝14＋10＋4＋2＝30(万元)。

(17)"利润总额"项目,反映企业实现的利润。如为亏损,以"－"号填列。

(18)"所得税费用"项目,反映企业应从当期利润总额中扣除的所得税费用。本项目应根据"所得税费用"科目的发生额分析填列。

(19)"净利润"项目,反映企业实现的净利润。如为亏损,以"－"号填列。

(20)"其他综合收益的税后净额"项目,反映企业根据企业会计准则规定未在损益中确认的各项利得和损失扣除所得税影响后的净额。

(21)"综合收益总额"项目,反映企业净利润与其他综合收益(税后净额)的合计金额。

(22)"每股收益"项目,包括基本每股收益和稀释每股收益两项指标,反映普通股或潜在普通股已公开交易的企业,以及正处在公开发行普通股或潜在普通股过程中的企业的每股收益信息。

【例11-22】 沿用【例11-14】至【例11-21】中的数据,宏华公司编制的本年度利润表如表11-8所示。

表 11-8　　　　　　　　　　　　　利润表　　　　　　　　　　　　　会企02表

编制单位：浙江宏华股份有限公司　　　2024年度　　　　　　　　　　单位：元

项　目	本年金额	上年金额（略）
一、营业收入	100 000 000	
减：营业成本	80 000 000	
税金及附加	5 200 000	
销售费用		
管理费用		
研发费用		
财务费用	11 000 000	
其中：利息费用	10 900 000	
利息收入	80 000	
加：其他收益		
投资收益（损失以"－"号填列）	－100 000	
其中：对联营企业和合营企业的投资收益	2 900 000	
以摊余成本计量的金融资产终止确认收益（损失以"－"号填列）		
净敞口套期收益（损失以"－"号填列）		
公允价值变动收益（损失以"－"号填列）		
信用减值损失（损失以"－"号填列）		
资产减值损失（损失以"－"号填列）	－3 000 000	
资产处置收益（损失以"－"号填列）		
二、营业利润（亏损以"－"号填列）	700 000	
加：营业外收入	700 000	
减：营业外支出	300 000	
三、利润总额（亏损总额以"－"号填列）	1 100 000	
减：所得税费用	360 000	
四、净利润（净亏损以"－"号填列）	740 000	
五、其他综合收益的税后净额		
（一）以后不能重分类进损益的其他综合收益		
……		
（二）以后将重分类进损益的其他综合收益		
……		
六、综合收益总额	740 000	
七、每股收益		
（一）基本每股收益		
（二）稀释每股收益		

第三节 现金流量表

一、现金流量表的内容和结构

(一) 现金流量表的内容

现金流量表(cash flow statement),是指反映企业在一定会计期间现金和现金等价物流入和流出的报表。从编制原则上看,现金流量表按照收付实现制原则编制,将权责发生制下的盈利信息调整为收付实现制下的现金流量信息,便于信息使用者了解企业净利润的质量。从内容上看,现金流量表被划分为经营活动、投资活动和筹资活动三个部分。每类活动又分为各具体项目,这些项目从不同角度反映企业业务活动的现金流入与流出,弥补了资产负债表和利润表提供信息的不足。通过现金流量表,报表使用者能够了解现金流量的影响因素,评价企业的支付能力、偿债能力和周转能力,预测企业未来现金流量,为其决策提供有力依据。

(二) 现金流量表的结构

在现金流量表中,现金及现金等价物被视为一个整体,企业现金形式的转换不会产生现金的流入和流出。例如,企业从银行提取现金,是企业现金存放形式的转换,并未流出企业,不构成现金流量。同样,现金与现金等价物之间的转换也不属于现金流量。例如,企业用现金购买三个月到期的国库券。根据企业业务活动的性质和现金流量的来源,现金流量表在结构上将企业一定期间产生的现金流量分为三类:经营活动产生的现金流量、投资活动产生的现金流量和筹资活动产生的现金流量。一般企业现金流量表的具体格式如表11-9所示。

> **注意:**
> ♦ 现金是指企业的库存现金以及可以随时用于支付的存款,具体包括库存现金、银行存款、其他货币资金等。不能随时用于支付的存款不属于现金(如冻结存款)。
> ♦ 现金等价物是指企业持有的期限短、流动性强、易于转换为已知金额现金、价值变动风险很小的投资。现金等价物一般指从购买日起3个月内到期的债券投资,即交易性金融资产中的债券投资。权益性投资由于变现金额不确定,不属于现金等价物。

表 11-9　　　　　　　　　现金流量表　　　　　　　　　会企03表
编制单位:　　　　　　　　　　年　　　　　　　　　　单位:元

项　目	本期金额	上期金额(略)
一、经营活动产生的现金流量:		
销售商品、提供劳务收到的现金		
收到的税费返还		
收到其他与经营活动有关的现金		
经营活动现金流入小计		

(续表)

项　目	本期金额	上期金额(略)
购买商品、接受劳务支付的现金		
支付给职工以及为职工支付的现金		
支付的各项税费		
支付其他与经营活动有关的现金		
经营活动现金流出小计		
经营活动产生的现金流量净额		
二、投资活动产生的现金流量：		
收回投资收到的现金		
取得投资收益收到的现金		
处置固定资产、无形资产和其他长期资产收回的现金净额		
处置子公司及其他营业单位收到的现金净额		
收到其他与投资活动有关的现金		
投资活动现金流入小计		
购建固定资产、无形资产和其他长期资产支付的现金		
投资支付的现金		
取得子公司及其他营业单位支付的现金净额		
支付其他与投资活动有关的现金		
投资活动现金流出小计		
投资活动产生的现金流量净额		
三、筹资活动产生的现金流量：		
吸收投资收到的现金		
取得借款收到的现金		
收到其他与筹资活动有关的现金		
筹资活动现金流入小计		
偿还债务支付的现金		
分配股利、利润或偿付利息支付的现金		
支付其他与筹资活动有关的现金		
筹资活动现金流出小计		
筹资活动产生的现金流量净额		
四、汇率变动对现金及现金等价物的影响		
五、现金及现金等价物净增加额		
加：期初现金及现金等价物余额		
六、期末现金及现金等价物余额		

二、现金流量表的填列方法

（一）经营活动产生的现金流量

经营活动是指企业投资活动和筹资活动以外的所有交易或事项。各类企业由于企业特点不同，对经营活动的认定存在一定差异。对于工商企业而言，经营活动主要包括销售商品、提供劳务、购买商品、接受劳务、支付职工薪酬、支付税费等。对于商业银行而言，经营活动主要包括吸收存款、发放贷款、同业存放、同业拆借等。对于保险公司而言，经营活动主要包括原保险业务和再保险业务等。对于证券公司而言，经营活动主要包括自营证券、代理承销证券、代理兑付证券、代理买卖证券等。

在我国，企业经营活动产生的现金流量应当采用直接法填列。直接法，是指通过现金收入和现金支出的主要类别列示经营活动的现金流量。

（二）投资活动产生的现金流量

投资活动是指企业长期资产的购建和不包括在现金等价物范围内的投资及其处置活动。长期资产是指固定资产、无形资产、在建工程、其他资产等持有期限在 1 年或一个正常营业周期以上的资产。这里所讲的投资活动，既包括实物资产投资，也包括金融资产投资。这里之所以将"包括在现金等价物范围内的投资"排除在外，是因为已经将包括在现金等价物范围内的投资视同现金。不同企业由于行业特点不同对投资活动的认定也存在差异。例如，以公允价值计量且其变动计入当期损益的金融资产所产生的现金流量，对于工商业企业而言，属于投资活动现金流量，而对于证券公司而言，属于经营活动现金流量。

（三）筹资活动产生的现金流量

筹资活动是指导致企业资本及债务规模和构成发生变化的活动。这里所说的资本，既包括实收资本（股本），也包括资本溢价（股本溢价）；这里所说的债务，指对外举债，包括向银行借款、发行债券以及偿还债务等。通常情况下，应付账款、应付票据等商业应付款等属于经营活动，不属于筹资活动。

此外，对于企业日常活动之外特殊的、不经常发生的特殊项目，如自然灾害损失、保险赔款、捐赠等，应当归并到相关类别中，并单独反映。如对于自然灾害损失和保险赔款如果能够确认属于流动资产损失，应当列入经营活动产生的现金流量；属于固定资产损失，应当列入投资活动产生的现金流量。

（四）汇率变动对现金及现金等价物的影响

编制现金流量表时，应当将企业外币现金流量以及境外子公司的现金流量折算成记账本位币。外币现金流量以及境外子公司的现金流量，应当采用现金流量发生日的即期汇率或按照系统合理的方法确定的、与现金流量发生日即期汇率近似的汇率折算。汇率变动对现金的影响额应当作为调节项目，在现金流量表中单独列报。

三、现金流量表的编制方法及程序

（一）直接法和间接法

编制现金流量表时，列报经营活动现金流量的方法有两种：一是直接法；二是间接法。

在直接法下，一般是以利润表中的营业收入为起点，调节与经营活动有关的项目的增减变化，然后计算出经营活动产生的现金流量。在间接法下，将净利润调节为经营活动现金流量，实际上就是将按权责发生制原则确定的净利润调整为现金净流入，并剔除投资活动和筹资活动对现金流量的影响。现金流量表的编制方法如图11-2所示。

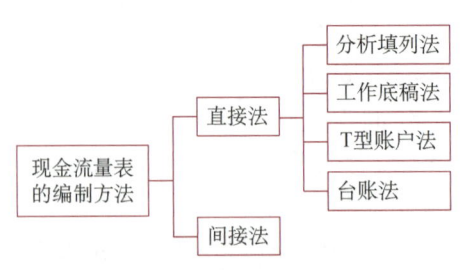

图 11-2 现金流量表的编制方法

采用直接法编报的现金流量表，便于分析企业经营活动产生的现金流量的来源和用途，预测企业现金流量的未来前景；采用间接法编报现金流量表，便于将净利润与经营活动产生的现金流量净额进行比较，了解净利润与经营活动产生的现金流量差异的原因，从现金流量的角度分析净利润的质量。所以，我国企业会计准则规定企业应当采用直接法编报现金流量表，同时要求在附注中提供以净利润为基础调节到经营活动现金流量的信息。

(二) 工作底稿法、T型账户法和分析填列法

企业在具体编制现金流量表时，可以采用工作底稿法或 T 型账户法，也可以根据有关科目记录分析填列。

1. 工作底稿法

采用工作底稿法编制现金流量表，是以工作底稿为手段，以资产负债表和利润表数据为基础，对每一个项目进行分析并编制调整分录，从而编制现金流量表。

工作底稿法的程序是：

第一步，将资产负债表的期初数和期末数过入工作底稿的期初数栏和期末数栏。

第二步，对当期业务进行分析并编制调整分录。调整调整分录时，要以利润表项目为基础，从"营业收入"开始，结合资产负债表项目逐一进行分析。在调整分录中，有关现金和现金等价物的事项，并不直接借记或贷记现金，而是分别记入"经营活动产生的现金流量""投资活动产生的现金流量""筹资活动产生的现金流量"有关项目，借记表示现金流入，贷记表示现金流出。

第三步，将调整分录过入工作底稿中的相应部分。

第四步，核对调整分录，借方、贷方合计数均已经相等，资产负债表项目期初数加减调整分录中的借贷金额以后，也等于期末数。

第五步，根据工作底稿中的现金流量表项目部分编制正式的现金流量表。

2. T 型账户法

采用 T 型账户法编制现金流量表是以 T 型账户为手段，以资产负债表和利润表数据为基础，对每一项目进行分析并编制调整分录，从而编制现金流量表。

T 型账户法的程序是：

第一步，为所有的非现金项目（包括资产负债表项目和利润表项目）分别开设 T 型账户，

并将各自的期末、期初变动数过入各该账户。如果项目的期末数大于期初数,则将差额过入和项目余额相同的方向;反之,过入相反的方向。

第二步,开设一个大的"现金及现金等价物"T型账户,每边分为经营活动、投资活动和筹资活动三个部分。账户左边记现金流入,右边记现金流出,与其他账户一样,过入期末、期初变动数。

第三步,以利润表项目为基础。结合资产负债表分析每一个非现金项目的增减变动,并据此编制调整分录。

第四步,将调整分录过入各T型账户并进行核对,该账户借贷相抵后的余额与原先过入的期末期初变动数应当一致。

第五步,根据大的"现金及现金等价物"T型账户编制正式的现金流量表。

3. 分析填列法

分析填列法是直接根据资产负债表、利润表和有关会计科目明细账的记录,分析计算出现金流量表各项的金额,并据以编制现金流量表的一种方法。

分析填列法下各主要项目的分析计算过程如下:

(1) 经营活动产生的现金流量。

❶ 销售商品、提供劳务所收到的现金。此项反映企业销售商品、提供劳务实际收到的现金,填列时应包括:实际向购买者收取的收入;实际向购买者收取的增值税销项税额;收回以前各期赊销的款项;预收的款项;扣除本期退货支付的现金。本项目采用权责发生制下的各收入金额,加减调整各应收预收项目的变动,可以根据"主营业务收入""其他业务收入""应交税费""应收票据""应收账款""预收账款""坏账准备"等账户的金额分析填列。相关计算公式如下:

销售商品、提供劳务所收到的现金＝营业收入＋应交增值税销项税额＋(应收账款期初余额－应收账款期末余额)＋(应收票据期初余额－应收票据期末余额)＋(预收款项期末余额－预收款项期初余额)－本期计提的坏账准备－本期票据贴现息－本期以非现金方式偿还的应收款项

【例 11-23】 浙江宏华股份有限公司(简称"宏华公司")本期营业收入 280 万元,增值税销项税额 36.40 万元;"应收票据"账户期初余额 27 万元,期末余额 6 万元;"应收账款"账户期初余额 100 万元,期末余额 40 万元,本期计提坏账准备 2 万元;"预收账款"账户期初无金额,期末余额 5 万元。填列宏华公司本期现金流量表中"销售商品、提供劳务所收到的现金"项目的金额。

销售商品、提供劳务所收到的现金＝280＋36.40＋(27－6)＋(100－40)－2＋(5－0)
　　　　　　　　　　　　　　＝400.4(万元)

❷ 收到的税费返还。此项反映企业收到返还的各种税费,包括收到返还的增值税、消费税、关税、所得税、教育费附加等。本项目应当根据当期实际收到税费返还数计算填列。

❸ 收到的其他与经营活动有关的现金。此项反映企业除上述两项现金收入外其他与经营活动有关的现金收入,如罚款收入、流动资产损失中由个人赔偿的现金收入、经营租赁租金收入等。本项目主要根据"营业外收入"(罚没收入)、"其他应收款"(收回存出保证金、

备用金等)、"其他应付款"(存入保证金、流动资产损失中由个人赔偿的部分)等账户的金额分析填列。

❹ 购买商品、接受劳务支付的现金。此项反映企业购买商品、接受劳务实际支付的现金,填列时应包括:实际支付给供应商的货款;实际支付给供应商的增值税进项税额;支付以前各期赊购的款项;预付的款项;扣除本期购货退回的现金。本项目采用权责发生制下的成本金额,加减调整存货变动、各应付预付项目变动,可以根据"主营业务成本""其他业务成本""应交税费""库存商品""原材料""应付票据""应付账款""预付账款"等账户的金额分析填列。相关计算公式如下:

购买商品、接受劳务支付的现金=营业成本+应交增值税进项税额+(存货期末余额-存货期初余额)+本期计提的存货跌价准备+本期管理部门、在建工程等其他部门领用的存货-本期列入成本的折旧费、固定资产修理费、职工薪酬-存货盘盈及固定资产清理报废收回残料+(应付账款期初余额-应付账款期末余额)+(应付票据期初余额-应付票据期末余额)+(预付款项期末余额-预付款项期初余额)-本期以非现金资产偿还的应付款项

【例 11-24】 浙江宏华股份有限公司本期营业成本 165 万元,增值税进项税额 21.45 万元;存货期初余额 48 万元,期末余额 23 万元,自营工程领用存货 4.50 万元;应付账款期初余额 18 万元,期末余额 22 万元;预付账款期初余额 15 万元,期末余额 2 万元。填列宏华公司本期现金流量表中"购买商品、接受劳务支付的现金"项目的金额。

购买商品、接受劳务支付的现金=165+21.45+(23-48)+4.50+(18-22)+(2-15)
=148.95(万元)

❺ 支付给职工以及为职工支付的现金。本项目反映企业实际支付给职工以及为职工支付的现金,填列时应包括:实际支付给职工的工资、薪金;企业代扣代缴的职工个人所得税;为职工支付的其他费用,如住房公积金、养老保险金、各项福利费等。本项目可以根据"应付职工薪酬"等账户分析填列。

本项目不包括:支付给离退休人员的各项开支(在现金流量表"支付的其他与经营活动有关的现金"中反映);支付给在建工程人员的各项开支(在现金流量表"购建固定资产、无形资产和其他长期资产支付的现金"中反映)。

❻ 支付的各项税费。本项目反映企业本期按照规定实际支付的各种税费,包括所得税、增值税、消费税、印花税、房产税、土地增值税、资源税、车船税、教育费附加、环保税等各项税费。

本项目不包括:实际收取的增值税销项税额(在现金流量表"销售商品、提供劳务所收到的现金"中反映);实际支付的增值税进项税额(在现金流量表"购买商品、接受劳务支付的现金"中反映);本期退回的增值税、所得税等(在现金流量表"收到的税费返还"中反映);计入固定资产价值的耕地占用税(在现金流量表"购建固定资产、无形资产和其他长期资产支付的现金"中反映)。

❼ 支付的其他与经营活动有关的现金。本项目反映企业除上述现金流出外其他与经营活动有关的现金支付,如经营租赁支付的租金、支付的罚款、差旅费、业务招待费、保险费等。本项目根据"其他应收款"(存出保证金、备用金)"长期待摊费用"(短期租入资产)"其他

应付款"(退还存入保证金)"销售费用""管理费用"(业务招待费、差旅费等)"营业外支出"(罚没支出)等账户分析填列。

(2) 投资活动产生的现金流量。

❶ 收回投资收到的现金。本项目反映企业出售、转让或到期收回除现金等价物以外的对其他企业的权益性投资、债权性投资实际收到的现金。本项目可以根据"交易性金融资产""债权投资""其他债权投资""其他权益工具投资""长期股权投资"等账户分析填列。

本项目不包括:收回债权性投资所产生的投资收益;处置子公司及其他营业单位收到的现金净额。

❷ 取得投资收益收到的现金,反映企业除现金等价物以外的对其他企业的权益性投资、债权性投资实际收到的现金股利和利息。本项目可以根据"投资收益""应收股利""应收利息"等账户分析填列。本项目不包括股票股利。

❸ 处置固定资产、无形资产和其他长期资产收回的现金净额,反映企业出售、报废固定资产、无形资产和其他长期资产实际收到的现金净额。如收到的现金净额为负数,则在"支付其他与投资活动有关的现金"中反映。本项目可以根据"资产处置损益""营业外收入""营业外支出""固定资产清理"等账户分析填列。

❹ 处置子公司及其他营业单位收到的现金净额,反映企业处置子公司及其他营业单位实际取得的现金,扣除相关处置费用以及子公司及其他营业单位持有的现金后的净额。本项目可以根据"长期股权投资"账户分析填列。

❺ 收到其他与投资活动有关的现金,反映企业收到的除上述项目外的其他与投资活动有关的现金流入,如企业收到购买股票或债券时已宣布发放但尚未领取的现金股利和债券利息。

❻ 购建固定资产、无形资产和其他长期资产支付的现金,反映企业本期购买或建造固定资产、取得无形资产和其他长期资产实际支付的现金。本项目根据"固定资产""在建工程""无形资产""研发支出"等账户分析填列。

本项目不包括:购建固定资产发生的借款利息资本化部分(在现金流量表"分配股利、利润或偿付利息支付的现金"项目中反映);租入使用权资产的租金(在现金流量表"支付其他与筹资活动有关的现金"项目中反映)。

❼ 投资支付的现金,反映企业取得的除现金等价物以外的对其他企业的权益性投资、债权性投资实际支付的现金,包括支付的佣金、手续费等交易费用。本项目可以根据"交易性金融资产""债权投资""其他债权投资""其他权益工具投资""长期股权投资"等账户分析填列。

本项目不包括取得子公司及其他营业单位支付的现金。

❽ 取得子公司及其他营业单位支付的现金净额,反映企业购买子公司及其他营业单位时以现金支付的出价部分,减去子公司及其他营业单位持有的现金及现金等价物后的净额。本项目可以根据"长期股权投资"账户分析填列。

❾ 支付的其他与投资活动有关的现金,反映企业除上述各项外所支付的其他与投资活

动有关的现金,如企业购买股票时实际支付的价款中已宣告发放而尚未领取的现金股利,购买债券时支付的价款中包含的已到期而尚未领取的债券利息等。

(3) 筹资活动产生的现金流量。

❶ 吸收投资收到的现金,反映企业通过发行股票、债券等方式筹集资金实际收到的现金,扣除支付的佣金、手续费、宣传费、印刷费等。本项目可以根据"实收资本""股本"账户分析填列。

本项目不包括以发行股票、债券方式筹集资金而由企业直接支付的审计、咨询费用。

❷ 取得借款收到的现金,反映企业举借各种长期借款、短期借款实际收到的现金。本项目可以根据"短期借款""长期借款"等账户分析填列。

❸ 收到其他与筹资活动有关的现金,反映企业除上述两项外,收到的其他与筹资活动有关的现金,如接受现金捐赠等。

❹ 偿还债务支付的现金,反映企业偿还债务本金所支付的现金,包括偿还各项借款本金、收回发行在外债券本金等。本项目可以根据"短期借款""长期借款""应付债券"等账户分析填列。

本项目不包括支付借款利息及债券利息(在现金流量表"分配股利、利润或偿付利息支付的现金"项目中反映)。

❺ 分配股利、利润或偿付利息支付的现金,反映企业实际支付的现金股利、付给投资单位的利润及借款利息和债券利息。本项目可以根据"应付利润""应付股利""财务费用"等账户分析填列。

❻ 支付的其他与筹资活动有关的现金,反映企业支付的除上述项目外的其他与筹资活动有关的现金,如捐赠现金支出、租入固定资产所支付的现金、减少注册资本所支付的现金等。本项目可以根据"营业外支出""长期应付款"等账户分析填列。

(4) 汇率变动对现金的影响,反映企业外币现金流量以及境外子公司的现金流量折算为人民币时,所采用的现金流量发生日的即期汇率(或按照系统合理的方法确定的与现金流量发生日即期汇率近似的汇率)折算的人民币金额与"现金及现金等价物净增加额"中的外币现金净增加额按照期末汇率折算的人民币金额之间的差额。

在编制现金流量表时,可以逐笔计算外币业务发生的汇率变动对现金的影响,也可以采用简化的方法,通过现金流量表补充资料中的"现金及现金等价物净增加额"数额与现金流量表中的"经营活动产生的现金流量净额""投资活动产生的现金流量净额""筹资活动产生的现金流量净额"三项之和比较,其差额即为"汇率变动对现金及现金等价物的影响"项目的金额。

(三) 根据记账凭证整理编制

根据记账凭证整理编制现金流量表的方法即为台账法。采用台账法编制现金流量表,通过设置现金流量表台账,按经营、投资和筹资活动的现金流入和现金流出设置账页,并按现金流量表的项目分设专栏。每一项经济业务发生时,判断其是否涉及现金类项目:若涉及现金类项目并使现金金额增加,属于现金流入,分析其应该列入现金流量表哪一类、哪一项的现金流入,并作登记;若涉及现金类项目并使现金金额减少,属于现金流出,分析其应该列入现金流量表哪一类、哪一项的现金流出,也作登记;若不涉及现金类项目的,则不作处理。

这种方法对数据的分析详尽、细致,编制的现金流量表数据来源可靠、结果真实,但是对当期的会计记录进行逐项分析工作量大,集中在会计期末处理不容易实现。企业只有将数据分析工作放在日常进行,即在记录每笔经济业务的同时,判断该项会计记录是否涉及现金变动,随时登记现金流量表台账,积累相关资料,会计期末经过数据加总,现金流量表也就产生了。一般来说,实现了会计信息化的企业容易实现这类操作,通过对会计软件的设置,逐笔保存会计记录中涉及现金变动的情况,会计期末将数据调出直接产生现金流量表。

素养园地

案例一 中兴通讯的现代财务创新之路

近几年,中国的一些大型企业集团都在纷纷设立财务共享服务中心,财务共享服务这一新的财务形式创立不到40年。

中兴通讯创立了第一个中国企业的财务共享服务中心。2005年,中兴通讯开始财务共享服务实践,实现了中国企业财务共享服务领域的很多个"第一":第一个网络报销系统,第一个共享任务平台,第一个企业差旅系统,第一个中国企业的财务共享服务中心,第一个中国的全球财务共享服务中心,第一次提出战略财务、业务财务、共享财务三级财务理念,第一个提出财务云概念。

中兴通讯于2005年制作布制凭证袋,迈开财务共享服务第一步。

2006年,进行财务组织转型。

2008年,提出战略财务、业务财务、共享财务三分财务架构模式。

2009年,建立了单据条形管理体系、影像管理系统、任务分配机制和电子档案系统。

2011年,提出了财务云概念。

2013年,启动了全球财务共享服务中心的建立,把公司所有的财务业务集中到中国。从第一个国家泰国,到最后一个国家印度,中兴通讯用1 308天成功地把全球的财务基础业务移交到财务共享服务中心。

中兴通讯的财务创新经历了报销电子化、报销网络化、线上集中报销、总部财务共享、独立财务共享中心、国际财务共享中心等几个阶段。在这个过程中,中兴通讯的财务团队还做了很多创新,如将银行的ATM机搬进公司,实行支付电子化的操作模式;设置"票据员"岗位,配置票据箱;引入影像扫描系统和条形码技术等等。

案例二 海通证券:以"风险管控+业财融合+精细化管理"全面深化财务数字化转型

以"大智移云物区"为代表的新一代财务数字化技术正在深度影响着管理会计的走向。基于管理会计展开的企业流程重组、决策支持、组织架构重塑已成为企业财务数字化转型的重要组成部分。近年来,海通证券紧紧围绕国家"十四五"发展规划和公司集团化、国际化、信息化的发展战略,以"风险管控＋业财融合＋精细化管理"为目标,以"科技＋数据＋场景"为驱动,依靠内生动力进行系统整合,通过全面深化财务数字化技术赋能管理会计,切实推进业财融合,防范财务风险,支持经营决策,服务战略发展,促进财务转型和职能转变,全面提升管理能级。

第四节 所有者权益变动表

一、所有者权益变动表概述

所有者权益变动表(statement of changes in equity)是指反映构成所有者权益各组成部分当期增减变动情况的报表。

所有者权益变动表既可以为财务报表使用者提供所有者权益总量增减变动的信息,也能为其提供所有者权益增减变动的结构性信息,特别是能够让财务报表使用者理解所有者权益增减变动的根源。

二、所有者权益变动表的结构

在所有者权益变动表上,企业至少应当单独列示反映下列信息的项目:❶综合收益总额;❷会计政策变更和差错更正的累积影响金额;❸所有者投入资本和向所有者分配利润等;❹提取的盈余公积;❺实收资本、其他权益工具、资本公积、盈余公积、未分配利润的期初和期末余额及其调节情况。

所有者权益变动表以矩阵的形式列示:一方面,列示导致所有者权益变动的交易或事项,即所有者权益变动的来源,对一定时期所有者权益的变动情况进行全面反映;另一方面,按照所有者权益各组成部分(即实收资本、其他权益工具、资本公积、库存股、其他综合收益、盈余公积、未分配利润)列示交易或事项对所有者权益各部分的影响。

我国企业所有者权益变动表的格式如表 11-10 所示。

三、所有者权益变动表项目的填列

(一)所有者权益变动表项目的填列方法

所有者权益变动表各项目均需填列"本年金额"和"上年金额"两栏。

所有者权益变动表"上年金额"栏内各项数字,应根据上年度所有者权益变动表"本年金额"栏内所列数字填列。上年度所有者权益变动表规定的各个项目的名称和内容同本年度不一致的,应对上年度所有者权益变动表各项目的名称和数字按照本年度的规定进行调整,填入所有者权益变动表的"上年金额"栏内。

所有者权益变动表"本年金额"栏内各项数字一般应根据"实收资本(或股本)""其他权

益工具""资本公积""库存股""其他综合收益""盈余公积""利润分配""以前年度损益调整"科目的发生额分析填列。

企业的净利润及其分配情况作为所有者权益变动的组成部分,不需要单独编制利润分配表列示。

(二) 所有者权益变动表主要项目说明

(1)"上年年末余额"项目,反映企业上年资产负债表中实收资本(或股本)、其他权益工具、资本公积、库存股、其他综合收益、盈余公积、未分配利润的年末余额。

(2)"会计政策变更""前期差错更正"项目,分别反映企业采用追溯调整法处理的会计政策变更的累积影响金额和采用追溯重述法处理的会计差错更正的累积影响金额。

(3)"本年增减变动金额"项目。

❶"综合收益总额"项目,反映净利润和其他综合收益扣除所得税影响后的净额相加后的合计金额。

❷"所有者投入和减少资本"项目,反映企业当年所有者投入的资本和减少的资本。

a."所有者投入的普通股"项目,反映企业接受投资者投入形成的实收资本(或股本)和资本溢价或股本溢价。

b."其他权益工具持有者投入资本"项目,反映企业发行的除普通股以外分类为权益工具的金融工具的持有者投入资本的金额。

c."股份支付计入所有者权益的金额"项目,反映企业处于等待期中的权益结算的股份支付当年计入资本公积的金额。

❸"利润分配"项目,反映企业当年的利润分配金额。

❹"所有者权益内部结转"项目,反映企业构成所有者权益的组成部分之间当年的增减变动情况。

a."资本公积转增资本(或股本)"项目,反映企业当年以资本公积转增资本或股本的金额。

b."盈余公积转增资本(或股本)"项目,反映企业当年以盈余公积转增资本或股本的金额。

c."盈余公积弥补亏损"项目,反映企业当年以盈余公积弥补亏损的金额。

d."设定受益计划变动额结转留存收益"项目,反映企业因重新计量设定受益计划净负债或净资产所产生的变动计入其他综合收益,结转至留存收益的金额。

e."其他综合收益结转留存收益"项目,主要反映:第一,企业指定为以公允价值计量且其变动计入其他综合收益的非交易性权益工具投资终止确认时,之前计入其他综合收益的累计利得或损失从其他综合收益中转入留存收益的金额;第二,企业指定为以公允价值计量且其变动计入当期损益的金融负债终止确认时,之前由企业自身信用风险变动引起而计入其他综合收益的累计利得或损失从其他综合收益中转入留存收益的金额等。

【例 11-25】 浙江宏华股份有限公司(简称"宏华公司")2024 年 12 月 31 日所有者权益各项目余额如下:股本 5 000 000 元,盈余公积 100 000 元,未分配利润 50 000 元。2024 年,宏华公司获得综合收益总额为 280 000 元(其中,净利润 200 000 元),提取盈余公积 20 000 元,分配现金股利 100 000 元,则宏华公司 2024 年度所有者权益变动表如表 11-10 所示。

表 11-10　　　　　　　　　　　　　　　　　所有者权益变动表

编制单位：浙江宏华股份有限公司　　　　　　　　2024 年度　　　　　　　　　　　　　　　　　　　　会企 04 表
　　　单位：元

项目	本年金额										上年金额									
	实收资本（或股本）	其他权益工具			资本公积	减:库存股	其他综合收益	盈余公积	未分配利润	所有者权益合计	实收资本（或股本）	其他权益工具			资本公积	减:库存股	其他综合收益	盈余公积	未分配利润	所有者权益合计
		优先股	永续债	其他								优先股	永续债	其他						
一、上年末余额	5 000 000							100 000	50 000	5 150 000	（略）									
加：会计政策变更																					
前期差错更正																					
其他																					
二、本年年初余额	5 000 000							100 000	50 000	5 150 000										
三、本年增减变动金额（减少以"-"号填列）																					
（一）综合收益总额							80 000		200 000	280 000										
（二）所有者投入和减少资本																					
1. 所有者投入的普通股																					
2. 其他权益工具持有者投入资本																					
3. 股份支付计入所有者权益的金额																					

(续表)

项目	本年金额									上年金额								
	实收资本（或股本）	其他权益工具			资本公积	减：库存股	其他综合收益	盈余公积	未分配利润	所有者权益合计	实收资本（或股本）	其他权益工具			资本公积	减：库存股	其他综合收益	盈余公积	未分配利润	所有者权益合计
		优先股	永续债	其他								优先股	永续债	其他						
4. 其他																			
（三）利润分配																			
1. 提取盈余公积								20 000	−20 000	0									
2. 对所有者（或股东）的分配									−100 000	−100 000									
3. 其他																			
（四）所有者权益内部结转																			
1. 资本公积转增资本（或股本）																			
2. 盈余公积转增资本（或股本）																			
3. 盈余公积弥补亏损																			
4. 设定受益计划变动额结转留存收益																			
5. 其他综合收益结转留存收益																			
6. 其他																			
四、本年年末余额	5 000 000						80 000	120 000	130 000	5 330 000	5 000 000							100 000	50 000	5 150 000

第五节 附 注

一、附注概述

附注是对资产负债表、利润表、现金流量表和所有者权益变动表等报表中列示项目的文字描述或明细资料,以及对未能在这些报表中列示项目的说明等。附注主要有两方面的作用。第一,附注的披露,是对资产负债表、利润表、现金流量表和所有者权益变动表列示项目含义的补充说明,以帮助财务报表使用者更准确地把握其含义。例如,通过阅读附注中披露的固定资产折旧政策的说明,使用者可以掌握报告企业与其他企业在固定资产折旧政策上的异同,以便进行更准确的比较。第二,附注提供了对资产负债表、利润表、现金流量表和所有者权益变动表中未列示项目的详细或明细说明。例如,通过阅读附注中披露的存货增减变动情况,财务报表使用者可以了解资产负债表中未单列的存货分类信息。

通过附注与资产负债表、利润表、现金流量表和所有者权益变动表列示项目的相互参照关系,以及对未能在财务报表中列示项目的说明,可以使财务报表使用者全面了解企业的财务状况、经营成果和现金流量以及所有者权益的情况。

二、附注的主要内容

附注是财务报表的重要组成部分。根据企业会计准则的规定,企业应当按照如下顺序披露附注的内容:

(一) 企业的基本情况

(1) 企业注册地、组织形式和总部地址。
(2) 企业的业务性质和主要经营活动。
(3) 母公司以及集团最终母公司的名称。
(4) 财务报告的批准报出者和财务报告批准报出日。
(5) 营业期限有限的企业,还应当披露有关营业期限的信息。

(二) 财务报表的编制基础

财务报表的编制基础是指财务报表是在持续经营基础上还是非持续经营基础上编制的。企业一般是在持续经营基础上编制财务报表,清算、破产属于非持续经营基础。

(三) 遵循企业会计准则的声明

企业应当声明编制的财务报表符合企业会计准则的要求,真实、完整地反映了企业的财务状况、经营成果和现金流量等有关信息,以此明确企业编制财务报表所依据的制度基础。

(四) 重要会计政策和会计估计

企业应当披露采用的重要会计政策和会计估计,不重要的会计政策和会计估计可以不披露。在披露重要会计政策和会计估计时,企业应当披露重要会计政策的确定依据和财务报表项目的计量基础,以及会计估计中所采用的关键假设和不确定因素。

会计政策的确定依据，主要是指企业在运用会计政策过程中所作的对报表中确认的项目金额最具影响的判断，有助于财务报表使用者理解企业选择和运用会计政策的背景，增加财务报表的可理解性。财务报表项目的计量基础，是指企业计量该项目采用的是历史成本、重置成本、可变现净值、现值还是公允价值，这直接影响财务报表使用者对财务报表的理解和分析。

在确定财务报表中确认的资产和负债的账面价值过程中，企业需要对不确定的未来事项在资产负债表日对这些资产和负债的影响加以估计，如企业预计固定资产未来现金流量采用的折现率和假设。这类假设的变动对这些资产和负债项目金额的确定影响很大，有可能会在下一个会计年度内作出重大调整，因此，强调这一披露要求，有助于提高财务报表的可理解性。

（五）会计政策和会计估计变更以及差错更正的说明

企业应当按照会计政策、会计估计变更和差错更正会计准则的规定，披露会计政策和会计估计变更以及差错更正的有关情况。

（六）报表重要项目的说明

企业对报表重要项目的说明，应当按照资产负债表、利润表、现金流量表、所有者权益变动表及其项目列示的顺序，采用文字和数字描述相结合的方式进行披露。报表重要项目的明细金额合计应当与报表项目金额相衔接，主要包括以下重要项目：

（1）应收款项。企业应当披露应收款项的账龄结构和客户类别以及期初、期末账面余额等信息。

（2）存货。企业应当披露下列信息：
❶ 各类存货的期初和期末账面价值。
❷ 确定发出存货成本所采用的方法。
❸ 存货可变现净值的确定依据，存货跌价准备的计提方法，当期计提的存货跌价准备的金额，当期转回的存货跌价准备的金额，以及计提和转回的有关情况。
❹ 用于担保的存货账面价值。

（3）长期股权投资。企业应当披露下列信息：
❶ 对控制、共同控制、重大影响的判断。
❷ 对投资性主体的判断及主体身份的转换。
❸ 企业集团的构成情况。
❹ 重要的非全资子公司的相关信息。
❺ 对使用企业集团资产和清偿企业集团债务的重大限制。
❻ 纳入合并财务报表范围的结构化主体的相关信息。
❼ 企业在其子公司的所有者权益份额发生变化的情况。
❽ 投资性主体的相关信息。
❾ 合营安排和联营企业的基础信息。
❿ 重要的合营企业和联营企业的主要财务信息。
⓫ 不重要的合营企业和联营企业的汇总财务信息。
⓬ 与企业在合营企业和联营企业中权益相关的风险信息。

⑬ 未纳入合并财务报表范围的结构化主体的基础信息。
⑭ 与权益相关资产负债的账面价值和最大损失敞口。
⑮ 企业是结构化主体的发起人但在结构化主体中没有权益的情况。
⑯ 向未纳入合并财务报表范围的结构化主体提供支持的情况。
⑰ 未纳入合并财务报表范围结构化主体的额外信息披露。

(4) 投资性房地产。企业应当披露下列信息：
❶ 投资性房地产的种类、金额和计量模式。
❷ 采用成本模式的，应披露投资性房地产的折旧或摊销，以及减值准备的计提情况。
❸ 采用公允价值模式的，应披露公允价值的确定依据和方法，以及公允价值变动对损益的影响。
❹ 房地产转换情况、理由，以及对损益或所有者权益的影响。
❺ 当期处置的投资性房地产及其对损益的影响。

(5) 固定资产。企业应当披露下列信息：
❶ 固定资产的确认条件、分类、计量基础和折旧方法。
❷ 各类固定资产的使用寿命、预计净残值和折旧率。
❸ 各类固定资产的期初和期末原价、累计折旧额及固定资产减值准备累计金额。
❹ 当期确认的折旧费用。
❺ 对固定资产所有权的限制及金额和用于担保的固定资产账面价值。
❻ 准备处置的固定资产名称、账面价值、公允价值、预计处置费用和预计处置时间等。

(6) 无形资产。企业应当披露下列信息：
❶ 无形资产的期初和期末账面余额、累计摊销额及减值准备累计金额。
❷ 使用寿命有限的无形资产，其使用寿命的估计情况。使用寿命不确定的无形资产，其使用寿命不确定的判断依据。
❸ 无形资产的摊销方法。
❹ 用于担保的无形资产账面价值、当期摊销额等情况。
❺ 计入当期损益和确认为无形资产的研究开发支出金额。

(7) 职工薪酬。企业应当披露短期职工薪酬相关的下列信息：
❶ 应当支付给职工的工资、奖金、津贴和补贴，及其期末应付未付金额。
❷ 应当为职工缴纳的医疗保险费、工伤保险费等社会保险费，及其期末应付未付金额。
❸ 应当为职工缴存的住房公积金，及其期末应付未付金额。
❹ 为职工提供的非货币性福利，及其计算依据。
❺ 依据短期利润分享计划提供的职工薪酬金额，及其计算依据。
❻ 其他短期薪酬。

企业应当披露所设立或参与的设定提存计划的性质、计算缴费金额的公式或依据，当期缴费金额以及应付未付金额。

企业应当披露与设定受益计划有关的下列信息：
❶ 设定受益计划的特征及与之相关的风险。
❷ 设定受益计划在财务报表中确认的金额及其变动。
❸ 设定受益计划对企业未来现金流量金额、时间和不确定性的影响。

❹ 设定受益计划义务现值所依赖的重大精算假设及有关敏感性分析的结果。

企业应当披露支付的因解除劳动关系所提供辞退福利及其期末应付未付金额。

企业应当披露提供的其他长期职工福利的性质、金额及其计算依据。

(8) 应交税费。企业应当披露应交税费的构成及期初、期末账面余额等信息。

(9) 短期借款和长期借款。企业应当披露短期借款、长期借款的构成及期初、期末账面余额等信息。对于期末逾期借款,应披露贷款单位、借款金额、逾期时间、年利率、逾期未偿还原因和预期还款期等信息。

(10) 应付债券。企业应当披露应付债券的构成及期初、期末账面余额等信息。

(11) 长期应付款。企业应当披露长期应付款的构成及期初、期末账面余额等信息。

(12) 营业收入。企业应当披露营业收入的构成及本期、上期发生额等信息。

(13) 公允价值变动收益。企业应当披露公允价值变动收益的来源及本期、上期发生额等信息。

(14) 投资收益。企业应当披露投资收益的来源及本期、上期发生额等信息。

(15) 资产(信用)减值损失。企业应当披露各项资产的减值损失及本期、上期发生额等信息。

(16) 营业外收入。企业应当披露营业外收入的构成及本期、上期发生额等信息。

(17) 营业外支出。企业应当披露营业外支出的构成及本期、上期发生额等信息。

(18) 所得税费用。企业应当披露下列信息:

❶ 所得税费用(收益)的主要组成部分。

❷ 所得税费用(收益)与会计利润关系的说明。

(19) 其他综合收益。企业应当披露下列信息:

❶ 其他综合收益各项目及其所得税影响。

❷ 其他综合收益各项目原计入其他综合收益、当期转出计入当期损益的金额。

❸ 其他综合收益各项目的期初和期末余额及其调节情况。

(20) 政府补助。企业应当披露下列信息:

❶ 政府补助的种类、金额和列报项目。

❷ 计入当期损益的政府补助金额。

❸ 本期退回的政府补助金额及原因。

(21) 借款费用。企业应当披露下列信息:

❶ 当期资本化的借款费用金额。

❷ 当期用于计算确定借款费用资本化金额的资本化率。

(七) 或有和承诺事项、资产负债表日后非调整事项、关联方关系及其交易等需要说明的事项

(八) 有助于财务报表使用者评价企业管理资本的目标、政策及程序的信息

练 习 题

核算分析题(一)

【目的】 练习资产负债表项目的填列。

【资料】 浙江宏华股份有限公司(简称"宏华公司")为增值税一般纳税企业,适用的增值税税率为13‰,2024年11月30日的科目余额如表11-11所示。

表11-11　　　　　　　　　　　　　科目余额表

金额单位:元

科目名称	借方余额	贷方余额	科目名称	借方余额	贷方余额
库存现金	2 000		短期借款		35 000
银行存款	54 000		应付账款		20 000
应收票据	10 000		预收账款		51 200
应收账款	40 000		应交税费	2 500	
坏账准备——应收账款		160	应付利息		7 840
预付账款	7 000		实收资本		240 000
原材料	20 000		资本公积		15 000
库存商品	90 000		其他综合收益		3 000
交易性金融资产	55 000		盈余公积		11 000
长期待摊费用	600		利润分配		9 900
固定资产	119 000		本年利润		20 000
累计折旧		26 000			
固定资产减值准备		2 000			
固定资产清理		1 000			
在建工程	42 000				
合　计	439 600	29 160	合　计	2 500	412 940

宏华公司12月发生下列经济业务:

(1) 本月销售商品收入为50 000元,增值税税额为6 500元,款项尚未收到。商品成本为42 000元。

(2) 收回以前年度已核销的坏账140元。

(3) 向承包商支付工程款13 000元。

(4) 计提本月固定资产折旧2 500元,摊销长期待摊费用300元,均计入管理费用。另用银行存款支付其他管理费用4 000元。

(5) 本月支付已预提的短期借款利息 7 840 元。
(6) 用银行存款偿还短期借款 11 000 元。
(7) 发生财务费用 566 元，以银行存款支付。
(8) 年末按应收账款余额的 4‰ 计提坏账准备。
(9) 出售一项交易性金融资产，出售时其账面价值为 15 000 元（其中成本为 14 000 元，公允价值变动为 1 000 元），售价为 16 000 元，款项已收到。其他交易性金融资产年末公允价值未发生变动。
(10) 计算本年利润总额、应交所得税（不考虑纳税调整）、净利润，并根据净利润的 10% 提取法定盈余公积。

【要求】（不考虑相关税费）
(1) 根据上述经济业务，编制宏华公司相关会计分录。
(2) 根据上述资料，编制资产负债表（见表 11-12）。

表 11-12　　　　　　　　　　　　　　资产负债表　　　　　　　　　　　　　会企 01 表
编制单位：浙江宏华股份有限公司　　　　2024 年 12 月 31 日　　　　　　　　　单位：元

资产	期末余额	负债和所有者权益（或股东权益）	期末余额
流动资产：		流动负债：	
货币资金		短期借款	
交易性金融资产		交易性金融负债	
应收票据		应付票据	
应收账款		应付账款	
预付款项		预收款项	
其他应收款		合同负债	
存货		应付职工薪酬	
合同资产		应交税费	
持有待售资产		其他应付款	
一年内到期的非流动资产		持有待售负债	
其他流动资产		一年内到期的非流动负债	
流动资产合计		其他流动负债	
非流动资产：		流动负债合计	
债权投资		非流动负债：	
……		负债合计	
固定资产		所有者权益（或股东权益）：	
在建工程		实收资本（或股本）	
……		资本公积	
非流动资产合计		其他综合收益	

(续表)

资产	期末余额	负债和所有者权益(或股东权益)	期末余额
		盈余公积	
		未分配利润	
		所有者权益(或股东权益)合计	
资产总计		负债和所有者权益(或股东权益)总计	

核算分析题(二)

【目的】 练习利润表项目的填列。

【资料】 浙江宏华股份有限公司(简称"宏华公司")为增值税一般纳税企业,适用的增值税税率为13%,所得税税率为25%,2024年度有关资料如下:

(1) 本年度销售商品收入为15 000万元,发生销售折让为200万元,提供服务收入为500万元,出租无形资产租金收入为200万元,出售固定资产净收益为300万元,出售无形资产净收益为100万元。

(2) 本年度销售商品成本为10 200万元,提供服务成本为230万元,对外出租的无形资产摊销额为120万元。

(3) 本年度"应交税费——应交增值税"明细科目的发生额如下所示:增值税销项税额合计1 700万元,进项税额合计700万元;本年度发生税金及附加合计800万元。

(4) 本年度发生管理费用320万元(其中业务招待费50万元,根据税法规定税前可以扣除30万元),财务费用200万元(其中银行长期借款利息支出合计100万元,银行短期借款利息支出90万元,银行存款利息收入合计8万元,银行手续费支出合计18万元),销售费用500万元,信用减值损失100万元,资产减值损失500万元,公允价值变动收益200万元,投资收益260万元(其中国债利息收入60万元,根据税法规定国债利息收入免税),其他收益100万元,营业外支出156万元(其中工商罚款56万元,根据税法规定行政罚款税前不得扣除)。

(5) 递延所得税资产期初余额为25万元,期末余额为150万元;递延所得税负债期初余额为10万元,期末余额为60万元。

【要求】 根据上述资料,编制利润表(见表11-13)。

表11-13　　　　　　　　　　　利润表　　　　　　　　　　会企02表
编制单位:浙江宏华股份有限公司　　　2024年度　　　　　　　　单位:万元

项目	本期金额
一、营业收入	
减:营业成本	
税金及附加	
销售费用	
管理费用	

(续表)

项目	本期金额
研发费用	
财务费用	
其中:利息费用	
利息收入	
加:其他收益	
投资收益(损失以"－"号填列)	
其中:对联营企业和合营企业的投资收益	
公允价值变动收益(损失以"－"号填列)	
信用减值损失(损失以"－"号填列)	
资产减值损失(损失以"－"号填列)	
资产处置收益	
二、营业利润(亏损以"－"号填列)	
加:营业外收入	
减:营业外支出	
三、利润总额(亏损总额以"－"号填列)	
减:所得税费用	
四、净利润(净亏损以"－"号填列)	
五、其他综合收益的税后净额	
……	

知识结构:财务报表

主要参考文献

[1] 中华人民共和国财政部,制定. 企业会计准则:2024年版[M]. 上海:立信会计出版社,2024.
[2] 中国注册会计师协会. 会计[M]. 北京:中国财政经济出版社,2023.
[3] 财政部会计财务评价中心. 中级会计实务[M]. 北京:经济科学出版社,2023.
[4] 财政部会计财务评价中心. 初级会计实务[M]. 北京:经济科学出版社,2023.
[5] 潘上永. 会计思维[M]. 北京:高等教育出版社,2020.

郑重声明

高等教育出版社依法对本书享有专有出版权。任何未经许可的复制、销售行为均违反《中华人民共和国著作权法》，其行为人将承担相应的民事责任和行政责任；构成犯罪的，将被依法追究刑事责任。为了维护市场秩序，保护读者的合法权益，避免读者误用盗版书造成不良后果，我社将配合行政执法部门和司法机关对违法犯罪的单位和个人进行严厉打击。社会各界人士如发现上述侵权行为，希望及时举报，我社将奖励举报有功人员。

反盗版举报电话　（010）58581999　58582371
反盗版举报邮箱　dd@hep.com.cn
通信地址　北京市西城区德外大街4号　高等教育出版社知识产权与法律事务部
邮政编码　100120

教学资源服务指南

仅限教师索取

感谢您使用本书。为方便教学，我社为教师提供资源下载、样书申请等服务，如贵校已选用本书，您只要关注微信公众号"高职财经教学研究"，或加入下列教师交流QQ群即可免费获得相关服务。

资源下载： 点击"**教学服务**"—"**资源下载**"，注册登录后可搜索相应的资源并下载。（建议用电脑浏览器操作）

样书申请： 点击"**教学服务**"—"**样书申请**"，填写相关信息即可申请样书。

样章下载： 点击"**教学服务**"—"**教材样章**"，即可下载在供教材的前言、目录和样章。

题库申请： 点击"**题库申请**"，填写相关信息即可申请题库或下载试卷。

师资培训： 点击"**师资培训**"，获取最新会议信息、直播回放和往期师资培训视频。

🎯 联系方式

会计QQ3群：473802328　　会计QQ2群：370279388　　会计QQ1群：554729666
会计QQ4群：291244392
（以上4个会计Q群，加入任何一个即可获取教学服务，请勿重复加入）
联系电话：(021)56961310　　电子邮箱：3076198581@qq.com

🎯 在线试题库及组卷系统

我们研发有十余门课程试题库："基础会计""财务会计""成本计算与管理""财务管理""管理会计""税务会计""税法""税收筹划""审计基础与实务""财务报表分析""EXCEL在财务中的应用""大数据基础与实务""会计信息系统应用""政府会计""内部控制与风险管理"等，平均每个题库近3000题，知识点全覆盖，题型丰富，可自动组卷与批改。如贵校选用了高教社沪版相关课程教材，我们可免费提供给教师每个题库生成的各6套试卷及答案（Word格式难中易三档，索取方式见上述"题库申请"），教师也可与我们联系咨询更多试题库详情。